내가 아는 나는 누구인가

소크라테스에서 뇌과학까지
삶의 의미를 찾는 철학 여행

내가 아는 나는 누구인가

소크라테스에서 뇌과학까지
삶의 의미를 찾는 철학 여행

R. D. 프레히트 지음
윤순식, 원당희 옮김

70년을 이어온 약속

(주) 교학도서

∣ 차 례 ∣

II 내가 해야 할 일은 무엇인가?

Ⅲ 내가 희망해도 좋은 일은 무엇인가?

　낙소스(Naxos)는 에게해(海) 남쪽에 있는 키클라데스 제도에서 가장 큰 그리스 섬이다. 섬의 한가운데는 높이가 1,000m나 되는 자스 산맥이 있으며, 향기로운 냄새를 풍기는 들판에는 염소와 양 떼가 풀을 뜯고 있고, 포도와 채소가 자라고 있다. 1980년대까지만 해도 낙소스섬의 아기아 아나(Agia Ana) 해변은 빼어난 풍광을 간직하고 있었다. 수 킬로미터의 모래 언덕은 아주 한적했고, 이곳을 찾은 몇 안 되는 관광객은 대나무 오두막을 서로 엮어 그 속의 그늘진 곳에서 빈둥거리다가 선잠에 빠져들었다. 1985년 여름 갓 스무 살을 넘긴 두 명의 젊은이가 해변의 깎아지른 절벽 아래 누워 있다. 한 명은 뒤셀도르프 출신의 위르겐이고, 다른 한 명은 바로 나다. 우리는 불과 며칠 전에 해변에서 서로 알게 되었고, 한 권의 책에 관해 토론했다. 휴가 때 내가 읽으려고 아버지 서재에서 가져온 책이다. 그 책은 햇볕에 색이 바래고 겉이 상당히 너덜너덜해진 문고판인데, 표지에는 그리스 신전을 배경으로 그리스 의상을 입고 있는 두 명의 남자가 그려져 있다. 책은 『플라톤: 소크라테스와의 대화』이다.

　여물지 않은 의견을 열정적으로 주고받던 당시 분위기는 피부에 내리쬐는 햇볕처럼 내 마음속 깊이 파고들었다. 저녁이 되면 치즈와 포도주, 멜론을 함께 나누면서 토론을 이어갔다. 무엇보다도 젊은이들을 타락시켰다는 이유로 사형 선고를 받은 소크라테스가 법정에서 진술했다는 변론이 마음을 사로잡았다.

덕분에 나는 그 당시 내게 매우 큰 불안감을 안겼던 죽음에 대한 두려움을 잠시나마 잊을 수 있었다. 반면, 위르겐은 그렇게 큰 감동을 받은 것처럼 보이지 않았다.

위르겐의 얼굴은 이제 생각나지 않는다. 그를 다시 만나지 못했고, 혹시 오늘 길거리에서 만난다 해도 알아볼 수 없을 것이다. 그 이후로 다시 가보지 않은 아기아 아나 해변은 관광객들의 천국이 되었다. 많은 호텔이 들어선 해변에는 울타리가 쳐지고, 울긋불긋한 파라솔과 그 아래 돈 받고 대여하는 의자들이 즐비했다. 이에 반해 소크라테스의 변명에 나오는 모든 글귀는 내 머릿속에 여전히 남아 있으며, 내가 은퇴하여 양로원에 갈 때까지도 분명 나와 함께할 것이다. 그 모든 글귀가 죽음에 대한 내 불안을 진정시키는 힘을 그때까지도 지니고 있을지는 한번 두고 볼 일이다.

철학에 대한 열정적인 관심과 흥미를 잃어본 적은 없었다. 그 관심과 흥미는 아기아 아나 해변에서 보낸 며칠 이후로 계속 내 마음에 살아 있다. 낙소스섬에서 돌아온 이후 가장 먼저 한 일은 그다지 즐겁지 않은 공익근무로 군 복무를 마친 일이다. 당시는 매우 격정적인 시대였다. 나토(NATO)의 이중 결의와 평화운동으로 여론이 들끓었고, 게다가 유럽의 제한적 핵전쟁을 염두에 둔 미국의 도상 훈련 같은 무모한 시도는 오늘날의 관점으로는 도저히 상상조차 할 수 없는 끔찍한 일이었다. 그런가 하면 공익근무의 일환으로 수행한 교구 봉사 활동은 내게 별다른 감동을 주지 않았다. 오히려 개신교의 속사정을 알게 된 뒤로 나는 가톨릭에 더 끌리게 되었다. 내게 남은 과제는 올바른 삶을 탐색하는 일, 그리고 인생이라는 중대한 질문에 관해 확신에 찬 대답을 구하는 일이었다. 그래서 대학에서 철학을 전공하기로 했다.

그러나 쾰른대학교에서의 철학 공부는 실망으로 시작되었다. 그때까지만 해도 나는 철학자라고 하면 그들의 철학적 생각 못지않게 스릴 있고 철두철미한 삶을 사는 사람들, 즉 긴장감 넘치는 인간으로서의 철학자들을 상상했다. 테오도어 아도르노(Theodor W. Adorno), 에른스트 블로흐(Ernst Bloch), 장 폴 사르트르(Jean-Paul Sartre) 같은 매력적인 사람들 말이다. 그러나 대담한 사상과 대담한 삶의 통일이라는 꿈은 나의 스승이 될 사람들을 보자마자 순식간에 날아가 버렸다. 그들은 갈색 또는 푸른색 버스 기사 복장 차림의 지루한 노신사처럼 보였기 때문이다. 그래서 나는 시인 로베르트 무질(Robert Musil)을 떠올렸다. 무질은 황제 시대의 근대적이고 진보적인 엔지니어들이 육지, 바다 그리고 하늘에서 신천지를 정복했음에도 불구하고, 사람들이 여전히 구시대의 황제 수염을 기르며, 조끼와 회중시계를 착용하고 다니는 것을 신기하게 여겼다. 쾰른대학교 철학과 교수들도 내가 보기에는 마찬가지였다. 그들도 내면의 정신적인 자유를 자기 삶에 적용하지 않았다. 그래도 어쨌든 그중 한 사람에게 사고하는 법을 배울 수 있었다. 그는 내게 가르치길 "왜"라는 질문을 던질 줄 알아야 하고 너무 빠른 답변에 만족하면 안 된다고 했다. 그리고 사고 과정과 논증의 매 단계가 바로 전 단계를 바탕으로 빈틈없이 구축돼야 한다고 수도 없이 강조했다.

나는 멋진 대학 시절을 보냈다. 내 기억 속에 당시의 일들은 흥미진진했던 독서, 즉흥 요리, 스파게티를 먹으며 나누었던 대화, 싸구려 포도주, 세미나 시간의 격렬한 토론, 구내식당에서 커피를 마시며 끝없이 이어진 뒤풀이 등등의 아주 독특한 덩어리로 남아 있다. 그것은 또한 우리의 철학 독후감을 검증받는 시험대이기도 했다. 우리는 깨달음과 오류에 관해, 올바른 삶에 관해, 축구에 관해, 그리고 어째서 남자와 여자가 코미디언 로리오(Loriot)의 지적처럼 서로 어울리지 못하는지에 관해 토론을 이어갔다. 철학이 멋진 것은, 철학이란 아무리 공부해도 끝을 볼 수 없는 학문이라는 점이었다. 엄밀하게 말하면 철학이란 결코 전공과목이 아니다. 그래서 철학을 공부하려면 대학에 죽치고 눌어붙어 있어야 한다는 말에 수긍이 갔다. 그러나 내가 알고 있는 교수들이 영위하는 삶은 전혀 매력적이지 않았다. 게다가 대학이란 울타리 안에서 철학이 얼마나 영향력이 없는지, 이런 사실 또한 나를 짓누르고 괴롭혔다. 철학 논문과 저서는 동료들만 읽었으며, 그마저도 대부분 자신의 의견은 왜 다른지를 확인하기 위해 읽었다. 내가 박사 과정 학생으로 참석했던 심포지엄과 회의에서도 참가자들의 소통 의지에 대한 환상은 여지없이 무너졌다.

이후의 삶에서 나와 동반했던 것은 내면의 여러 질문과 서적뿐이었다. 그러던 중 1년 전에 만족할 만한 철학 입문서가 거의 없다는 사실이 문득 머릿속에 떠올랐다. 물론 철학적 사고의 함정과 오류를 다룬 다소 재미있는 책은 많았지만, 내가 의도하는 책은 아니었다. 또한 엄선된 철학자들의 삶과 영향을 서술하면서 그들의 저서를 소개하는 책들은 나름대로 유용했지만, 내 마음에는 들지 않았다. 나는 철학의 근본 물음에 관한 관심을 체계적으로 정리한 책이 있으면 좋겠다고 생각했다. 체계적인 입문서라고 일컬어지는 책들은 대부분 철학의 사조나 이런저런 주의를 연속된 시리즈로 내놓았다. 그래서 이런 책들은 너무 역사적인 관심에 치우쳐 있거나, 지나치게 방대해서 무미건조하게 기술되었을 뿐이었다.

즐기지 못하는 이런 독서의 배경은 충분히 이해한다. 대학은 독자적이고 창의적인 스타일을 전폭적으로 후원하지 못하며, 여전히 아카데미즘에 빠져 대부분 대학생 개개인의 지적인 창의력보다 정확한 암기 숙달 능력에 더 큰 가치를 두기 때문이다. 이 과정에서 특히 '전공 분야'로서 철학이라는 생각에 방해되는 것은 여타의 학문 세계에 대한 부자연스러운 장벽 쌓기다. 내가 아는 철학과 교수들은 칸트와 헤겔의 이론에 근거를 두고 인간의 의식을 설명하는 반면, 인문대학에서 불과 800m 떨어진 의과대학 교수들은 뇌에 손상을 입은 환자의 사례로 정말 매력적인 연구를 시도하고 있다. 대학에서 물리적인 800m 거리는 너무 멀다. 서로 다른 대학에 소속된 교수들은 두 개의 전혀 다른 행성에 살고 있으며, 또한 같은 동료 교수의 이름조차 모르기 때문이다.

의식에 대한 철학적·심리학적·신경생물학적 접근은 서로 어떤 관계에 있는가? 이것들은 서로에게 방해가 되는가 아니면 서로를 보완하는가? '자아'는 존재하는가? 감정이란 무엇인가? 기억이란 무엇인가? 가장 흥미진진한 질문은 당시 철학과의 커리큘럼에는 전혀 올라 있지 않았다. 여기에 관해서는, 내가 아는 한, 오늘날까지도 달라진 것이 전혀 없다.

철학은 역사학이 아니다. 정신적인 삶의 영역에서 유산을 보존하고 낡은 건물을 계속해서 둘러보고, 그리고 필요하면 리모델링하는 것은 철학사를 연구하는 의무다. 그러나 아카데미즘에 빠진 대학 교육에서는 과거 회귀적인 철학이 현재 중심적인 철학을 억누르며 지배하고 있는 실정이다. 많은 사람이 믿는 것처럼 철학은 과거에 견고한 기반을 두고 있지 않다는 것을 명심해야 한다. 철학의 역사는 넓게 보면 유행과 시대정신의 역사이며, 잊혔던 지식 또는 억압받았던 지식의 역사이면서 과거에 있긴 있었지만 소홀히 취급돼 다시 새롭게 작용하는 수많은 새 출발의 역사다. 우리가 인생에서 무엇인가를 쌓아 올릴 때 어디 다른 엉뚱한 곳에서 돌을 가져와 사용하지 않는 것처럼, 대부분의 철학자도 자신의 사상이라는 건물을 전임자의 폐허 위에 지어 올렸던 것이지, 그들이 자주 주장하는 것처럼, 철학사 전체를 허물고 다시 세운 것은 아니다. 그러나 빈틈없는 통찰과 관찰 방법은 학문적인 조명을 받지 못하고 계속해서 사라져 버렸으며, 오히려 이상한 것들과 세상에 낯선 것들이 계속해서 창안되고 득세하게 되었다. 지성과 증오심 사이의 이러한 분열 현상은 철학자 스스로에게도 나타난다. 예를 들어, 18세기 스코틀랜드 출신의 철학자 데이비드 흄(David Hume)은 여러 관점에서 믿을 수 없을 정도로 근대적인 사상가였다. 하지만 다른 민족, 특히 아프리카 민족을 보는 그의 시각은 쇼비니즘과 인종주의에 사로잡혀 있었다. 19세기의 프리드리히 니체도 날카로운 비판력을 지닌 철학자 중 한 사람이지만, 그 특유의 이상적인 인간상은 저속하고 불손하면서도 어리석기까지 한다.

어느 한 사상가가 끼친 영향력은 그의 통찰력이 실제로 적절했는지 그렇지 않은지에 의해 좌우되는 것은 아니다. 방금 언급했던 니체는 비록 그가 주장한 것 가운데 대부분은 아주 새롭거나 독창적인 것이 아니었음에도 불구하고, 그는 철학에서 엄청난 영향력을 지녔다. 지크문트 프로이트도 당연히 위대한 사상을 제공한 중요한 인물이다. 하지만 그의 정신 분석을 자세하게 살펴보면 들어맞지 않는 것이 많은데, 그것은 별개의 문제다. 또한 게오르크 빌헬름 프리드리히 헤겔의 사상이 지닌 철학적이고 정치적인 엄청난 의미는 그의 사변(思辨)들의 많은 모순과 팽팽한 불균형을 이루고 있다.

서양 철학사를 전체적으로 조망해 보면, 대부분의 작은 충돌은 상반되는 견해를 지닌 두 개의 진영 간에 일어났다는 생각이 불현듯 떠오른다.

다시 말해, 물질주의자와 이상주의자(또는 영어식 표현으로는 경험주의자와 합리주의자)의 싸움이었다. 실제로 양자의 싸움이라는 이런 시각은 생각해 볼 수 있는 모든 조합으로 나타났고, 그 결과 언제나 새로운 이름의 의상을 입고 나타났다. 그러나 양자의 싸움은 그치지 않고 계속 반복되었다. 물질주의는 감각적으로 경험할 수 있는 자연을 벗어나면 아무것도 존재하지 않는다는 믿음, 즉 어떤 신도 어떤 이상도 존재하지 않는다는 믿음에 그 근거를 두는데, 18세기 프랑스 계몽주의에서 처음 유행했다. 우리가 두 번째로 물질주의를 만나게 된 때는, 생물학의 성공과 다윈의 진화론에 힘입어 물질주의가 광범위한 전선을 형성했던 19세기 후반이다. 그리고 오늘날 물질주의는 현대적인 뇌 연구의 인식들과 관련해 어느 사이에 세 번째 전성기를 누리고 있다. 그러나 그사이 이상주의 또한 가능한 모든 방식으로 주도권을 행사했던 그때그때의 단계가 있었다. 물질주의와는 정반대로 이상주의는 감각적인 세계 인식을 별로 신뢰하지 않았으며, 이성과 이성이 지닌 이상의 독립적인 힘에 전적으로 의지했다. 물론 철학사에 등장하는 이 두 개의 꼬리표 뒤에는 철학자 개개인에 따라서 때때로 전혀 다른 동기와 의미가 숨겨져 있다. 플라톤과 칸트는 똑같이 이상주의자이지만, 플라톤의 이상과 칸트의 이상은 전혀 다르다. 그 때문에 '정직하고 충실한' 철학사를 쓰는 일은 완전히 불가능하다. 다시 말해, 위대한 철학자들을 시간적인 순서로 배열한 상태에서 논리적 구조를 밝혀 보는 작업은 불가능하며, 철학적 사조를 역사적으로 늘어놓는 작업도 불가능하다. 이런 관점에서 볼 때, 철학사 서술은 현실을 진실되고 모나지 않게 만드는 많은 것을 생략하도록 강요받았을 것이다.

그 때문에 인간으로서의 존재와 인류에게 주어진 철학적 물음 속으로 들어가는 이 책도 마찬가지로 역사적인 것이 선행되지 않았다. 이 책은 철학사가 아니기 때문이다. 이마누엘 칸트는 언젠가 인류가 당면한 질문을 크게 다음과 같이 4가지로 분류했다.

"나는 무엇을 알 수 있는가?", "나는 무엇을 해야 하는가?", "나는 무엇을 희망해도 되는가?", "인간이란 무엇인가?", 이런 질문은 이 책의 목차를 위해서도 중요한 실마리를 제공해 주었다. 여기서 마지막 질문은 앞선 3가지 질문을 통해 아주 잘 해명된 것처럼 보였기 때문에 이 책의 차례에서 안심하고 생략할 수 있었다.

'인간이 자기 자신에 대해 알 수 있는 것은 무엇인가?'라는 질문, 즉 인식론에서 자주 등장하는 이 고전적인 질문은 오늘날에는 단지 제한적으로만 철학적 질문에 해당한다. 이 질문은 인간의 인식 기관과 인식 가능성의 기초를 우리에게 설명하는 뇌 연구에서 광범위하게 다루어지는 주제다. 여기서 철학의 역할은 오히려 이렇게 저렇게 뇌 연구자의 자기 이해를 돕는 상담자의 역할에 그친다. 여러 다른 사례에 대입했을 때 자신을 더 잘 이해할 수 있는 것이 뇌 연구이기 때문이다. 이 책의 제1부이며 칸트의 첫 번째 질문에 대한 답을 제시하는 데 자극을 주었던 것이 무엇인지, 나는 한 세대의 경험을 매우 개인적인 선택에서 보여주고자 한다. 이 세대는 엄청난 변혁으로 특징지어 그 결과 '근대'를 결정적으로 예비하게 되었다. 물리학자 에른스트 마흐는 1838년에 태어났고, 철학자 프리드리히 니체는 1844년, 뇌 연구자 산티아고 라몬 이 카할은 1852년 그리고 정신분석학자 지크문트 프로이트는 1856년에 각각 태어났다. 18년의 차이밖에 없었던 이들은 근대적인 사고의 선두주자였고, 그들이 남긴 영향력은 아무리 높게 평가해도 지나치지 않을 것이다.

이 책의 제2부 '내가 해야 할 일은 무엇인가?'에서 다루는 문제는 윤리와 도덕이다. 여기서 특히 중요한 것은 윤리학의 기초를 설명하는 일이다. 인간은 왜 도덕적으로 행동할 수 있는가? 인간의 본성은 어느 정도까지 선하거나 악할 수 있는가? 여기서도 철학은 더 이상 교육의 현장에 있지 않다. 그 사이에 뇌 연구, 심리학, 행동 생물학이 적절한 용어들을 함께 사용하였기 때문이다. 당연히 그렇게 해야 한다. 그러나 만약 인간이 도덕적 능력을 지닌 동물로 묘사된다면, 그것과 더불어 인간의 뇌 속에 도덕적 행동을 보상해 주는 충동이 내재돼 있다면, 자연과학의 모든 학문은 무대의 뒷면으로 사라질 것이다. 오늘날 우리 사회에 대두한 많은 실천적 문제도 그 해답을 사실상 철학에서 찾기 때문이다. 낙태와 안락사, 유전공학과 복제 의학, 환경과 동물 윤리학 등등의 문제에 대한 해답은 규범과 고찰을 토대로, 그럴듯한 논증과 덜 그럴듯한 논증을 토대로 이루어지는데, 이것이야말로 철학적 토론과 고찰의 이상적인 작업 방식이기 때문이다.

이 책의 제3부 '내가 희망해도 좋은 일은 무엇인가?'에서는 대부분의 인간이 자신의 삶에서 실제로 부딪히는 몇 가지 중요한 질문을 다룬다. 행복, 자유, 사랑, 신 그리고 삶의 의미 등에 관한 질문이다. 이는 답하기가 쉽지 않지만 우리에게 아주 중요하기에 집중적으로 성찰해 볼 가치가 있는 질문이다.

이 책에서 종종 과감하게 서로 엮어 놓은 이론과 견해는, 실제 학문에서는 서로 멀리 떨어져 있어 때때로 아주 상이하게 취급하기도 한다. 그런데도 상이한 이론과 개념을 이런 식으로 서로 묶어 주는 것은, 분명 많은 논쟁의 소지가 있겠지만, 상당한 의미가 있다고 생각한다. 거기에 이 책에서는 여러 이론과 그 배경이 되었던 사건 현장을 연결하는 작은 세계 여행도 가능하다. 데카르트가 근대 철학의 초석을 놓았던 시골 농가가 있는 독일의 울름(Ulm)으로 찾아가기도 하고, 칸트가 살았던 쾨니히스베르크(Königsberg)를 찾아가기도 하며, 가장 행복한 사람들이 살고 있다는 남태평양의 섬 바누아투(Vanuatu)를 찾아가기도 한다. 나는 이 책에 소개된 핵심 인물 중 몇 사람을 개인적으로 더 가깝게 알게 되었는데, 이들을 소개하면 뇌 연구자 에릭 캔들(Eric Kandel), 로버트 화이트(Robert White), 벤저민 리벳(Benjamin Libet)과 철학자 존 롤스(John Rawls)와 피터 싱어(Peter Singer)다. 위 인물 중에서 어떤 사람은 그의 의견을 경청했고, 다른 사람과는 논쟁을 벌이면서 많은 것을 배우기도 했다. 그러면서 나는 어떤 이론의 장점이 추상적인 이론 비교로 드러나기보다 우리가 거기에서 거두는 과실로 드러나곤 한다는 사실을 깨달았다.

물음을 던지는 것은 절대 잊으면 안 되는 우리의 소중한 능력이다. 충족된 삶의 비밀은 배우고 즐기는 데 있다. 배우기만 하고 즐길 줄 모르는 삶은 슬퍼지고, 즐기기만 하고 배울 줄 모르는 삶은 어리석어지기 때문이다.

이 책이 독자에게 생각하는 즐거움을 일깨워 주고 훈련해 주는 것에 성공한다면 이미 목적은 달성한 셈이다. 부단한 자기 이해로 더욱 의식적인 삶을 사는 것, 즉 자신이 지닌 삶의 충동을 지휘하는 감독이 되는 것, 또는 프리드리히 니체가 (비록 자신은 성공하지 못했지만) 희망한 것처럼 자기 삶의 '시인'이 되는 것보다 더 큰 성공이 어디에 있겠는가? 자기 삶의 시인이 되는 것은 "우리에게 닥치는 슬픔과 고통, 온갖 불쾌와 번거로움 등등 속에서도 자신의 상태를 예술가의 눈으로 바라볼 수 있는 훌륭한 능력이다"

'시인'이라는 말이 나왔으니 덧붙여 말하면, 이 책의 제목에 한마디 부연하지 않을 수 없다. 이 책의 제목은 어느 위대한 철학자의 명언이다. 더 정확히 말하면, 내 친구이자 작가인 기 헬밍어(Guy Helminger)가 했던 말이다. 우리는 이따금 마을 주위를 즐겨 배회했고, 지금도 즐겨 배회한다. 어느 날 밤이었다. 그날따라 우리는 너무 많이 마셨다. 그 친구가 나보다 술이 센 것은 확실했지만, 그래도 그 친구가 걱정되었다. 그 친구가 길 한가운데에서 비틀거리며 큰 소리로 떠들고 있을 때, 내가 그에게 이렇게 물었다. "너 괜찮은 거니?" 그러자 그 친구는 찢어진 눈을 크게 뜨고, 머리를 휙휙 돌리면서 쉰 목소리로 이렇게 대답했다. "뭐라고 내가 누구인지 아느냐고? 그럼 당연하지! 내가 아는 내가 누구인지 그게 궁금한 거야?" (이렇게 술 취한 듯한 대답이 이 책의 원제목이다.) 그 대답을 들었을 때, 그가 연극 배우라면 제대로 무대 공연을 마칠 수 있을 정도이며, 또 혼자서 집을 찾아갈 수 있을 정도로 충분히 괜찮다는 생각이 들었다. 그러나 그가 던진 그 대답 겸 질문은 내 머릿속에 오래도록 남아 있었다. 그 대답 겸 질문은 '자아'에 대한 의심과 체험의 연속성에 대한 근본적인 의심의 시대에 현대 철학과 뇌 연구 분야에서 좌우명이 될 수도 있을 것 같았다.

감사해야 할 사람은 많지만 누구보다 내 친구 기 헬밍어에게 고마운 마음을 전한다. 물론 이 친구에게 감사해야 할 것은 이것뿐만 아니라 아주 특별한 것도 있다. 이 친구를 통해 내 아내를 만났으며, 만약 그녀가 없다면 현재 내 행복한 삶은 아마 존재하지 않을 것이다.

뤽상부르 서재에서
리하르트 다비트 프레히트

I

내가 알 수 있는 것은 무엇인가?

인간의 인식은 어떻게 동물과 다른가?

우주의 영리한 동물

프리드리히 니체, 스위스 질스 마리아에서 영원회귀 사상을 구상하다

옛날, 쏟아질 듯 별들로 반짝거리는 우주의 외딴곳에 별 하나가 있었는데, 그곳에 사는 영리한 동물이 '인식'이라는 것을 고안해 냈다. 이것은 '세계 역사'에서 가장 교만하면서 가장 기만적인 순간이었지만, 단지 한순간일 뿐이었다. 자연의 호흡이 잠시 이어지다가 이내 그 별은 얼어붙었고, 영리한 동물도 죽을 수밖에 없었기 때문이다. 이렇게 누군가는 하나의 우화를 지어낼 수도 있다. 그러나 그것만으로는 인간의 지성이 자연 안에서 얼마나 가엾고, 얼마나 희미하고 무상하며, 얼마나 무익하고 자의적으로 작용하는지 충분히 보여주지 못할 것이다. 인간의 지성이 존재하지 않았던 영원의 긴 시간이 있었다. 그래서 인간의 지성이 다시 끝난다 하더라도 아무런 일도 일어나지 않을 것이다. 인간의 지성에는 인간의 생명을 뛰어넘는 더 이상의 사명은 존재하지 않기 때문이다. 대신에 인간의 지성은 인간적이다. 단지 그 지성의 소유자와 생산자만이 지성을 격정적으로 받아들인다. 마치 세계의 축이 지성을 중심으로 도는 것처럼 말이다. 그런데 만약 우리가 모기와 의사소통할 수 있다면, 우리는 모기들 역시 이와 같은 격정을 가지고 공중을 날아다니고 또 자신들이 이 세상 비행의 중심이라고 느낀다는 사실을 알게 될 것이다.

인간은 자기 자신을 완벽하게 과대평가할 줄 아는 영리한 동물이다. 인간의 이성이란 위대한 진실에 초점이 맞춰져 있는 것이 아니라, 삶의 사소한 것들에 초점이 맞춰져 있기 때문이다. 철학사에 있어서 이처럼 시적이고 잔인한 방식으로 사람들에게 거울을 비추는 텍스트는 거의 없었다. 이 텍스트는 1873년에 탈고된 책 『**비도덕적 의미의 진리와 거짓에 관하여**』의 첫머리 부분인데, 아마도 철학 서적 중 가장 아름다운 첫머리일 것이다. 저자는 바젤대학교의 고전 어문학 교수였던 프리드리히 니체였으며, 그의 나이 겨우 29살이었다.

니체는 그러나 영리하면서도 교만한 동물들에 관한 이 텍스트를 출간하지 않았다. 바로 얼마 전 그리스 문화의 토대에 관한 책을 펴냈다가 마음의 상처를 심하게 받았기 때문이다. 비평가들은 이 책이 비과학적이며 터무니없는 억측이라고 비판했는데, 이것은 그렇게 틀린 이야기도 아니었다. 사람들은 실패한 신동이라고 떠들었고, 그가 누렸던 고전 어문학자로서의 명성은 상당히 허물어지고 말았다.

니체의 어릴 때 이름은 프리츠다. 작센 지방의 뢰켄(Röcken)이라는 마을에서 태어나 잘레강이 흐르는 나움부르크(Naumburg)에서 성장한 어린 프리츠는 재능이 아주 뛰어나고 이해력이 빠른 학생이었다. 주위의 모든 기대를 한 몸에 받았을 정도로 매우 전도유망했다. 니체의 아버지는 루터교회 목사였고, 어머니 역시 매우 종교적인 삶을 살았다. 니체의 나이 네 살이었을 때 아버지가 돌아가셨고 얼마 되지 않아 남동생도 사망했다. 그 후 니체의 가족은 나움부르크로 이사했으며, 거기서 니체는 어머니와 여동생, 두 명의 이모, 할머니 등 순전히 여자들만 사는 가정에서 성장했다. 니체는 재능이 뛰어나 초등학교뿐만 아니라 중고등학교 시절에도 이미 주목을 받았다. 그는 당시 명문 기숙학교 슐포르타에 입학해 우수한 성적으로 졸업하고, 1864년 20살이 되던 해 본(Bonn)대학교의 고전 어문학과에 입학했다. 하지만 고전 어문학과 함께 시작했던 신학 공부는 첫 번째 학기를 마치자마자 포기하고 말았다. 어머니의 바람대로 본격적인 목사의 길을 걸으려 했지만, 정작 그에게는 믿음이 부족했다. 언젠가 나움부르크에서 샌님 같은 경건한 목사의 아들이라고 주위에서 조롱받았을 때, '꼬마 목사' 인 그는 신앙심과는 아주 멀어지고 말았다. 신앙심 깊은 어머니, 목사 사제관 그리고 믿음 속에 사는 삶은 그에게 감옥이나 다름없었다. 그래서 그는 이러한 환경에서 뛰쳐나왔지만, 그것은 평생 그의 마음을 갉아먹었다. 대학에 입학하고 1년 후에 니체는 자신의 지도교수를 따라 라이프치히대학교로 옮겼다. 지도교수는 니체를 아주 높이 평가해 그를 바젤대학교의 교수로 추천했고, 그는 1869년 25살의 나이에 원외 교수(우리나라의 강사에 해당한다. – 역자 주)가 되었다. 같은 해에 그는 라이프치히대학에서 시험과 논문 심사를 거치지 않고 그동안 출판된 저술만으로 박사 학위를 받았고 동시에 교수 자격 취득 시험도 손쉽게 통과했다(그래서 이듬해 1870년 바젤대학교의 정교수로 취임한다. – 역자 주). 니체는 스위스에서 당대의 뛰어난 학자, 예술가들과 교류하게 되는데, 그중에는 얼마 전에 라이프치히에서 만났던 리하르트 바그너와 그의 부인 코지마도 있었다. 니체는 바그너에게 열광했다. 바그너의 격정적인 음악에 영감을 받아 1872년 『**음악의 정신에서 비롯한 비극의 탄생**』을 출간했지만, 바그너의 음악 못지않게 너무 격정적이어서 이 저술은 실패작이 되고 말았다.

『음악의 정신에서 비롯한 비극의 탄생』은 주목받지 못했고, 오히려 많은 어문학자에게 비난을 받았다. 니체는 음악이 "디오니소스적인 것"을 대변하고, 조형예술은 "아폴론적인 것"을 대변한다고 생각했다.[1] 하지만 이 두 가지를 서로 대립시키는 일은 이미 초기 낭만주의 시대부터 있었고, 그것은 역사적 진실에 반하는 억지 추측에 불과했다. 더구나 당시 유럽의 학문 세계에서는 훨씬 더 중요한 의미를 지닌 비극의 탄생에 온통 정신이 뺏겨 있었다. 『비극의 탄생』 출간 1년 전에 이미 영국의 저명한 식물학자인 찰스 다윈(Charles Darwin)은 동물계에서 진화한 『인간의 기원』을 다룬 책을 발표했다. 케임브리지대학에서 신학을 공부하기도 했던 다윈은 인간이 더 원시적인 동물에서 진화했을지 모른다는 생각을 적어도 12년 전부터 품고 있었으며, 당시에 발표한 『종의 기원』에서 이것이 인간을 조명하는 "의미 있는 빛"이 될 것이라고 예고한 바 있다. 어쨌든 『인간의 기원』은 학계에 큰 충격을 안긴 히트작이었다. 1860년대 들어 수많은 자연과학자는 동일한 결론을 이끌어 냈으며, 이들은 인간을 동물계에 포함해 그즈음 막 발견된 고릴라와 유사하게 분류해 놓았다. 교회 당국은 다윈과 그의 추종자들과 맞서 싸웠는데, 특히 독일 교회는 제1차 세계대전이 발발할 때까지 오랫동안 투쟁했다. 하지만 애초부터 자명했던 것은, 이제 더 이상 과거의 기독교적 세계관으로 되돌아갈 수 없다는 사실이었다. 인간 개개인을 창조하고 또 지도자로서 인간을 이끌어 주었던 신은 이제 죽은 것이다. 자연과학은 인간을 새롭고 매우 냉정한 모습으로 그려 내어 승리를 자축했다. 즉, 원숭이에 대한 관심이 신에 대한 관심보다 더 컸다. 그리고 인간은 신을 닮은 모습으로 창조된 피조물이라는 숭고한 진

---

[1] 그리스 세계에서 아폴론은 미래 설계, 조화(Harmonie), 학문의 빛을 밝히는 신으로, 그리고 냉정하게 체계화하는 이성의 신으로 존경받았다. 반면 디오니소스는 술과 도취의 신으로 관능과 본능, 그리고 통제 불능의 정열을 대표한다. 니체가 생각하기에 모든 인간은 이 두 원리의 끊임없는 충돌이 그 내면에서 작동하고 있다.

리는 두 가지 생각으로 나뉘었다. 하나는 인간이 숭고한 존재라는 믿음이 흔들린 것이고, 또 다른 하나는 인간은 영리한 동물이라는 단순한 진리가 등장한 것이다.

새로운 세계관에 대한 니체의 감동은 매우 컸다. 니체는 나중에 이렇게 도 말했다. "우리가 필요로 하는 모든 것은 도덕적, 종교적, 미학적 상상 과 감정을 하나로 융합시키는 **화학**이다. 이것은 마치 우리가 문화나 사회 와의 크고 작은 교류에서뿐만 아니라 우리의 고독에서 체험하는 모든 활 동과도 같은 것이다."

1870년대에 이르러 수많은 과학자와 철학자는 니체가 말한 이러한 '화 학', 즉 신의 존재가 없는 생물학적 존재론에 몰두했다. 하지만 니체 자신 은 사실 생물학적 존재론에는 전혀 관심이 없었다. 오히려 그는 "인간의 자아상(자아 개념)을 학문적인 관점에서 해석하면 무슨 의미를 띨까? 인간 이 자아상을 가지면 더 위대해질 것인가, 아니면 더 왜소해질 것인가? 인 간이 자기 자신을 이제 더 분명하게 파악한다면, 이를 통해 모든 것을 잃 을 것인가 아니면 무엇인가를 획득할 것인가?" 등등의 질문에 더 관심을 기울였다. 이러한 상황에서 그는 **진실과 거짓**에 관한 논문을 발표했는데, 이 논문은 아마도 그가 쓴 논문 중 가장 아름다운 문구로 이루어진 텍스 트일 것이다.

인간은 더 위대해질 것인가, 아니면 더 왜소해질 것인가에 대한 질문에 니체는 그때그때의 분위기와 기분에 따라 달리 대답했다. 기분이 별로 좋 지 않을 때는 ―니체는 거의 항상 기분이 좋지 않았지만― 침울하고 자책 하는 마음으로 오점투성이의 프로테스탄트 복음을 설교했고, 이와는 반 대로 기분이 좋을 때는 위풍당당한 파토스(격정)에 사로잡혀 초인을 꿈꾸었다. 이때의 니체는 원대한 포부에 대한 환상을 가졌고, 천둥이 울리는 것 같은 엄청난 자의식을 지녔다. 이러한 니체의 내면세계와는 달리 그의 겉모습은 머리털이 곤두설 정도로 소름 끼치게 딴판이었다. 작은 키에 좀 뚱뚱하고 꽤 연약한 사내였다. 고집스럽게 보이면서도 가지런하게 정돈된 콧수염만이 유순해 보이는 그의 얼굴을 남성적인 것처럼 만들어 주었다. 니체는 어린 시절부터 병치레가 많았는데, 그로 인해 허약해 보였으며 또한 실제로도 허약했다. 니체는 근시가 심했고, 위장장애와 심한 발작성 편두통 때문에 많은 고통을 겪었다. 니체의 나이 35세 때 이미 육체적으로 폐인이 되었음을 느꼈으며, 그래서 바젤대학교에서의 교수직을 그만두었다. 그 이유가 매독 때문이라는 추측도 있지만, 당시엔 매독에 걸린 것 같지는 않았다. 물론 매독이 훗날 그를 죽음에 이르게 했던 것은 사실이다.

1881년 여름, 그러니까 바젤대학교를 떠난 지 2년이 지났을 때 니체는 개인적으로 완전히 마음에 드는 낙원을 우연히 발견한다. 그곳은 스위스 고산지대 오버엥가딘에 위치한 '질스 마리아(Sils Maria)'란 작은 마을이다. 그곳의 환상적인 풍경에 니체는 감동했고 영감을 받기에 충분했다. 니체는 매년 그곳을 찾았고, 혼자 오랫동안 산책하며 격정적인 새로운 생각들을 연마하듯 고안했다. 그렇게 떠오른 생각 중 대부분은 겨울이 되면 이탈리아의 라팔로와 제노바, 프랑스의 니스 등 지중해 해변에서 원고에 옮겼다. 이 저작물을 보면 니체는 뛰어나면서도 문학적으로 까다롭고 인정사정없는 비평가의 모습을 드러내는데, 그 내용은 대부분 서양철학의 아픈 곳을 노골적으로 지적하는 것들이었다. 그렇지만 그의 새로운 인식론과 도덕에 관한 독자적 제안들에 관한 한, 니체는 충분히 숙성되지 못한 사회적 다원주의에 열광한 나머지 감상적인 저속한 작품들을 내놓은 경우가 허다했다. 니체가 작품에서 어떤 명제를 힘주어 주장하면, 그 명제는 더욱더 목표물에서 벗어났다. "신은 죽었다"라는 명제를 니체는 수없이 많이 사용했지만, 다윈 이후 니체의 동시대인들 대부분은 이미 이 말의 뜻을 알고 있었다.

1887년 니체는 마지막에서 두 번째로 질스 마리아의 만년설이 덮인 알프스의 정상을 바라보았다. 그리고 그의 과거 논문에서 다루었던 영리한 동물들에 관한 주제를 재발견했다. 그 주제는 인간이라는 동물 모두가 갖는 제한된 인식의 문제였다. 니체의 논박서 『지식의 계보학』 첫머리는 다음과 같이 시작한다.

"우리는 서로에게 알려지지 않았다. 우리가 인식하는 주체인데도 서로에게 알려지지 않은 것이다. 여기에는 충분한 이유가 있다. 우리가 스스로 절대 찾아 나서지 않았기 때문이다. 사실이 이러니, 우리가 어느 날 스스로 찾아 나서는 일이 어떻게 일어날 수 있단 말인가?"

여기서 니체는 자기 자신을 단수가 아닌 복수로 언급하고 있고, 또 매우 특별한 동물의 종(種)으로 언급하고 있다.

"우리의 보물은 우리 인식의 벌통이 있는 곳에 있다. 우리는 타고난 날짐승이자 정신적인 꿀의 채집자로서 그 인식을 찾기 위해 항상 길을 나선다. 우리는 원래부터 오로지 '하나', 즉 인식을 '집으로 가져오는 것'에 진심으로 몰두하고 있다."

하지만 그렇게 하기에는 니체에게 남아 있는 시간이 너무 없었다. 2년 후 이탈리아의 토리노에서 그는 쓰러졌다. 어머니는 이탈리아에 있는 44세의 아들을 예나로 데려가 예나대학 부속병원에 입원시켰다. 그런 후 그는 어머니 곁에서 살게 되었으며, 더 이상 글을 쓸 수 없었다. 8년 후 어머니가 사망하자, 정신병을 심하게 앓던 니체는 그다지 애정이 없던 누이동생 엘리자베트의 집으로 옮겨가 지내게 되고, 그로부터 3년 후 1900년 8월 25일 바이마르에서 55세의 나이로 세상을 떠났다.

글을 쓰면서 주문(呪文)을 외듯 불러일으키는 니체의 자의식은 굉장한 것이었다.

"나는 내 운명을 안다. 사람들이 훗날 무언가 엄청난 것을 기억하게 되면 반드시 내 이름을 거기에 결부시킬 것이라는 사실을."

이러한 니체의 터무니없는 언동은 실제로 그가 죽은 후 20세기의 가장 영향력 있는 철학자가 되어 허무맹랑한 것이 아님을 입증했다. 도대체 니체의 자의식의 근원은 어디에 있는 것일까?

니체의 위대한 업적은 비판 정신에 있다. 그것도 역동적이면서도 인정사정없는 비판이다. 인간 스스로 만든 방식의 논리와 진리에 따라 자신이 살고 있는 세계를 판단하는 것이 얼마나 주제넘고 무지한 짓인지를 니체는 그 이전의 어떤 철학자보다 더 열정적으로 보여주었다. '영리한 동물들'은 자신들이 독점적인 지위를 점하고 있다고 믿었다. 이에 반해 니체는 인간이란 사실상 동물에 불과하며, 인간의 사고를 규정짓는 것은 이성이 아니라 충동과 본능, 원초적 의지 그리고 제한된 인식 능력이라고 강하게 주장했다. 그런 이유에서 당시 대부분의 서양 철학자가 잘못 생각하고 있었던 것은, 인간을 아주 특별한 존재, 즉 자기를 인식할 수 있는 고성능 컴퓨터로 간주했다는 것이다. 과연 인간이 자기 자신과 객관적 실재를 정말로 인식할 수 있단 말인가? 정말로 인간에게 이러한 능력이 있단 말인가? 그런데 대부분의 철학자는 이를 의심하지 않았다. 이런 질문에 한 번이라도 의문을 품은 철학자조차 별로 없었다. 그들은 오히려 인간의 사고는 동시에 보편적 사고와 비견된다는 가설을 내세울 정도였다. 그들이 보기에 인간은 영리한 동물이라기보다 완전히 다른 차원에 있는 존재였다. 그들의 철학은 인간이 동물계로부터 받은 유산을 체계적으로 부정했다. 그들은 한 사람씩 번갈아 가며 인간과 동물 사이의 건너뛸 수 없는 커다란 구덩이를 파낸 것이다. 생명력 넘치는 자연을 평가하기 위해 유일하게 인정받은 기준은 인간의 오성과 이성, 사고력과 판단력이었다. 그래서 그들은 '단순히' 육체적인 것은 별로 중요하지 않은 2순위로 평가했다.

　서양 철학자들은 인간에 대한 그들의 관념이 옳다고 확신하기 위해 신께서 인간에게 인식이라는 뛰어난 도구를 부여했다고 생각했음이 틀림없다. 그들은 백과사전에 가까운 『자연의 책』(14세기 중엽 가톨릭 카노니크 단원인 콘라트 폰 메겐베르크가 저술한 책 – 역자 주)에서 세계에 대한 진리를 읽을 수 있었는데, 그것의 도구는 바로 인간의 인식이라고 확신했다. 그러나 신이 죽었다는 것이 사실이라면, 인식이라는 도구는 신께서 인간에게 부여한 것이 아니라 자연의 산물이 되고, 자연에 속한 모든 것이 그러하듯 인식이라는 도구도 불완전한 것임이 틀림없다. 니체는 아르투르 쇼펜하우어의 철학에서 벌써 이러한 통찰을 읽었다. 즉 "우리 인간이란 일시적이며, 유한하고, 일장춘몽 같으며, 그림자처럼 스쳐 지나가는 그런 존재다", 이러한 견해를 피력하는 사람들에게 "인간을 무한하면서도 영원한 그리고 절대적인 존재로 파악하는 지성"이란 개념은 대체 무엇을 의미할까? 인간의 인식 능력은 이미 쇼펜하우어와 니체가 예감했듯이 진화론적 적응 과정에서 직접적으로 파생되었다. 그래서 인간이 인식할 수 있는 것은 진화의 경쟁에서 생겨난 인식이라는 도구가 인간의 인식 능력에 허용하는 것뿐이다. 다른 여타의 동물처럼 우리 인간도 자신의 감각과 의식이 통찰력이 허용하는 범위 내에서 세상을 구체적으로 형상화하는 것이다. 한 가지만은 분명하다. 우리의 모든 인식은 무엇보다 우리의 감각에 의존한다는 것이다. 들을 수 없는 것, 볼 수 없는 것, 느낄 수 없는 것, 맛볼 수 없는 것, 그리고 더듬어 볼 수 없는 것들은 우리의 감각적인 인식 대상이 아니며, 또한 그것들은 우리 인식 세계에서 존재하지 않는다. 아무리 추상적인 것이라 해도 그것을 상상하기 위해서는 그것을 하나의 부호 또는 상징으로 읽어 내거나 볼 수 있어야 한다. 이 세계를 완전히 객관적으로 이해하기 위해 인간은 동물에게나 볼 수 있는 초인간적인 감각기관이 필요할 것이다. 예를 들면 독수리의 눈이 지닌 초능력, 수 킬로미터 떨어진 곳에서도 냄새를 맡을 수 있는 곰의 후각 기능, 물고기의 몸에 배열돼 있는 기계적 감각기인 측선계, 지진이 일어나기 전 미세한 진동도 감지해 내는 뱀의 능력 등등이다. 이 모든 것 중에서 인간이 할 수 있는 것은 아무것도 없으며, 그 때문에 사물에 대한 포괄적이면서도 객관적인 관점도 있을 수 없다. 우리가 살고 있는 세계는 세계 '그 자체'인 것이 절대 아니며, 개와 고양이, 새 또는 풍뎅이의 세계와 다를 바 없다. 수족관에 있는 아버지 물고기는 어린 물고기에게 이렇게 설명한다. "얘야, 이 세계란 물로 가득 찬 하나의 커다란 상자란다!"

니체는 철학과 종교에 관해 냉혹한 시선을 보냈는데, 이러한 사실은 인간에 대한 대부분의 자기 정의(定義)가 얼마나 힘들었는지를 입증해 주고 있다(니체 자신도 이 세계에 새로운 긴장감과 힘겨움을 던져 주었던 것은 사실이지만, 이것은 완전히 별개의 문제였다). 인간의 의식이란, 예를 들어 "진리란 무엇인가?" 하고 급박하게 질문을 재촉한다고 해서 이를 통해 형성되는 것은 아니다. 이보다 훨씬 더 중요한 질문은 "내가 살아남고 계속 발전하기 위해 무엇이 최선인가?" 하는 것이다. 이러한 질문에 도움이 되지 못하는 것은 아마도 인간의 진화 과정에서 중요한 역할을 할 기회가 거의 없었기 때문일 것이다. 니체는 이러한 인간의 자기 인식이 인간을 더 현명하게 만들어 혹시라도 인식 감각을 증대시키는 '초인'으로 발전할 수 있으리라는 막연한 희망을 가졌다. 하지만 여기서도 역시 니체의 파토스보다 더 나은 처방은 신중함이었다. 인간의 의식에 관해 아무리 많이 통찰하더라도, 인간에게 완전한 객관성을 지닌 인식이란 불가능하다는 사실에는 변함이 없기 때문이다. 또한 니체 시대 이후 엄청난 발전을 이루었던 —우리가 앞으로도 계속 주시하게 되는— 니체의 '화학', 즉 주도면밀하게 개발한 측정 도구와 극도로 예민한 관찰 방법을 사용한다 하더라도 완전한 객관성을 지닌 인식이 인간에게 부정되는 것은 마찬가지였다.

그런데 완전한 객관성을 지닌 인식이 인간에게 부정되고 거부된 것이 나쁜 일일까? 만약 인간이 자기 자신에 관해 모든 것을 알게 되면, 그것이 훨씬 더 바람직하지 못한 일이 아닐까? 우리 머리 위에서 자유롭고 독립적으로 떠도는 진리가 과연 필요한 것일까? 진리를 찾아가는 길이 또한 아름다운 목표가 되는 경우가 종종 있다. 특히 그것이 긴장 넘치는 길일 경우 그러하다. 우리를 우리 자신에게 인도해 주는 복잡하게 얽힌 길들처럼 말이다. 니체는 『도덕의 계보학』에서 이렇게 묻고 있다.

"우리는 우리 자신을 찾아 나선 적이 결코 없었다. 그런데 어느 날 우리 자신을 찾아내는 일이 어떻게 가능하단 말인가?"

그러므로 현재 우리에게 가능한 범위 내에서 우리 자신 찾기를 시도해보자. 어떤 길을 선택해야 할 것인가? 어떠한 방법을 사용할 것인가? 길의 종착지에서 찾게 되는 것은 과연 어떤 모습일까? 우리의 모든 인식이 척추동물의 두뇌를 벗어나지 못하고 그 속에서 벌어진다면, 바로 이 두뇌에서 시작하는 것이 최선일 것이다. 그러면 첫 번째 던질 질문은 다음과 같다. 인간의 뇌는 어디에서 유래한 것일까? 인간의 뇌가 지금처럼 이렇게 형성된 이유는 무엇일까?

02

우리는 어디에서 왔는가?

하늘에 떠 있는 루시

도널드 칼 조핸슨, 에티오피아 하다르에서 루시를 찾다

이 이야기는 세 가지로 이루어져 있다. 첫 번째 이야기는 이렇다. 1967년 2월 28일 미합중국은 베트남 북부에 네이팜 폭탄과 에이전트 오렌지[2]를 투하했고, 베를린에서는 최초의 학생 시위가 일어났으며 —같은 해 1월 12일에는 정치적 학생 공동체 운동인 코뮌 1이 결성되었음— 그리고 체 게바라가 볼리비아 중앙고원에서 게릴라전을 개시했으며, 바로 그날 폴 매카트니, 존 레넌, 조지 해리슨 그리고 링고 스타가 런던의 애비 로드(Abbey Road) 스튜디오에서 다시 뭉쳤다. 그들은 함께 녹음하며 서전트 페퍼스 론리 하츠 클럽 밴드(Sgt. Pepper's Lonely Hearts Club Band)라는 앨범을 결과물로 내놓았고, 그 앨범에는 **'다이아몬드와 함께 하늘에 떠 있는 루시**(Lucy in the Sky with Diamonds)'라는 곡이 들어 있다. '다이아몬드와 함께 하늘에 떠 있는 루시'라는 수록곡의 제목과 초현실적인 내용의 가사 때문에 비틀스 팬들은 오늘날까지도 존 레넌이 여행 중에 가사를 썼으며 또 가사 내용에 들어 있는 각양각색 꿈의 세계는 환각제 엘에스디(LSD)에 대

---

2) 베트남 전쟁 중 미군이 사용한 고엽제 중 하나의 암호명이다 - 역자 주.

한 예찬이라고 믿고 있다.[3] 그러나 사실 그 내용은 소박하면서도 감동적이다. 루시는 존 레넌의 아들인 줄리언과 같은 반 여자 친구의 이름이었고, 친구 루시가 그린 그림을 줄리언이 아버지에게 보여주었기 때문이다. 그 그림이 바로 '다이아몬드와 함께 하늘에 떠 있는 루시'다.

이제 두 번째 이야기, 고인류학자 도널드 칼 조핸슨에 관한 이야기를 시작해 보자. 그는 1973년 고인류학 국제 탐사팀의 일원으로 에티오피아의 도시 하다르(Hadar)에서 멀지 않은 고원지대를 방문한 적이 있었는데, 그때 그는 채 30세도 되지 않았다. 당시 그는 이미 침팬지 치아 전문가라는 명성을 지녔지만, 그런 자신의 이미지를 오히려 저주스럽게 여겼다. 이미 3년 전부터 조핸슨은 침팬지의 치아 배열에 관한 박사 논문을 쓰면서 전 유럽의 박물관을 돌아다니며 유인원의 두개골을 조사했는데, 사실상 더 이상 침팬지의 치아에는 관심이 없었다. 그런데도 조핸슨과 같이 유인원과 침팬지에 관한 지식이 있는 사람이라면 프랑스와 미국 출신의 명망 있는 연구자로 구성된 탐사팀에는 황금과도 같은 가치가 있었다.

인간의 화석을 탐사하는 팀이라면 반드시 치아 전문가가 필요했다. 빈번하게 발굴되는 유골 중에서 가장 보존 상태가 좋은 것이 치아이고, 더구나 사람과 침팬지의 치아는 매우 비슷했기 때문이다. 조핸슨 자신도 탐사팀과 함께하게 된 것을 기뻐했다. 스웨덴 이민자 출신의 아들로 태어나 코네티컷주의 하트퍼드(Hartford)에서 살던 그에게는 자신의 학문적인 경력을 쌓기에 다시없는 기회였기 때문이다. 아버지가 돌아가셨을 때 조핸슨은 겨우 두 살이었으며, 그래서 그는 유년 시절을 불우한 환경 속에서

---

3) 노래 제목(Lucy in the Sky with Diamonds)의 앞 글자만 따면 마약, 환각제를 암시하기 때문이다.
 ─ 역자 주.

보냈다. 그런데 어린 조핸슨을 보살펴준 사람은 아버지의 친구이자 이웃에 살던 인류학자였다. 그는 조핸슨을 후원해 주면서 선사시대와 고대사에 관한 관심을 자극했다. 훗날 조핸슨은 대학에서 인류학을 전공했고, 자신의 후원자를 모범으로 삼아 그 뒤를 따랐다. 조핸슨 스스로는 후원자보다 더 큰 업적을 남기고자 했다. 하지만 구레나룻을 기른 검은 머리의 굼뜨고 젊은 조핸슨은 자신이 해야 할 일이 무엇인지 전혀 알지 못했다. 그는 아프리카 북동부의 아와시강 가까이에 있는 소위 아파르 삼각주 캠프에서 작열하는 태양 아래 무더운 날씨를 견디며 쪼그리고 앉아, 돌멩이와 먼지 그리고 흙 사이를 파헤치며 고대 유골을 찾고 있을 뿐이었다. 그런데 얼마 지나지 않아 그는 몇 개의 보기 드문 뼛조각을 우연히 발견했는데, 정강이뼈의 위쪽 부분과 넓적다리의 아래쪽 부분이었다. 이 두 개의 뼛조각은 서로 완벽하게 꼭 들어맞았다. 조핸슨은 이 뼛조각이 직립보행을 하는 약 90cm의 키를 지닌 작은 영장류의 무릎뼈라고 확신했으며, 또한 이 영장류는 300만 년 이전부터 살았음이 분명하다고 간주했다. 이 발견은 센세이션을 일으켰다! 300만 년 이전에 이미 인간과 비슷한 존재가 직립보행을 했다는 사실은 그 당시까지는 알려지지도 않았고 전혀 생각조차 할 수 없는 일이었기 때문이다. 그러니 무명의 젊은 침팬지 전문가가 이런 발견을 했다는 것을 도대체 누가 믿어 주겠는가? 그에게는 단하나의 방법이 있었다. 그 유인원의 유골 전체를 발견해야만 했다! 시간이 흘러, 1년이 지난 후 조핸슨은 아파르 삼각주로 돌아왔다. 1974년 11월 24일 조핸슨은 미국 대학생 톰 그레이를 동반해 어느 유골 발굴지로 갔다. 캠프로 돌아오기 전에 그가 마지막으로 우회했을 바로 그때, 조핸슨은 그곳의 강가 자갈들 사이에서 팔의 뼈를 하나 찾아냈다. 그런데 그 주변에 더 많은 뼈가 널려 있었다. 한쪽 손에서 나온 뼛조각들, 척추뼈, 갈비뼈, 두개골의 뼛조각 등 원시 그대로의 해골이 우수수 발굴되었다.

이 발견은 세 번째 이야기와 관련이 있다. 체구가 작은 한 여성에 관한 이야기인데, 그 여성은 오늘날의 에티오피아에 해당하는 지역에 살았다. 그녀는 직립보행을 했고, 그녀의 손은 오늘날의 성인 남성보다 크기는 물론 작았지만 그런데 그 생김새는 놀랄 정도로 비슷했다. 그녀는 키가 매우 작았지만, 남성 친척들의 키는 거의 140cm 정도 되었다. 그녀는 작은 키에 비해 매우 힘이 세었던 것 같았다. 골격은 단단했고, 팔도 상당히 긴 편이었다. 머리는 인간보다는 유인원의 머리와 비슷했다. 심하게 튀어나온 턱과 이마 주위의 두개골 부분이 평평했기 때문이다. 추정컨대 아프리카의 다른 유인원들처럼 검은 털이 그녀의 몸을 덮고 있었던 것 같다. 물론 이것에 대해 확실히 아는 사람은 아무도 없다. 그녀가 얼마나 영리했는지 말하기도 어렵다. 그녀의 뇌 크기는 침팬지와 거의 정확하게 똑같았지만, 그렇다고 그녀의 머릿속에서 무슨 일이 일어났는지를 누가 감히 말할 수 있겠는가? 그녀는 20살에 죽었으며, 사망 원인은 알려져 있지 않다. 318만 년이 지난 후 그녀의 유골은 'AL 288-1'이라는 번호표를 달았으며, 지금까지 발굴된 유골 중에서 가장 오래되었고 거의 완전한 유골이다. 그녀는 **오스트랄로피테쿠스 아파렌시스**(Australopithecus afarensis) 종에 속한다. 오스트랄로피테쿠스는 '남방 원숭이'라는 의미이고, 아파렌시스는 아파르 삼각주에서 발굴되었다는 발굴 장소를 나타낸다.

조핸슨과 그레이, 두 연구자는 특수 지프차를 전속력으로 거칠게 몰면서 캠프로 돌아왔다. 그레이가 멀리서부터 외쳤다. "우리가 찾아냈어요. 오, 하느님, 우리가 해냈어요. 전부 찾아냈단 말이에요." 캠프의 분위기는 행복감으로 한껏 달아올랐다. "그것을 발견한 첫날밤에는 잠을 잘 수 없었어요. 우리의 이야기는 그칠 줄 몰랐고 너나없이 밤새도록 맥주를 마셨어요." 조핸슨은 그날 밤을 이렇게 기억한다. 캠프 사람들은 떠들썩하게 웃고 춤을 추었다. 그런데 바로 이 장면에서 첫 번째 이야기는 두 번째, 세 번째 이야기와 함께 하나의 이야기로 엮인다. 캠프 안에 있는 카세트 테이프 녹음기에서는 가장 큰 볼륨으로 **'다이아몬드와 함께 하늘에 떠 있는 루시'**라는 음악이 쉴 새 없이 흘러나왔으며, 에티오피아의 밤하늘에 울려 퍼졌다. 언젠가 40% 정도 완전하게 발굴된 유골이 화젯거리가 되었을 때는 그것을 '루시'라고 불렀던 것이다. 레넌의 아들 줄리언의 같은 반 친구인 '루시 오도널'도 자기 이름이 이렇게 불리는 것을 기뻐했을 것이다. 자기 이름을 따서 유아 세례명을 받은 한 여성이 선사와 고대사를 통틀어 가장 유명한 발굴물이 되었기 때문이다.

조핸슨이 발굴한 루시는 그 이전까지 단지 그럴듯한 추측으로 간주되었던 논의, 즉 '인류의 요람'은 아프리카라는 것을 사실로 입증해 주었다. 인간 발전사로서의 계통 발생사의 논의는 창조 신화가 옳다는 것을 보여준다(인간 발전의 역사가 계통 발전의 역사와 궤를 같이한다는 사실은 창조 신화의 정당성을 입증하는 것이다). 마찬가지로 인류의 요람에 대한 논의는 인간과 동물 사이에 경계를 지을 수 있다는 희망을 갖게 하는데, 그 이유는 태초 인간의 장소뿐만 아니라, 그 시간대도 제시되었기 때문이다. 인간은 동부 아프리카의 그레고리(Gregory) 협곡에 있는 거대한 지질학적 자궁에서 태어나, 직립보행을 하며 석기로 만든 무기를 갖추고 커다란 야생동물을 사냥하게 되었다는 것이다. 그렇지만 이 협곡에서 태어난 인간이, 최초이자 유일한 유인원으로서 직립보행을 선택하고 도구를 사용하며 그 도구로 커다란 야생동물을 사냥했던 바로 그 인간이면서, 똑같은 종일까?

유인원을 대표하는 최초의 화석 유골은 약 3,000만 년 전의 것이다. 이 시기의 원숭이들에 대해 우리가 알고 있는 것은 사실상 아무것도 없다. 무엇인가를 추론하고 싶은 학자들 앞에 놓여 있는 것이라고는 손상을 입어 불완전하게 남아 있는 몇 개의 반 토막짜리 아래턱과 2~3개의 두개골이 전부이기 때문이다. 그 시기 이후의 원시 원숭이들을 분류할 때도 오리무중 불확실한 것은 마찬가지다. 숲을 벌채해 확 트인 초원지대가 생기고 나서야 비로소 고인류학에서는 더 정확하고 나은 통찰이 가능해졌다. 지금으로부터 거의 1,500만 년 전에 동부 아프리카에서는 마그마의 강력한 힘으로 지각이 하늘로 솟아올라 거의 해발 3,000m에 이르렀다. 대륙을 떠받치던 지각 덩어리도 융기하여 두 쪽으로 갈라졌고, 그 사이의 간격이 4,500km 이상이 되었으며 자연히 양쪽의 식생은 완전히 다른 모습을 갖게 되었다. 그레고리 협곡뿐만 아니라 그레이트 리프트 협곡이 형성되어 새로운 형태의 유인원, 즉 인간이 등장하게 되었는데, 이것은 어떠한 다른 환경 요인보다 더 중요했다. 저명한 고인류학자 리처드 리키는 다음과 같이 추정한다.

"만약 그레고리 협곡이 바로 이곳에, 그리고 바로 그 시기에 형성되지 않았더라면, 인간이란 종 자체가 아예 생겨나지 않았을 가능성도 있다."

서부 아프리카는 먹이가 풍부한 열대우림 지역인데, 나무를 잘 타는 원숭이들에게는 이곳이 이상적인 삶의 공간이다. 이에 반해 동부 아프리카에서는 새로운 변화가 많이 일어났다. 숲이 황폐해지자 반 황무지가 생겼고, 건기와 우기가 교대로 반복되는 열대초원 사바나 기후가 나타났으며, 강가에 작은 활엽수 숲이 형성되고, 강은 늪지대를 형성했다. 이러한 동부 아프리카에서 오스트랄로피테쿠스 같은 몇몇 유인원은 400~500만 년 전에 최초로 직립보행을 선호하게 되었다. 그들 중 대부분은 시간이 흘러 감에 따라 멸종했지만, 그래도 진화를 계속했던 유인원들도 있었다. 약 300만 년 전에 오스트랄로피테쿠스는 여러 종으로 나뉘었는데, 몇몇 종 은 우리에게 잘 알려져 있다. 그중에서 튼튼한 두개골과 매우 커다란 광 대뼈를 지니고 채식을 했던 것으로 추정되는 **오스트랄로피테쿠스 로부스 투스**(Australopithecus robustus)의 흔적은 약 120만 년 전 사라져 버렸다. 또 다른 종으로 약한 두개골과 비교적 작은 치아를 지닌 **오스트랄로피테쿠 스 아프리카누스**(Australopithecus africanus)는 **호미나에**(Hominae)라는 과를 대 표하는 **호모 하빌리스**(Homo habilis)의 조상으로 간주되고 있다. 호미나에 라는 과에는 적어도 2개의 종이 나타났지만, 이들의 친족관계는 상당히 불명확하다.

오스트랄로피테쿠스에 속한 종들의 뇌는 원숭이의 뇌와 유형적으로 닮 았다. 모든 유인원이 그러하듯 두 눈은 두개골의 앞쪽에 있는데, 이 말은 모든 원숭이는 언제나 한 방향으로만 볼 수 있다는 것을 의미한다. 시야 를 넓히기 위해서는 눈동자가 아니라 고개를 돌려야만 한다. 이로부터 추 론 가능한 것은 유인원은 한 번에 단 하나의 의식 상태를 가질 수 있다는 것이다. 유인원은 다양한 사물을 동시에 인지할 수 없기 때문에 사물을 언제나 순차적으로 한 가지씩 의식한다. 파리나 문어처럼 부분적으로 극 도로 확장된 시야를 가진 동물은 말할 것도 없이, 포유동물에도 이렇게 제한된 시야를 가진 경우는 거의 없다. 시력에 관해 얘기하자면 모든 원 숭이는 중간 정도의 위치에 있다. 말이나 코뿔소보다는 약간 좋지만, 독 수리 같은 맹금류보다는 훨씬 나쁘다. 대부분의 척추동물처럼 유인원은 좌우를 구별하는 능력이 있다. '왼쪽'과 '오른쪽'을 상상할 수 있다는 것은 주변 세계를 경험하고 사고할 수 있다는 말과 같다. 해파리, 불가사리 그리고 성게 등은 왼쪽과 오른쪽의 구별을 모른다. 그래서 그들의 인식 도구는 왼쪽과 오른쪽, 두 개의 절반으로 이루어진 것이 아니라 원형으로 되어 있다. 유인원은 전기 충격에 대한 감각이 없는데, 이는 다른 많은 동물과 구별되며 특히 상어는 전기 자극에 민감하다. 유인원의 후각 능력은 말할 수 없이 형편없으며, 개와 곰, 많은 곤충도 유인원보다 훨씬 뛰어나다. 유인원의 청각 능력은 아주 뛰어나긴 하지만, 이것마저 개나 곰의 청각 능력이 훨씬 더 낫다.

약 300만 년 전에 몇몇 소수의 유인원에게 놀랄 만한 변화가 일어났는데, 그 변화 과정은 오늘날에도 과학계의 수수께끼로 남아 있다. 말하자면 비교적 짧은 시간에 그들의 뇌 용량이 늘어난 것이다. 오스트랄로피테쿠스에 속한 종들의 뇌 용량이 400~550g에 불과했다면, 약 200만 년 전의 **호모 하빌리스**(Homo habilis)의 뇌 용량은 벌써 500~700g에 달했다. 그리고 180만 년 전에 지구상에 등장한 **호모 하이델베르겐시스**(Homo heidelbergensis)와 **호모 에렉투스**(Homo erectus)의 뇌 용량은 800~1,000g이나 되었다. 약 40만 년 전에 등장했던 현생인류인 **호모 사피엔스**(Homo sapiens)는 1,100~1,800g의 뇌 용량을 지니고 있다.

이렇게 뇌 용량이 급격하게 증가한 원인을 이전의 과학자들은 원인(原人)에게 닥친 새로운 도전 때문이라고 즐겨 설명했다. 리프트 계곡의 사바나 지역은 이전에 살았던 열대우림과는 다른 삶의 조건을 제시했고, 오스트랄로피테쿠스에 속한 종들과 초기 호모(Homo)에 속한 여러 종은 이에 잘 적응했다. 여기까지는 모두 맞는 말이다. 하지만 환경 조건이 변화됐다고 해서 뇌 용량이 급격하게 증가했다는 주장은 일반적이지 않으며, 오히려 완전히 예외적인 현상이다. 동물의 종들이 환경에 적응한다는 것은 이례적인 일이 아니다. 그들은 변화하면서 몸집이 커지기도 하고 작아지기도 한다. 그런데 그 과정에서 그들의 뇌 용량이 폭발적으로 증가하는 일은 절대 일어나지 않는다. 또한 오늘날 사바나에 사는 원숭이가 열대우림에 사는 원숭이보다 절대 더 영리하지도 않다. 그러나 우리의 조상이었던 유인원에게는 아주 특별한 성장 과정이 있었다. 다시 말해 그들의 뇌가 그들의 몸통보다 더 빨리 성장했다. 지금까지 알려진 바로는, 이러한 과정은 두 개의 동물 종에서만 일어났는데, 하나는 인간이고 다른 하나는 돌고래다.

1920년대 프랑스의 에밀 드보(Emile Devaux)와 네덜란드의 루이스 볼크(Louis Bolk)는 인간의 뇌 발달 과정에서 특별한 메커니즘을 발견했다. 이 두 사람이 제각각 독립적으로 발견해 낸 결론은 인간의 뇌는 출생 이후에도 여전히 완성되지 않았지만, 유인원들의 뇌는 거의 완성된 채 이 세상에 태어난다는 사실이다. 이들의 연구에 의하면, 인간은 태아 상태로 자궁 속에 오래 머물며 이 기간에도 학습을 계속한다는 것이다. 이러한 추정은 오늘날의 뇌 연구에서도 입증할 수 있다. 모든 다른 포유동물의 뇌는 출생 이후 성장하는 속도가 몸통보다 훨씬 느리지만, 인간의 뇌는 평생 어머니의 배 속에서처럼 거의 똑같은 속도로 계속 발달한다. 이런 방식으로 인간의 뇌는 자라기 때문에 그 크기는 다른 유인원이 넘보지 못할 정도다. 특히 소뇌와 대뇌피질은 출생 이후에도 계속 성장한다는 특별한 혜택을 보고 있다. 대뇌피질 속에는 무엇보다도 공간에서의 방향 감각, 음악성 그리고 집중력을 관장하는 부위가 있다.

지금까지 말한 사항들이 현대까지 알려진 뇌의 성장 과정이다. 그러나 인간의 뇌가 약 300만 년 전에 이러한 방식을 취하게 된 이유가 무엇인지, 아직도 거기에 대해서는 막연히 추정만 할 수 있을 뿐이다. 어떤 일이 진행됐는지 자세히 알게 되었지만, 역설적으로 그만큼 더 이해하지 못하고 있다. 아무리 사바나의 삶에 적응하는 과정에서 엄청난 변화를 겪는 것이 불가피했다고 하더라도 —이것은 이론의 여지가 없다— 그렇게 중대한 변화가 일어난 것이 단지 주변 환경에 적응한 결과라고 설명할 수는 없기 때문이다. 직립보행이 위험에서 도피하는 행동에 변화를 주었다는 말은 분명 맞는 얘기다. 사바나에서 가족 집단의 공동체적 삶은 열대우림에서의 방식과는 달랐을 것이다. 식량을 구하는 일에 전문가가 되었다는 것도 매우 명백하다. 그러나 뇌 용량이 3배로 증가한 것과 같은 근본적인 변화가 이런 사실을 통해 설명될 수는 없다. 외부로부터 강요된 그러한 변화가 일어나기에는 우리 인간의 뇌는 매우 복합적이다. 브레멘의 뇌 연구가 게르하르트 로트(Gerhard Roth)는 다음과 같이 말한다.

　"인간이 특별히 커다란 대뇌피질과 전두엽 피질을 가진 이유가 그것을 급박하게 사용하는 일 때문인 것은 아니다. 오히려 아무런 이유 없이 그것을 물려받았을 뿐이다."

　인간의 뇌가 주변 환경의 요구에 대해 반응만 하는 것은 아니다. 이 책의 제1장에서 우리 척추동물의 뇌가 진화 과정에 적응한 결과라고 언급되었다면, 사실상 그 정확한 상관관계는 지금까지 전혀 밝혀지지 않았다는 것을 인정해야 한다. 그래서 진화라는 말 대신에 '최적화'라는 용어가 등장하기도 했지만, 지금까지 납득할 만한 근거는 없었다. 굳이 근거를 찾자면, 우리 조상들은 머릿속에서 성장하고 있던 고성능 기계를 오랫동안 의도적으로 거의 사용하지 않았다는 것이다. 오스트랄로피테쿠스에서 호모 하빌리스와 호모 에렉투스로 발전하는 과정에서 인간의 조상이 되는 유인원의 뇌는 엄청난 속도로 용량이 증가했지만, 그 뇌 용량의 증가로 인해 문화적인 업적을 이룬 것은 거의 없었고 겨우 작업 도구 사용을 구분하는 정도에 그쳤기 때문이다. 수십만 년에 걸쳐 고성능 뇌를 갖추게 된 우리 인류는 약 100만 년 전에 광범위한 뇌 성장을 마친 후조차도, 그들이 위급할 경우 겨우 돌도끼를 사용하는 것이 전부였다. 불과 4만 년 전에 멸종된 네안데르탈인이 사용했던 도구는 오히려 단순했으며 거의 가공하지 않았다. 비록 그들의 뇌 용량이 오늘날 인간의 뇌 용량을 뛰어넘었음에도 불구하고 말이다!

근대 인간의 발전과 그 독보적인 문화 발전 과정에서 결정적 역할을 한 것은 인간 뇌의 크기와 상태라는 점에 대해서는 의심할 여지가 없다. 그런데 인간이 두뇌를 사용하면 충분히 가능한 기술적인 혁신 능력이 있음에도 불구하고 무슨 이유로 이를 최근에서야 사용하게 된 것인가? 해답은 쉽게 떠오른다. 인간의 뇌는 기술적인 진보보다는 다른 많은 기능을 광범위하게 수행해야 했다. 오늘날의 유인원 역시 지능이 뛰어나다. 이들도 오스트랄로피테쿠스에 속하는 종들처럼 원시적인 도구를 사용하지만, 그들이 돌이나 나뭇가지를 단순하게 다루는 솜씨를 보고 지능이 떨어진다고 간주해서는 안 된다. 유인원은 그 지능의 대부분을 복잡하게 얽힌 사회생활을 하는 데 사용하고 있으며, 인간에게도 일상의 가장 커다란 도전은 같은 종으로서의 인간이다(2부 11장에 나오는 '용을 죽이는 자의 칼' – 참조). 그런데도 우리는 우리가 가진 잠재력의 아주 일부분만 사용하고 있다. 지능이란 우리가 반드시 해야만 하는 것이 무엇인지 모를 때 우리가 작동시키는 것이기 때문이다. 오늘날 유인원 연구자들이 원숭이를 관찰하듯 알베르트 아인슈타인(Albert Einstein)을 관찰한다고 하더라도 대부분의 시간에 그들이 볼 수 있는 특별한 일은 없을 것이다. 밤에 잠자리에 들고, 아침에 일어나 옷을 갈아입고, 식사를 하는 등 그의 평범한 일상에서 자신의 천재성을 사용할 경우는 거의 없다. 천재적인 착상이나 영감은 평범한 일상생활에는 전혀 필요 없기 때문이다.

인간의 뇌는 매우 인상적이며 화려하다. 하지만 항상 최고난도 단계에 초점이 맞추어져 있는 체스 전용 컴퓨터가 아니다. 인간의 뇌는 대부분 낮은 수준에서 작동하고, 그로 인해 인간은 자신들의 조상인 유인원의 수준과 비슷하게 되는 것이다. 그래서 인간은 전쟁이나 침략 같은 행위자의 특성이 돋보이는 본능과 행동 방식, 충동성, 가족에의 소속감과 공동체 의식 등을 원숭이들 특히 그중에서도 유인원과 함께 공유한다. 우리가 동물의 삶에 대해 많이 배우면 배울수록, 우리는 자신을 더욱더 강하게 인식하게 된다. 이것은 2억 5,000만 년에 걸친 포유동물 뇌 피의 나선형 융기에서 울리는 메아리와 같은 것이다.

니체가 말하는 영리한 동물들이란 실제적인 동물이다. 그리고 그 동물들이 지니는 유례없는 인식 능력은 영원히 수수께끼로 남아 있다. 19세기 초반의 낭만주의 시대에 속했던 몇몇 철학자는 자연의 운행에 의미를 부여했고, 그 의미의 종착지에 인간이 있다고 보았다. 즉 인간이라는 존재는 이 세상의 섭리를 이해하기 위해 창조된 것이었다. 자연이 스스로 인식하는 길은 인간 내면에서 가능하다고 하는 주장은 인간의 오만으로 들린다. 현실 세계에서 인간과 인간의 행위가 진화의 목적이라는 증거는 없다. 그들이 주장하는 역사의 진행뿐만 아니라 '목적'이라는 개념 또한 의심스럽다. 목적이라는 것은 상당히 인간적인 사고 범주이며(불도마뱀에 목표가 있을까?), 또한 목적이라는 것은 '진보'와 '의미'라는 개념처럼 인간에게 전형적으로 나타나는 시간 개념과 연결돼 있다. 그렇지만 자연은 물리적 · 화학적 · 생물학적 사안이다. 그리고 '의미'라는 개념은 이른바 단백질과는 전혀 다른 속성을 지닌다.

니체가 말하는 영리한 동물 중에서 좀 더 영리한 동물들은 이것을 이해하고 있으며, 그 때문에 더 이상 위대한 전체, 즉 '객관적' 실재에 신경 쓰지 않으며 오히려 자신에게 다음과 같이 질문한다. 도대체 내가 알 수 있는 것은 무엇인가? 그리고 내가 아는 것과 내가 알 수 있는 것은 어떻게 작동하는가? 여기서 철학자들이 즐겨 말하고자 하는 것은 우리 자신의 자기 이해와 세계 이해의 기초에 대한 '인식의 전환'이다. 이것을 이해하기 위해 나는 우리 인간의 인식 기초를 찾아가는 여행에 독자 여러분과 함께하고 싶다. 이미 조핸슨의 루시에서 중요한 부분이 소개된 바 있다. 그러니 이제 루시와 함께 저 우주로 날아가 보자. 이전 시대의 철학자들이 여행했던 것보다 훨씬 더 흥분되는 세계일 것이다. 우리의 감정과 사고를 탐사해 보자. 즉 우리 뇌의 내부로 들어가는 여행을 하자.

03

나의 뇌는 어떻게 작동하는가?

정신의 우주

라몬 이 카할, 스페인 마드리드에서 정신의 우주를 발견하다

이 세상에서 가장 복잡한 것은 무엇일까? 어려운 질문이긴 하지만 자연과학의 관점에서 보면 그 대답은 사실상 명백하다. 바로 인간의 뇌다! 겉으로 보기에 인간의 뇌는 그다지 특별할 것이 없다. 그 무게는 고작해야 1.36kg 정도이고, 부풀어 오른 호두 모양이며, 또한 안정적인 밀도를 가진 부드러운 단백질로 이루어져 있다. 하지만 그 속에는 전 우주에서 아마 가장 복잡한 메커니즘이 숨어 있을 것이다. 1,000억 개의 신경세포가 그 속에서 주변과 연결돼 신호를 주고받는데, 그 수는 무려 50경(京)에 달한다. 잘 알려진 비교를 들자면, 이 숫자는 아마존의 열대우림에 있는 나뭇잎의 전체 개수와 같다고 한다. 약 120년 전까지만 해도 뇌의 내면생활에 대해 알려진 것은 거의 없었다. 뇌에 관해 무언가를 연구하고 글을 남기려 했던 사람은 어쩌면 손전등을 가지고 깜깜한 밤하늘을 비추어 보는 사람이나 마찬가지였다. 그런데 더 놀라운 사실은, 뇌의 일반적인 작동과정을 최초로 설명하고 그러한 메커니즘의 기초가 무엇인지를 밝혀낸 사람의 이름이 오늘날 거의 알려져 있지 않다는 점이다. 객관적으로 20세

기의 가장 중요한 자연과학자와 사상가를 언급할 때 절대 빠뜨려서는 안 되는 인물이 있다면, 그는 바로 산티아고 라몬 이 카할(Santiago Ramón y Cajal)이다. 그에 관해서는 독일어로 된 전기(傳記)조차 없다.

라몬 이 카할은 1852년 스페인의 나바라 지방 페티야 데 아라곤에서 태어났다. 그는 니체보다 여덟 살이 어렸으며, 라몬 이 카할이 태어나 유년 시절을 보내는 동안 다윈(Darwin)은 런던 근처의 다운(Down)에 기거하면서 그 유명한 『종의 기원』을 집필하고 있었다. 라몬 이 카할이 생물학과 관련된 일을 하리라고는 전혀 예측할 수 없었다. 어린 시절에는 화가가 되고자 했다. 그는 어렸을 때, 인간의 육체를 연구해 그림으로 표현하기 위해 아버지와 함께 옛 공동묘지에서 유골을 파헤쳤다. 카할의 아버지는 사라고사 소재 병원의 해부학 분야 외과 의사였다. 카할은 유골에 깊이 빠져들었고, 결국 그는 화가에서 해부학자가 되었다. 위대한 다윈은 시체를 해부하는 일에 역겨움을 느껴 한때 의학 공부를 중단하기도 했다. 이에 반해 카할은 시체를 연구하기 시작했을 때, 그 일에 제대로 푹 빠졌다. 그래서 21세에 벌써 의사가 되었으며, 사람의 시체와 유골에 너무 심취했기 때문에 군의관으로 입대하게 된다. 1874년에서 1875년까지 쿠바 탐험 여행에 참여했지만 그 과정에서 말라리아와 폐결핵에 감염되었다. 고향으로 돌아온 후 사라고사대학 의학부의 외과 의사 조수가 되었으며, 1877년 마드리드 콤플루텐세대학에서 박사 학위를 받았다. 발렌시아대학 일반 해부학 교수가 된 카할은 뇌의 매력을 발견하고, 마법에라도 걸린 듯 점점 더 여기에 빠져들었다. 해부학의 모든 규칙에 따라 아주 자세하게 인간의 뇌를 연구한 사람이 어째서 그때까지 아무도 없었을까? 그때까지 연구되었던 것은 단지 기초적으로 뇌의 영역들을 해부학적으로 분류한 것에 불과했다. 카할은 야심 찬 계획을 세웠다. 그는 뇌의 내부에서 일어나는 **일련의 과정**을 파악하고서 거기에 하나의 새로운 학문의 기초를 세우고자 했다. 이른바 '합리적 심리학'이라고 이름 붙여진 학문이었다. 그는 인간 뇌의 세포조직을 하나하나 현미경으로 관찰해, 그가 본 모든 것을 그림으로 옮겼다. 1887년 바르셀로나대학 조직학과 해부병리학 교수를 거쳐, 1892년 스페인에서 가장 크고 유명한 명문 마드리드 콤플루텐세대학으로 자리를 옮겼다. 그리고 1900년에는 국립 위생학연구소와 생물학 연구센터의 소장을 맡았다.

도서관처럼 책으로 가득 찬 마드리드의 연구실에서 찍은 라몬 이 카할의 사진이 한 장 있다. 오른손으로 머리를 괴고 덥수룩한 수염을 한 채 그는 인간의 해골 하나를 뚫어지게 쳐다보고 있다. 또 다른 사진에서는 그가 연구실에서 이와 비슷한 자세를 취한 채 동양풍의 가운을 입고 아프리카 마그레브 모자를 쓰고 있는 모습을 볼 수 있다. 그의 눈은 그윽했고 눈동자는 검었다. 사람들은 그를 보고 자연과학자라기보다는 오히려 화가로 간주했다. 나이가 들자 그의 얼굴에는 음울하고 찌푸린 모습이 보였는데, 수상한 할리우드 갱단의 모습과도 같았고, 악마와 결탁한 자연과학자의 모습처럼 보이기도 했다. 그러나 라몬 이 카할은 무지몽매한 사람과는 전혀 다른 사람이다. 동료들은 그를 높이 평가하고 매우 좋아했다. 그는 겸손하고 관대했으며 따뜻한 유머 감각에 인내심도 몸에 배어 있었다. 라몬 이 카할은 오로지 죽은 인간과 동물의 뇌를 탐구했다. 살아 있는 뇌를 연구하기에는 19세기 말 당시에는 그 분위기가 무르익지 않았다. 당연히 연구는 곤란한 상황에 부닥쳤다. 살아 있는 뇌의 작용 과정을 전혀 관찰할 수 없는 상황에서 뇌가 작용하는 방식을 어떻게 알아낼 수 있겠는가?

그렇지만 카할은 놀라운 방법을 찾아냈다. 달리 표현하여, 죽은 신경세포를 살려내는 엄청난 능력을 발휘하기 위해서는 그에게 초자연적인 힘이 있어야 했다. 카할은 자신의 환상 속에서는 또 하나의 교감성 프랑켄슈타인이었다. 그는 현미경을 통해 보았던 죽은 뇌세포를 마치 실제 살아 움직이고 있는 것처럼 묘사했기 때문이다. 그의 논문과 저서에는 뇌세포의 움직임이 생생하게 묘사돼 있다. 즉 신경세포는 느끼고, 행동하고, 희망하고 죽는다. 하나의 신경세포는 "또 다른 신경세포를 찾기 위해서" 자기 신경섬유를 뻗쳐 주위를 "더듬었다." 이와 같은 방식으로 라몬 이 카할은 뇌의 세부 구조를 기술했고, 뇌 신경계통의 근대적 연구를 위한 기초를 마련했다. 오랜 연구 활동에서 그는 270편의 학술 논문을 썼고, 18권의 저서를 남겼다. 이러한 업적으로 자신의 시대를 뛰어넘어 가장 중요한 뇌 연구자가 되었고, 1906년 노벨 의학상을 받았다.

라몬 이 카할의 연구가 중요한 이유는 뇌 신경세포들이 정상적인 체세포와는 완전히 다른 모습을 하고 있기 때문이다. 수없이 많은 미세한 돌기가 나 있는 기이하고 불규칙한 신경세포의 모습은 이전의 과학 세계에서는 베일에 싸여 있었다. 라몬 이 카할은 이러한 신경세포를 매우 자세하게 그림으로 옮겼다. 기이하게 생긴 거미줄 문양을 섬세하게 그린 스케치도 있었지만, 대부분의 그림은 작은 부분으로 나뉜 해초처럼 보였다. 비록 그가 오늘날까지 통용되는 중요한 개념들 가운데 단 하나의 개념도 스스로 만들어 내지 못했지만, 뇌 신경계통의 요소들을 그보다 더 정확하게 기술한 사람은 그 이전에는 아무도 없었다.

그는 **뉴런**(Neuron)이라는 신경세포와 뉴런의 양쪽 끝에서 다소 길게 뻗어 나온 **축색돌기**(Axon)들을 그림으로 그려놓고 설명을 붙였다. 그는 축색돌기에서 뻗어 나온 **수상돌기**(Dentrit)들을 최초로 자세하게 기술하였으며, 또한 수상돌기의 끝에 있는 신경세포의 의사소통 장소는 자신과 마음이 맞는 영국인 동료 학자 찰스 스콧 셰링턴의 용어인 **시냅스**(Synapse)를 차용했다. 대단히 주도면밀하게 연구를 거듭한 후에 라몬 이 카할은 뇌 신경세포의 알파벳과 다름없는 기초를 발견했다. 하지만 그가 그렇게 명명했던 뉴런의 전기회로가 어떤 방식으로 작동하는지에 대해서는 상상을 덧붙여 생각하지 않을 수 없었다.

라몬 이 카할이 추정한 것 중 많은 것이 훗날 사실로 입증되었다. 그중에서 가장 중요한 가설은 신경 전류가 뇌와 척수를 통과하는 길에서는 항상 한쪽 방향으로만 흐른다는 것이다. 시냅스는 하나의 신경세포와 정보를 교환하고 그 결과를 또 다른 신경세포의 시냅스에 전달한다. 그러나 이 신경 전류의 이동 경로는 일방통행이며, 신호가 흐르는 방향은 언제나 불가역적이다. 라몬 이 카할은 죽은 뇌에서는 시냅스의 의사소통이 어떻게 자유롭게 작동되는지를 보여주지 못했다. 죽은 뇌는 자신의 전기적 또는 화학적 활동에 대해 아무것도 드러내지 않았다. 하지만 그는 뇌에서의 신호 전달이 이런 식으로 이루어진다는 것을 알았다. 독일의 생리학자 오토 뢰비는 1921년에 신경 자극들이 화학적인 매체의 도움으로 하나의 시냅스에서 또 다른 시냅스로 어떻게 이동하는지 최초로 입증했다. 그러나 라몬 이 카할은 그 신경 자극들을 확인할 수는 없었다.

라몬 이 카할은 1934년 82세에 사망했다. 그의 사후 약 30년 만에 유럽, 미국, 호주에서 많은 학자가 뇌에서의 전기화학적 신호 전달과 관련한 근본적인 메커니즘을 연구했고, 또 다른 학자들은 뇌의 개별적 영역들을 더욱 정확하게 해석하는 데 혼신의 힘을 기울였다. 뇌 속에는 무엇이 있고,

각각 하는 일이 무엇이며, 그 이유는 무엇인가?

이와 관련해서는 무엇보다 1940년대에 미국의 폴 매클린(Paul MacLean)이 만든 모델이 유명한데, 그 모델은 인간의 뇌를 일목요연하게 구분해 놓았다. 인간은 하등동물에서 발달해 왔기 때문에, 매클린은 인간의 다양한 뇌의 영역들도 그런 발달 단계에 상응하여 구분했다. 매클린의 모델에 따르면 인간의 뇌는 원래 '세 개의 뇌'로 이루어져 있다.

첫 번째 뇌는 '계통발생학적으로 오래된 파충류의 뇌'이며, 그것은 주로 **뇌간**(腦幹, Hirnstamm)과 **간뇌**(間腦, Zwischenhirn)로 이루어져 있다. 파충류의 뇌는 뇌 중에서 '가장 하급의' 형태다. 여기에는 선천적인 본능만이 있으며, 또 학습 능력이 거의 없어서 사회적인 측면에서는 쓸모가 없다.

두 번째 뇌는 '초기 포유류의 뇌'로서 대뇌의 **변연계**(邊緣系, limbic system)에 해당한다. 여기는 충동과 감정의 고향 같은 곳일 뿐만 아니라 동시에 —매클린이 주장하듯— 의식과 기억을 발달시키려는 최초의 자연적 시도가 이루어진 곳이다.

세 번째 뇌는 '발달한 포유동물의 뇌'인데, 이성과 오성 그리고 논리의 본거지로 **신피질**(Neocortex)에 해당한다. 발달한 포유동물의 뇌는 계통 발생학적으로 상당히 오래된 뇌 영역이다. 매클린이 주장하기에는, 인간 뇌의 이러한 세 가지 영역은 아주 엄격하게 구분돼 있기 때문에 변연계와 신피질 사이에도 별다른 상관관계가 없다는 것이다. 감정과 이성은 엄격하게 두 개의 상이한 뇌 영역으로 분리돼 있으며, 우리가 감정을 이성으로 그렇게 쉽게 통제하지 못하는 이유도 바로 여기에 있는 것이다.

뇌를 정리하는 작업을 한 매클린의 모델은 매우 대중적인 인기가 있었다. 또한 대중이 이해하기에도 쉬웠다. 21세기에 접어들어 많은 철학자가 동물적인 본능, 고차원적인 감정 그리고 영리한 인간의 이성을 서로 구별했던 것처럼, 매클린도 인간의 뇌를 비교적 쉽게 세 개의 영역으로 구분해 놓았다.

하지만 오늘날까지 많은 교과서에 실려 있는 매클린의 이론은 잘못되었다. 사실 우리 뇌 속에서 독립적으로 서로서로 활동하고 있는 세 개의 뇌는 없다! 파충류에서 인간으로 진화하는 과정에서 세 개의 뇌가 단계별로 차례차례 생성되었다는 소박한 생각은 그다지 옳은 것이 아니다. 파충류 역시 인간의 변연계와 아주 비슷하게 생긴 변연계를 갖고 있기 때문이다. 또한 포유동물에 있어서 신피질에 해당하는 것의 변형인 ―비록 너무 단순한 변형이라 하더라도― 말단 뇌를 파충류들도 마찬가지로 갖고 있다. 가장 중요한 점은, 뇌의 구성 요소인 뇌간, 간뇌, 소뇌 그리고 대뇌 사이의 상관관계가 아주 밀접하다는 것이다. 매클린이 추측했던 것처럼 뇌의 구성 요소는 단순하게 층을 이루며 포개어져 있는 것이 아니다. 그 상관관계가 얼마나 강력하고 얼마나 다양한지가 중요하다. 그 상관관계만이 우리의 본능, 우리의 느낌, 의지와 사고가 실제 어떻게 작동하는지 그 양식과 방법을 설명해 주기 때문이다.

20세기에 접어들어 뇌 연구가들이 인간의 뇌에 대해 가설을 세운 것들의 대부분은 그 유효기간이 제한적이었다. 사실 프랑스의 생리학자 장 피에르 마리 플루랑스(Jean Pierre Marie Flourens)―훗날 다윈의 결정적인 적대자가 됨―는 1820년대에 이미 뇌 속의 많은 것이 서로 연관관계를 맺고 있음을 밝혀냈다. 그는 뇌의 각 부분이 어떤 기능을 하는지 알아보기 위해 실험동물들, 특히 닭이나 비둘기 뇌의 서로 상이한 부분들을 차례차례 하나씩 제거해 보았다. 놀랍게도 실험동물의 개별적인 능력들이 하나씩

감퇴하는 것이 아니라, 수많은 다른 능력이 갑자기 한꺼번에 약화한다는 것을 알아냈다. 마치 스탠리 큐브릭의 영화 「오디세이 Odyssee 2001」에 등장하는 슈퍼컴퓨터 할(HAL)과도 같았다. 이 슈퍼컴퓨터는 각 부품에 전류를 중단시키면 속도가 느려지고 서툴렀지만, 그렇다고 계산 능력이 현저하게 떨어지지는 않았다.

플루랑스는 셈하기, 말하기, 사고하기 또는 기억하기 등과 같이 아주 특정한 능력만을 위해 뇌의 영역이 따로 존재한다는 과거의 이론은 잘못되었다는 것을 깨달았다. 그러나 이 과정에서 뇌 내부에서는 모든 것이 서로 책임이 있다고 주장했는데, 이는 지나치게 과장된 결과가 되었다. 플루랑스 이후 세대와 라몬 이 카할 이전 세대의 연구자들이 특히 몰두한 것은, 뇌의 영역들과 중심부의 근본적인 기능이 무엇인지를 다시 찾아내고 분류하는 일이었다. 자신의 이미지에 신경을 쓰는 사람에게는 뇌 지도를 그려 설명하는 식이었다.

이 시기에 프랑스의 해부학자 폴 브로카(Paul Broca)와 독일의 신경과 의사 카를 베르니케(Carl Wernicke)는 엄청난 발견을 했다. 이 두 사람은 서로 독립적으로 연구하면서도 인간의 뇌에서 언어를 담당하는 다양한 중심부를 각각 찾아낸 것이다. 즉 1861년 언어 조음(調音)에 대한 **브로카 영역**[4]과 1874년 언어 이해에 대한 **베르니케 영역**[5]을 발견했다.

인간의 뇌는 뇌간, 간뇌, 소뇌 그리고 대뇌로 나뉜다. 뇌간은 머리 한가운데에 있는 뇌의 가장 아래쪽 단면을 이루고 있으며, 다시 중간뇌, 다리뇌(뇌교, 腦橋) 그리고 숨뇌로 구성된다. **뇌간**은 감각적 인상을 상호 연결

---

4) 다친 사람은 말을 잘할 수는 없어도 알아들을 수는 있음. – 역자 주
5) 다친 사람은 말을 알아듣지도 못하고 의미 있게 말을 할 수도 없음. – 역자 주

하며 심장박동, 호흡 그리고 신진대사와 같이 우리 몸에서 자동으로 이루어지는 기능을 조정한다. 또한 뇌간은 우리 눈의 깜박임, 삼킴 그리고 기침과 같은 생리 반사작용을 통제한다. **간뇌**는 뇌간 상부의 매우 작은 구역에 있으며 시상, 시상하부, 시상상부, 시상후부의 네 부분으로 나뉜다. 간뇌의 역할은 광범위한 정보를 대뇌로 중계해 정서적으로 평가한다. 간뇌는 신경과 호르몬으로 구성된 민감한 시스템으로, 취침과 기상, 통증감지, 체온 조절과 성행위와 같은 충동을 제어한다. **소뇌**는 운동 능력과 운동성 학습에 결정적으로 영향을 미친다. 소뇌는 인간보다는 다른 척추동물에 있어서 그 영향이 훨씬 더 뚜렷하다. 특히 물고기가 움직이는 과정을 보면 어떤 식으로든 인간보다 훨씬 더 까다로운 동작이 요구되는 것처럼 보인다. 인간의 소뇌는 인식론적 과제를 수행할 때, 말을 할 때, 사회적인 행동을 취할 때, 과거를 회상할 때도 무의식적으로 진행되는 과업을 부가적으로 떠맡고 있다. **대뇌**는 위에서 말한 세 개 영역의 상층부에 있고, 인간은 다른 뇌들을 모두 합친 것보다 그 크기가 세 배 이상이다. 대뇌는 수많은 영역으로 구분되는데, 크게는 '단순한' 감각적인 영역과 '고차원의' 연상적인 영역으로 나눌 수 있다. 고도의 정신적인 성과는 **연상 능력을 지닌 대뇌피질**의 활동에 달려 있긴 하지만, 그 하나만으로 결정되는 것은 아니다.

인간 뇌의 성과는 우리가 체험하는 것에 달려 있다. 이 사실을 이마누엘 칸트는 자신의 주저 『순수이성비판』의 서문을 쓸 때 이미 알고 있었다. 서문은 다음과 같다.

"우리의 모든 인식이 경험에서 시작된다는 사실은 조금도 의심할 여지가 없다. 만약 인식 능력이 우리 감각을 자극하는 대상을 통해 작동하지 않는다면, 무엇을 통해 인식 능력은 활동하게 될 것인가? 이런 대상은 한편에서는 스스로 관념들을 생기게 하고, 또 다른 한편에서는 우리의 이해력을 가동하여 이런 관념들을 서로 비교해 연관시키거나 분리한다. 그래서 감각적 인상이라는 자연 그대로의 조야(粗野)한 재료가 우리가 경험이라 부르는 인식의 대상이 되도록 가공되는 것이다."

이 서문의 내용으로 보면, 우리의 느낌과 생각이 우리의 관심을 규정하는 것과 마찬가지로, 거꾸로 우리의 관심은 우리의 느낌과 생각으로 규정한다. 때때로 많은 일이 아무리 빨리 연속적으로 일어난다고 하더라도, 인간은 언제나 하나의 일에 집중할 수 있다. 소위 말하는 '멀티태스킹(Multi-Tasking)'이라는 것도 한 번에 몇 개의 일을 집중해서 할 수 있다는 것이 아니라, 그 일들을 앞뒤로 전환하여 빨리 처리함을 의미한다. 이때 우리의 주의력이 미치는 범위는 몇 배로 제한된다. 더욱이 우리가 인지할 수 있는 것에 생물학적 한계가 있을 뿐만 아니라, 우리의 능력에도 한계가 있기 때문이다. 그래서 인간은 뇌의 신경세포 중에서 일부만을 사용하는데, 이 사용 부분을 확장하기 어렵다고 하는 주장은 옳다. 말하자면 우리의 주의력은 뇌의 제한된 활동 범위에서만 힘을 발휘하기 때문에, 하나의 일에 주의력을 가지면 다른 일에는 항상 소홀하게 된다는 것을 의미한다.

내 아들 오스카는 4살 때 동물에 대한 관심이 엄청났다. 그래서 아무런 어려움 없이 수많은 공룡의 이름을 줄줄이 외우고 또 물개와 바다표범을 구별할 수 있었다. 하지만 그 녀석은 스스로 티셔츠 입는 것을 힘들어했다. 우리 학습 능력의 한계를 결정하는 것은 신경세포 수의 총합이 아니라, 오히려 주의력의 간격이나 차이인 것이다.

우리가 무엇인가를 학습할 때 주의력이 어떻게 형성되고, 신경 화학적으로 무슨 일이 발생하는지, 오늘날 우리는 여전히 개략적으로만 알고 있다. 우리가 오늘날 뇌에서 발생하는 이런저런 기초적인 일에 대해 알 수 있고 또 뇌의 개별적 영역의 기능을 아주 잘 규정할 수 있었던 것은 측정 기구의 기술적인 진보가 이루어진 덕분이다. 라몬 이 카할은 독일의 정신과 의사 한스 베르거(Hans Berger)가 1929년 발명한 뇌파검사장비(EEG)를 체험했을지도 모른다. 이 장비로 인해 우리 뇌 속에 흐르는 전류의 전압을 측정하는 것이 마침내 가능하게 되었다. 1950년대에는 심전도 등에 사용되는 전극(電極)의 성능이 훨씬 좋아졌다. 그리고 민감한 마이크로 전극의 도움으로 측정 분야가 매우 향상돼, 심지어 개별적인 뉴런의 활동도 관찰할 수 있을 정도다. 그다음 단계는 자기장 분야의 연구였다. 모든 전기적 전류와 마찬가지로 뇌 전류도 자기장을 형성한다. 1960년대 이후부터 민감한 자기장 센서를 사용해 자기장을 측정하고 또 뇌 전류의 원천을 계산했다. 이런 방식으로 자기뇌파검사(MEG)를 하면 뇌가 특히 어디에서 활동하는지 알 수 있다. 1970년대와 1980년대에는 당시에 막 발견된 뇌의 신경 화학적 과정을 측정하는 기술이 개발되었고, 1990년대 이후의 뇌 연구는 마침내 뇌의 다채롭고 아름다운 사진들을 보유하게 되었다. 오늘날에는 X선을 이용한 컴퓨터단층촬영(CT)과 자기공명촬영(MRI)과 같은 소위 말하는 '영상 제공 기술'이 뇌에서 일어나는 과정에 환상적인 통찰을 제공해 준다. 과거에는 전기적이나 화학적인 과정만을 관찰할 수 있었는데, 오늘날에는 새로운 기술로 뇌 혈류를 측정하기도 하고 고해상도의 사진도 받고 있다. 이러한 새로운 기술로 우리의 정서와 감정의 근원을 찾아내고, 변연계의 수수께끼를 푸는 일에 오늘날의 뇌 연구는 처음으로 빠져들게 되었다.

오늘날의 많은 뇌 연구가는 자기들의 새로운 가능성에 대해 너무 흥분해서 자기들의 연구 결과 때문에 철학자뿐만 아니라 어쩌면 심리학자도 길든 짧든 무직자 신세가 될 거라고 믿기까지 한다. 이에 대해 시애틀에 있는 워싱턴대학의 뇌 연구가 윌리엄 캘빈(William Calvin)은 아주 적절하게 '관리인의 꿈'에 관한 이야기를 들려준다. 캘빈의 이야기는 다음과 같다.

어두컴컴한 지하실에 머물러 있어 늘 몸 상태가 좋지 않은 어느 관리인이 있었다. 그의 간절한 소망은 한 번의 뜀뛰기로 햇빛이 잘 드는 지붕 다락방까지 단숨에 올라가는 것이다. 이 비유는 뇌의 신경세포와 단백질을 연구하다가 아주 수월하게 철학의 경지로 도약하려는 연구가들과 매우 닮았다. 그러나 (뇌세포) 단백질과 (철학적) 의미 사이에 놓여 있는 협곡은 너무 크고 깊다. 만약 뇌 연구를 통해 뇌 중심부와 뇌 기능에 대한 비밀이 밝혀진다고 하더라도, 정신이 생성되는 메커니즘이나 의미 그리고 이성이 무엇인지는 오랫동안 해명되지 않을 것이다. 우리가 현재 알고 있는 것보다 모르고 있는 것이 훨씬 더 많기 때문에, 뇌에 대해 더 많이 배우면 배울수록 뇌는 더욱더 복잡하게 보일 것이다.

우리의 의식에서 아주 개인적인 성향, 즉 아주 주관적인 체험은 우리에게 가장 풀기 어려운 숙제를 던진다. 왜 우리가 어떤 대상에 아주 특정한 방식으로 느끼고 있는지 그것은 예나 지금이나 수수께끼로 남아 있다. 개인적인 감정과 열정은 일반적인 신경 화학적 지식으로 설명될 수 없다. 측정 장비를 사용하든 심리학적 상담을 하든 이러한 주관적 체험에 파고들어 그것을 가시화할 수는 없다. 루이 암스트롱(Louis Armstrong)이 언젠가 재즈가 무엇이냐는 질문을 받았을 때, 그의 대답은 다음과 같이 정곡을 찔렀다.

"당신이 먼저 물어보아야 한다면, 당신은 결코 재즈를 이해하지 못할 것입니다."

즉, 다른 사람에게서 어떤 대답도 구하지 못하는 것이 바로 재즈라는 대답이었다. 주관적인 체험의 상태는 근본적으로 접근 불가능하며, 뇌 연구에서 찾아 나선다 해도 마찬가지다. 자기공명촬영(MRI)은 내가 재즈 한 곡을 들을 때 내 뇌 속의 어떤 특정한 정서적인 중심부에 피가 더 몰려들고 있음을 보여주긴 하지만, **내가 어떤 느낌을 받는지, 내가 왜 그렇게 느끼는지**, 이에 대해서는 밝혀 주지 못하고 있다.

오늘날 뇌 연구는 우리의 인식과 자기 확신의 토대를 담당하는 학문의 한 분과로 간주된다. 거기에 대한 이유는 명백하다. 철학과 비교해 보면 오늘날에는 뇌 연구가 훨씬 더 흥미진진한 자극을 던져 주고 있다. 의문은 단 하나다. 과연 철학의 도움 없이 뇌 연구가 던진 문제들을 풀어 나갈 수 있는가 하는 점이다. 어쨌든 뇌를 연구한다는 것은 매우 독특하고 대담한 시도다. 엄밀히 말해 인간의 뇌가 인간의 뇌에 대해 무엇인가를 찾아내고자 시도하는 것이기 때문이다. 다시 말해 하나의 시스템이 자기 스스로를 이해하려고 시도하는 것이다. 이 과정에서 뇌는 연구의 주체이자 동시에 객체인데, 참으로 곤란한 상황이다. 21세기 이후 철학자들은 사고하면서 자신의 사고를 이해하려고 시도하는데, 이와는 다른 방법을 지닌 뇌 연구자들도 철학자들과 사정은 마찬가지 아닐까? 자기 자신을 사고하면서 규명한다는 것, 또 그 과정에서 떠오르는 가능성을 관찰한다는 것은 이미 오래전부터 인간 정신을 탐구하는 주도적인 방법이었다. 근대에 이르러 그 정점에 도달한 때는 약 400년 전, 아직도 기억할 만한 가치가 있는 어느 겨울밤이었다.

04

내가 누구인지 어떻게 내가 아는가?

30년 전쟁 중의 어느 겨울밤

데카르트, 독일 남부 도시 울름

뭔가 아늑한 분위기가 나는 장면이다. 벽에서 돌출해 있는 커다란 타일 벽난로가 있고, 그 옆에는 23세의 한 남자가 제국 군인의 겨울 코트를 입은 채 앉아 있다. 그는 누구나 쉽게 알 수 있는 얼굴이다. 네덜란드 출신의 위대한 초상화 화가 프란스 할스(Frans Hals)가 훗날에 그의 초상화를 그렸다는 것을 모든 사람이 알고 있기 때문이다. 커다란 검은 눈, 그중 하나는 코미디언 칼 달(Karl Dall)의 눈처럼 움푹 들어가 있으며, 커다란 입에 입술은 얇고, 미소는 거의 띠지 않으며, 짧은 콧수염에 어깨까지 닿아 있는 검은 머리를 한 얼굴이다. 그 얼굴에는 우울한 정서와 지적이면서 약간 도취된 듯한 표정이 뒤섞여 있다. 그의 얼굴 특징이 잘 알려진 것과는 달리 벽난로 옆에 있는 장면은 불명확하다. 그가 앉아 있는 곳은 벽난로 옆이 아니라 벽난로의 안이라고 그 남자가 썼기 때문이다. 여기에 대해 수많은 상상이 가능하다. 실제로 안이라는 작은 단어 하나 때문에 많은 토론이 벌어졌다. 혹시 욕실이나 사우나를 말한 것이 아닐까? 그 시절에 그런 시설이 많이 있었나? 그렇다면 왜 옷을 완전히 갖추어 입었을까? 아니면 난로가 너무 커서 불을 때는 아궁이에 사람이 앉아 있을 수가 있었단 말인가? 어쩌면 그 남자가 난방장치가 갖춰진 방 전체를 '난로'라고 불렀을 수도 있다. 밖은 추웠고 그 방은 추위로부터 그 남자를 보호해 주었기 때문이다. 때는 1619년 겨울 어느 날, 울름(Ulm)에서 멀지 않은 곳에 있는 어느 농가의 거실이다. 이제 그냥 그 남자 스스로 이야기를 하도록 해보자.

"당시에 나는 독일에 있었다. 그곳에서는 전쟁이 아직 끝나지 않아 나를 그곳으로 불렀다. 내가 황제의 즉위식에 참석했다가 다시 군대로 돌아왔을 때 겨울이 막 시작되었는데, 동절기라 나는 병영에 갇혀 지내는 신세였다. 나는 대화로 기분을 풀 상대도 없었으며 게다가 다행스럽게도 어떠한 근심이나 열정으로 방해받지도 않았기 때문에, 그곳에서 나는 온종일 따뜻한 방 안에 갇혀 혼자 지냈으며, 여기서 여가가 날 때마다 나의 상념과 대화를 나누었다."

자기 자신의 상념과 대화를 나눈다는 것은 꽤 야망에 찬 목표가 있다는 말이다. 다시 말해, 바깥세상에는 30년 전쟁이 시작돼 전 유럽이 잿더미로 변했는데, 그 남자는 이런 혼란 중에 오히려 안식과 질서, 그리고 명료함을 찾고자 했던 것이다. 그는 자기 자신과 세계에 관해 절대적이고 궁극적인 확신을 갖고자 했다. 무엇보다 먼저 그는 명확하고 분명하게 인식될 수 없는 대상은 진실이라 간주하지 않겠다는 원칙을 세웠다. 그리고 그는 의심 가능한 모든 것을 의심했다. 눈으로 본 것도 믿을 수 없었으며, 다른 감각도 마찬가지였다. 인간은 너무 쉽게 착각에 빠질 수 있는 존재였다. 모든 것을 회의의 눈초리로 보면서 그는 더듬으며 나아갔다. 자신의 사고조차도 검증 없이 믿을 수는 없었다. 혹시라도 악령이 작용해 잘못된 결론이 날 수도 있지 않겠는가? 비록 그렇다 하더라도, 내가 결코 의심할 수 없는 어떤 것이 없단 말인가? 내가 모든 것을 의심한다 해도, 그래도 내가 의심할 수 없는 것이 있었다. 내가 의심하고 있고, 의심하고 있는 것이 바로 나라는 사실이었다. 그리고 내가 의심하고 있는 동안, 내가 의심하고 있다는 것을 안다면, 내가 의심하고 있다는 것을 생각하지 않으면 안 된다. 따라서 의심할 여지가 없는 확실한 것, 즉 모든 것에 앞서서 존재하는 제1의 원칙이 있다. 바로 이 말이다 **"나는 생각한다, 고로 나는 존재한다**(Cogito ergo sum)." 이 문장을 그 남자가 생각해 내고 표명했을 때도 벽난로 속의 불은 여전히 꺼지지 않고 있었다. 하지만 이 명제의 표명 이후 철학의 세계는 더 이상 예전의 모습과는 완전히 달라졌다.

30년 전쟁의 초기, 어느 초겨울 밤에 철학에 혁명을 일으킨 이 남자는 누구였을까? 그의 이름은 르네 데카르트(René Descartes)! 그는 귀족 가문 출신으로, 아버지는 프랑스 서북부의 도시 렌(Rennes)[6]의 브르타뉴 대법원 재판관이며, 어머니는 그가 태어난 지 1년 만에 세상을 떠난다. 그래서 데카르트는 할머니 밑에서 유년 시절을 보내게 된다. 8세가 되던 해 예수회에서 운영하는 학교에 입학하지만 그곳에서는 아무런 즐거움을 느끼지 못한다. 16세가 되던 해 예수회 학교를 나왔을 때, 그는 고전과 수학에 관한 훌륭한 실력을 갖추고 있었다. 재능이 뛰어났던 데카르트는 푸아티에에서 법학을 공부하고, 이어 그때까지 소홀했던 인생을 만회하기 위해 젊은 귀족들을 위해 개설된 파리 아카데미에 지원한다. 펜싱, 춤, 승마, 예의범절 외에도 또 다른 필수적인 것들을 배우지만, 이를 이용해 무슨 일을 하는 사람이 되어야 하는지 그는 전혀 알지 못했다(그는 20년이 지난 후에야 비로

---

[6] 1899년 알프레드 드레퓌스(Alfred Dreyfus)의 재판이 행해진 곳. – 역자 주

소 어떤 기회를 잡게 되는데, 그 기회란 어떤 결투에서 상대를 찔러야 할 때 배운 솜씨 중에 어떤 것을 사용하는가 하는 것이었다). 22세라는 젊은 나이에 데카르트는 모험심에 불타서 네덜란드 최고 지휘관 마우리츠의 군대에 들어갔다. 그곳에서 자연과학에 대해 많은 것을 배웠지만, 이에 반해 군대 생활에 관해서는 별 관심이 없었다. 곧바로 아무런 목표도 없이 덴마크와 독일을 여행하다가, 다시 한번 군대에 고용되었는데, 이번에는 바이에른의 막시밀리안 공작의 군대였다. 이들 군대와 함께 프라하 점령에 참가했고, 그곳에서 천문학자 요하네스 케플러의 작업실을 살펴보게 되었다. 거기서 자신이 무엇을 하는 사람이 되고 싶은지 분명하게 알게 되었다. 즉, 그는 과학이나 학문의 어둠에 명료함을 가져다주는 사람, 바로 계몽주의자가 되고 싶었다. 그는 '진리 탐구를 위해' 명료하면서도 논리적이고 '보편타당한 방법'에 대해 꿈꿨는데, 이에 대한 자부심이 넘쳤다. 그래서 데카르트에게는 이 방법을 찾아내는 것이 자신의 소명이 되었다.

1620년 4월, 24세의 데카르트는 독일 남부 도시 울름(Ulm)에서 수학자 요하네스 파울하버를 만난다. 그 앞에서 데카르트는 아주 복잡하고 어려운 수학 문제를 손바닥 뒤집듯 쉽게 풀었는데, 이에 대해 데카르트는 '당대의 가장 현명한 머리를 가진 사람도 두 손을 들었을 정도로 어려운 문제였다'고 아주 거만하게 주장하고 있다. 모든 문제에 대해 간단하면서도 현명한 답을 찾아내는 한 명의 인간으로 도약할 정도로 그의 시대가 무르익었던 것이다. 울름의 농가에서 명상을 마친 지 1년 후 데카르트는 마음에 들지 않았던 군복을 벗어던지고 이탈리아의 로레토(Loreto)에 가서 성지순례를 했으며 이후 계속해서 독일, 네덜란드, 스위스, 이탈리아 등지를 여행했다.

1625년 데카르트는 파리로 이사하고, 이 도시의 지식인 모임과 관계를 맺게 된다. 그는 저녁 모임에 손님으로 자주 참석했지만, 사교성은 한계가 있었다. 5년 후 파리를 떠나 당시 문화의 중심지로 번창하던 네덜란드로 거주지를 옮겼다. 네덜란드는 유럽 대륙의 정신적·종교적 자유를 가장 광범위하게 누리는 곳이었으며, 데카르트는 오랫동안 준비했던 위대한 저서를 쓰기 위해 이러한 자유를 이용하고자 했다. 그의 사회생활은 절름발이나 마찬가지였는데, 유일하게 교류를 나누었던 것은 특히 여성들과의 잦은 서신 왕래였다. 그가 야심 차게 기획했던 저서 「세계론」은 결국 출간되지 못했다.

1633년 데카르트는 이탈리아의 동료 학자 갈릴레오 갈릴레이가 당했던 일과 똑같은 고초를 겪게 된다. 갈릴레이는 종교재판에 회부돼 우주와 세계에 대한 자신의 새로운 자연과학적 생각을 철회해야만 했다. 데카르트와 같은 인물에게도 가톨릭교회는 위험한 적이었다. 데카르트도 신의 존재를 믿기는 했지만, 자신이 최상의 원칙으로 증명해 내고자 했던 비교적 추상적인 신을 믿었기 때문이다. 네덜란드에서는 이탈리아나 프랑스에서보다 훨씬 더 너그럽고 관용적이었음에도 불구하고, 데카르트는 자신의 거주지를 조심스럽게 끊임없이 옮겨 다녔다. 그는 기하학, 대수학, 물리학 등에 대한 저서를 집필했으며 수학자로서도 탁월한 명성을 얻었다. 1637년에야 비로소 그는 지난 18년 동안의 사상 유희를 책으로 발간했다. 이 사상 유희는 이 세계를 난로가 딸린 농가의 거실로 오그라들게 만들었으며, 또 "나는 생각한다, 고로 나는 존재한다"는 자신의 유명한 명제도 이 사상 유희에 포함한다. 누구나 쉽게 읽을 수 있도록 작은 판본으로 만든 이 책의 부제는 '이성을 올바르게 사용하고 진리를 학문적으로 탐구하

는 방법에 관한 서설'이다. 이 책은 만일에 대비하기 위해 익명으로 출판했지만, 저자가 누구인지 빠르게 입에서 입으로 퍼졌다. 데카르트는 높은 명성을 얻어 기뻐했지만, 교만과 깊은 불신으로 인해 자기에 대한 모든 비판에 민감하게 반응했다. 그의 다음 작품들도 사상적으로 매우 비슷했지만 네덜란드의 레이던과 위트레흐트에서 가깝게 지냈던 주변 사람들에게 수많은 반박을 받기도 했다. 급기야 데카르트의 불신은 편집증으로 발전되었다. 몇 번이나 영국으로 이주할 생각을 했으며, 그러다 도망치듯 프랑스로 여행을 떠났고, 1649년에는 그의 편지 친구인 스웨덴의 여왕 크리스티나의 초청을 받았다. 하지만 한겨울의 스톡홀름 체류는 그의 목숨을 앗아갔다. 여왕이 난방이 안 되는 방에서 새벽에 수업을 받겠다고 고집했기 때문이다. 데카르트는 1650년 2월 53세에 폐렴으로 쓰러져 사망했다.

데카르트는 무슨 업적을 이루었는가? 무엇보다 먼저 그는 방법론을 도입했다. 즉 하나하나 단계적이면서도 아무것도 빠뜨리지 않는 논증을 통해 입증된 것만을 참으로 받아들이는 것이다. 거기다가 그는 '자아'를 철학의 중심이 되도록 만들었다. 그 이전의 철학자들이 세계 '그 자체'가 어떤 것인지를 찾아내고자 했다면, 데카르트는 완전히 다른 접근 방법을 선택했다. 세계 그 자체가 어떤 것인지는, 이 세계가 나의 사고에 어떻게 나타나는지 규명할 때에만 찾아낼 수 있다. 내가 이 세계에 대해 알고 있는 모든 것을 내가 알 수 있는 것은, 어떤 객관적인 조감을 통해서가 아니라 단지 내 머릿속의 사고를 통해서일 뿐이기 때문이다. 이에 대해 훗날 프리드리히 니체는 데카르트를 가리켜 "오로지 이성에만 권위를 인정했던 혁명적인 인물"이라고 칭했다.

데카르트는 "내가 누구인지, 내가 어떻게 안단 말인가?"라는 질문에 "나의 사고를 통해서!"라고 명쾌하게 대답했다. 비록 서방 기독교에서 교부(教父)로 존경받는 아우구스티누스가 4세기에 이미 이와 비슷하게 표현했지만, 이 대답은 이전의 어떤 대답보다도 훨씬 뛰어났다. 하지만 훗날 밝혀진 바에 따르면, 이와 같은 데카르트의 논증에는 몇몇 약점이 있다. 그가 의도했던 것과는 달리, 그의 명제도 전제들이 없으면 완전하지 않기 때문이다. 말하자면, 내가 이 세계의 모든 일을 의심하기 위해서는 충분하게 그 기능을 발휘하는 언어의 도움이 필요하다는 것이다. 데카르트는 언어를 결코 의심하지 않았다. 그는 인간이 낱말, 문장 그리고 문법 등을 통해 기만당할 수도 있다는 가능성에 추호의 의심도 없이 언어를 사용했다. 다른 철학자들은 데카르트가 **이성**(Vernunft)과 **오성**(Verstand) 사이에 아무것도 구별하지 않는다고 비판했다. 도대체 오성에 합당한 것이 무조건 이성적이라는 말인가? 바로 여기에 두 개의 의미가 서로 혼합돼 있지는 않는가? 세 번째 비판은 데카르트가 인간의 사고를 규명하는 데 실로 엄청난 노력을 기울였지만, '존재(Sein)'가 무엇을 의미하는지에 대한 생각은 그에게 거의 떠오르지 않았다는 점이다.

이제 앞에서 말한 내용에 끼어들 만한 정확한 지점에 이르렀다. 데카르트는 엄청난 영향력을 끼치는 철학자, 즉 가장 영향력 있는 철학자 중 한 사람이다. 비록 그는 혹평에 시달리기도 했지만, 그래도 그는 인간의 육체와 뇌와 정신에 관한 많은 새로운 개념을 만들어낸 대표 인물이다. 인간의 사고를 규명하는 데는 매우 강한 모습의 데카르트였지만, 인간의 육체에 대한 개념을 규정하는 데 있어서는 매우 약한 모습을 보였다. 인간의 육체란 머리에 붙어 있는 통나무처럼 사실 부담만 될 뿐이었다! 인간의 정신을 다루는 공학자와 다름없는 데카르트는 모든 생명체의 육신은 관절이 달린 기계장치, 즉 자동화 기계장치이거나 거대한 시계장치일 뿐이라고 냉정할 정도로 기꺼이 독자들에게 소개했다. 육체적 기관은 마치 17세기 물놀이 공원에 설치된 자동화 기계장치처럼 작동하고 있다는 것이다. 다시 말해, 신경조직은 수도관에서 나왔고, 뇌 속의 빈 공간은 저장 용기처럼 보이며, 근육은 기계적인 스프링으로 비유되며, 마지막으로 호흡은 시계 속에서의 규칙적인 움직임이라는 것이다. 이 모든 것을 뇌 속의 조그마한 인물이 통제하는데, 그 인물은 다름 아닌 송과선(松果腺)이다. 인간의 육체를 물리적인 메커니즘으로 설명하는 것은 자연과학 분야에서는 당시 최신 유행이었으며, 데카르트는 여기에 매우 정통해 있었다. 뜻밖에도 갑자기 그는 육체의 새로운 관점에 대한 이론 지도자가 되었으며, 대개 교회에 속해 있는 그의 비판자들에 비해 그 자신은 매우 냉철하고 현대적이면서 진보적이라고 느낄 수 있었다. 데카르트가 오늘날 살아 있다면, 그는 분명 인공지능 분야의 선구자나 유명한 뇌 연구가가 되어 있을 것이다.

그래서 오늘날 데카르트가 정신과 육체의 관계에 대해 무엇을 생각하는지, 그것을 상상한다는 것은 매우 흥미롭다. 데카르트가 오늘날 다시 한번 명상에 잠겨 인간과 세계에 대한 궁극적인 확신을 명료하고 냉철하게 찾으려고 한다면, 그는 과연 약 400년 전의 제2의 자아[7]에 대해서는 무슨 말을 할 것인가?

2007년 봄. 보스턴에서 멀지 않은 곳에 넓은 정원이 있는 하얀 목재 방갈로가 보이고, 아름다운 초록색 잔디가 자라고 있다. 바로 이곳이 뇌 연

---

7) 프로이트의 본능 개념인 이드 Id. - 역자 주.

구가 르네 데카르트 2세가 사는 곳이다. 그는 거실 벽난로 가까이에 앉아 있다. 복장은 수수하고 간편하게 코르덴 바지, 체크무늬 와이셔츠, 그 위에는 털실로 짠 스웨터를 입고 있다. 그는 소파에 깊숙이 몸을 기대고 다음과 같이 이야기를 시작했다.

"나는 뇌 연구가로 프랑스에서 살다가 네덜란드를 거쳐 지금은 미국에 살고 있습니다. 오늘은 뉴욕 소재 국립 보건연구원에서 개최한 전문가 회의를 막 마치고 집으로 돌아왔습니다. 그리고 새 학기가 아직 시작되지 않아 다행스럽게도 강의와 전공 시험으로 시간에 쫓기지도 않습니다. 그래서 나의 머릿속의 생각과 대화를 나눌 여유가 좀 생긴 것입니다. 명료하지 않아 불확실한 것이나 또 철저하게 규명되지 않아 설명될 수 없는 모든 것을 나는 의심하고자 결심했습니다. 이 길만이 진리에 이르게 되기 때문입니다. 또한 나는 철학이 아무런 검증도 없이 세상에 내놓은 잘못된 확신을 의심해 보는 최초의 인물이라는 강박감을 느끼고 있습니다. '육체와 의식의 위험천만한 분리'라는 문제에 관해 얘기해 봅시다. 그 문제는 아주 오래전 나의 분신인 데카르트가 고안해 낸 개념은 아니었지만, 철학에서 매우 철저하게 뿌리박혀 있습니다. 그러나 유일하게 실제적인 진실은 바로 '정신과 육체는 서로 분리될 수 없다'는 것입니다! 육체의 일부인 뇌 속에서 이것을 서로 분리해 내려고 시도한 사람은 아무도 성공을 거두지 못했기 때문입니다. 육체의 일부인 뇌는 '소프트웨어로서의 정신'으로 무장된 하드웨어가 아닙니다. 뇌와 정신은 서로 분리될 수 없는 매우 복잡한 방식으로 공동 작업을 수행하는 것입니다. '나는 생각한다, 고로 나는 존재한다'는 말이 아무리 유명한 명제라고 하더라도, 유감스럽게도 불쾌한 여운이 있습니다. 이 명제는, 내가 '나 자신과 나라는 현존재'에 대해 아는 것은 사고의 도움 때문만은 아니라는 것을 의미하기 때문입니다. 이 명제는 또한 사고와 그 사고의 자각은 존재의 본질적인 기초라는 것을 암시합니다. 이 사고는 육체를 엄격하게 배제하는 사고방식이기 때문에 이 명제는 영적인 정신과 생물학적인 육체의 극단적인 분리를 강조하고 있습니다. 오늘날의 어떠한 뇌 연구자라도 나의 분신이던 데카르트가 그 당시에 기록했던 것에 여전히 동의할 수 없을 것이며, 오히려 다음과 같이 생각할 것입니다. '나는 내가 하나의 실체라는 것을 알고 있다. 그 실체의 완전한 본질과 자연 상태는 오로지 사고에 있으며, 또한 그 실체가 현존하기 위해서는 공간적인 장소도 필요치 않고 물질적인 것에도 구속되어 있지 않다. 그래서 데카르트가 말하는 **나**, 다시 말해 **영혼**은 육체와 완전히 분리돼 있으며, 또한 육체가 없어도 그 존재는 계속 유지된다.' 뇌 연구가들이 데카르트를 이렇게 해석하는 것이 옳다면, 정신은 기계장치 안에 있는 어떤 유령일 것입니다. 그들의 해석은 틀렸습니다. 우리의 뇌 속에는 육체와 분리돼 독립된 기능을 갖는 '정신'이라고 불리는 그런 장소가 없기 때문입니다. 정말 말도 안 되는 이야기입니다. 예를 들어 우리가 '대학'이라는 공간적인 장소를 떠올리면 건물, 도로, 잔디밭, 그리고 사람들이 있을 텐데 그런 것들이 없이 대학이 홀로 독립돼 분리되어 있다면 그것은 대학이 아닐 것입니다.

이에 반해 오늘날의 뇌 연구가들은 인간의 감정뿐만 아니라 최고난도의 정신 활동도 생물학적 유기체의 구조, 활동 방식과 분리될 수 없다는 것을 알고 있습니다. 만일 정신과 육체의 분리가 가능하다면, 많은 뇌 연구자는 아마 일자리를 잃을 것입니다. 즉 그들은 뇌의 어떠한 영역도 연구할 필요가 없어지고, 전기적인 연결을 표시할 필요도 없어지며, 화학적인 물질에 이름을 붙일 필요도 없을 것입니다. 이 모든 것이 정신과 아무런 관계가 없기 때문입니다. 당연히 육체를 통해 정신이 거꾸로 인식될 수도 없습니다. 뇌 속의 어느 한 영역을 체크해 몇몇 물질을 목록에 수록해 놓고, '이것이 인간의 정신이다' 하고 말할 수는 없기 때문입니다. 인간의 의식은 주변 세계에 대한 경험과 육체의 합동 공연입니다. 우리의 정신을 이해하기 위해, 이 정신을 데카르트가 말한 것처럼 육체적인 공간 대신에 뇌 속에 꽉 묶어서 고정해야 합니다. 그뿐만 아니라 이 정신을 전체적인 유기체와 연관해서 이해하는 것을 배워야 합니다. 우리의 감각, 신경 그리고 뉴런들은 보고, 듣고, 냄새 맡고, 맛을 보고, 만져 보는 과정에서 외부 세계와 교류하고 있습니다. 그래서 '내가 누구인지 어떻게 내가 아는가?' 하는 질문에 다음과 같이 대답할 수 있을 것입니다. '나는 내가 누구인지 안다. 나의 감각이 신호를 수신하여 뇌 속에 있는 신경세포에 전달해 주기 때문이다. 뇌 속에서 그 신호는 복잡한 회로를 통해 확산하는데, 그 과정이 너무 복잡해서 그로 인해 놀랄 정도의 복잡한 것과 추상적인 것이 발생하는 것이다. 이것은 마치 자신에게 고유한 생각과 자신의 현존에 대한 관념이나 상상이 발생하는 것과 같다.' "

여기까지가 보스턴의 현대 뇌 연구가 르네 데카르트 2세가 한 말이다. 30년 전쟁을 겪으며 상당히 타격을 입은 그의 전임자 데카르트가 여전히 마지막 반격의 기회를 얻고 있다. 정말로 뇌 연구가 데카르트는 '내가 누구인지 어떻게 내가 아는가?' 하는 질문에 대답했던가? 나의 뇌가 어떻게 작동하는지 입증하기 위해, 또 감각과 신경세포들이 어떻게 나에 대한 상을 비춰 주는지 묘사하기 위해 이런 사고들을 생각해야만 한다. 그러니까 이런 모든 일은 실제 일어나는 일이라도, 무엇보다도 **내** 머릿속에서의 사고와 관념이다! 그래서 "나는 생각한다, 고로 나는 존재한다"는 명제에도 주의할 점이 당연히 있다. 내 생각이 나라는 존재를 만들기 때문에, 다른 어떠한 것도 중요하지 않고 오로지 생각만이 중요하다고 이해해서는 안 된다. 그것은 틀린 말이다. 그러나 내 생각이 내 존재에 대해 유일하게 어떤 **관념이나 상상**을 부여한다고 말한다면, 그것은 맞는 말이다!

그러니까 내가 현재 존재한다는 생각에 접근하는 데는 완전히 다른 두 개의 길이 있다. 내 사고를 출발점으로 삼아 내 확신이 어디에 근거를 두는지 물어볼 수 있다. 이 방식은 데카르트의 길이며, 그와 함께 시작된 근대 철학의 길이자 자기 관찰의 길이다. 이것은 근대 철학을 비약적으로 발전시켰으며, 매우 성찰적인 방법으로 이끌었다. 이 방법으로 인해 세계에 대한 모든 주장은 주관적인 근원으로 거슬러 올라가 검증을 받고 있다. 어쨌든 학문적인 인식 이론으로서 이 자기 관찰의 길은 이미 그 한계에 부딪쳤다. 흥분을 불러일으키는 이 미개척 분야가 아직도 해명되지 않고 있다. 나의 현존에 접근하는 두 번째 길은 인간을 관찰하는 데 있으며, 여기서는 관찰자 자신과 관찰자의 지극히 개인적인 지각과 사고 등은 전혀 중요하지 않은 것처럼 보인다. 이것은 근대적인 자연과학의 길이다. 이 길은 성찰적인 면은 거의 없지만, 현재 모든 학문 영역에 긴장을 조성한다. 간단히 결론짓자면, 이 두 개의 길이 중개하는 인식의 방식은 너무도 다르다는 것이다.

많은 뇌 연구가는 정신에의 접근 방식에 대해 자기 방식이 유일하게 옳다고 한다. 과거에 철학이었던 것이 오늘날에는 신경 생물학이 된다는 것이다. 인간이 누구인지 알고자 한다면, 인간의 뇌에 대한 이해를 배워야 한다. 뇌 연구는 인간의 감정, 사고 그리고 행위에 대한 지금까지의 추상적 사변을 환상이 없는 자연과학적 연구로 대체했다. 그러나 많은 뇌 연구가는 자신들의 연구가 절대적인 진리에 이르는 도상에 있지 않다는 것을 인정하지 않는다. 모든 자연과학은 그 자체로 인간 정신의 산물이다. 그리고 인간 정신의 인식 능력은 인간이 진화하는 과정에서 주변 환경에의 적응에 대한 요구에 직접적으로 속박돼 있다. 인간의 뇌는 진화론적인 경쟁에서 명백히 입증되었기 때문에, 지금의 현재 상태에 있는 것이다. 열대우림 지역이나 사바나 지대에서 인간의 뇌가 행하는 과업은 이 세계에 대해 완벽하게 객관적으로 인식하는 것이 아니었다. 그래서 인간의 뇌가 이러한 과업을 수행하는 데 최적으로 맞춰져 있지 않다는 것은 전혀 놀라운 얘기가 아니다.

　인간의 의식이 절대적인 객관성의 기준에 따라 교육되지 않았다면, 인간은 진화의 경쟁 과정에서 생겨난 인식 기관이 인간의 인식 능력에 허용된 것만을 인식할 수 있었을 것이다. 자연과학 분야의 통찰도 전형적으로 인간 인식 조건의 지배를 받는 것이다. 만약 자연과학이 이런 조건에서 벗어난다면, 자연과학에서 진보, 모순, 수정이란 말은 없을 것이다. 자연과학 연구의 기준들, 예를 들어 모순이 없어야 하고, 반복이 가능해야 하고, 유효성이 있어야 한다는 것과 같은 기준들도 자율적인 기준이 아니라, 특정한 시간대에 특정한 상황 속에서 인간의 인식 능력에 상응하는 것이다. 자연과학자들이 100년 전에 전혀 의심 없는 것으로 간주했던 것, 그것에 대해 오늘날의 우리는 머리를 절레절레 흔든다. 그리고 이것이 향후 100년 동안 달라져야 하는 이유는 무엇일까? 이러한 사정은 아마 변하지 않을 것이다.

그 때문에 철학자들에게는 이 세계의 비밀을 하나하나 풀어나가는 '사유하는 나'에서 자신의 철학을 시작하는 것이 예나 지금이나 합리적인 방법이다. 이러한 관점에서 오늘날 데카르트는 거의 400년 전보다도 더 현대적이다. 현대의 철학자들은 뇌와는 별개로 생각한다거나 뇌의 도움을 받지 않고 생각한다는 것은 불가능함을 당연히 인정하고 있다. 뇌가 생각하고, 그리고 뇌가 또한 내 자아를 생성하며, 그 자아는 자신이 생각하고 있음을 생각하는 것이다. 이렇게 사유하면서 데카르트가 '나'라는 1인칭 단어를 사용했을 때, 과연 그는 옳았을까? 그는 말하지 않아야 했다. 다시 말해, 의심받고 있다는 것을 의심할 수 없을 때, 우리는 어떤 **생각**이 존재한다는 것을 확신한다. 그래서 "나는 생각한다, 고로 나는 존재한다"는 명제 대신에 데카르트가 하고 싶었던 말은 "여기에 생각이 있다"는 것이 아니었을까? 또 다른 문제로 남게 되는 여기에서의 '나'란 대체 무엇인가?

05

'나는' 누구인가?
무엇을 말하는 것인가?

에른스트 마흐, 오스트리아 빈에서 자아를 경험하다

세기의 획기적 경험들이 종종 책의 하단 각주 속에 파묻혀 있다. 예를 들면, 1855년 당시 17세의 미래 물리학도 에른스트 마흐(Ernst Mach)는 빈 근교에서 산책하고 있을 때 아주 강렬하게 체험했다.

"어느 무더운 여름날 야외에서의 일입니다. 나를 포함한 이 세계가 갑자기 모든 감각이 연관된 하나의 덩어리로 보였으며, 그것도 오로지 '내' 속에서만 더 강하게 연관된 것처럼 보였습니다. 비록 실제적인 성찰은 한참 후에야 이루어졌지만, 그 순간은 내 전체 세계관에 결정적인 영향을 주었습니다."

대학생 마흐가 이해할 수 없었던 이 체험은 세기의 획기적 경험이었고, 50년이 지난 후 마흐는 자신의 저서 『감각의 분석』에서 짧은 각주로 이를 기록했다.

에른스트 마흐는 1838년(니체가 태어나기 6년 전) 당시 오스트리아–헝가리 제국에 속했지만, 지금은 체코의 도시인 흘리체(Chrlice)에서 태어났다. 그의 집안은 독일어를 사용하는 소수집단에 속했으며, 마흐의 아버지는 농부였지만 가정교사로도 일했기 때문에 자기 아들을 직접 가르쳤다. 마흐는 목공 실습 시험에도 합격했으며, 15세에야 비로소 인문계 고등학교에 진학했는데 이후 아무런 어려움 없이 대학 입학 자격시험을 통과했다. 재능이 뛰어난 마흐는 빈대학에 진학해 수학과 자연과학을 전공했고, 1860년에 도플러 효과에 관한 논문으로 박사 학위를 받았다. 1년 후 그는 빈대학 강사가 되었으며, 이후 그라츠대학 수학 교수, 프라하대학 물리학 교수를 거쳐 최종적으로 빈대학으로 돌아와 과학사를 강의했다. 그의 관심 분야는 매우 광범위했다. 사실 그는 거의 모든 분야에 흥미가 있었다. 그는 물리학, 수학, 철학 그리고 심리학을 강의했다. 물리학자로서 마흐는 소리의 속도를 계산해 냈는데 훗날 그의 이름을 따 '마하(Mach)'라는 단위를 사용하게 되었고, 초음속 비행기는 '마하 2[8]'의 속도로 비행한다.

프라하와 빈에서 살고 있을 당시 마흐는 유명한 사람이었다. 그는 로켓을 실험했고 가스 폭발이라는 동역학을 탐구했다. 그 과정에서 마흐는 뉴턴의 물리학을 끊임없이 비판하며 상대성 이론의 주창자가 되었다. 비록 마흐가 알베르트 아인슈타인을 가르친 적은 한 번도 없었지만, 아인슈타인은 그의 제자임을 기꺼이 인정했다. 정치적으로 마흐는 자유주의자였으며, 당시 과격함으로 악명 높은 정당이던 사회민주당의 성향을 갖고 있었다. 세계관에 있어서 그는 언제나 교회와 마찰을 빚고 다투는 불가지론자(不可知論者)였다. 마흐의 이론을 둘러싸고 물리학자와 철학자들은 자주 논쟁을 벌였다. 그중 젊은 레닌은 이와 관련해 두꺼운 책을 하나 썼다. 마흐의 철학은 러시아 지성인들 사이에 커다란 인기를 끌었기 때문이다. 마흐의 감정심리학은 새로운 과목으로 채택되었고, 미국의 행동 연구도 그

---

8) 마하 1은 음속(340m/s)과 같은 속도로 시속 약 1,224km에 해당한다. – 역자 주.

로부터 결정적인 영향을 받았다. 마흐는 매우 많은 학문 분야에 영감을 불어넣었지만, 1916년 그가 죽고 난 후 그의 명성은 급속히 시들어 버렸다. 제1차 세계대전은 유럽 대륙을 뒤흔들었고, 물리학은 이제 새로운 길을 가게 되었다. 1970년 미국 항공우주국(NASA)은 거의 잊힌 로켓 분야 개척자를 기억하고 달 분화구 하나를 그의 이름을 따서 명명했다.

마흐의 철학적 사고는 급진적이었다. 그가 염두에 둔 것은 오로지 경험을 통해 입증될 수 있는 것, 또는 수학적으로 계산해 낼 수 있는 것뿐이었다. 그때까지 철학이 이루어낸 성과 대부분이 그로 인해 몰락할 상황에 이르렀다. 마흐는 모든 것을 물리적으로 옳은지 그른지에 따라 철저히 검토했으며, 급기야 그는 거의 철학사 전체에 작별을 고했다. 특히 그는 데카르트의 이원론을 격렬하게 비난했다. 그 이유는 육체를 통해 구현되는 감각적인 삶과 정신을 통해 구현되는 관념적인 삶은 단 하나의 똑같은 재료로 구성돼 있기 때문이다. 앞에서 얘기한 대로, 그가 젊었을 때 어느 여름날의 체험으로 모든 감각이 서로 연관 관계를 지녔다고 느꼈던 것처럼, 그는 자아와 세계의 이원론을 **일원론**으로 해결했다. 즉 이 세계에 존재하는 모든 것은 동일한 요소들로 구성돼 있다는 것이다. 이런 요소들이 뇌 속에 나타나면, 우리는 이를 '감각'이라 부를 뿐이며 더 이상 특별한 의미는 갖지 않는다.

이러한 감각 이론에서 특별히 중요한 점은 나(자아)의 죽음이었다. 2,000년이 훨씬 넘게 철학자들은 '나(자아)'를 이야기했으며, 또 보통의 평범한 사람들도 누구나 자기 자신을 의미하는 말로 '나(자아)'를 이야기했다. 그러나 마흐는 이에 반대했다. 도대체 나 자신을 의미하는 자아란 무엇이란 말인가? 그는 "자아란 명확하게 한계가 있는, 불변의 특정한 단위가 아니다"고 생각했다. 하지만 인간의 뇌 속에는 내(자아)가 없었다. 외부 세계의 요소들과 활발한 정보 교환을 하며 생긴 산더미 같은 감각만이 뇌 속에 있을 뿐이었다. 아니면 마흐가 농담조로 표현한 것처럼, "이 세계를 산책하고 있는 것은 **오로지** 감각뿐이었다." 그는 자신의 가장 유명한 명제를 철학사의 방명록에다 다음과 같이 썼다.

"**자아는 구제될 수 없다.** 한편에서 보면 이런 통찰이, 다른 한편에서 보면 이런 통찰에 대한 공포심으로 인해 비관적이든 낙관적이든 또는 종교적이든 철학적이든 너무 기묘한 불합리에 사람들이 빠져 있다."

마흐는 이 세계에서 나(자아)를 삭제할 생각을 하거나 또는 최소한 나(자아)를 매우 하찮은 것이라고 간주할 생각을 했던 최초의 인물은 아니었다. 이러한 생각은 물리학자에게나 가능한 일이라고 믿었기 때문이다. 이러한 생각의 주인공은 1729년 법률가가 되겠다는 생각을 버리고 철학에 전념할 결심을 한 사색 깊은 스코틀랜드 출신의 상인 데이비드 흄(David Hume)이었다. 흄이 1739년 『**인간 본성에 관한 논고**』를 출간했을 때, 그의 나이 28세였다. 흄은 이미 자아의 실체를 규명하는 데 있어 실패를 맛보았다. 영혼과 자아는 경험할 수 있는 대상이 아니었기 때문이다. 감각, 개념, 그리고 감정을 지각하기 위해 인간은 결코 자아가 필요치 않았다. 자아는 그렇게, 흡사 스스로 작동되는 것처럼 보이는 것이다. 그러므로 자아는 실체를 지닌 존재가 아니었고, 무엇보다 관념에 불과했다. 이러한 자아를 구원하기 위해 흄에게 떠오른 유일한 것은 자아란 '모든 지각의 합성물'이라는 생각이었다. 이런 의미의 자아는 환상이지만 어쩌면 필수 불가결한 환상이다. 즉 인간의 뇌 속에 슈퍼바이저를 소유하고 있다는 아름다운(그래서 포기할 수 없는?) 감정을 우리에게 심어주는 환상 말이다.

이 말이 맞을까? 과연 자아는 환상일까? 모든 평범한 사람이 그렇다고 생각하는 것이 단지 뇌 속에서의 마술적 속임수일 따름일까? 서양의 철학자들이 당연한 일이라고 굳게 믿으며 자아를 철학의 출발점으로 삼았던 2,000년 동안, 그들은 세상의 사물들과 서로 다툼을 벌이며 많든 적든 성과를 거두었다고 하는 것도 우리를 속인 결과인가? 자아는 머릿속에 있고, 그 속에서 모든 정신적, 정서적 그리고 의도적 행위가 빈번하게 일어나는 것이 아닌가? 자아는 삶의 모든 흥망을 오래도록 감내하는 튼튼한 성이 아닌가? 자아는 잘리지 않은 영화 필름과 같아서, 10년마다 되돌아보아도 언제나 똑같은 것을 느끼게 되는 걸 보증해 주지 않는가? 누가 지금 이 자리에서 독자 여러분과 마흐와 흄에 관해 얘기하고 있는가? 그게 내 자아가 아니라면 도대체 누구란 말인가? 마찬가지로 독자 여러분도 스스로 자신을 '나'라고 말하는데, 그럼 이 글을 읽고 있는 사람이 독자 여러분이 아니라면 대체 누구란 말인가?

독특한 물리학자 마흐와 좌절한 법학도 흄이 숨통을 막고 있는 '자아'를 해방하여 이제 다른 분야의 전문가들, 예를 들어 심리학자들에게 물어보자. 그들은 '자아'를 어떻게 간주하며 다루고 있는지 말이다. 심리학자들은 고개를 끄덕여 동의하기도 하고, 이맛살을 찌푸리기도 했다. 그들은 자아에 대한 여러 언급을 살펴보고 서로 몇 마디 교환했다. 그들은 다시 이맛살을 찌푸리기도 하고, 다시 한번 고개를 끄덕여 동의하기도 했다. 그들 중 한 사람이 다음과 같이 길게 말했다.

"자, 여러분, 우리는 자아라는 개념을 삭제하지는 않을 것입니다. 그렇다고 나와 내 동료들이 자아가 무엇인지에 대해 통일된 의견을 갖고 있다는 말은 아닙니다. 우리는 확실히 보장된 사실로서의 자아를 관찰할 수 없었습니다. 잘 아시다시피, 심리학은 자연과학이기 때문입니다. 자연과학은 보고, 듣고, 측정할 수 있는 것만을 실체적인 것으로 인정하는 분야 아니겠습니까? 그런데 자아의 경우에는 그렇지 않았습니다. 어떤 자아가 있다면, 그것은 분명 파생된 어떤 것이며, 이런 의미에서 이미 흄의 주장이 옳았습니다. 문제는 오로지, '무엇에서' 파생되었나 하는 것입니다. 만약 우리가 자아를 감각에서 도출해 낸다고 하면, '나-감정'이 있는 것인가요? 아니면 만약 우리가 자아를 상상에서 도출해 낸다고 하면, '나-관념'이 있는 것인가요? 이 점에서도 우리 심리학자들은 완전하게 확신하지 못합니다. 그래서 대다수의 동료가 자아라는 개념을 피하고, 오히려 '자기'라는 개념을 사용하고 있습니다. 자기라는 개념은 '의지와 판단의 중심부'라는 뜻과 비슷합니다. 우리가 무엇인가를 원하고 판단할 때 그 중심이 된다는 의미 말입니다. 여기에서 우리는 '자기관(觀)'과 '자기 가치 의식'을 구분하는 것을 좋아합니다. 자기관이란 우리가 스스로 어떻게 인지하고 있는지를 의미합니다. 그러기 위해 '나(I)'라는 개념을 다시 도입해야 합니다. 하지만 '대상으로서의 나(Me)'와 대립하여 쌍을 이루기 위한 작은 구조물로서만 그렇습니다. '나'와 '대상으로서의 나'는 과제가 나뉘어 있습니다. '나'는 행동하고, '대상으로서의 나'는 판단합니다. '자기 가치 의식'은 '대상으로서의 나'가 '나'에게 발급해 주는 완전히 주관적인 증명서입니다. 우리는 수십만 명을 대상으로 '자기'와 관련된 이러한 대화를 관찰해 자세하게 기술했습니다. 그렇지만 이런 사고의 창시자인 윌리엄 제임스(William James)를 위해서라도, 우리에게 그것을 어떻게 증명할지를 질문하지 않았으면 합니다. 그 이유를 설명하지 못해도, 왜 그런 것인지는 신이나 다윈을 끌어들이지 않더라도 누구나 잘 알고 있습니다."

여기까지가 심리학자들의 생각이다. 당연히 이런 의견은 상당히 압축한 것이며, 또한 심리학은 매우 다양한 이론과 학파들이 서로 자기주장을 하는 넓은 분야다. 하지만 심리학 역시 자아에 관한 질문에 명확하고 간단한 답변을 내놓을 수 없음은 분명하다. 그러면 이제 뇌 연구자들에게 조언을 구할 일만 남았다. 그들은 최근 몇 년 동안 이 문제에 대해 자주 소리 높여 개입해 왔다. 그래서 그들은 다른 어떤 사람들보다도 이 질문에 대답하는 것을 오늘날 자기들의 소명이라 느끼고 있는 것처럼 보인다. '나'라는 존재가 있느냐는 질문에 (전부는 아니지만) 대부분의 뇌 연구자는 다음과 같이 답한다.

"아니요! '나'라는 존재는 없습니다. 어느 누구도 '나'가 아니며, '나'를 가진 사람도 없습니다. 가장 깊은 내면에서 인간을 결속시키는 것은 아무것도 없습니다. 데이비드 흄과 에른스트 마흐의 '나(자아)는 환상이다!'라는 주장이 완벽하게 옳았습니다."

뇌 연구자들의 이러한 대답을 이해하기 위해 무엇보다도 먼저 물어봐야 할 것은, '자아의 모습은 원래 어떻게 생긴 것일까?' 하는 질문이다. 여기에서 자아는 어느 한 뇌 연구자가 만족할 만한 자아를 가리키며, 그래서 그가 "그렇습니다. 바로 이것이 자아입니다!" 하고 말할 수 있는 자아를 일컫는 것이다. 그가 자아를 제어하거나 생산해 내는 영역이나 중심부를 뇌 속에서 찾아낸다면, 그것으로 그는 자기 일을 다 한 것일까? 아마 전부 다 하지는 않았을 것이다. 그는 중심부의 제어 메커니즘을 찾아내 이 중심부가 뇌 속의 다른 중심부처럼 독립적으로 작동하지 않고 다른 중심부와 유기적으로 연결돼 있다는 것을 입증해야 하기 때문이다. 그리고 그는 신경세포를 조사하고, 전기적 충격의 전송과 화학적 반응을 확인할 것이다. 그런 다음 그는 '자아라는 것은 단지 복잡한 전기화학적 메커니즘에 불과하다' 하고 말할 것이다. 이것은 마치 말하는 인형을 가진 아이가 궁금해서 인형의 배를 갈랐더니, 그 속에 든 것이라고는 별것 아닌 조그만 장치 하나뿐이어서 실망스러워하는 모습과도 같다.

이제 건전한 상식으로도 이해할 수 있는 행운이 찾아왔다. 기쁘게도 나를 제어하는 중앙통제센터인 '나―중심부'는 없기 때문이다. 그것은 매우 좋은 소식이었으며, 수많은 뇌 연구자가 환호하며 기뻐할 정도로 전혀 실망스럽지 않았다. 19세기 독일의 유명한 해부학자 루돌프 피르호(Rudolf Virchow, 1821~1902)가 철학자들에게서 자아를 몰아낼 생각으로 재미 삼아 이렇게 농담했다. "나는 수천 구의 시체를 해부해 보았지만, 어느 곳에서도 영혼을 발견하지 못했습니다." 이 농담에는 (완전히 비종교적으로) "하느님, 감사합니다!" 하고 말할 수 있다. 자아 또는 영혼을 발견하지 못한 것이 그러한 자아를 발견한 것보다 훨씬 더 잘된 일이었고, 그래서 세세하게 분해하고서 그대로 미몽에서 벗어날 수 있었기 때문이다. 뇌 해부학자들이 외과적 수술로 자아를 분리할 수 있다니, 이 무슨 해괴한 상상이란 말인가!

나를 제어하는 중앙통제센터 '나―중심부'는 없다. 이것은 결국 놀라운 일도 아니다. 르네 데카르트를 제외하면 어느 누가 여기에 이의를 제기할 것인가? 데카르트는 '나―중심부'에 비견되는 송과선이 있다고 했기 때문이다. 최근 200년 동안 어떠한 유명한 철학자도 뇌 속의 물질적인 실체가 바로 '자아'라고 주장한 적은 한 번도 없었다. 대개 그들은 절대 단정 지으려 하지 않았다. 예를 들어 이마누엘 칸트는 상당히 모호하게 말하는데, '자아'는 '외적인 감각의 대상'인 육체와는 반대로 '내적인 감각의 대상'이라는 것이다. 이 말은 많은 의미를 내포하고 있다. 대체 우리는 '자아'에 대해 무엇을 정확하게 소개해야 한단 말인가?

철학은 자아에 대한 질문을 계속해서 미확정으로 내버려 둔다. '자아에 대해 말하지 않아도, 우리는 자아를 알고 있다'는 것이 철학에서의 격언이다. 뇌 연구에서도 지금 당장 자아를 발견할 수 없다는 것 또한 놀라운 일이 아니다. 그런 식으로 뇌를 연구한다면, 어떤 '자아'도 밝힐 수 없기 때문이다. 뇌 연구의 세계에서는 뇌의 지도 위 어딘가에 적어 넣을 수 있는 '자아'는 없었다. 자아는 명확히 발견할 수 있는 뇌의 기본적인 구성 요소에 속하지 않았다.

그런데도 자아는 어떤 식으로든 영원히 체험되고 있다는 말인가? 이런 체험마저도 착각일 수 있을까? 자아 감정이 비록 여전히 유동적이라 하더라도, 그런 감정이 존재한다는 것은 분명하지 않은가? 자아가 뇌 전체에 —어쩌면 신경 체계 전체에도— 아니면 적어도 결정적으로 중요한 부분에 퍼져 있다고 충분히 가정할 수 있지 않을까? 뇌 속의 신경세포가 벌이는 콘서트를 통해 멜로디, 소위 말하자면 자아의 멜로디가 생겨나고, 이러한 멜로디는 생물학적으로는 파악할 수 없지만, 심리적으로는 분명하게 존재하지 않는가? 콘서트에 동원된 모든 악기를 묘사해도 합주곡이 탄생하지 않는 것처럼, 뇌-해부학의 방법으로 '자아'를 파악할 수는 없는 것이다. 그렇게 말할 수는 없을까?

어떤 식으로든 이와 같은 주장은 타당할 것이다. 그러나 뇌 연구는 자아에 대한 질문을 해결하기 위한 제2의 방법을 알고 있다. 다시 말해, 정상적 상태에서 이탈한 사람들을 대상으로 한 연구, 즉 정신적 장애가 있는 환자들을 통해서다. 그들의 자아는 부분적으로 또는 고정된 징후에서만 분명히 작동하지 않기 때문이다. 영국의 유명한 뇌 연구자이자 심리학자인 올리버 색스(Oliver Sacks)는 40년간 이런 환자들을 집중적으로 연구했다. 색스 자신이 아주 애매한 인물이라서, 그는 항상 많은 이야기의 중심지다. 그의 저서 『**자기 아내를 모자로 착각한 남자**』에서 그는 환자들의 삶과 세계를 서술하고 있다. 그 환자들은 자아 정체성에 혼란을 겪는 사람들이며, 또는 색스의 말을 빌리면, 우리는 도저히 상상할 수도 없는 기상천외한 나라를 여행하고 있는 여행객들이다. 한 음악학자를 예로 들어 보자. 그는 뇌의 왼쪽에 조그만 상처를 하나 입었고 그 결과 시각적 장애를 겪고 있었다. 그는 '시각 인지 불능'이 되었고, 대상을 더 이상 인식할 수 없었다. 그가 자기 모자를 집어 들려고 할 때면, 그는 항상 아내의 얼굴을 향해 손을 뻗게 되었다. 어떤 음악 교수는 주차 미터를 어린아이로 착각해 이를 정성스럽게 쓰다듬어 주는가 하면, 신경매독을 앓고 있는 어떤 노부인은 젊은 남자들을 보면 주체할 수 없는 욕정을 느끼기도 했다.

20여 년 전 색스는 이런 환자들에 관해 단지 자세하게 묘사만 할 수 있었을 뿐이었는데, 그 이후에 매우 다양한 연구가 이루어졌다. 그 과정에서 많은 뇌 연구자가 인정한 견해는 단 **하나의** 자아가 있는 것이 아니라 '나'의 상태에 따른 자아, 즉 '자아 상태'가 다양하게 수없이 있다는 것이었다. '자아 상태'의 여러 가지 예를 한번 살펴보자. '**육체-자아**'는 내가 더불어 살아가는 육체가 실제로 나 자신의 육체임을 인지해 보살펴 준다. '**위치 설정-자아**'는 내가 지금 어디에 있는지 말해 주고, '**관점-자아**'는 내가 경험하는 세계에서 내가 그 중심이라는 것을 전달해 준다. '**체험 주체로서의 자아**'는 내 감각적 인상과 감정은 실제로 나에게 고유한 것이고 또 타인의 것이 아님을 말해 주며, '**저작자-자아와 통제-자아**'는 내 사고와 행동에 책임을 져야 하는 사람이 바로 나 자신임을 분명하게 밝혀 준다. **'자서전적 자아'**는 내가 인생이라는 나 자신의 영화에서 탈락하지 않도록, 즉 내가 예외 없이 동일한 사람으로서 나를 체험하도록 보살펴 주고, **'성찰적 자아'**는 자기 자신에 관해 심사숙고해 '주체적 나'와 '대상으로서의 나'와의 심리적인 게임이 가능하게 해 준다. 마지막으로 **'도덕적 자아'**는 무엇이 선하고 무엇이 악한지를 말해 주는 양심과도 같은 무엇인가를 길러 준다.

이처럼 다양한 상태로 규정되는 자아, 즉 이런 '자아−상태'에 장애가 발생하면, 색스의 이야기에서 언급된 것처럼, 몇몇 자아는 제대로 작동하지 않는다. MRI를 이용해 그런 환자들을 조사하면, 분명히 비정상으로 작동하는 뇌 영역들을 찾아낼 수 있다. 예를 들어, **육체−자아**와 **위치 설정−자아**는 두정엽의 기능과 관계가 있고, 관점−자아는 우측 하부의 측두엽과 관계가 있으며, **체험 주체로서의 자아**는 마찬가지로 우측 하부 측두엽의 기능과 연관 관계가 있으면서도 편도체(扁桃體)와 대뇌변연계(大腦邊緣系) 등등의 다른 중심들과도 관련이 있다.

그러므로 원하기만 하면 더 많은 자아가 존재한다고 말할 수 있다. 하지만 이것도 역시 당연히 하나의 도식에 불과하다. 첨가물 하나하나의 맛이 어떤지는 알아냈지만, 그 첨가물이 들어간 음식의 전체적인 맛에 대해서는 여전히 말할 수 없기 때문이다. 다양한 상태로 규정되는 자아, 즉 이러한 '자아−상태'가 아주 깨끗하게 갈라져 있다 하더라도, 실제 우리 뇌 속에서 작동할 때는 함께 섞여서 작동한다. 때로는 어떤 자아의 취향이 강하게 드러나기도 하고, 때로는 다른 자아의 취향이 드러나기도 한다. 일상적인 의식에서 이들은 거의 구별할 수 없을 정도로 서로 어울려 있다. 많은 자아는 입에 올릴 때만 약간 떠오르지만, 또 다른 자아들은 상주하다시피 한다. 첨가물들의 출처도 완전히 구별되는 것처럼 보인다. 몇몇은 단지 느낌의 대상이고, 다른 것은 어떤 식으로든 의식의 대상이 된다. '관점-자아'에 대해서는 '육체-자아'와 마찬가지로 별로 말을 할 게 없다. 정상적인 모든 사람에게 주어지는 것이기 때문이다. 그러나 '자서전적 자아'는 분명히 내가 나 자신을 창조하는 것인데, 그것도 내가 말을 함으로써 창조하는 그 어떤 것이다. 내가 나에 대해 이야기하고 나 자신과 또 다른 내 자아에게 이야기하며, 동시에 나는 그 말을 듣는 자아를 길러내는 것이다. 똑같은 것이 '자기 성찰적 자아'에게도 마찬가지로 통용이 되고 아마도 '도덕적 자아'도 여기에 통용된다.

다양한 상태로 규정되는 자아, 즉 '자아-상태'를 뇌 연구에서 구분하는 것은 매우 의미가 있다. 하지만 그 구분을 착각해서는 안 된다: 다시 말해, 이런 '자아-상태'의 구성이 언제나 명확하게 구분될 수 있는 것은 아니라는 점이다. 많은 뇌 연구자가 이름 붙인 것처럼 '자아-감정의 흐름'이라고 명명할 수 있는 '총체적 심리 상태'가 이 모든 자아에서도 생겨나지 않는다. 이러한 사실을 '자아-상태'는 결코 입증하지 못했다.

뇌 연구에서 매우 특이한 과정에 속하는 것은, 수많은 신경과학자가 자아를 부정하지만, 그와 동시에 자아가 어떻게 생성됐는지 연구한다는 점이다. 실험실에서의 자아는 싸워 이길 수 있기 위한 최우선의 전제조건이어야 하는 적대자, 그것도 사랑받는 적대자다. 그래서 뇌 연구자들은 인격, 달리 말해 자아가 어떻게 형성되는지에 대한 정확한 정보를 제시할 수 있게 되었다. 초기의 배태 발육 단계에서 이미 변연계가 생성되고, 출생 후에는 뇌가 외부 세계와 접촉해 다시 한번 완벽하게 근본적으로 바뀌는 것이다. 뇌 구조는 외부 세계에 적응하며, 이때 신경세포의 숫자가 줄어들면서 동시에 전도체를 외피로 둘러싸게 된다. 생후 18~24개월이 되면 '나─감정'이 형성된다. 이 시기에는 어린아이가 자신을 사진에서 처음으로 알아볼 수가 있다. 그리고 좀 더 지난 후에 사회적, 법적 '개인'이 형성되는데, 여기에서 자아는 많든 적든 자기 행위에 책임을 지는 사회 구성원이 된다. 이러한 능력과 특징은 대부분 사춘기 시절이나 그 이후에야 뇌 속에서 발달한다. 그래서 인격을 형성하는데 이와 함께 '나─감정'도 불가피하게 생성된다. 개인은 자기 자신을 지칭해 '나'라고 부르기 때문이다. 이러한 인격 형성 요인의 약 절반이 사실상 타고난 능력과 밀접한 관련이 있다는 것이 다수 의견이다. 또한 대략 30~40%는 0세에서 5세 사이에 형성되는데, 타고난 특성과 경험에 좌우한다. 훗날 가정환경이나 학교 등에서 받는 영향은 단지 20~30%밖에 되지 않는다.

'자아'의 미몽에서 깨어나면 '나'는 하나의 '사건'이 된다. 지구가 태양 주위를 돈다는 것을 코페르니쿠스가 입증했을 때, 그는 이전에 몰랐던 하나의 사실을 발견한 것이다. 지구가 우주의 중심이라는 낡은 관념은 명백히 잘못된 것이다. 다윈이 모든 생명체는 원시적인 조상으로부터 진화한 것이고 또 인간도 예외가 아니라는 견해를 피력했을 때, 마찬가지로 그는 명백하게 하나의 사실을 서술한 것이다. 인간은 신의 특별한 완성품이라는 가정도 틀렸음이 명백하게 밝혀졌다. 그러나 뇌 연구자들이 오늘날 '자아'를 삭제하고자 한다면, 그들은 새로운 하나의 사실을 무조건 입증해야만 하는 것은 아니다. 인간은 '나'라고 불리는 슈퍼바이저에 의해 정신적으로 결합해 있다는 낡은 개념은 반박되지 않고 어느 정도 옳다. 이런 '나'는 복잡한 것이며, 때때로 다양한 '나'로 분해될 수가 없다. 이런 '나'는 자연과학적으로 간단하게 답을 찾을 수 없는 이른바 '체감 현실'과 같은 것이고 볼 수 있다. '나'가 있다는 것을 확인하기 위해 우리가 자신을 '나'로 느끼는 것, 바로 그런 관찰만으로도 이미 충분하지 않은가? 사회학자 니클라스 루만(Niklas Luhmann)은 이렇게 썼다.

"인간은 개체이며, 이러한 개체가 되기 위해 요구되는 것들은 아주 간단하다. 그것으로 충분하다." 이와 똑같은 문장을 우리는 '자아'에 대입해서 말할 수 있을 것이다.

"자아란 명확하게 한계가 있는, 불변의 특정한 단위가 아니다."

이러한 명제를 내세운 에른스트 마흐가 옳았다. 뇌 속에서 하나의 단위, 하나의 한계 또는 ─많은 뇌 연구가가 즐겨 말하는─ 하나의 '틀'을 인식하지 않는다면 말이다. **오로지** 우리의 감각만이 이 세상에서 산책한다고 하는 마흐의 주장은 오히려 개연성이 없다. '자아'는 매우 주의 깊은 유치원 선생님과 같다. 그래서 대개 그 '자아'는 (유치원 선생님이 유아들을 돌보듯이) 관찰 중이고, 공감하고, 다소간 항상 깨어 있다. 인간은 (세포의) 핵, 즉 어딘가에서 무조건 체포할 수도 있는 '진정한 자기 자신'이라는 핵을 가지고 있지 않다. 이미 언급했다시피, 이러한 내용이 너무 알맹이가 없는 표현일지 모른다. '자아'라는 미몽에서 진정으로 벗어나려면, '나'에 해당하는 생물학적 기관을 발견해 그것을 철학자들의 눈앞에 내밀고서, "여기 있소, 바로 이것이오!" 하고 말하는 방법밖에 없다.

우리의 '자아'는 오색영롱하고 다양하며 복합적인 전망을 지니고 있다. 뇌 연구에서 입증하고 있는 것은, '나'가 존재하지 않는다는 것이 아니라, 우리가 느끼고 있는 '나'는 뇌 속에서 믿을 수 없을 정도로 복잡하게 진행되는 과정이라는 것이다. 그 과정이 너무 매력적이어서 예나 지금이나 우리는 경탄을 금치 못하고 있다. 다양한 상태로 규정되는 자아, 즉 우리의 '자아—상태'에 대해 현대의 뇌 연구가 포괄적으로 규명하는 것에 혹시 성공한다고 할지라도, 그것은 수십 년이 걸릴지도 모른다. 만약 우리의 간단한 기분을 자연과학적으로 관찰할 수 있다면 그것은 뇌 연구사에서는 인간의 달 착륙과도 같은 획기적인 일이 될 것이다. 그래서 '나'를 찾는 여행은 유인우주선을 타고 최소한 목성까지 가는 것과 비교될 수 있다. 우리가 지금까지 거의 예견할 수 없었던 여행길에 계속해서 예상치 못한 많은 것을 만나게 되는 것이다.

06

감정이란 무엇인가?

미스터 스폭의 사랑

우주의 지상낙원 오미크론 세티 3호

서기 2267년, 항성시 3417.3. 미국 해군 전함 엔터프라이즈호는 새로운 임무를 수행하기 위해 운항하고 있다. 오미크론 세티 3호에 걱정스러운 일들이 많이 일어났다. 우주에서 강력한 베어톨드 광선이 발생해 그 행성 위의 모든 동물성 생명체를 소멸시켰기 때문에, 엔터프라이즈호는 그곳에 상주하던 이주민들이 살아 있는지 찾아 나섰다. 희망을 품을 만한 근거는 거의 없었다. 3년 전부터 오미크론 세티 3호는 베어톨드 광선에 노출됐으며, 그 3년은 누군가가 살아남았을 것이라고 기대하기에는 너무 긴 시간이었다. 그런데 커크 선장이 부대원들과 함께 그 행성에 착륙했을 때, 놀랍게도 모든 이주민은 살아 있었고 더욱이 건강 상태도 매우 좋았다. 수수께끼 같은 어떤 식물의 포자가 광선에 노출된 인간을 살아남게 했다. 여하튼 이주민들의 저항 능력이 향상됐을 뿐만 아니라, 이 식물 포자의 영향으로 그들의 가치 체계도 변했다. 이 포자를 깊이 들이마시는 사람은 누구라도 돌연 평화 애호 정신이 충만해지고, 이 행성을 절대 떠나지 않겠다고 소원했다. 이런 은하계의 지상낙원에서 지나치게 냉정한 미스터 스폭에게도 변화가 일어났다. 그는 냉정하다고 소문난 불칸족 출신인데, 지금까지 오로지 이성적인 성찰만 할 수 있었던 그의 뇌에서 감정이 지배권을 넘겨받았다. 스폭은 어느 젊은 이주민 여성과 사랑에 빠져 버렸으며, 희망 없는 이성주의자에서 희망 가득한 낭만주의자로 변해 버렸다. 마침내 엔터프라이즈호의 전체 승무원도 자신들의 감정에 굴복하게 되었고, 그 바람에 커크 선장만이 감정의 매혹에 대항해 외롭게 투쟁하고 있었다. 임무 수행 명령을 내려도 승무원들은 자신의 근무처로 복귀하려고 하지 않았다. 커크는 포자의 효능을 무력화할 수 있는 방법을 찾았는데, 혈액 속에 있는 아드레날린의 수치를 높이는 것이었다. 커크 선장은 적당한 핑계를 대고 스폭을 우주선 안으로 유인하여 큰 노력을 기울인 끝에 불칸족 출신 스폭에게 분노의 감정이 일어나게 만들었다. 아드레날린 수치는 올라갔고 스폭은 이성적인 현실의 세계로 다시 돌아왔다. 커크 선장과 스폭은 포자의 효능과 싸워 이기기 위해 하나의 방법을 고안했다. 이 두 사람은 행성 쪽으로 강한 음파를 내려보냈고, 아직도 행성에 남아 행복하게 산책을 즐기고 있는 엔터프라이즈호 승무원들에게 분노가 일어나도록 만들었다. 이들의 치료법은 성공을 거두어 모든 승무원은 다시 정신을 차려 우주 공간을 비행하게 된다.

이 아름다운 이야기는 우주선 엔터프라이즈호를 중심으로 펼쳐지는 스타트렉 시리즈 시즌1에서 따온 것으로, 1967년 3월 2일 제24화로 TV에 방영되었다. 독일에서는 1988년에야 방영됐는데, 〈낙원의 이면〉이라는 철학적인 영문 제목은 독일어로 '가짜 천국'으로 번역되었다. 그러나 제목에서만 이 작품에 철학자들이 관련돼 있다고 생각해서는 안 된다. 내용에서도 철학적인 주제가 숨겨져 있다. 무엇보다도 미스터 스폭은 한때 데카르트 이후 이성 중심의 사고 주창자들에게는 총아이자 이상적 인물이었다. 감정이 얼어붙은 불칸족처럼 최소한 감정을 억제하기를 원했던 철학자들을 꼽자면 바뤼흐 스피노자, 고트프리트 빌헬름 폰 라이프니츠, 조지

버클리, 이마누엘 칸트 그리고 요한 고틀리프 피히테 등이다. 또한 엔터 프라이즈호 승무원들이 공상의 나라인 유토피아에서 추방된다는 이야기 는 아름답고 계몽주의적인 교훈을 우리에게 남긴다. 감정에 몸을 바쳐서 는 안 된다, 즉 평화와 사랑과 행복에 몸을 바쳐서는 안 된다. 이런 것들 은 그저 몽상적인 환상에 불과하기 때문이다! 현실의 삶에서 인간은 누구 나 이성적으로 자신의 자리를 지켜야 한다. 이것은 계약이자 의무다!

이 이야기를 좀 더 자세히 들여다보면, 우리도 모르게 살며시 많은 의 문이 든다. 대체 미스터 스폭이라는 인물은 실제로 얼마나 개연성이 있는 가? 지상의 인간들과는 반대로 불칸족은 감정을 절대 드러내지 않으며, 감정에 지배되지도 않는다. 적어도 불칸족에게 이런 천성이 있다는 것은 분명하다. 스폭이 포자의 영향으로 사랑할 수 있는 능력을 갖게 되었을 때, 그는 분명히 사랑의 능력에 대한 모든 전제조건을 갖춘 것이다. 그렇 지 않다면 사랑의 능력은 실행될 수 없기 때문이다. 모든 **엔터프라이즈호** 시리즈에 공통으로 적용되는 것이 있는데, 그것은 스폭이 끊임없이 반복 적으로 감정을 드러내는 것이다. 스폭의 지배적인 감정 상태는 뚜렷한 의 무감과 책임감이다. 불칸족인 스폭은 충성스럽고 남을 배려할 줄 알았으 며, 분쟁을 해결하기 위해 의심스러운 경우에는 무엇이 더 가치가 있는지 를 알았음이 분명하다. 그는 위험에 대항해 인간의 생명을 지켜야 할지, 운명에 거스르는 명령을 내려야 할지 저울질해야 했다. 이런 모든 심사숙 고는 가치 판단이 없으면 불가능한 일이었다. 또한 도덕적인 가치는 결코 감정에 중립적인 태도를 취하는 것이 아니다. 달리 표현하면, 스폭은 표 정과 동작에서 뭔가 독특한 면이 있지만, 우리와 똑같은 인간이라는 것이 다. 인간적인 또는 인간과 유사한 존재, 그러면서 감정이 없는 존재는 생각해 볼 수가 없기 때문이다.

그 이유는 아주 간단하다. 감정과 이성은 적대 관계를 형성하지 않는다! 이 둘은 서로 대립하며 맞서 있는 것이 아니라, 우리가 행하는 모든 일에서 서로 보완적이다. 정신이 활동할 때 감정과 이성은 서로 파트너 관계다. 때로는 서로 신뢰하다가도 종종 엄청난 갈등을 빚기도 하지만, 절대 서로를 내버려 두지 않는다. 서로 의심스러운 경우에는 감정이 이성을 완전히 배제하며 나서기도 한다. 그렇지만 감정이 배제되면 이성은 문제를 일으킨다. 먼저 감정이 사고의 방향을 잡아 주어야 하기 때문이다. 정서적인 출발점이 없다면 사고의 움직임도 없다. 또한 의무감이 없다면 전략적으로 사고하는 스폭도 없을 것이다.

감정은 우리를 하나로 묶어 주는 접착제다. 그래서 감정은 결코 불필요한 것이 아니다. 감정은 그 자체로 해롭거나 짐이 되거나 유치하지 않으며, 또한 많은 철학자가 자신에게나 다른 사람에게 반박하듯이, 감정은 본질적인 것에서 떨어져 있는 것이 아니다. 당연히 감정은 어느 한 사람의 '정신에 영향을 끼칠' 수 있다. 너무 감정이 격해지면 사고하는 데 방해받기 쉽다. 내가 심하게 공격받고 있다고 느끼면 상대에 대한 적당한 반론이 떠오르지 않는 경우가 종종 있다. 나중에 안정을 찾은 후 좋은 논거가 떠오르지만 더 이상 소용없는 일이다.

나는 학창 시절에 어떤 여학생에게 말도 못 할 사랑에 빠졌던 적이 있었는데, 그때 내 머릿속에는 그녀 외에는 아무것도 떠오르지 않았으며, 말 그대로 어찌할 바를 몰랐다. 그런 사랑의 감정이 사라져 버리기를 비록 소망한다고 해도, 감정이 없는 인생이란 재앙이 아닐까? 기쁨에 '도취하고', 분노에 '휩싸이고', 질투에 '치를 떠는' 것은 우리 삶에 활기를 불어 넣어 주는 마법의 영약이기 때문에 이를 받아들이는 것이 더 좋다. 감정이 없다면 아주 우둔한 백치처럼 존재할 것이기 때문이다. 감정이 없는 인간은 끔찍스러울 정도로 불쌍한 존재이며, 그런 인간은 전혀 행동할 능력도 없고 또 무엇을 생각해야 할지조차 알지 못할 것이다. 분명 그들 뇌 속의 뉴런에는 어떠한 자극이나 동인(動因)이 없을 것이다. 지극히 이성적으로 행동하라는 결정, 그리고 감정에 귀 기울이지 말라는 결정조차도 이성이 아니라 감정의 결정인 것이다. 우리의 사고는 언제나 감정에 의해 채색된다. 그래서 유쾌한 착상, 심장이 졸아드는 상상, 충격적인 통찰, 기괴한 생각, 낭만적 사고 그리고 냉정한 구상 등을 하는 것이다.

감정이란 과연 무엇일까? 감정은 어디에서 오는 것일까? 감정의 대상은 무엇일까? 그사이에 감정은 무슨 역할을 하는가? 고대 이래로 철학자들은 이와 같은 문제에 대해 골몰하고 있다. 비록 감정이 철학자들의 생각에 중요한 주제가 아니었음을 인정하더라도 말이다. 말하자면 감정의 문제에 관해 심도 있게 연구하고 있지만, 쉽사리 파악할 수가 없다는 점이다. 그래서 많은 철학자는 그들이 즐겨 정해 놓은 인식의 그물망으로 포착할 수 있는 것만을 감정이라고 간주하는 원칙을 따르고 있다. 그 사고의 틀에서 빠져 있는 것은 아예 토론하지 않거나 또는 평가절하해 버린다.

마찬가지로 이미 고대 그리스와 로마인들은 이 감정의 문제와 치열하게 싸웠다. 감정을 나타내는 그들의 단어는 의미상 격정과 같은 뜻을 내포하는 **파토스**(pathos)와 **파시오**(passio)다. 감정은 고통을 파생시키기 때문이다. '정서(Emotion)'라는 단어는 약간 중립적으로 들리지만, 그 어원은 라틴어 **움직이다**(movere)에서 나왔다. 그래서 정서는 사람을 '움직이게 하는' 것, 즉 감정을 의미했다. 독일어에서 '감정'은 17세기에 처음 사용되었는데, 프랑스어 **상티망**(sentiment)을 번역한 것이다. 이 단어에는 복합적인 느낌이 내포돼 있으며, 또한 단순한 흥분 상태를 의미하는 **상사시옹**(sensation)이란 단어가 있는데, 이 둘은 매우 분명하게 구분되고 있다.

감정은 무엇보다 신체적인 흥분 상태이며, 이는 매우 의미심장한 말이다. 극한 상황에서 공포심과 같은 감정은 우리가 살아남는 데 큰 도움을 주기 때문이다. 평범한 영장류에게 반사적으로 도주하는 행위는 포기할 수 없는 행동 수칙이다. 그래야 살아남기 때문이다. 공포심과 반사적 도주 행위는 계통 발생적으로 오래된 정서에 해당한다. 즉 이 둘은 살아남는 데 도움이 될 뿐만 아니라 주변 환경과 다른 집단의 일원으로 적응하는 데에도 유용하다. 기본적인 감정 중에서 어떤 감정이든 딱 하나의 감정만 결여된 인간을 상상해 보자. 두려움을 느끼지 못하는 사람은 고위험을 무릅쓰기 때문에 일찍 죽는다. 역겨움을 느끼지 못하는 사람은 쉽게 중독되거나 질병에 걸린다. 타인에게 호감을 느끼지 못하는 사람은 공동체에서 고립되고, 그리고 동정심을 모르는 사람은 타인에게 의구심과 당혹감을 불러일으킨다.

열정, 충동, 본능 그리고 격정 등은 생물학적으로 커다란 의미가 있다. 이런 감정은 개개인의 생존과 집단의 결속에 도움을 준다. 이때 배고픔, 수면욕, 따뜻함에 대한 욕구가 문제가 되거나, 아니면 도주, 공격 또는 섹스가 문제가 된다 하더라도, 인간의 기본적인 감정에서 중요한 것은 언제나 두 가지 문제뿐이다. 내가 무엇을 추구할 것인가 아니면 내가 무엇을 피하고자 할 것인가, 둘 중 하나다. 이것은 단지 외적인 면에 해당하는 것은 아니다. 한편으로 감정은 외부 자극에 걸맞게 반응할 수 있도록 도와주고, 또 다른 한편으로는 내적인 상태를 통제하고 조절하는 데 신경 쓴

다. 감정의 추가 심하게 한쪽으로 쏠리면, 이를 다시 조정하기 위해 거의 항상 그 반대 감정이 작용하게 된다. 일주일 내내 아침부터 저녁까지 화가 나 있거나 성적으로 흥분된 사람은 거의 없다. 또한 아무리 큰 슬픔이나 아무리 센 사랑의 괴로움도 몇 개월이 지나면 더 이상 첫째 날처럼 그렇게 강렬하지 않다.

감정과 관련해 많은 사람이 불쾌하게 생각하는 것은 감정을 잠재우거나 불러들이는 일이 매우 어렵다는 점이다. 냉정하기로 악명 높은 사람도 마음속으로는 종종 좀 더 즉흥적이고 충동적일 수 있길 원하지만, 뜻대로 되지 않는다. 이와 반대로 흥분을 아주 잘하는 사람도 좀 더 냉정하고 침착하기를 바라지만 원하는 대로 잘되지 않는다. 감정을 조절하기는 쉽지 않으며, 그만큼 감정이 우리를 조절한다. 더 정확하게 말하자면, 감정은 우리를 지배하는 것만이 아니라 그 이상의 역할을 한다. 이 말은 우리가 우리의 뇌를 마치 도구인 것처럼 이용해 사고하는 것이 아니라, 우리 자신이 하나의 뇌인 상태와 마찬가지다. 그래서 어떤 의미에서는 우리는 감정 그 자체다. 과연 어떤 의미에서 그럴까?

철학자들은 이 질문에 거의 대답할 수 없었다. 그런데 최근 몇 년 동안에 뇌 연구에서 이런 주제에 착수했다는 것은 놀라운 일이 아니다. 뇌 연구는 자기공명촬영(MRI)과 컴퓨터 모니터를 이용해 뇌 속에서의 흥분 상태를 영상화해 관찰하는 것이 가능해졌는데, 그중에서도 신경생물학자가 주도하는 '정서(감정)'에 관한 연구가 활기를 띠고 있다. 이 과정에서 그들은, 프랑스인들이 **상사시옹**과 **상티망**을 구분하는 것과 비슷하게, '정서'와 '감정'을 구별하는 데 익숙하다. 뇌 연구자들은 '정서'란 화학적 반응과 신경 작용의 반응이 서로 복합적으로 어우러지는 협력이라고 이해한다. 정서는 특정한 본보기를 형성하고 또 인간과 동물에게서 매우 유사하게 보이는 경우가 허다하다. 정서는 꽤 스테레오 타입이면서도 자동적인 과정이다. 이에 반해 감정은 매우 복잡한 양상을 띤다. 여기에는 정돈된 상당한 분량의 의식(意識)이 항상 개입되고 있다. 예를 들어 사람은 감정을 숨기거나 다른 사람이 눈치채지 못하도록 할 수가 있다. 하지만 정서의 경우에는 이런 행태가 쉽지 않다. 정서에 영향력을 행사해 통제할 방법이 없기 때문이다. 감정은 정서와 상상의 특별한 혼합물이다. 감정은 매우 개인적인 성향을 지니고 있는데, 말하자면 내면의 사적인 공간에서 행해진다. 도마뱀, 까치 그리고 박쥐와 더불어 우리는 배고픔과 반사적인 도주를 공유할 수 있지만, 사랑의 괴로움이나 향수 그리고 우울증 등은 공유할 수 없다.

19세기 후반 뇌 연구자들이 나타나기 훨씬 전에 그 당시 새롭게 등장한 심리학은 철학자들이 너무 소홀히 다루었던 감정에 신경을 썼고, 이를 체계적으로 연구하기 시작했다. 그런데 심리학에서는 심리학자들이 즐겨 사용하는 방식이 있는데, 그것은 목록을 작성하는 것이다! 이 과정에서 결정적인 질문은 이렇다. 정서에는 어떤 것들이 있는가? 정서를 모두 합치면 얼마나 많은가? 정서의 경우 의심할 여지 없이 확고한 세트, 즉 세상의 모든 문화 속에서 모든 사람에게 공통으로 기본적인 레퍼토리가 있다. 그리고 정서의 개수는 놀라울 정도로 적다. 사람들이 새로운 정서를 발전시키거나 고안해 낼 수가 없기 때문이다.

그런데도 심리학자들의 견해는 통일되어 있지 않았다. 세기 전환기에 빌헬름 분트(Wilhelm Wundt)는 3개의 중심적인 대립 감정을 발견했다. 유쾌함—불쾌함, 흥분—자제, 긴장—해소가 그것이다. 하지만 이러한 대립 감정의 짝짓기가 종종 자의적으로 교차하는 것은 아닌지 하는 의문점은 있었다. 예를 들어, 유쾌함과 흥분을 언제나 구별할 수 있겠는가? 이후의 심리학자들은 대립 감정의 짝보다는 오히려 '기본적인 정서' 목록을 선호하였고, 1920년대에는 이에 대한 12개의 목록이 생겨났다. 행복-슬픔-분노-불안-역겨움-고마움-부끄러움-사랑-자부심-동정심-증오-놀람 등이 그것이다. 최근에는 샌프란시스코에 있는 캘리포니아대학의 인류학자이자 심리학자인 폴 에크먼(Paul Ekman)이 이를 강화해 15개의 목록으로 만들었다. 그가 보충한 것은 경멸감-만족감-안도감-죄책감이었고, 원래 목록에 있던 '슬픔'은 너무 복합적인 감정을 내포하고 있기 때문에 목록에서 제외했다. 이러한 목록 만들기는 여러 가지 방식으로 계속해 볼 수 있기 때문에 커다란 의미를 부여해서는 안 된다. 이러한 정서는 각 나라의 언어로 번역되면서 그 의미가 손상될 수도 있기 때문이다. 모든 언어가 정확하게 똑같은 의미를 내포하는 표현 수단을 갖지는 못한다. 중국인이나 마사이족이 폴 에크먼이 말한 대로 똑같은 기본적인 정서를 정확하게 자신들의 언어로 번역했다 하더라도, 그 의미가 100% 똑같은 것은 아니기 때문에 가능한 한 에크먼과는 다른 목록을 작성해야 할 것이다.

뇌 연구자들도 이러한 정서와 감정을 의미하고 묘사할 때 번역의 문제점을 지니고 있다. 이에 반해 그들에게 다소 쉽다고 여겨지는 것은, 우리의 정서를 촉발하는 화학적 물질을 탐구할 때다. 여기서 중요한 것은 소위 신경전달물질이라고 불리는 물질로서, 정보를 신경세포에서 다른 신경세포로 전달하는 기능을 한다. 우리가 특별한 정서, 즉 특별한 기분이 들 경우 이러한 기분을 촉발하는 것이 바로 신경전달물질이다. 대표적으로 아세틸콜린, 도파민, 세로토닌, 노르아드레날린 이 4가지다.

이 모든 전달물질은 놀라운 능력을 갖추고 있지만, 부분적으로 아직 완전하게 밝혀지지는 않았다. **아세틸콜린**은 많은 신경전달물질 가운데 운동선수와 트레이너 같은 존재다. 이것은 신경세포와 근육 사이의 자극을 전달해 주며, 땀샘을 활성화하기도 한다. 아세틸콜린은 분명히 학습 과정에 참여하는데, 아세틸콜린이 급격하게 사라지게 되면 생기게 되는 알츠하이머병과 직접적인 연관 관계가 있다. **도파민**은 선동가이자 동기를 부여하는 사람과 같은 존재다. 도파민은 혈액을 공급하는 데 커다란 역할을 하며, 호르몬 분비를 조절한다. 혈압이 매우 낮다면 도파민으로 혈압을 상승시켜 활기를 불어넣을 수 있으며 호르몬과 관련해 정신병이나 여타의 장애와 밀접한 관련이 있다. 예를 들어, 도파민의 양이 지나치게 많으면 정신분열증에 걸릴 확률이 높아지는 것이다. **세로토닌**은 외교관이자 중재자와 같은 존재다. 세로토닌은 혈액순환에 영향을 미치고, 혈압을 조절해 준다. 또한 이 물질은 폐와 간에서는 혈관 수축에 영향을 미치고, 이에 반해 근육 조직에서는 혈관 확장에 영향을 끼친다. 그뿐만 아니라 세로토닌은 취침과 기상 리듬을 조절해 주고, 스트레스를 받을 때 이를 해소하는 기능을 한다. 세로토닌의 조절이 뒤죽박죽되면, 원초적 현상도 좋아지기도 하고 나빠지기도 한다. 예를 들어, 사랑에 빠진 사람은 세로토닌의 분비가 증가하면서 평안함과 만족감을 전달해 준다. 이에 반해 세로토닌이 부족한 경우에는 편두통과 같은 증세가 나타난다. **노르아드레날린**은 자동차 경주자이자 가속기와 같은 존재다. 이 물질은 주로 동맥에 영향을 미치는데, 도파민과 마찬가지로 혈압 상승에 관여한다. 응급실과 같은 집중 진료가 요구되는 곳에서 노르아드레날린은 쇼크 치료제로 사용하기도 하고, 약물중독으로 급격한 마비 증세가 나타날 때 혈액순환을 촉진하기 위해 사용하기도 한다.

이 네 가지 신경전달물질은 대뇌변연계에만 제한적으로 영향을 끼치는 것은 아니지만, 그곳에서 다양하게 존재한다. 변연계는 중뇌수도관 주위 회색질, 시상하부, 편도체라는 세 가지 커다란 요소로 이루어져 있는데, 타고난 감정적 상태와 운동신경을 관리하는 센터다. **중뇌수도관 주위 회색질**은 섹스, 공격과 방어, 배고픔 등의 양상을 조절한다. 고통스러운 비명, 한숨, 비탄 등을 온전하게 책임지는 것도 바로 이곳이다. 또한 **시상하부**도 영양과 수분 섭취, 섹스, 공격과 방어를 담당한다. 그 외에도 취침과 기상의 리듬 조절, 혈액순환 조절 등의 기능을 담당한다. 특히 섹스에 대해 자극적이고 흥미로운 사실은, 시상하부의 핵인 **내측시각전핵**은 인간의 뇌에서 매우 드물게 나타나는 남녀 간의 해부학적 차이 중 하나인데, 여성보다 남성에게 훨씬 더 발달하여 있다는 점이다. 중뇌수도관 주위 회색질은 섹스에서와 마찬가지로 공격적인 성향에서도 커다란 역할을 하며 동시에 이 둘을 서로 밀접하게 연결하는 기능을 한다. **편도체**는 그 크기는 매우 작지만, 인간의 감정 조절과 관련하여 역할이 얼마나 큰지 아직도 밝혀진 바가 거의 없다. 그래서 현재 편도체는 대부분의 뇌 연구자가 가장 애호하는 목표물이 되었는데, 다방면의 연구에도 불구하고 여전히 수수께끼로 남아 있기 때문이다. 편도체에는 노르아드레날린과 세로토닌이 집중적으로 분비되고 있는데, 특히 아세틸콜린의 분비가 높다. 편도체의 핵에는 불안과 공포를 담당하는 센터가 숨어 있다. 편도체는 또한 학습 과정에도 역할을 담당하는데, 특히 정서나 기분이 학습 능력을 추가로 지니게 하는 데 일조한다. 예를 들어, 나를 맨 처음에 깜짝 놀라게 했던 일이 열 번째에는 나를 그렇게 놀라게 하지 않는 일이 되도록 학습되는 것이다.

우리의 모든 감정, 사고, 행동 등은 화학적인 신호 물질의 도움으로 생성된다. 모든 감정과 흥분의 질이 신경 화학적으로 전제되고 조종되는 이유가 여기에 있다. 미스터 스폭이 아드레날린의 분비를 통해 오미크론 세티 3호 행성에서의 엔도르핀과 세로토닌의 도취에서 벗어났다면, 그것은 당연히 그럴 수 있는 것처럼 들린다. 미스터 스폭도 보통의 평범한 사람처럼 똑같은 신경 화학적인 기본 장비를 갖추고 있음이 분명하기 때문이다. 스폭이 그 기본 장비를 갖추고 있다면 고도의 뇌 기능, 즉 자신의 사고 능력과 불가피하게 연결된 것이다. 불칸족이 도파민과 노르아드레날린 차단을 마음대로 다룰 수 없다면 말이다. 그것은 거의 받아들일 수 없다. 도파민이나 노르아드레날린이 없다면 스폭이 속한 불칸족은 무기력하고, 나태하며, 아무 목표도 없이 살았을 것이기 때문이다.

정서와 감정에 관한 지금까지의 설명은 만족스러울까? 아마 거의 그렇지 않을 것이다. 지극히 단순한 뇌 연구자만이 이 정도에 만족하며, '정서와 감정은 이것이 전부다!' 하고 말할 수 있을 것이다. 지금까지는 감정에 관한 기초적인 문법에 불과할 뿐, 다양한 의미 전달은 제대로 언급하지 않았기 때문이다. 다음 세 가지는 필수 불가결한 존재다. 선동적인 도파민 분자, 중재적인 세로토닌 분자(스폭 분자라고도 한다), 그리고 흥분을 일으키는 노르아드레날린 분자는 자체적으로 활성화하지 못한다. 이들은 대사와 같은 역할을 한다. 한 신경세포에서 다른 신경세포로, 뇌의 한 중심에서 또 다른 중심으로 파견돼 신호를 전달하는 일을 담당한다. 이들이 특정 목적지에 도착하면 특정한 반응을 보여주는데, 그것은 신호를 제지하기도 하고, 촉진하기도 하고, 동기를 부여하거나 차단하는 기능을 수행한다. 간단하게 말하자면, 신호전달 물질은 의미를 전달하며 또 전달이 도착하면 그 의미를 방출하는 기능을 갖추고 있다. 하지만 이 신호전달 물질들은 스스로 사고하는 능력은 없다.

이에 비해 완전하게 갖추었다고 할 수 있는 감정은 다양한 주체가 협력하는 복잡한 상호작용으로 이루어져 있다. 감정에 참여하는 주체들은 특정한 뇌의 영역 또는 뇌의 중심, 신경세포의 정보 송출과 응답, 신경전달 물질, 뇌의 다른 구조들과의 복잡한 연결 부위, 그리고 당연히 감각기관을 통해 뇌의 시스템에 영향을 끼치는 외부의 모든 자극 등이다. 어떤 특정한 음악이 어떤 사람에게는 기분을 좋게 만드는 데 비해 다른 사람에게는 왜 소음으로 느껴지는 것일까? 굴을 좋아하는 사람도 많지만, 굴에서 역겨운 냄새를 느끼는 사람도 많은 이유는 무엇일까? 그리고 사랑한다고 믿고 있는 사람을 어떤 순간에는 증오하는 일이 생기는데 그 이유는 무엇일까? 화학적인 관점에서 감정은 아주 간단하게 설명될 수 있다. 하지만 감정의 성립, 즉 감정의 생성과 소멸을 규명하는 일은 상당히 어려운 일이다. 많은 뇌 연구자는 감정이 더 간단한 문제이기를 원한다. 불만족의 경우처럼 말이다. 말이 나왔으니 하는 말이지만, 그 사안의 대표적인 인물을 꼽자면 엔터프라이즈호의 승무원인 필레 박사일 것이다. 스폭이 포자의 영향을 받아 아주 부드럽고 감정적으로 엔터프라이즈호의 통신장치를 통해 말할 때, 필레 박사는 상당히 놀란다.

필레: 전혀 스폭이 말하는 것 같지 않아요.
커크: 근데 당신은 스폭이 뭔가 좀 더 인간적이었으면 좋겠다고 말했잖소.
필레: 그런 말을 나는 한 적이 전혀 없어요!

의식을 결합하는 접착물질이 감정으로 구성된 것이 사실이라면, 이 감정이 모든 본질적인 것을 결정하는 것은 아닐까? 의식 대신 무의식이 우리를 통제하는 것일까? 그렇다면 도대체 무의식이란 정확하게 무엇일까?

07

무의식이란 무엇인가?

내 집에 내가 주인이 아니라고?

지크문트 프로이트, 오스트리아 빈

그는 접근하기 어려운 사람이었다. 코카인 중독이었고, 자식들을 소홀히 했으며, 아주 끔찍한 여성상을 가지고 있으며, 지지자들로부터의 어떠한 반박도 참지 않았다. 그리고 그의 모든 연구 업적물은 (심리학뿐만 아니라) 모두 가능성 있는 것으로 뒤늦게 입증되었는데, 다만 학문적이라고는 입증되지 않았다. 다시 말해, 그의 연구들은 결국 아무런 내용이 없다는 비판을 받았다. 그런데도 그는 중요한 인물이었고, 모든 시대에 걸쳐 가장 영향력 있는 사상가 중 한 사람으로 남아 있다.

지크스문트 슐로모 프로이트(Sigismund Schlomo Freud)는 1856년 뵈멘 지방의 프라이베르크에서 태어났다. 이곳은 당시에는 오스트리아였지만 지금은 체코에 속해 있다. 프로이트의 아버지는 유대인으로 양모 상인이었으며, 프로이트가 태어나자마자 파산했다. 프로이트의 형제자매는 8명으로 매우 어려운 환경에서 자랐으며, 가족은 라이프치히로 이주했다가 얼마 안 돼 다시 빈으로 이사했다. 장남이었던 프로이트는 어머니가 가장 좋아한 아이로 학교에서도 매우 뛰어난 학생이었다. 그는 대학 입학 자격

시험을 우수한 성적으로 통과한 뒤 1873년 가을 빈대학 의과대학에 입학했다. 프로이트는 민물장어의 정소(精巢)를 연구하다가 빈대학 심리학과로 전공을 바꿨고, 거기서 1881년 「하등 어류의 척수에 관하여」라는 논문으로 박사 학위를 취득했다. 하지만 그는 더 오래 빈대학에 머물 수 없었다. 경제적인 상황이 이를 허용치 않았다. 그래서 그는 무거운 마음으로 빈 종합병원에 자리를 잡아 3년 동안 일반 의사로 근무했다. 그곳에서 저명한 뇌 해부학자 테오도어 마이네르트 밑에서 물고기의 뇌, 특히 배 양쪽에 9개의 눈이 있는 칠성장어의 뇌를 계속 연구했다. 이 시기에 프로이트는 자신의 히스테리성 신경 질환을 치료하기 시작했는데, 코카인을 복용하며 자기 자신을 대상으로 광범위하게 실험했다. 야심에 가득 찬 신예 자연과학자는 자신의 이름을 알리고자 코카인에 관한 5편의 논문을 발표했지만 아무런 성과가 없었다. 모르핀에 중독된 한 친구를 코카인을 사용해 치료하고자 했던 시도 역시 실패로 돌아갔다. 이런 사실을 프로이트는 자신의 저작에서 자세히 밝히지 않았으며, 이즈음 지크문트(Sigmund)라는 이름으로 개명했다.

그는 1885년 파리로 연구 답사를 떠났던 시기에 완전한 자의식이 분출했다. 자기 자신에 대해 완전히 깨우쳤다고 생각한 프로이트는 한 편지에서 이렇게 썼다. "오, 이 얼마나 아름다운지요. 저는 아주 커다란 후광을 안고 빈으로 돌아갑니다. 그리고 이제부터 모든 불치의 신경병을 치료하려고 합니다." 파리에서 프로이트는 신경병 분야의 권위자로서 '히스테리 치료의 나폴레옹'이라고 불렸던 장 마리 샤르코를 만난다. 그는 수많은 정신장애의 원인이 생리적 문제가 아니라 심리적 문제라고 프로이트에게 깨닫게 해주었고, 최면과 암시 기법도 가르쳐 주었다. 파리에서 빈으로 돌아온 프로이트는 빈 시청 근처에 신경과 의사로 개업하고, 동시에 제1 공립 아동병원 신경과에서 책임자로 일하게 되었다. 같은 해 1886년 프로이트는 유대교 율법 학자로서 학식이 높은 집안 출신의 마르타 베르나이스와 결혼해 6명의 자식을 낳았다. 그렇지만 그는 마음이 따뜻하고 자상한 아버지가 아니었고, 자식들이 쉽게 다가갈 수 없는 쌀쌀맞은 아버지였다. 1890년대 초반 35세의 프로이트는 다시 한번 뇌 해부학을 집중적으로 연구했다. 그 결과 뇌 질환에 의한 언어장애에 관한 논문을 한 편 썼고, 이때 그는 정신에 관한 수많은 수수께끼를 풀기 위해서는 뇌 연구에 엄청난 미래가 기다리고 있음을 깨달았다. 라몬 이 카할의 아주 새로운 뉴런 이론의 도움을 받아 '영혼의 도구'를 설명하기 위한 시도였던 그의 『**심리학 초안**』(1895)은 출간되지 않고 서랍 속에 들어 있었다.

신경질환을 치료하고 정신장애를 극복하자는 프로이트의 강력한 요구에 비하면, 당시의 뇌 연구는 아직 걸음마 수준이었다. 뇌 속 신경세포의 기능과 협동에 대한 라몬 이 카할의 새로운 통찰은 너무 추상적이고 일반론에 치우쳤다. 마드리드의 카할은 자신의 '합리적 심리학'의 근거를 밝히기 위해 시체의 뇌를 꺼내 수술대 위에 올려놓았다. 이에 반해 오스트리아 빈의 프로이트는 다른 방식을 선택했다. 그는 환자의 뇌를 철저하게 연구하기 위해 살아 있는 연구 대상을 수술대가 아닌 소파 위에 올려놓았다. 그리고 새로운 학문의 근거를 마련했는데, 바로 **정신분석**이었다. 프로이트는 1889년 프랑스 낭시에 있는 이폴리트 베른하임(Hippolyte Bernheim)을 방문했다. 그는 최면을 통한 암시를 치료에 사용하고 있었다. 이 광경을 지켜본 프로이트는 **무의식**이란 것이 분명히 존재하며, 또 무의식이란 것이 인간 행위의 대부분을 책임지고 있다는 결론에 도달했다.

'무의식'이란 개념은 새로운 것이 아니었다. 이미 1869년에 젊은 철학자 에두아르트 폰 하르트만(Eduard von Hartmann)이 『**무의식의 철학**』이라는 제대로 숙성되지 않은 저서를 발간했다. 이 책은 쇼펜하우어의 영향을 강하게 받은 작품으로(제13장 내가 하고자 하는 것을 나는 원할 수 있는가? 참조), 19세기 중엽 이후의 유물론적 철학자들뿐만 아니라 칸트, 피히테 그리고 헤겔의 이성 철학도 빠뜨리지 않았다. 한마디로 수많은 사상을 모아 놓은 이른바 베스트셀러였다. 비슷한 입장에서 고만고만한 상대들을 비판해 온 니체는 이 책이 베스트셀러가 된 것을 무척 분개했는데, 명민하지도 않고 통찰력도 떨어지는 하르트만이 자신보다 더 큰 성공을 거두었기 때문이다. 더군다나 하르트만은 '무의식'이란 개념을 창안하지도 않았다. 괴테의 친구로, 의사이자 자연 연구가인 칼 구스타프 카루스가 이미 1846년에 그의 저서 『**프시케. 영혼의 발달사에 대하여**』에서 '무의식'과 '무의식 상태'란 개념을 가리켜 영혼의 원초적인 활동 영역이라고 언급한 바 있기 때문이다.

프로이트가 자신의 앞선 연구자들과 구별되는 점은 이런 무의식의 세계를 체계적으로 탐구하려고 진지하게 시도했다는 것이다. 그는 무의식이 뇌의 어느 곳에 자리 잡을 수 있는지 대략 생각했다. 피질 하부에 있는 말단뇌(末端腦)의 중심부와 뇌간이 바로 그곳이다. 여기까지는 그의 스승 마이네르트가 뇌 해부학을 통해 알아낸 것이다. 하지만 1890년대의 뇌 연구 방법으로는 무의식에 접근할 수 없었다. 프로이트는 1891년에 빈의 베르크 거리 19번지로 이사했고, 그곳에서 47년 동안 연구했다. 프로이트가 '정신분석'이라는 말을 처음 꺼낸 것은 1896년이었는데, 자기 친구였던 의사 요제프 브로이어의 '세밀한 탐구 절차'에서 그 개념을 넘겨받았다. 그의 친구 요제프 브로이어는 정신적 외상을 입은 여성 환자 베르타 파펜하임을 대상으로 그녀가 정신적인 상처를 숨기지 않고 나타내도록 동기를 부여하고 있었다. 또한 프로이트도 뒤이어 자신의 환자를 대상으로, 특히 여성 환자가 당한 성폭력 경험을 연구했는데, 그가 환자에게 말을 시키는 방법을 사용했다. 프로이트는 남성을 대상으로 유년 시절에 어머니를 상대로 겪게 되는 성적인 행동을 진단하고, 그 행동을 '오이디푸스 콤플렉스'라고 명명했다. 훗날 프로이트는 이 오이디푸스 콤플렉스와 또 다른 이론을 기초로 하여 '충동이론'을 내세웠는데, 이 이론은 내용도 자주 바뀌었고 또 격렬한 논쟁의 대상이 되어 오늘날에는 그 전체적인 내용이 더이상 존속하지 않는다. 1899년부터 1905년 사이에 프로이트는 무의식의 힘에 대해 4권의 책을 저술했다. 이 책들을 보면 그가 명성을 얻은 분명한 이유를 알 수 있다. 꿈의 해석, 일상에서의 실책, 농담, 그리고 성욕에 관한 책이 그것이다. 1902년 프로이트는 빈대학 원외(員外) 명예교수가되었고 수요 심리학회를 창립했는데, 이는 훗날 '빈 정신분석학회'의 모태가 되었다.

프로이트의 저서는 대부분 매우 논쟁의 여지가 많고 또한 그에 대한 학문적인 인정도 꽤 인색했음에도 불구하고, 자기 자의식은 놀랄 만큼 강했다. 1917년, 그는 무의식에 대한 비밀을 풀었던 일을 가지고 코페르니쿠스와 다윈의 이론들에 필적한다고 하며 그 이론들과 같은 반열에 올려놓았다. 이 세 가지 이론은 인간성에 상처를 주었을지도 모른다. 코페르니쿠스는 지구를 우주의 중심에서 변방으로 밀쳐놓았고, 다윈은 인간의 신적인 본성을 원숭이의 본성으로 대치해 버렸다. 그리고 프로이트는 무의식적인 것이 의식된 것보다 훨씬 더 우세하기 때문에, 인간은 자신이 사는 집의 주인이 아니라는 것을 가르쳐 주었다. 그는 인간이 내리는 결정 중 약 90%는 무의식적으로 동기 부여가 된다고 확신하고 있었다.

무의식이 의식을 어떻게 통제하는지를 설명하기 위해 프로이트는 1923년 프시케를 세 개로 나누었다. **이드**(Id), **자아**(Ego), **초자아**(Super-ego). 이 세 개의 심급은 인간의 영적인 삶을 규정한다. 프로이트는 프시케를 이렇게 세 개의 심급으로 나눈 것을 자신의 고유한 업적으로 간주했다. 비록 니체가 이미 이 세 가지 개념을 유사한 기능으로 사용했음에도 불구하고 말이다. 그 세 가지를 살펴보자. 먼저 이드는 무의식적이고 인간 프시케의 충동적인 요소들에 상응하는데, 배고픔, 성적 충동, 시기, 증오, 신뢰, 사랑 등등이 이 이드를 규정한다. 이드의 반대쪽 상대는 초자아다. 초자아는 인간이 교육을 통해 형성된 가치들, 즉 규범, 이상, 역할, 주체상과 세계상 등을 실현한다. 이드와 초자아 사이에 자아가 놓여 있는데, 자아는 사실 매우 가련한 녀석이다. 이드와 초자아라는 감당하기 어려운 강력한 두 상대에게 끼어 몸이 찢겨 나갈 정도로 불쌍한 존재다. 물론 자아는 이드, 초자아, 사회적 환경이라는 세 주인의 신하로 이들의 상반된 요구에 의해 파생된 갈등을 해결하고 조화 되도록 시도하지만, 그 시도는 상당히 미약하다. 보통 이드가 승리를 쟁취하는데, 이 이드는 자아에 의해 통제될 수 없다. 이드는 의식 세계에서 벗어나 있기 때문이다. 유아기에서 유래하는 무의식적 충동과 그 특징은 파악할 수 없으며, 그렇기 때문에 쉽사리 정리할 수도 없다.

프로이트는 이드-자아-초자아 모델을 비교적 늦게 발전시켰기 때문에 자신의 모든 후기 저작물에서 이 모델을 기초로 삼지는 못했다. 하지만 그가 어떠한 경우라도 고수했던 주장이 있는데, 그것은 충동적 자극과 그 자극에 과하게 요구되는 이성 사이의 무의식적 갈등에서 인간 행동의 주요 동기 부여가 파생된다는 것이다. 프로이트는 자기 주장을 개별적인 인간에게 적용할 뿐만 아니라, 인간 사회의 충동 역학에도 일반적으로 확대 적용했다.

프로이트의 문화 비판적인 후속 저작물들은 대부분 엄청난 육체적 고통 속에서 쓰였다. 1920년대에 그는 국제적인 스타였지만, 만성적 구강암으로 고통이 심했기 때문에 그의 정신적 유연성은 심하게 억제되었다. 국가 사회주의자들이 권력을 잡은 후에 프로이트의 저작물은 판매와 유통이 금지되고 소각되었다. 1938년 3월 독일 군대가 오스트리아에 진주하자, 프로이트는 런던으로 이주하도록 강요받았다. 5명의 여자 형제 중 4명이 빈에 남았는데 모두 국가 사회주의자들에 의해 강제수용소로 끌려가 처형당했다. 1939년 9월 23일, 불치병에 걸린 프로이트는 치사량의 모르핀을 사용해 런던에서 목숨을 끊었다.

프로이트의 이론은 현재 무엇이 남아 있을까? 프로이트의 커다란 업적이라면 인간 관찰의 중심 개념으로 감정, 심리적 갈등 그리고 무의식 등에 가치를 두었다는 점이다. 브로이어로부터 넘겨지고 프로이트가 손질한 심리 치료 형식은 오늘날까지 하나의 방법으로 정착해 전 세계적으로 퍼졌다. 비록 정신분석은 그사이 수많은 사조와 학파로 갈라져 프로이트와 더 가까워지기도 하고 더 멀어지기도 했지만 말이다. 인간의 프시케 탐구에 관한 학문적 업적에 대해, 프로이트는 여러 면에서 잘 예측하였지만 딱 거기까지였다. 프로이트는 사람들 입에 오르내리는 신대륙을 실제로 보거나 측량하기 위한 선박을 마음대로 사용할 수 없는 지도 제작자처럼 환자의 영혼을 여행했다. 어느 누구도 자신만의 방법을 사용해 프로이트만큼 먼 바다로 나가 보지 않았기 때문에, 프로이트의 교만은 자명한 결과였다. 신대륙은 무의식이었고, 프로이트는 이를 찾아 나선 선구자였다. 그렇지만 프로이트가 자기 이론에 도움이 될 수 없어 일찌감치 떠났던 뇌 연구는 돛을 올려 항해를 계속해 프로이트 이론을 능가해 버렸다. 그래서 프로이트에게 남은 문제는 신대륙에 대해 얼마나 많은 약도를 그릴 수 있고, 거기에 강, 산, 섬들을 얼마나 그려 넣을 수 있느냐는 것이었다. 쾌락 원칙에 대한 그의 저서에서 프로이트는 정신분석과의 관계에 관해 깜짝 놀랄 만큼 자기 비판적으로 서술했다. 이 관계가 때에 따라서는 우리가 완전히 예술적으로 쌓아 올린 가설들을 붕괴시킨다고 하더라도, 정신의 수수께끼를 종국적으로 해결할 수 있는 주체는 당연히 생물학이라는 것이다.

정신분석은 학문이 아니라 방법론이며, 그 가설은 학문적으로 검증할 수 없다. 그 때문에 프로이트가 사망한 지 30년도 되지 않아 신경과학과 정신분석은 서로 화해할 수 없을 정도로 반목하게 되었다. 정신분석은 그 당시 전성기를 경험했다. 그런데 모든 영적인 것을 마이크로미터와 밀리볼트로 환산하는 전기 생리학을 떠받드는 뇌 연구는 프로이트의 후계자들이 보기에는 옆길로 빠진 것처럼 보였고, 신경생물학자들의 눈에는 학문적으로 미숙하다고 판명 난 것을 찌꺼기라도 채집하려는 것처럼 보였다. 뇌 연구가 전반적 승리를 거둔 오늘날에야 비로소 많은 뇌 연구자는 프로이트의 업적을 다시 평가하려는 시도를 감행하고 있다.

프로이트가 오로지 추측만 할 수 있었던 것들은 뇌 연구의 입장에서 보면 꽤 자명하고 뻔한 일이다. 즉 뇌를 들여다보면, 의식을 맡은 뇌의 영역들이 있다. 이 영역은 연상 능력을 지닌 피질이다. 그리고 무의식적인 과정을 생산하고 저장하는 영역이 있는데 이는 뇌간, 소뇌, 시상 그리고 말단 뇌의 하부피질 중심부다. 그래서 의식과 무의식은 해부학적으로 아주 잘 분리할 수 있다. 그런데도 뇌 연구는 너무 오랫동안 무의식의 탐구를 회피했다. 신경생물학자들 입장에서도 무의식을 설명하고 파악하는 일은 절대 간단하지 않았기 때문이다. 무의식적 과정은 너무 빨리 일어나고, 프로이트도 알고 있었듯이 인간이 이를 의식하지 못하기 때문에 언어로 전달할 수도 없다. 그래서 정신치료사는 무의식에 접근할 때 환자의 말에서 숨겨진 본의를 파악하고 거기에서 숨겨진 비밀을 풀어내는데, 이것 외에는 어떤 다른 선택이 있을 수 없다. 그렇지 않으면 환자를 컴퓨터 단층촬영기에 밀쳐놓고 무의식을 담당하는 뇌 영역이 특정한 질문이나 테스트할 때 어떤 반응을 보이는지 관찰하는 것이다.

무의식을 담당하는 뇌의 영역을 명명하는 일은 간단하고 일목요연하게 정리할 수 있지만, 무의식적인 것은 매우 다양한 특성을 보이고 있다. 예를 들어, 우리가 알아채지 못하는 상태에서 잠재의식으로 체험하는 과정도 무의식적이다. 우리 지각은 우리가 전혀 의식하지 못하는 인상이나 느낌으로 가득 차 있다. 우리 주의를 끄는 것은 실제로 우리가 보고, 듣고, 만지는 것 중에서도 일부만 해당하고, 그 나머지는 무의식 상태로 이전되기 때문이다. 무의식 상태로 이전된 것 중에서 대부분은 비밀스럽게 저장되고 나머지 다른 것은 저장되지 않고 사라지는데, 이것은 우리가 통제할 수 없다. 우리는 눈앞의 실제적인 과제나 목표 또는 욕구에 상응하는 것을 겨냥해 이를 인지 대상으로 삼는다. 배가 고픈 사람은 음식이나 음식점과 관계되는 것이 모두 눈에 들어올 것이고, 관광객으로서 명승지에 관심이 있는 사람은 일자리를 찾는 사람과는 전혀 다르게 도시의 모습을 인지 대상으로 삼는다. 어떤 특정한 일에 더욱더 집중하면 할수록, 그 외 다른 일에는 더더욱 관여하지 않게 된다. 이를테면 사고가 왜 일어나는지 그 원인을 알 수 있는 대목이다. 길을 가다가 교통표지판의 기둥에 부딪친다면, 그 표지판을 보지 않았던 것이 명백하다. 교통사고에 연루된 많은 사람의 진술을 들어 보면, 사고 당시 다른 자동차를 전혀 알아보지 못했다고 한다.

우리 주의력이 특정한 일에 집중하고 있으면 우리 뇌는 종종 다른 일에는 전혀 신경 쓰지 않는다. 비록 그 다른 일이 난해하고 혼란스러워 눈에 띌 것이 분명한데도 말이다. 이에 대한 하나의 유명한 일례는 일리노이대학의 대니얼 시몬스와 하버드대학의 크리스토퍼 샤브리스라는 두 명의 심리학과 대학생이 촬영한 유명한 고릴라 의상 실험이라 할 수 있다. 두 농구팀이 각각 흰색 옷과 검은색 옷을 입고 마주 보고 서 있다. 두 팀은 자기 팀 내에서 서로 공을 주고받기로 했는데, 이때 공은 항상 바닥에 한 번 튀기기로 하였다. 실험에 참여한 사람들에게는 과제가 하나 주어졌는데, 그것은 동영상을 보면서 흰색 옷을 입은 팀이 공을 바닥에 몇 번 튀기는지 그 숫자를 헤아리는 일이었다. 대부분의 실험 참여자는 어려움 없이 과제를 수행해 정확하게 숫자를 헤아렸다. 하지만 실험 주관자는 다른 것을 알고 싶어 했다. 실험 참가자들에게 뭔가 특별한 것을 보지 않았는지 물어보았다. 실험 참가자의 절반 이상이 뭔가 특별한 것을 보지 못했다고 했다. 두 번째로 그들에게 동영상을 보여 주었는데, 이번에는 공을 튀기는 횟수를 세지 않아도 되었다. 두 번째 동영상을 보았을 때야 비로소 그들이 기겁하며 알아차렸던 것은, 고릴라 의상을 입은 한 여성이 화면의 중앙을 가로지르며 어슬렁어슬렁 걷거나, 화면 한가운데에 서서 가슴을

쾅쾅 치는 장면이었다. 대부분의 실험 참가자는 숫자를 세는 것에 너무 몰두해 그들에게 고릴라는 전혀 눈에 띄지 않았던 것이다! 심리학자들은 똑같은 실험을 했는데, 이번에는 검은색 옷을 입은 팀의 공 튀기는 횟수를 세는 것이었다. 고릴라를 알아보지 못한 사람은 실험 참가자의 1/3뿐이었다. 검은색 옷을 입은 팀을 관찰하는 실험 참가자들에게는 고릴라 의상을 입은 여성이 눈에 더 잘 띄었다. 고릴라 의상이 검은색이기 때문이다. 주의를 기울인다는 말은 인식하고자 하는 대상을 선별 인식한다는 의미이며, 그 정도만큼 필터링 기능이 작동돼 그 외의 일은 인식하지 못한다는 것이다. 주의력에 관한 이 동영상 실험은 매우 인상 깊은 본보기다. 우리 주의력은 자동차 전조등과 같다. 전조등이 미치는 일부만 비출 뿐, 전조등 불빛을 벗어난 컴컴한 나머지는 무의식에서 방황하는 것과 같다.

우리 무의식의 대부분은 그런 불빛이 없는 지각에 근거한다. 무의식의 또 다른 매우 중요한 부분은 어머니의 몸속 그리고 생후 3년간의 체험으로 구성된다는 점이다. 우리는 이 기간에 많은 것을 매우 집중적으로 받아들인다. 그렇지만 연상 능력을 지닌 피질이 아직 성숙하지 못해서 이런 체험을 의식적인 체험으로 사용 가능하도록 저장할 수는 없는 것이다. 우리 인격의 대략 2/3 정도는 이런 방식으로 형성되는데, 훗날 이를 기억하거나 정확한 상황을 반추해 낼 수는 없다.

일상적으로 일어나는 무의식적 지각, 또 유년 시기에 내면 깊숙이 숨겨진 무의식적인 것 이외에도 여전히 또 다른 무의식적인 것이 많이 있다. 이에 대한 하나의 본보기는 자동화된 행동 방식이다. 내가 만취 상태에서 1km나 되는 길을 걸어서 무사히 집에 도착한 일로 종종 얼마나 놀라는지 모른다. 그것도 내가 집으로 돌아가는 길을 단 한 순간도 기억할 수 없었음에도 불구하고 말이다. 그리고 지금 내가 이 문장을 작성하고 있는 이 순간에 나의 손가락들은 어떻게 키보드 자판의 키를 1/10초 속도로 찾아 낸단 말인가? 만약 누군가가 키보드 자판을 가리고 어느 자판에 무슨 알 파벳이 적혀 있는지를 내게 묻는다면, 아마 나는 단 한 개도 제대로 맞히 지 못할 것이다. 내 손가락이 내 의식보다 더 많이 알고 있음이 명백한 것 이리라! 잊을 수 없는 또 하나의 무의식은 내가 한 번 체험했지만, 곧바로 잊어버렸던 일들이 아주 오랜 시간이 지난 후에 어떤 계기를 통해 다시 내 머릿속에 떠오르는 경우다. 그사이 그 일들이 내 의식에 전혀 들어 있 지 않았음에도 불구하고 말이다. 그중에서도 이에 관한 전형적인 본보기 는 특히 냄새 또는 후각이다. 잊어버렸다고 믿었던 것이 이와 연관된 그 림으로 연속적으로 떠오르며 의식 속으로 되돌아오는 힘을 가진 냄새 말 이다.

이 모든 것을 고려하면, 프로이트가 매우 광범위하게 옳았다는 것을 인 정하지 않을 수 없다. 우리 뇌 속에서 진행되는 것들 대부분은 무의식적 으로 일어난다. 그리고 이 무의식적인 것이 엄청난 영향력을 끼치고 있 다. 그래서 심지어 이렇게까지도 말할 수 있다. 무의식적인 지각이 통상 적이고, 의식적인 지각은 ―물론 우리에게는 이것이 특히 중요하다― 예 외적이라고 말이다. 단지 연상 기능을 지닌 피질이 관여하고 있을 때만 의식할 수 있기 때문이다. 여기서 의식적인 기능은 철저하게 무의식의 도 움에 의지하고 있다는 점이 현저하게 눈에 띈다. 앞 장에서 언급한 것처 럼, 감정은 의식과 무의식을 결합하는 접착물질과 같다. 대뇌변연계에서 무의식적 자극이 없다면, 연상 기능을 지닌 피질은 받아들여서, 반추하 고, 평가하며 그리고 표현할 수 있는 물질을 갖지 못한다. 고성능 기계가 있어도 전력을 공급하지 않으면 아무것도 할 수 없는 이치와 같다. 그러므로 무의식이 의식을 통제하는 힘은 그 반대의 경우보다 훨씬 더 강하다. 인격 발달에서도 무의식이 의식에 앞서서 형성되고, 무의식은 의식이 점차 깨어나기 훨씬 전에 특질을 결정한다. 무의식적 체험과 그 능력의 총합, 즉 잠재의식은 우리가 거의 영향을 끼칠 수 없는 강력한 힘을 지니고 있다. 우리가 잠재의식에 접근하기 위한 가장 친숙한 방법은 외부에서의 도움이며 치유다.

오늘날 뇌 연구자들은 신경과학적으로 기초가 탄탄한 정신분석을 꿈꾸고 있다. 1979년 세계적으로 유명한 기억연구자인 에릭 캔들 교수는 야심찬 프로그램을 발표했다. 목표는 신경과학과 정신분석학의 융합이었다. 하지만 정신분석학의 입장에서 보면 캔들 교수의 새로운 학문에 대한 제안은 마치 금욕적인 다이어트 요법으로 읽힌다. 즉 사변이나 억측을 더 이상 하지 말 것, 무모한 개념을 사용하지 말 것, 정신분석학적 방법으로 정신과 육체적 질병을 고칠 수 있다는 환상에서 깨어날 것 등이었다. 이와 반대로 캔들 교수가 제안한 것은 실증적인 연구, 통계학, 결과에 대한 엄격한 검증 그리고 개별 뇌 영역에 근거한 치료 효과를 확인하기 위해 자기공명촬영(MRI) 같은 뇌 스캔 기법을 도입하는 것 등이었다.

뇌 연구의 실험적인 방법을 이용한 무의식의 연구는 이제 막 시작되었다. 철학의 의붓자식이자 19세기 후반에서야 점차 진지한 연구 대상으로 받아들여졌던 무의식은 인간의 자기 인식을 학문적으로 연구하는 노상에서 오늘날 가장 중요한 연구 분야일 것이다. 생물학적 정보에 근거를 둔 인식이론에서 보면 인간은 이중적인 제한을 받고 있다. 첫째는 전형적 능력을 지닌 감각기관이고, 둘째는 (이 책의 1장에서부터 4장까지 언급된) 영장류의 뇌가 지닌 전형적 한계다. 그리고 이 둘째는 의식과 잠재의식 사이의 한계이기도 하다. 우리의 경험과 인격 구성에서 대부분을 차지하는 무의식을 통찰할 방법은 계속 차단돼 있다. 이 책의 제2부에서 인간 행동의 문제에 접근하기 이전에 우리가 확신해야 할 관점이 아직 빠져 있다. 그것은 지금까지 언제나 암묵적으로 추측만 해 왔던 '기억'이다. 기억이란 무엇이며, 그 기억은 어떤 기능이 있는 것일까?

08

기억이란 무엇인가?
그때 정말 무슨 일이 있었나?

에릭 리처드 캔들, 미국 뉴욕

사실 그는 일선에서 물러나 단지 지금까지 자신이 이룬 업적에 자부심을 가지고 살 수 있었지만, 일선에서 물러나는 것은 그의 성정에 맞지 않았다. 회색의 가는 줄무늬 양복을 입은 섬세한 그 남자는 꼿꼿한 자세로 자신의 연구실에 서 있다. 넓은 바지 양복 멜빵에 요란한 빨간색 바탕에 푸른 점이 찍힌 나비넥타이를 맨 세련된 노신사는 음악가 아니면 연예인의 모습이었으며, 1950년대 뉴욕 브로드웨이 전성기 시대의 유명 사회자의 모습도 남아 있는 듯했다. 그는 에릭 캔들이다. 그는 오락 예술가가 아니고, 세계에서 가장 유명한 기억 연구자다.

13층에 있는 연구실은 꾸민 것도 거의 없지만 아늑했다. 모든 것이 과도하지 않고 절제돼 있다. 책장에 있는 전공 서적들은 손때가 묻어 있고, 그중에는 닳고 닳은 두꺼운 대형 서적 『신경과학의 원리』도 있다. 이 책은 전공 분야 필독서이면서 저자인 그를 유명하게 만들었다. 창문턱에는 가족사진과 고인이 된 동료들과 찍은 사진이 세워져 있다. 엷게 착색한 창을 통해 맨해튼 북쪽을 내다볼 수 있고, 아래쪽 리버사이드 드라이브 도로에는 자동차들이 우중충한 막사와 철조망으로 둘러싸인 황량한 주변을 통과해 달리고 있다. 캔들은 2000년 '노벨 생리의학상'을 받았다. 그의 기억 연구에 관한 평생의 역작은 학문적 자극과 새로운 발견으로 충만했다. 그는 기나긴 활동의 후반부를 여기 13층에서 보냈다. 연구실 복도의 오른쪽과 왼쪽에 가득 들어찬 실험실은 이 세상 어디서든 볼 수 있는 광경이지만 소박한 인테리어가 이를 감추고 있다. 컬럼비아대학의 **하워드 휴즈 의학연구소**는 세계에서 가장 중요한 뇌 연구 분야의 시설 중 하나이고, 연구실의 이 모든 것을 설립한 사람은 혈기 왕성한 77세의 캔들이다. 캔들은 화석 같은 존재도 아니었고, 변덕이 죽 끓는 퇴직 교수도 아니었다. 그는 날렵한 수많은 부하 직원에게 전권을 행사하는 통치자이면서 여전히 연구의 중심에 서 있었다.

우리는 이런 논란을 벌일 수 있다. 이 세계는 원자들로 이루어진 것인지 아니면 역사들로 이루어진 것인지 말이다. 캔들의 역사는 히틀러의 오스트리아 무혈입성으로 시작되었다. 1938년 11월 7일 아홉 살 생일에 캔들은 원격조종되는 파란색 장난감 자동차를 선물 받았다. 유대인인 그의 아버지는 빈에서 장난감을 판매하는 상인이었으며, 아버지가 선물한 그 자동차는 에리히 캔들의 대단한 자랑거리였다. 장난감을 선물 받고 이틀이 지났을 때였다. 밤중에 누군가가 쾅쾅 큰소리로 문을 두드렸다. 그날은 소수민족을 상대로 유럽에서 자행되던 포그롬(pogrom), 즉 소수민족 학살의 밤이었다. 반유대주의가 빈에서도 발발했고, 빈에서는 히틀러 제국 치하의 다른 어느 곳보다 더 잔인했다. 어머니와 두 아들은 집을 떠나야만 했고, 아버지는 강제로 끌려가 심문과 굴욕을 당한 끝에 열흘이 지나고서야 다시 가족에게 돌아왔다. 그 후 1년 동안 캔들의 가족은 나치 정권의 횡포를 체험했는데, 약탈당하고, 거주지에서 쫓겨나고, 모든 재산을 빼앗기고, 아버지는 실업자가 되고, 에리히 캔들은 모든 친구를 잃었다. 가족이 살아남도록 도와준 곳은 빈의 이스라엘 공동체였다. 1939년 4월 캔들 형제는 미국으로 건너가는 행운을 얻었고, 뒤이어 부모님도 미국으로 건너갔다. 살아남은 유대인들의 좌우명은 '결코 잊지 말라!'였고, 이 표어는 항상 캔들과 동행했다. 부모님은 임시방편으로 뉴욕에 발을 들여놓았지만, 이와 반대로 에리히 캔들은 ―이제부터 그는 영어식 이름인 에릭 Eric이라고 불린다― 놀라울 정도로 빨리 환경에 적응했다. 캔들은 뉴욕에서 전통 깊은 유대인 엘리트 학교인 플랫부시의 예시바(Yeshiva)와 브루클린에 소재한 명문 에라스무스 고등학교를 다녔고, 1,400명의 지원자 중에서 두 명만 뽑는 장학생으로 선발돼 하버드대학에 입학했다. 대학에서 그는 애나 크리스를 알게 되는데, 그녀는 정신분석학자 집안 출신이었다. 캔들은 그녀와 사랑에 빠지면서 더욱 정신분석학에 탐닉하게 된다. 그에게 정신분석학은 '환상적이면서, 포괄적이고 동시에 실증적인' 학문이며, 지금까지 존재했던 모든 학문 중에서 '가장 매력적인 학문'이었다.

캔들은 지크문트 프로이트의 저작물에 깊이 빠져들어 '인간 정신의 이해에 대해 유일하게 성공할 가능성이 높은 단초'를 발견했다. 정신분석학자가 되기 위해서는 의학을 전공해야만 했다. 그는 한숨부터 나왔다. 의학은 '이루 묘사할 수 없을 정도로 따분한 과목'이었기 때문이다. 1955년 가을 캔들은 컬럼비아대학의 신경생리학자인 해리 그런드페스트 교수와 면담했는데, 거기서 자신의 장래 연구 프로그램을 다음과 같이 설명하자 교수는 적잖이 당황했다. "저는 프로이트의 '자아', '이드', '초자아'를 인간의 뇌 속 어디에서 발견할 수 있는지 찾아내고자 합니다."

오늘날 이 당돌한 말을 다시 듣는다면 그는 웃지 않을 수 없을 것이다. 그가 내뱉은 깊고 단조로운 3개의 소리는 인간의 소리가 아니라 코뿔새가 짝을 유혹할 때 내는 소리 같았다. 사람의 마음을 끄는 그의 서술 방식은 빈 특유의 매력, 유대인의 유머 그리고 미국인의 자유분방을 하나로 합친 것과 같았다. 캔들은 몽상가에서 진지한 학자의 길로 들어서게 되는 과정에 대해 찬찬히 설명해 주었다. 그는 그런드페스트 교수의 지시에 따라 한 번에 단 하나의 뇌세포를 가지고 작업에 임해야 했고, 거기에 적합한 동물은 단순한 구조를 가진 대상이어야 작업의 진행을 전체적으로 조망할 수 있었다. 프로이트도 신경생리학자로서 출발해 자신의 '영혼의 도구' 이론을 신경학설을 근거로 발전시키고자 했다. 프로이트가 당시에 부족한 지식 때문에 수행할 수 없었던 것을 캔들이 이제 감행하고자 했다. 그는 그 후 약 20년 동안 자신의 아내보다 '바다토끼'라 부르는 바다달팽이 **군소**(Aplysia)[9]와 더 많은 시간을 보냈다. 가재의 신경세포에 미세 전극을 사용한 첫 번째 실험은 전도유망한 뇌 연구자를 벌써 황홀경에 빠지게 만들었다. 그때의 쾌감을 아직도 그의 말에서 느낄 수 있을 정도다. 그는 양 팔을 활짝 벌려 큰소리로 외쳤다. "가재가 감추어 둔 깊은 생각을 나는 들었단 말입니다!" 바다달팽이 군소는 여러 가지 면에서 주목을 불러일으켰다. "군소는 크기도 제법 되었고, 우쭐거리기도 하고, 매력적이며 또한 영리합니다." 바다달팽이 군소는 한눈에 알 수 있는 동물이다. 1,000억 개의 신경세포를 지닌 인간과 비교해 보면 겨우 2만 개의 세포가 뇌 속에서 신호를 주고받는다. 이 세포들의 대부분은 그 크기가 포유동물보다 50배

---

[9] 군솟과의 연체동물. 몸의 길이는 30∼40cm이며, 검은 갈색 바탕에 회색빛의 흰색 얼룩무늬가 있다. 등에는 외투막에 싸인 얇은 껍데기가 있다. 해조를 먹고 사는 데 식용한다. – 역자 주.

나 더 컸으며, 육안으로도 그 존재를 알 수 있을 정도였다. 캔들의 열정은 불타올랐고, 돌진하듯 연구에 착수했다.

캔들은 얼굴에 빛을 발하면서 개척 시대의 흥분에 대해 이야기해 주었다. 이상한 나라의 엘리스가 아니라 이상한 나라의 에릭이었다. 그 나라는 뇌 연구보다 더 흥분되는 것은 아무것도 없는 세계였고, 알려지지 않은 대륙을 지도에 표시하는 것보다 더 흥분되는 것은 아무것도 없는 세계였으며, 17세기의 천체물리학과 르네상스 시대의 신대륙 탐험의 열기와 비교할 수 있을 정도였다. 1950년대와 1960년대에 뇌를 연구한다는 것은 미지의 나라를 광범위하게 여행하는 일이나 마찬가지였다. 바다토끼의 신경세포에서 출발해 인간의 감정, 사고 그리고 행동을 해명하려는 고난의 길은 거의 진척될 수 없었다. 그렇지만 캔들은 낙천적 성격의 소유자다. 바다달팽이든 사람이든 간에 세포의 구성 물질은 생화학적으로 동일한 것이었다. 학습과 기억의 기반을 이루는 세포의 메커니즘도 오랜 시간 진화해 오는 동안 변화하지 않았을 것이며, 그 결과 모든 생물체에서 적어도 유사한 방식으로 작동할 것이라는 가능성은 없을까? 캔들은 바다달팽이 군소의 꼬리 끝에 전기 충격을 약하게 가해 아가미 반사운동을 유발하고, 그리고 선별한 신경세포에 나타나는 반응을 관찰했다. 그는 신경세포가 변한다는 것을 발견했다. 그것은 바다토끼의 단기간 기억 속에서 일어난 잘 알려진 과정, 즉 '학습체험'이었다. 그래서 캔들은 시냅스의 유연성이 상승하였음을 금방 알아차렸다. 즉 그 길이가 늘어났다. 바다달팽이의 학습과 유사한 행동에 대한 그의 첫 번째 논문은 동료들을 어안이 벙벙하게 만들었다. 캔들은 미소 지었다. 자신의 마법이 통했음을 알고 있는 어린아이처럼 그의 얼굴에는 광채가 났다. "포유동물 맹신자들은 제

논문을 어떻게 생각해야 할지 몰랐습니다. 그러한 실험은 오로지 포유동물에서만 가능할 거라고 그들은 믿고 있었기 때문입니다."

캔들이 과감하게 전진했던 영역은 전체를 조망하기 어려운 곳은 아니었을 것이다. 기억의 탐구라는 영역이다. 그렇지만 기억과 회상, 과연 그것은 무엇일까? 이 질문에 대답하기는 절대 간단하지 않다. 기억이란 우리의 정체성과 같은 무엇인가가 아닌가? 우리에게 회상이 없다면 과연 어떤 존재가 되는 걸까? 회상이 없다면 우리의 전기(傳記)는 없어질 것이다. 그뿐만 아니라 우리의 삶, 특히 의식적인 삶도 없어질 것이다. '이해한다는 것'은 어떤 것을 우리가 알고 있는 또 다른 어떤 것과 관련시키는 행위를 의미한다. 알고 있다는 행위를 하는 것은 오로지 뇌 속에 이미 저장해 놓았던 것을 대상으로 한다. 지금 읽고 있는 이 문장을 이 책의 독자들이 이해하기 위해서는 한편에서는 개별적인 단어들을 이해해야 하고, 즉 그 단어들을 다시 인식해야 하고, 동시에 전체 문장의 의미를 인식해야 한다. 그리고 독자들이 전에 읽었던 문장들을 글자 그대로 기억하는 것이 아니라 적어도 본질적인 **의미**를 기억한다면 독서에서 매우 유리하다. 나는 '의미'라는 단어를 의도적으로 강조했는데, 여기에는 매우 중요한 사항이 숨어 있다. 즉 독서할 때 (통상적인 경우) 단어나 문장을 뇌 속에 저장하는 것이 아니라, 개별적인 에센스나 또는 그것들이 갖는 의미를 저장한다. 이런 사정은 단어에만 해당하는 것이 아니라 거의 모든 일에도 해당한다. 잘 아는 어떤 사람의 얼굴을 외워서 그려 낼 수 있는 사람은 극소수다. 심지어 재능을 타고난 예술가라 하더라도 이 일은 거의 불가능하다. 내가 어릴 때 무척 좋아했던 할아버지를 생각해 보면, 몇 개의 영상 속에서 그것도 선택된 장면에서 할아버지가 내 앞에 떠오르는데, 이 장면들은 단지 자그마한 감정적인 단면이다. 그것은 인상으로 남아 있는 것이지, 몇 분짜리 필름으로 남아 있는 것은 아니다. 내가 살았던 집을 지금 머릿속에 떠올려 보아도, 그 집의 모든 방이 동시에 떠오른 적은 한 번도 없고 언제나 방 하나하나 또는 그 방의 일부분만이 떠올랐을 뿐이다.

형편없이 노출된 이 장면들을 어떻게 설명할 것인가? 수많은 정보에서 어떻게 의미망이 형성되는가? 기억 대상의 선택은 누가 정하는가? 내가 왜 초등학교 시절 관리인이 기르던 개 이름을 아직도 알고 있으며, 내가 왜 아내와 만난 기념일에 아내에게 전화하는 일은 까먹는단 말인가? 당연히 그 날짜를 알고 있는데도 말이다. 관리인이 기르던 개는 나와 아무 상관 없지만 내 아내는 전혀 그렇지 않은데도 말이다. 기억에 관한 예를 들 때 자연 발생적으로 하필 관리인의 이 개가 불쑥 내 머리에 떠오르는 이유는 무엇일까? 이 개는 32년 동안 내가 단 한 번도 생각해 본 적이 없었는데 말이다. 회상은 광범위하게 이용 가능한 것은 아닌 듯 보인다. 즉 언제라도 꺼내 쓸 수 있는 대상은 아닌 것처럼 보인다. 회상은 번개 치듯 번쩍 머릿속에 떠올라 부지불식중에 눈앞에 아른거린다. 회상은 우리의 판단에 따라 통제할 수 있는 것이 아니며, 더욱이 한 번 회상으로 떠오른 것을 의도적으로 잊어버릴 수도 없는 것이다! 희미한 망각의 세계에서 특정한 영상을 풀어내고, 이를 내 의식으로 도로 가져오는 회상이 지닌 이 익명의 힘은 과연 무엇일까? 내 기억 중에서 의식적인 것과 무의식적인 것은 각각 얼마나 되는 것일까? 누가 또는 무엇이 우리가 의식하고 있는 지식을 망각의 상자 속으로 전이(轉移)시키는 일을 주관하고 있는가? 그리고 때때로 망각의 상자에서 이런저런 기억을 다시 가져오는 일은 누가 하고 있는가? 예를 들어 내가 12년 동안 베를린을 떠나 있다가 다시 돌아와 지하철역 통로에 들어섰을 때, 옛날과 전혀 혼동되지 않는 똑같은 냄새를 맡고서 꽤 기뻤던 적이 있다. 이전에는 내가 전혀 의식하지 않았던 냄새였는데, 어쨌든 세월이 지난 후 나는 그 냄새를 다시 맡고 좋아했다. 그 당시 그 상황을 기억하고 있는 주체가 나 자신일까? 아니면 회상이 내 마음대로 할 수 없는 독자적인 삶을 영위하는 것일까? 내가 정말 회상의 주체일까? 아니면 오히려 회상의 객체일까?

우리의 뇌가 기록보관소나 CD-ROM과 같이 데이터를 저장하는 것이 아니라 의미를 저장하고 있다는 사실은 기억과 회상에 관한 연구를 매우 어렵게 만들고 있다. 뇌 연구의 이 모든 과정이 어느 날 유전학적, 화학적, 전기 생리학적으로 **기술될** 수 있을 것이라는 건 분명하다. 하지만 그 모든 과정이 또한 **이해될** 수 있을까? 특정한 분자들이 서로 결합하는 방법을 알았다고 해서, 인간의 기억에 대해 알 수 있는 것은 무엇일까? 뇌를 연구하는 철학자나 심리학자는 감정이나 잠재의식을 연구하는 것보다는 일자리를 잃을 확률이 훨씬 낮아 보인다.

우리가 무엇인가를 회상한다고 하면, 우리 뇌에 그 흔적이 남아 있는 어떤 것, 즉 **이미 생각해 보았던 것**과 **이미 느껴 보았던 것**을 생각하는 것이다. 많든 적든 맨 처음 경험했던 것과 비슷하게 다시 한번 생각하고 느낀다는 얘기다. 여기에 예외적인 경우는 '잘 아는 사람'이라는 의미의 소위 **서번트**(Savant)[10]라는 작은 그룹뿐이다. 이들은 특정한 분야에서 매우 놀라운 암기 능력을 발휘하는 사람들인데, 킴 피크 같은 경우다. 이 사람은 배우 더스틴 호프먼이 자폐증의 서번트 역을 맡았던 영화 **레인맨**(Rainman)의

---

10) 전반적으로는 정상인보다 지적 능력이 떨어지나 특정 분야에 대해서만은 비범한 능력을 보이는 사람 - 역자 주.

실제 인물이다. 킴 피크는 미국 유타주 솔트레이크시에 살면서, 약 1만 2,000권의 책을 단어 하나하나까지 전부 암기할 수 있었으며, 연월일을 알려 주면 생각하지도 않고 바로 무슨 요일인지 알아맞힐 수 있었다. 그러나 그는 너무 큰 대가를 치렀다. 킴 피크는 50세가 넘어서도 아버지 집에서 함께 살았으며, 혼자서는 옷도 입지 못하고 계란 프라이나 샌드위치도 만들 수 없었다. 많은 기억 연구자는 서번트를 인간의 뇌 속으로 들어갈 수 있는 유일무이한 창문으로 간주한다. 그에 관해 연구했던 것들은 유감스럽게도 수수께끼로 남아 있다. 대부분의 서번트는 특정한 뇌 기능이 결여돼 있거나 감소돼 있기 때문에, 다른 뇌 회로의 확장으로 이런 결손을 보상한다. 이것은 때때로 믿을 수 없을 정도로 최고의 업적을 수행한다. 스티븐 윌트셔 같은 서번트는 자기가 가 본 적이 없는 로마 상공을 45분 비행한 후에 자신이 보았던 모든 개별적인 집의 창문 숫자까지도 외워서 모두 그려 낼 수 있었지만, 그 의미에 대해서는 한마디도 할 수 없었다. 우리는 그의 놀라운 능력에 대해서만 주의를 기울이지 이에 대한 정보를 제공해 줘야 할 학문은 지금까지도 아무런 답을 내놓지 못하고 있다.

우리는 서번트가 아니어서 체험한 것을 대부분 망각하곤 하는데, 이것은 당연하게도 평범한 사람의 장점이기도 하다. 회상은 인생을 더욱 아름답게 만들지만, 망각은 인생을 견딜 수 있게 해 준다. 그렇다면 회상과 망각은 어떻게 진행되는가? 오늘날 뇌 연구자들은 기억을 **명시적** 기억과 **잠재적** 기억으로 나누고 있는데, 이 구분은 의식과 잠재의식의 구별법과 정확하게 일치한다. 명시적 기억 능력은 '체험된 것'과 '깊이 생각한 것'을 의식적으로 불러내는데, 그러면 사람들은 이렇게 회상한 것에 대해 말할 수 있다. 잠재적 기억 능력은 우리가 알아채거나 알지도 못한 채 뇌 속에 저장된 것들과 관계가 있다. 나의 경우에는 12년이나 지났는데도 똑같은 냄새가 나는 베를린 지하철역과 같은 것이다. 명시적 기억과 잠재적 기억 두 유형은 다시 한번 세분해서 나눌 수 있다. 이는 '나' 또는 '무의식'에도 여러 가지 유형이 있는 것과 비슷하다. 명시적 기억은 아주 분명하게 서로 상이한 3가지 유형으로 구성돼 있다. 그것은 **에피소드 기억**, **사실관계 기억**, 그리고 **친밀 기억**이다.

에피소드 기억은 우리가 의식적으로 체험하는 일상생활을 따라다니는 기억이다. 오늘 나에게 생각할 가치가 있는 일이 발생한 것, 나를 감동시켜 사로잡는 것, 이런 것들은 에피소드 기억의 대상이 된다. 3가지 유형의 기억 중에서 한 개인의 자기 이해와 자기 정체성을 가장 강력하게 규정하는 것은 이 에피소드 기억이다. 독일 소설가 막스 프리슈가 언급했듯이 이 에피소드 기억에서 우리는 "인생이라고 간주하는 전기(傳記)를 고안해 내는 것"이다.

인생을 한 편의 영화로 볼 때, 내 인생 필름에서 주인공인 나 자신과 또 조연으로서 나에게 중요한 많은 사람에게 서로 상응하지 않는 것, 그것이 **사실관계 기억**의 대상이다. 여기서 그리고 지금 내가 기억에 대해 글을 쓰고 있는 것은 이러한 사실관계 기억에서 유래하며, 바로 여기에서 이제 여러분의 기억 속으로 들어갈 가능성도 있다. 요리 방법과 은행 계좌 번호, 내가 규칙적으로 타는 기차의 환승 시간표, 세상에 대해 알고 있는 나의 모든 지식 등은 이 기억 속에 저장된다. 하지만 사실관계 기억의 활동에는 반드시 어떤 전제가 있다. 내 인생에서 어떤 일을 인식할 수 있기 위해서는 내가 그 일을 알고 있다는 것을 반드시 내가 알아야만 한다는 것이 그 전제다. 이러한 과제를 수행하는 것이 **친밀 기억**이다. 이 기억은 어떤 것이 이미 알려진 것인지 아니면 낯선 것인지를 알려 준다. 통상적으로 이것을 알려 주는 데는 긴 시간이나 검증이 필요하지 않다. 이 친밀 기억 활동은 힘들이지 않고 또 자동적으로 이루어지는 것이 분명하다. 즉 내가 어떤 것을 알고 있는지 아니면 모르고 있는지를 아는 것이어서, 내가 잘 모르는 예외적인 경우는 매우 적다. 친밀 기억은 자동화되어 있어 잠재적 기억과 매우 유사하게 기능한다. 직관적인 기억으로 남아 있는 모든 것이 여기에 속하는데, 여기에서 의식은 아무런 역할을 못하거나 최소한의 역할만 한다. 앞 장에서 언급했듯이 컴퓨터 자판 위에서의 '다 알고 있는' 손가락, 그리고 만취한 내가 집으로 가는 길 위에서의 '다 알고 있는' 발이 이에 대한 사례다. 명백하게 손가락과 발은 정확한 자판과 정확한 길을 놀라울 정도로 훌륭하게 기억하고 있었다. 비교적 느리게 일하는 (또는 알코올에 취한) 의식은 많은 일을 해야 할 필요가 없었다. 숙련된 자동차 운전자는 변속장치를 '자동적으로' 바꾸고 교통 상황을 '직관적으로' 분석한다. 축구 경기에서 훌륭한 공격수는 길게 생각하지 않는다. 골키퍼가 '반사적으로' 손을 들고 있는 동안에 어디로 슛을 쏘아야 할지 0.5초 만에 결정해야 하기 때문이다. 이런 모든 과정에서 잠재의식 속에 있는 잠재적 기억이 활동하는 것이다.

그러나 가장 은밀한 질문 중 하나는 내 기억의 제2의 결정이다. 이는 나에게 알려진 것인지 알려지지 않은 것인지에 따라 구분되는 것이 아니라, 중요한 것인지 중요하지 않은 것인지에 따라 구분되는 것이다. 우리는 방 안에 있는 모든 물건을 각각 거의 인지해 낼 수 없다. 그러나 그 무엇인가가 평소와는 전혀 다르게 되어 있으면 그것을 대개 즉시 알아채게 된다. 새로운 것도 그렇고 평소와는 다른 것도 우리에게 특히 중요하다는 사실은 명백하다. 그리고 충분히 중요한 것으로 인지하는 것만을 의도적으로 저장하게 되는 것이다. 그러나 이런 중요성은 도대체 누가 결정하는가? 이 중요성은 의식적인 근원뿐만 아니라 무의식적인 근원도 가질 수 있다. 여기에서 구분한 것처럼, 명시적 기억과 잠재적 기억은 서로 명백하게 분리될 수가 없다. 뇌 연구자들이 이러한 구분에 의견의 일치를 보는 것은 이 구분이 하나의 가설이기 때문이다. 좀 더 자세히 살펴보면, 이런 모든 손쉬운 구분은 매우 모호하고 사변적이라는 점이 두드러진다. 이런 구분은 뇌 연구 자체에서가 아니라 심리학에서 유래하였던 것이다. 이런 구분은 프로이트의 이드, 자아, 초자아라는 3분법만큼이나 높은 호응을 얻었다. 이것은 실용적이고 다소 납득할 만한 구분이지만 이론적으로 그 기초가 확고하게 정립된 것은 아니다. 이에 대한 근거는 쉽게 댈 수 있다. '기억'이라는 이름의 하드디스크가 뇌 속 어느 곳에도 설치돼 있지 않기 때문이다. 컴퓨터의 하드디스크는 특정 데이터를 기록할 수 있으며, 개별적 기억장치에서는 특정한 기능을 넘겨받기도 한다. '단기 기억' 영역은 '장기 기억'이라 불리는 영역만큼이나 뇌 속에 거의 존재하지 않으며, 또 명시적 기억과 잠재적 기억 역시 눈에 보이는 거처를 가지고 있지 않다. 생리학적 차원에서도 뇌 연구자들은 거의 완전히 암중모색하고 있다.

그렇지만 기억을 위한 장소가 전혀 없다면, 에릭 캔들은 어떻게 바다토끼의 '단기 기억'을 연구했으며 또 바다달팽이의 시냅스가 학습체험을 하면 길어진다는 것을 어떻게 관찰할 수 있었을까? 그 대답은 캔들이 연구한 '생화학적 메커니즘은 상이한 수많은 신경세포에 나타날 수 있다'는 것이다. 여기에 상응하는 실험을 수행하기 위해서는 어떤 뉴런이 어떤 육체적 기능을 담당하고 있는지를 찾아내기만 하면 되었다.

캔들의 결정적인 업적은 학습체험이 **뇌에 흔적을 남기는 것**, 즉 변화한 시냅스를 보여 주었다는 점에 있다. 시냅스의 입체적인 가변성은 체험을 단기적으로 저장하는 것을 가능케 했다. 실제로 모든 동물의 시냅스는, 비록 제한된 가능성의 틀 안에서 이지만 자신들의 체험에 끊임없이 종속되는 모습을 보여 주었다. 신경세포가 모든 것을 배울 수 있는 것은 아니었기 때문에 그 변화에 제한이 있다는 것은 당연한 사실이다. 캔들은 바다달팽이 군소를 이용한 실험을 쥐에도 유사하게 적용해 성공을 거두어 노벨상 후보에 올랐다. 이 과정에서 그는 이미 1980년대에 CREB라는 단백질을 발견했다. 뇌의 신경세포에 있는 CREB가 분비되면 시냅스 연결 숫자가 증가했다. 캔들은 단기 기억의 경우에는 시냅스가 **훨씬 더 효율적**이 된다는 사실을 알아냈다. 이에 반해 장기 기억은 시냅스 내부에서의 질적인 개선을 통해 형성되는 것이 아니라, CREB가 분비돼 **시냅스 연결 숫자가 증가하면서** 형성되었다. 이 발견으로 캔들은 최종적으로 성공하였다. 즉 장기 기억의 형성에 관한 최초의 이론으로서 충분히 토론할 가치가 있었다. 캔들은 2000년에 스웨덴의 아르비드 칼손과 미국의 폴 그린가드와 공동으로 노벨 생리의학상을 받았다. 칼손은 파킨슨병의 인식과 예방을 위해 중요한 토대를 구축했고, 그린가드는 전달물질로서의 단백질이 어떻게 뇌의 세포 반응을 변화할 수 있는지를 발견했는데, 이는 장기 기억에 관한 캔들의 연구에도 직접적으로 도움이 되는 중요한 기초가 되었다.

캔들은 자신의 장기 기억 연구가 근본적으로 수박 겉핥기라는 것을 잘 알고 있었다. 장기 기억 연구에 있어 최초의 인물이라는 점은 분명했지만 최후의 인물은 아니었다. 해결되지 않은 문제가 너무 많이 남아 있기 때문에 이는 당연한 얘기였다. 캔들은 자신의 실험에서 쥐의 해마에 집중했는데, 해마가 무엇보다 공간적인 방향감각을 담당하고 있었기 때문이다. 쥐가 미로를 헤매며 탈출구를 찾아나가는 법을 배우고 있는 동안, 해마에서는 앞서 기술했던 CREB의 분비가 나타나기 시작했다. 물론 이와 동일한 생화학적 진행 과정은 다른 뇌 영역에서도 발견되었는데, 현재까지 알려진 바로는 이 영역들은 학습이나 기억과 관련이 전혀 없다. CREB의 분비를 통해 신경세포에서 촉발되는 과정은 장기 기억이 형성될 수 있는 것에 대한 설명인데, 이 설명은 필수적이긴 하지만 충분하지 않다. 만약 우리 기억을 고등수학의 체계와 비교하면, 수학에서 가장 기초적인 '수란 무엇인가'를 배우는 것과 마찬가지로 오늘날 뇌 연구자들은 이제 겨우 걸음마를 뗀 상태라고 이해할 수 있다.

뇌가 인상이나 감동을 어떻게 저장하는지, 그리고 그 과정에서 중요한 것과 중요하지 않은 것을 어떻게 분리하고, 그 이유는 무엇인지 등 이런 것들에 대한 양상과 방식은 예나 지금이나 수수께끼로 남아 있다. 이에 반해 명확하게 밝혀진 것처럼 보이는 점도 있다. 내가 무엇인가를 완전히 의식적으로 회상해 내고 그것을 혼자 힘으로 기억의 서랍에서 끄집어 낼 수 있기 위해서는, 이 체험을 언어로 포착해야만 한다는 점이다. 그러기 위해서는 암기하면서 배운 시처럼 단어들 속에 그냥 나열하기만 해서는 안 되고, 회상한 것은 심사숙고해야만 한다. 지금까지 알고 있는 한, 언어를 완전히 배제한 성찰은 인간의 뇌로는 불가능하다. 그러나 알고 있거나 알고 있다고 믿는 모든 것이 언어와 연관돼 있다면, 그토록 탁월한 인식 도구인 언어는 도대체 무엇일까? 현실에 접근할 수 있는 특별 통로를 언어가 보장해 줄까? 이 세상의 객관적인 진실을 언어가 전달해 주는 것일까?

09

언어란 무엇인가?
유리병 속의 파리

비트겐슈타인, 케임브리지

1914년 가을, 한 젊은 항공 기술자가 폴란드의 비스와강에서 경비정에 앉아 경계 임무를 하고 있었다. 그해 7월부터 오스트리아—헝가리 제국은 전쟁을 시작했고, 훗날 이 전쟁은 제1차 세계대전이라고 역사책에 기록된다. 그러나 오스트리아 동부전선에 투입된 25세의 이 엔지니어는 자발적으로 지원했던 전쟁에는 관심이 없었다. 그는 신문에서 기사 하나를 발견했는데, 다른 기사에는 눈길을 주지 않고 오직 그 기사에만 관심이 쏠렸다. 관심 있는 기사는 파리 법정에서 다루고 있는 자동차 교통사고에 대한 진상 규명이었다. 교통사고는 1년 전으로 거슬러 올라가는데, 당시만 해도 유럽의 대도시에서 자동차로 인한 복잡한 교통사고는 아직은 특별한 일이었다. 사고의 정확한 상황을 재구성하기 위해 법원은 미니어처 모델로 사고를 그대로 모방했다. 장난감 집, 장난감 화물자동차, 장난감 사람, 그리고 미니어처 유모차 등을 배치하고 사고를 재현하면서 밀어 쓰러뜨렸다. 그 엔지니어는 완전히 매료되었다. 하나의 모델이 현실을 모방하고 이를 대신하는 일이 어떻게 있을 수 있단 말인가? 첫째로 미니어처 모형들이 가능한 한 실제의 객체들과 정확하게 일치한다면, 둘째로 미니어처 모형들의 상호관계가 사실상 실재하는 객체들과 정확하게 일치한다면 그것은 가능한 일이었다. 만약 미니어처 모형을 통해 실재나 리얼리티를 복사할 수 있다면, 인간 생각의 미니어처 모형, 즉 단어들도 똑같은 방법으로 복사할 수 있지 않겠는가? 그는 일기장에 이렇게 썼다.

"한 문장에는 하나의 세계가 시험 삼아 조립되어 있다."

1616년, 30년 전쟁이 시작될 때 데카르트가 철학에 강력한 일격을 가해 철학이 새로운 방향으로 진행한 것처럼, 제1차 세계대전이 시작할 때 그 항공 기술자도 역시 철학의 방향을 변경했다. 그는 이전의 어떤 사람보다도 더 급진적인 방식으로 언어의 논리를 사고의 중심으로 올려놓았다. 그리고 이런 전환으로 20세기의 가장 영향력 있는 철학자 중 한 사람이 되었으니, 그는 바로 루트비히 비트겐슈타인이다.

비트겐슈타인은 1889년 빈에서 태어났다. 빈은 지크문트 프로이트, 에른스트 마흐, 구스타프 말러, 그리고 로베르트 무질의 도시이기도 했다. 비트겐슈타인은 9명의 형제 중 막내로 태어났으며, 아버지 칼 비트겐슈타인은 대기업가로 당시에 가장 강력했던 철강 재벌 중 한 사람이었고, 비트겐슈타인의 어머니는 피아니스트였다. 장사로 성공한 상인 귀족의 피와 음악적 감수성이 혼합된 비트겐슈타인의 가문은 언뜻 토마스 만의 자전적 소설 『부덴브로크가의 사람들』을 연상시킨다. 9명의 비트겐슈타인 일가의 운명과 비교해 보면, 『부덴브로크가의 사람들』에 등장하는 토마스, 크리스티안, 그리고 토니 부덴브로크는 거의 평범하고 정상적인 시민이었다. 비트겐슈타인의 가족 중 아들 하나는 유명한 피아니스트가 되었지만, 그들 중 3명은 훗날 자살로 생을 마감한다. 루트비히 비트겐슈타인 역시 눈에 띄게 예민하고 극단적인 성격이었다. 때로는 불안정하고 심하게 우울감에 빠져 있다가도, 또 다른 때는 교만하고 독선적인 태도를 보였다. 비트겐슈타인 집안의 모든 자식처럼 루트비히도 가정교사 수업을 받다가 14살이 되어서야 학교에 들어갔다. 지금까지 언급한 다른 철학자와 달리 성적이나 행실이 좋은 학생이 아니었지만 대학 입학 자격시험에 간신히 합격한 덕택에 대학에서 기계공학을 전공할 수 있었다. 비트겐슈타인은 공학 기술과 기계를 특히 좋아했는데 이는 지극히 평범한 일이었다. 당시에는 엔지니어들이 자동차, 비행기, 엘리베이터, 마천루, 그리고 전화기 등으로 일상의 삶을 혁명적으로 변화시켰고 그리고 근대화의 시작을 알렸기 때문이다.

1906년 비트겐슈타인은 세계 정상급 대학인 베를린-샤를로텐부르크 공과대학에 등록했다. 그러나 1908년 맨체스터대학으로 옮겨 거기에서 변화무쌍한 기교를 보이며 항공기 엔진과 프로펠러를 연구했다. 특히 그가 매력을 느꼈던 분야는 논리학과 수학이었다. 비트겐슈타인은 예나대학에 있던 수학자 고틀로프 프레게를 찾아갔다. 프레게는 비교적 외부로부터 주목받진 못했지만, 수학에만 통용되는 것이 아닌 일반적인 논리 법칙의 비밀을 풀고자 노력 중이었다. 그는 비트겐슈타인의 재능을 알아보고 그에게 케임브리지대학의 앨프리드 노스 화이트헤드와 버트런드 러셀에게 가도록 지도했다. 그 두 사람은 당대의 철학을 주도했던 대가였다. 비트겐슈타인은 케임브리지대학의 트리니티 칼리지에 철학 전공으로 등록했다. 그러나 러셀은 신경이 날카로운 젊은 엔지니어 비트겐슈타인을 떠버리 수다쟁이로 간주하며, 훗날 이렇게 말했다. "강의가 끝나자 성질이 불같은 독일 남자 한 명이 내게로 왔는데, 보아하니 나와 말다툼을 벌이려는 심산이었다…. 사실 그런 친구와 말씨름하는 것은 순전히 시간낭비였다." 하지만 이런 러셀의 생각은 바뀌지 않을 수 없었다. 몇 주 지나지 않아 그는 비트겐슈타인을 천재로 간주했고, 심지어 비트겐슈타인의 생각이 자신보다 더 뛰어나다고 인정했다. 러셀은 비트겐슈타인에게 자기 저서 『**수학의 원리**』를 비판하고 개정할 것을 찾아보라는 허락까지 내렸다. 그는 17살이나 어린 오스트리아 청년에게 많은 것을 배우리라 희망했다. 비트겐슈타인은 광적으로 이 일에 착수했다. 여러모로 풍성한 여행을 할 때만 작업은 중단되었을 뿐이다. 그렇지만 비트겐슈타인은 러셀의 논리학을 개정하는 것보다 더 많은 것을 이루고자 했다. 그의 노력은 궁극적으로 자기 자신의 '최종적인' 작품 『**논리철학 논고**』를 향해 있었다. 전쟁 중에도 계속 연구했으며, 목표를 향한 욕구는 점점 더 커졌다.

"그렇습니다, 나의 작업은 논리학의 기초에서부터 이 세상의 본질까지 그 범위가 넓어지고 말았습니다."

1918년 여름, 전쟁이 채 끝나기도 전에 책을 완성했지만, 출간은 1921년에야 잡지를 통해 이루어졌다. 1922년에는 2개 국어로 작성된 판본이 출간되었는데, 영어로 된 번역본이 오늘날 잘 알려진 라틴어 책 제목 『논리철학 논고(Tractatus Logico-Philosophicus)』로 출간되었다. 100페이지도 채 되지 않는 소책자였으나, 눈에 띄는 기수법으로 문장과 단락에 일일이 번호를 매겨 놓았다. 그래서 마치 성경 구절처럼 비트겐슈타인의 문장을 인용할 수 있게 하였다. 케임브리지와 서유럽 철학계의 반응은 열광적이었다.

그다지 뛰어나지 않던 학생을 철학의 창공에서 찬란하게 빛나는 혜성으로 만들어 준 것은 무엇일까? 모든 방면에서 격찬받은 그의 '천재성'의 근원은 어디에 있을까? 파리의 교통사고 현장을 재현하는 미니어처에 관한 이야기에서 볼 수 있듯이, 비트겐슈타인의 획기적 사고는 언어를 철학의 중심점으로 밀어 넣었다. 매우 놀랍게 들리겠지만, 그때까지 언어란 철학의 의붓자식에 불과했다. 물론 철학자가 자신의 사고를 단어와 문장으로 표현한다는 것을 모두 분명하게 알고 있었지만, 자신의 사고와 추론이 언어라는 수단에 **종속돼 있다는 것**을 주제로 삼은 사람은 극히 드물었다. (제2부에서 살펴보겠지만) 경험과 사고의 규칙을 자기 철학의 중심 과제로 부각했던 칸트조차 언어의 불가피성은 거의 다루지 않았다. 비트겐슈타인은 러셀과 화이트헤드도 이 문제를 똑같이 소홀했다고 여겼다. 논리를 공식화하는 논리를 소홀히 하면서, 어떻게 인간의 경험과 세계 인식의 논리에 관한 비밀을 풀려고 한단 말인가? 비트겐슈타인은 반대 의견으로 이렇게 말했다.

"모든 철학은 언어 비판이다."

여기까지는 비트겐슈타인의 생각이 정당하다. 그러나 언어 비판으로 그가 제시한 수정안이나 반대 의견은 어떤가? 비트겐슈타인은 교통사고를 생각했는데, 교통사고가 발생했을 때 관련된 미니어처들과 그 상호 관계는 사고 현장의 현실을 복사한다. 이와 비슷한 것이 다음과 같은 하나의 문장에서도 일어나고 있다. 즉 '문장의 단어들과 문장 구조는 현실을 모사하고 있다.' 명사('이름')는 이 세상의 '사물'에 해당하고, 그 의미는 문장 내에서 단어들과의 관계를 통해 파악된다. 명사(이름)와 문장 구조가 '사물'과 그 사물로 구성된 현실 속의 '질서'와 일치한다면, 그 문장은 '참'이다. 어쨌든 여기까지가 비트겐슈타인이 말한 원리다. 이 원리를 생각할 때 언어라는 거울이 실제로 현실을 반영한다고 하면, 철학에서도 모든 구조상의 결점이 틀림없이 바로잡힐 수 있다는 것이다. 이런 주장에 따라 언어는 매일매일 사용으로 최적화해야 한다는 것을 의미한다. 그래서 제거돼야만 하는 것은 **의미 없는** 모든 문장과 **불합리한** 모든 문장이다. 의미 없는 문장이란 —참인지 거짓인지 검증하기 위해— 어떤 현실이 필요하지 않은 문장을 의미한다. 예를 들면, "녹색은 녹색이다"와 같은 문장이 여기에 해당한다. 그리고 불합리한 문장이란 참인지 거짓인지 전혀 검증할 수 없는 문장을 의미한다. 현실 속에서는 어떠한 것도 이러한 문장에 상응하지 않기 때문이다. 예를 들면, "이런 식으로 내가 발음하는 문장은 거짓이다"와 같은 문장이 여기에 해당한다. 이때 비트겐슈타인은 시종일관 너무 철저해서 자기 자신이 나서서 모든 도덕적인 진술을 언어에서 퇴출하고자 했다. '선'과 '악'이란 단어는 현실 세계에 존재하지 않는 사물을 모사하고 있기 때문이다. 그 때문에 도덕은 신호 언어, 즉 수화나 제스처나 눈짓으로만 표현할 수 있다고 한다. "일반적으로 우리가 말할 수 있는 것은 분명하게 말해야 하며, 말할 수 없는 것에 관해서는 침묵해야만 하기" 때문이다.

비트겐슈타인의 꿈은 삶의 모든 분야에서 현실을 객관적으로 파악해 이를 자세히 묘사하는 것을 가능하게 해주는 **정확한 언어**였다. 그것과 관련해 그는 무엇보다도 먼저 '에른스트 마흐 학회'를 격려하고 후원했다. 이 학회는 빈에 있는 학문 이론가와 철학자들의 모임이었는데, 1922년 '빈 학파'에 통합돼 비트겐슈타인의 프로그램을 수행하는 데 애를 쓰기도 했다. 빈 학파가 14년 동안이나 여기에 매달렸음에도 불구하고, 그 프로젝트는 모든 면에서 실패했다. 그런데 '정말 천만다행!'이라고 말해도 괜찮았다. 이 프로그램에서 과연 무엇이 도출되었어야 했단 말인가? 정확한 언어가 도출됐다면 그 언어는 정말 얼마나 권위적인 언어였을까? 또한 시민들에게 정확한 언어를 강제할 수 있다고 생각하는 집단은 또 얼마나 전제적인가? 만약 학교에서 교사가 학생들에게 이중적 의미를 띠는 문장을 더 이상 쓰지 말고 아이러니나 은유, 비유도 사용하지 말라고 주입식으로 교육한다면, 얼마나 많은 학생이 학교에서 없어졌을까? 비트겐슈타인의 개혁이 철학을 쇄신하는 데 성공을 거두었다 하더라도, 철학은 얼마나 지루하게 되었을 것인지!

'정확한 언어'의 실패 원인이 빈 학파의 형편없는 노력에 있는 것은 아니다. 그 이유는 훨씬 더 근본적인 것에 있었다. '정확한 언어'는 그 단어 의미만으로도 비인간적이다. 즉 인간이 이루어 낼 수 있는 혁명과 언어의 근본적인 기능에 대한 심각한 오해다. 언어 발달의 원동력은 진리와 자기 인식에 대한 동경이 아닌 것이 명백하다. 오히려 그 원동력은 의사소통을 위한 **사회적인** 필요성이다. 이와는 반대로 비트겐슈타인은 언어를 유일한 인식 도구로 간주했다. 그는 언어를 기술자이자 엔지니어 입장에서 파악해 오로지 논리에 따라 언어의 유용성과 적합성을 평가했다. 비트겐슈타인은 화이트헤드, 러셀과 같이 논리를 과대평가했다. 이 두 사람은 논리를 사고에 대한 보편적인 공식으로 여겼지만, 논리는 그런 것이 아니다. 논리는 무엇보다 사고를 위한 **하나의** 수단이며, 논리는 언어를 구성하는 **하나의** 요소다. 모든 것을 논리의 법칙에 따라 평가하는 것은 실제 삶의 세계에서는 부조리한 결과를 낳게 되는 것이다!

러셀이나 비트겐슈타인 같은 높은 지성을 지닌 사람들이 어떻게 논리의 규칙에 따라서만 세계를 해명하려 했을까? 이를 이해하기 위해서는 당시 케임브리지의 분위기를 마음속에 그려야 한다. 한마디로 매우 격정적인 분위기였다. 뭔가 하고자 솟구치는 기술자와 엔지니어 정신이 이미 오래전부터 영감을 잃어버린 철학을 포착해 케임브리지에서 전성기를 맞이했다. 러셀과 화이트헤드는 그들이 자신들의 방법으로 철학을 전성기로 이끌게 될지, 아니면 철학에 종말을 고하게 될지 제대로 알지 못했다. 그렇지만 그들은 자신들의 이념에 너무 고무돼, 삶을 완성하는 모든 것을 포기할 수 있다고 믿을 정도였다. 그들은 인간과 관련된 여타의 학문에 놀랄 정도로 오만한 태도를 보였다. 비트겐슈타인은 프로이트의 여러 저서를 읽었지만 그는 자신의 논리에 이 저서들이 쓸모 있는지 없는지에 따라 프로이트를 평가했기 때문에, 정신분석학도 심리학과 마찬가지로 쓸모없는 학문이라고 생각했다. 비트겐슈타인은 뇌 연구를 알지 못했는데, 당시의 상황으로 보아 이것 때문에 그를 나쁘게 받아들일 수는 없는 노릇이다. 뇌 연구 분야의 개척자 격인 라몬 이 카할이나 셰링턴도 그 당시 대부분의 사상가에게 전혀 알려지지 않았기 때문이다.

비트겐슈타인이 받은 철학적 교육은 러셀과는 완전히 다를 정도로 한눈에 알 수 있었다. 그 때문에 그는 아무리 늦게 잡아도 칸트 이후에 철학을 움직여 왔던 객관적인 현실 전반을 인간이 적절하게 파악할 수 있는지에 관한 물음에 거의 생각해 보지 않았다. 또한 비트겐슈타인은 수많은 동시대의 학자가 매달리고 있던 인지 심리학에 관해서도 관심을 보이지 않았다. 그리고 자신의 저서 『논리철학 논고』에서도 언어와 언어 행위의 사회적 맥락에는 최소한의 관심도 기울이지 않았다. 비트겐슈타인이 상정한 이상적인 인간은 11살짜리 조지프처럼 언어를 사용해야 한다는 의견을 밝혔을 뿐이다. 이 조지프에 관해 올리버 색스(Oliver Sacks)는 자신의 책 『소리 없는 목소리』에서 이렇게 쓰고 있다. "조지프는 먼저 보고, 서로 다른 것을 구분하고, 같은 것끼리 범주화하고, 그리고 난 후 말을 사용했다. 그는 지각에 근거한 범주화와 일반화에는 아무런 어려움이 없었지만, 그것을 뛰어넘어 나아갈 수는 없는 것처럼 보였다. 그는 모든 것을 말 그대로 받아들이는 것 같은 인상을 주었으며, 또 상징이나 가정, 그리고 가능성 등을 염두에 두고 말하거나 판타지 또는 은유의 세계에 발을 들여놓을 수는 없을 것 같은 인상을 주었다. 조지프는 동물이나 어린아이처럼 현재에 사로잡혀 있어서 구체적이고 직접적인 체험에 한계를 짓는 것처럼 보였다. 다만 그는 이런 것을 어린아이가 가질 수 없는 의식을 통해서 끊임없이 분명하게 보여주었다."

조지프 이야기의 핵심은 이렇다. 조지프는 비트겐슈타인의 '정확한 언어'를 충분히 훈련받은 학생이 아니라, 태어난 지 10년 동안 수화 같은 몸짓 언어 없이 자란 청각장애 아동이다. 조지프는 언어를 사용할 때, 필요성이 있어야 생성되는 뉘앙스를 알지 못한다. 조지프는 소리로 전달되는 언어도 사용하지 못했고, 몸짓 언어도 사용하지 못했기 때문이다. 그런데도 조지프는 단어에 대한 이해력이 있었으며 또한 통사론 내지 구문론에 대해서도 직접적인 감각이 있었다. 그의 언어에 대한 이해는 기초적인 의미에서 논리적이긴 하지만 사회적이지는 않았다.

조지프 이야기에 대한 설명은 이미 잘 알려져 있다. 1960년대 미국의 언어학자 놈 촘스키(Noam Chomsky)가 인간은 언어와 문법에 관해 선천적 감각을 지니고 세상에 태어난다는 이론을 발표한 이래로, 그 이론은 상당히 개연성이 있는 것으로 간주되고 있다. 이 이론에 따르면 갓난아이는 언어를 처음에 거의 자동으로 배우며, 그 언어는 마치 아이의 몸이 크는 것과 비슷한 방식으로 아이와 함께 자란다는 것이다. 이에 대한 하나의 중요한 전제는 어린아이는 자기가 듣고 있는 언어를 따라 할 수 있다는 점이다. 야생 침팬지처럼 인간이 서로 구분해서 낼 수 있는 소리 표현의 수는 약 36개에 불과하다. 하지만 인간은 이러한 소리 표현을 통해 복잡한 문장을 구성할 수 있다. 침팬지의 경우 그들이 내는 모든 소리는 각각 특정한 의미를 지니고 있는 것처럼 보인다. 이에 반해 인간의 발전 과정에서 '바(Ba)' 또는 '도(Do)'와 같은 소리는 시간이 지나면서 점차 그 의미를 잃어버렸다. 그 소리는 음운론상의 최소 단위인 음절이 되었다. 달리 말하자면, 인간은 의미 없는 소리를 결합해 풍부한 의미를 지닌 여러 단어로 만들었다.

유인원과는 달리 인간에게서 이러한 과정이 발생하는 이유에 대해서는 논란이 분분하다. 이 중 하나의 가설은 인간이 진화하는 과정에서 후두(喉頭)가 점차 아래로 가라앉았는데, 이를 통해 음성어의 가능성이 상당히 확장되었다는 이론이다. 하지만 이 가설에 대한 충분한 설명은 오늘날까지 없는 상태다. 이에 반해 잘 알려진 것은 인간에게 문법을 가능하게 하는 뇌의 영역이다. 분절의 도움을 받아 연속된 소리에서 의미를 생성해내는 능력은 브로카 영역(Broca-Areal)이 담당한다. 브로카 영역은 왼쪽 귀의 약간 위쪽에 자리 잡고 있는데, 어린아이들은 대략 3세가 될 때까지 대부분 이곳에서 언어를 형성한다. 인간은 태어나 처음으로 습득한 언어의 문법에 대한 선천적인 감각을 지니고 있다는 촘스키의 주장이 옳다고 한다면, 이러한 감각은 브로카 영역에 자리 잡고 있다. 훗날 습득한 제2언어는 이웃해 있는 뇌 영역의 도움을 받아 습득하는 것이 명백하기 때문이다. 브로카 영역은 언어 운동학, 소리 형성, 소리 분석, 음절을 끊어서 내는 분절음 또는 조음, 그리고 추상적인 단어의 형성 등을 가능하게 해준다. 이에 반해 언어의 이해를 담당하고 어쩌면 언어의 모방도 담당하는 뇌의 영역이 존재하는데, 바로 베르니케 영역(Wernicke-Areal)이다. 19세기에 발견된 뇌의 이 두 부분은 오늘날에도 여전히 유효하다. 이곳에서는 언어가 발현되는 세부적인 장면이 매우 복잡하다는 것이 밝혀져 뇌 연구자들은 새로이 다른 뇌 영역들까지 확대하고 있다.

적어도 생후 처음으로 접하는 언어는 무의식적으로 배우게 되는데, 이 과정에서 언어는 사회적으로 '흉내 내게' 된다. 처음으로 접하는 언어의 가장 중요한 기능은 상대를 이해하고 또 상대로부터 이해받는 것이다. 어떤 것이 이해할 만한지 또는 아닌지 여부는 문법뿐만 아니라 문맥에 따라 결정된다. 그래서 "나는 검은 것을 보고 있다"는 문장이 의미할 수 있는 것은, 내가 검은색의 형상 앞에 서 있으며 그 색깔을 묘사하고 있다는 사실이다. 마찬가지로 이 문장은 내가 어떤 일을 비관적으로 생각하고 있음을 의미한다고 볼 수도 있다. 젊은 비트겐슈타인에게 이런 문장은 불쾌감을 불러일으켰지만, 언어란 그런 식으로 다의성을 지닌 문장으로 우글거리고 있다. '정확한 언어'에 대한 모든 관념은 실패로 돌아갔다는 선고를 내린 지극히 단순한 사실이 있는데, 그것은 한 문장의 의미는 여러 단어의 **사용**을 통해 형성된다는 것이다.

비트겐슈타인은 저서 『**논리철학 논고**』에 대한 반론 가능성에 대해 무엇보다도 전혀 알려고 하지 않았다. 그는 아무도 흉내 낼 수 없는 방식으로 저술된 자신의 저서로 자기가 할 수 있는 기여는 다 했다고 생각했고, 또 사물에 대해 최종적으로 언급해 놓았다고 생각했다. 그 때문에 그가 단기간 방문해 아주 중요한 성과를 거두었던 철학의 세계에 더 봉사한다는 것은 더 이상 아무런 의미가 없었다. 그는 자신의 어마어마한 자산을 형제자매에게 분배하고, 젊은 시인, 화가 그리고 건축가들에게도 상당한 금액을 기부했다. 다음 단계는 실용적 교육학으로의 비행이었다. 적어도 영국에서 높게 칭송 받았던 철학자 비트겐슈타인은 빈에 있는 교사 양성 교육 기관을 방문해, 그곳 오스트리아 시골에서 자신의 신분을 숨긴 채 수년 동안 학교 교사로 일했다. 교사로서 일한 성과물은 참담했다. 추측건대 대부분의 시골 아이에게는 차라리 역병이나 마찬가지였다. 1926년 그는 완전히 쇠약해져 교사직을 그만두고 어느 수도원에서 정원사 조수로 몇 달 동안 일했다. 그러다가 그는 새로운 프로젝트를 발견해 거기에 열성적으로 달려들어 매진했다. 그는 건축가 한 사람과 함께 빈에 사는 그의 누이 마가레테의 입체파 풍의 빌라를 설계해 건축했는데, 이 과정에서 그는 특히 실내 장식의 구성에 신경 썼다. 이 집은 학식이 높은 도시 빈의 중심이 되었고, '빈 학파'도 여기에서 종종 모임을 했다. 1929년 비트겐슈타인은 15년 동안이나 떠나 있던 케임브리지로 돌아갔다. 그는 논문『논리철학 논고』로 그때까지 계속 보류 중이었던 박사 학위를 취득했지만, 그 이후의 학문적 연구 작업은 그가 청소년기 작품들에서 주장했던 것과는 여러 가지 면에서 정반대되는 내용이었다. 그는 마치 신들린 사람처럼 글을 쓰고 또 연구했지만, 이 중 어느 것도 출판하기에 적합한 내용은 없다고 생각했다. 그는 사(私) 강사로서 약간의 수입과 장학금으로 생활했으며, 50세가 되어서야 결국 교수가 되었다. 그의 제자 중 한 사람이 기억하는 바에 따르면, 이런 생활을 하는 모든 기간 그는 "은둔자, 고행자, 정신적 지도자 그리고 '영도자'"나 다름없었다. 비트겐슈타인은 부귀영화를 누리다가 비참의 나락으로 떨어지는 소설의 주인공과 다름없었고, 살아생전에 이미 전설이 되어 버린 인물이었다.

현실 모사로서의 언어 이론을 주장한 비트겐슈타인은 이 이론이 틀렸다는 것을 언제부터인가 그 자신도 깨닫기 시작했다. 여기에 최후의 일격을 가한 인물은 케임브리지대학 동료였던 이탈리아 출신의 경제학자 피에로 스라파(Piero Sraffa)였다. 비트겐슈타인이 언어는 현실의 논리적 구조를 반영한다고 강조했을 때, 스라파는 손바닥이 바깥쪽을 향한 손의 끝으로 턱밑을 긁으면서 "그렇다면 논리적 형식은 무엇인가요?" 하고 물었다. 비트겐슈타인은 자신의 모사 이론을 포기했고, 이전에 내팽개친 수많은 시도 후 1936년 시작했던 만년의 작품 『철학적 탐구(Philosophische Untersuchungen)』를 스라파에게 헌정했다. 비트겐슈타인이 죽은 지 2년 후인 1953년에야 출간되었던 이 저서에서 그는 모사 이론을 포기했을 뿐만 아니라, 언어를 오로지 논리의 수단으로만 파악할 수 있다는 생각도 포기했다. 훗날 여류 작가 잉에보르크 바흐만(Ingeborg Bachmann)을 감격시켰던 그림 같은 명문장은 그 저서에 다음과 같이 쓰여 있다.

"우리의 언어는 오래된 도시라고 볼 수 있다. 좁은 길과 공터는 서로 얽혀 있고, 낡은 집과 새집들은 여러 다양한 시대에 다시금 덧붙여 건축되었으며, 수많은 교외에 둘러싸여 있고, 반듯하고 규칙적인 도로와 단조로운 양식의 집들이 늘어서 있다."

비트겐슈타인은 "한 단어의 의미는 언어생활에서 사용되면서 규정된다"는 사실을 인식했다. 그래서 철학자들이 고심해야 하는 문제는 단어의 의미와 문장 구조를 논리적으로 고정하는 것이 아니라, 언어 사용 규칙을 이해하게 하는 것, 즉 여러 다양한 '언어유희'인 것이다. 이러한 관점에서 비트겐슈타인은 이전에 경솔하게 다루었던 심리학의 의미를 마침내 발견했다. 언어유희는 진공의 공간에 존재하는 것이 아니라 인간 공동체에 존재하기 때문에, '순수하게 논리적으로' 설명되어야 하는 것이 아니라 '심리에 기초를 둔 논리학의 관점에서' 설명돼야만 한다는 것이다. 심리학자들은 영혼 실험 내지 정신 실험을 하는 것이 아니라 언어유희를 사회적 맥락에서 설명하는 것이 본질적인 임무이며, 이를 위해 세상은 심리학자들을 필요로 한다는 주장이다. "우리에게 일어나는 오해의 주요 원천은 우리가 단어 사용을 전체적으로 파악하지 않았기" 때문이다. 이에 관해 훨씬 더 아름답게 표현된 문장은 다음과 같다.

"철학에서 찾고 있는 당신의 목표는 무엇입니까? 유리병에 갇힌 파리에게 출구를 가리키는 것입니다."

제1차 세계대전과 마찬가지로 비트겐슈타인은 제2차 세계대전에도 자발적으로 지원했는데, 하지만 이번에는 영국군 측이었다. 그는 병원에서 조수로 근무하면서 이전에 항공기 제작에서 쌓은 경험을 업무에 연결했다. 그래서 그는 맥박, 혈압, 호흡 횟수와 호흡 총량을 측정할 수 있는 실험실 도구와 장치들을 개발했다. 그가 58세의 나이에 연금 생활을 시작할 때까지 그는 케임브리지대학에서 4년 동안 학생들을 가르쳤다. 죽기 전 마지막 해는 아일랜드와 옥스퍼드에서 보냈으며 1951년 암으로 사망했다. 그가 마지막으로 남긴 말은 친구들에게 보내는 인사말이었다. "그들에게 전해 주세요. 저는 굉장한 삶을 살았습니다."

비트겐슈타인의 『논리철학 논고』가 막다른 골목처럼 진퇴유곡에 처했다면, 이에 비해 『철학적 탐구』는 철학뿐만 아니라 당시에 막 처음으로 등장한 언어학에도 상당히 생산적인 자극제가 되었다. 또한 **분석철학**이라는 하나의 새로운 학문이 생겨나 20세기 후반기에 아마도 가장 중요한 철학적 사조가 되었다. 그래서 비트겐슈타인에게 영감 받은 출발점은, 철학적 문제는 언제나 언어적인 표현으로 이해해야 하며 분석되어야 한다는 것이었다. 인간이 세계를 체험하는 방법이나 방식은 항상 언어를 통해 영향을 받고 있기 때문이다. (언어적) 사고를 통해 흐려지지 않는 '순수한' 감각적 체험은 존재하지 않는다. 마찬가지로 언어는 언제나 다의적이기 때문에 명확한 의미는 존재하지 않는다. 감각적 지각과 언어가 상호 침투하는 이런 원시 밀림에서 분석철학은 자신의 길을 개척하고 있다.

언어학은 비트겐슈타인의 '언어유희' 이론을 끄집어내어 그때그때의 문맥 속에 들어 있는 언어 행위의 의미에 관심을 기울였다. 이를 통해 영국의 존 랭쇼 오스틴(John Langshaw Austin)과 미국의 존 로저스 설(John Rogers Searle)은 1950년대와 1960년대에 언어 행위 이론을 개발했다. 누군가가 무엇을 말한다면, 그는 "무엇인가를 행하고 있다" 하고 오스틴은 인식했다. 문장을 이해하는 데 있어 결정적인 문제는 무엇인가가 참이냐 거짓이냐 하는 질문이 아니라, 의도했던 대로 문장을 이해했느냐 아니냐 하는 질문이 되었다. 언어를 통해 진리를 구하는 이론에서 사회적인 의사소통 이론이 되었던 것이다.

인간의 언어는 특출한 의사소통 수단이다. 그러나 비트겐슈타인과 더불어 철학이 인정해야 했던 점은, 언어가 진리로 향하는 독점적인 통로가 아니라는 사실이다. 정신이 질서를 구할 때 사용하는 수단, 즉 사고와 언어는 현실 '그 자체'를 정리하는 것이 아니라, 독자적인 유희 규칙의 척도에 따라 세상을 설명하기 위한 모델에 불과한 것이다. 이러한 사실을 이해했을 때 비로소 우리는 인간에게 더 가까이 다가가게 된다. 상이한 사물을 지각하는 사람은 역시 다르게 체험한다. 다르게 체험하는 사람은 역시 다르게 생각한다. 다르게 생각하는 사람은 역시 다른 언어를 사용한다. 서로 다른 개인들 사이에서 다른 사고와 언어 방식이라는 결과를 이

끌어 내는 것이 있다면, 그것은 인간을 다른 동물과 정말로 구별해 낸다. 감각기관의 지각적 한계와 언어의 한계는 우리 세계의 한계다. 우리 사고가 낱말이라는 옷이라면 그 옷의 선택은 인간이란 종이 일목요연하게 정리한 옷장을 벗어나지 못하고 바로 그 옷장에서 이루어지기 때문이다. 그래서 언어가 언어 진술의 현실적 성격에 대해 우리를 '속이는' 것은 언어의 불문법과 마찬가지다. 언어는 인간이란 종의 필요에 따라 현실과 세계를 '구성하기' 위해 '만들어졌다'. 만약 뱀이 방향감각을 찾기 위해 언어가 필요하다면, 그것은 인간에게는 아무짝에도 쓸모없는 '뱀의 언어'가 될 것이다. 역으로 말해 '인간의 언어'도 뱀에게는 아무짝에도 쓸모가 없을 것이다. 노년의 비트겐슈타인이 한때 다음과 같이 매우 영리하게 언급한 말이 있다.

"만약 사자가 말을 할 수 있다 하더라도, 우리는 사자를 제대로 이해할 수 없을 것이다!"

우리는 이제 우리 인식의 가능성과 한계를 찾아가는 철학적–심리학적–생물학적인 여행을 이쯤에서 잠시 멈추려고 한다. 우리는 뇌에 대한 몇 가지 사항, 즉 뇌의 근원과 기능에 대해 살펴보았고, 그 가능성과 심지어 그 한계까지도 알아보았다. 우리는 뇌 안에서 감정과 이성이 자주 분리되지 않고 함께 협력한다는 것을 알았고, 이 과정에서 '나'라는 감정과 '자기 이해'가 어떻게 각인되는지 이해했다. 의식적인 것과 무의식적인 것이 서로 섞여 있다는 사실, 그리고 우리 뇌가 어떻게 의미를 저장하고 삭제하는지에 대해서는 잘 모른다는 사실, 이 두 가지 사실을 분명하게 깨달았다. 또한 우리 뇌가 자기 이해를 위한 매우 복잡하면서도 꼼꼼한 구조이긴 하지만 객관적으로 세계를 인식하기 위해 구성되지는 않았다는 사실도 배우게 되었다. 마지막으로 우리의 언어가 어디에 적합하고 또 '객관적'이 될 수 있기 위해서는 어떤 어려움이 있는지도 살펴보았다.

그러므로 우리 자신과 이 세계에 관해 곰곰이 생각해 본다는 것은 자동차를 타고 강을 헤엄쳐 건너가거나 아니면 세발자전거를 타고 사하라사막을 횡단하는 일과 마찬가지 의미다. 그렇다고 진척이 없는 것은 아니지만, 매우 힘이 들고 어렵다.

아무튼 이제 우리의 행동 일체에 대한 단서를 자세히 찾아내기 위한 장비 중 몇 가지 중요한 부분을 알게 되었다. 이를 통해 우리 자신을 찾아가는 여행은 또 다른 차원으로 우리를 이끌어 가 다음과 같은 질문을 던질 것이다. 우리는 우리 **행동을 어떻게 평가하는가?** 지금까지 매우 많은 유용한 정보를 우리에게 제공했던 뇌 연구는 이제 한 발짝 물러나고 철학이 그 자리에 들어설 것이다. 그렇다고 뇌 연구가 완전히 사라지는 것은 아니다. 선과 악에 대한 질문에서도 기회가 된다면 뇌 연구를 계속해서 참조할 것이다. 생물학이 어떤 식으로 설명하든 간에, 도덕에 관한 질문은 다음과 같이 철학적인 문제로 다루거나 어쩌면 심리학적인 문제로 다루게 될 것이다. 참과 거짓에 대한 척도는 어디에 그 근원이 있는가? 무엇으로 우리의 행동을 평가하는가? 대체 왜 이 일을 하는가?

Ⅱ

내가 해야 할 일은 무엇인가?

10

우리는 다른 사람을 필요로 하는가?

고독 속에서 행복하다는 루소의 착각

루소, 프랑스 파리

내가 자주 일하러 나갔던 어느 방송국에서 정문 수위로 근무하던 한 여성이 있었다. 슬픔으로 여윈 이 중년 부인은 아주 불친절하기로 소문이 자자했다. 하지만 그녀도 마음의 밑바닥에는 매우 고독한 사람임이 분명했다. 사람들과 잘 어울리고 서로 돕기를 즐겨 하는 것 대신에 그녀는 무뚝뚝하고 반항적인 태도로 자기 주위에 있는 대부분의 사람을 화나게 했다. 그러나 그녀가 내 아들 오스카를 바라볼 때는 한순간에 다른 사람으로 변해 버린다. 그녀의 눈은 빛이 났고, 얼굴엔 온통 화색이 넘쳐흘러 오스카를 어루만지기까지 했다. 그녀는 내 아들이 어떤 식으로든 그녀의 열정에 보답하지 않는다는 사실은 전혀 개의치 않는 것 같았다. 우리가 문밖을 나설 때면 그녀는 뒤에 남아 행복한 표정을 지었다.

나는 이 여성의 사생활에 대해 아는 것이 전혀 없다. 하지만 확실해 보이는 것은 그녀에게는 남녀를 불문하고 좋은 친구가 없을 것이란 점이다. 그녀의 직업에도 불구하고 그녀는 매우 외로워 보인다. 이쯤 되면 그 이유가 그녀 주변 상황이 아니라 짓눌려진 그녀의 마음 상태 때문일 거라고 생각하고 싶다. 하지만 그 상태를 반박할 사람으로 내 머릿속에 떠오른 유일한 인물은 철학자 장 자크 루소다.

루소는 매우 괴팍한 사람이었다. 그는 1712년 스위스 제네바에서 태어나 동판과 석판 조각공 수업을 받았다. 하지만 얼마 지나지 않아 이를 그만두고 방랑길에 올랐다. 그는 무조건 음악가가 되고자 했다. 하지만 한 번도 악기를 연주해 본 적이 없었다. 그 꿈을 물거품으로 만든 것은 그 누구도 생각해 보지 못한 새로운 음표 체계였다. 이를 개발했지만 어느 누구도 관심을 가져 주지 않았다. 그는 아무 목표 없이 떠돌아다녔다. 대개 그는 돈을 지원해주는 부인들의 도움으로 삶을 꾸려 나갔다. 그가 괴상망측하긴 했어도 검은 곱슬머리에 갈색의 커다란 눈은 사람들에게 상당히 멋진 인상을 주었기 때문이다. 그러나 루소는 결코 한곳에 오래 머물지 않았다. 파리에서는 계몽주의를 주도하는 인물들을 알게 되었지만, 그들에게도 역시 특별히 잘 보이려고 행동하지는 않았다.

1749년 10월 어느 날, 루소의 나이 37세. 그동안 너무 많은 변화를 겪은 그는 바로 그날을 진정한 계몽 체험으로 변용시켰다. '계몽'은 어느 시골 길 위에서 일어났다. 파리에 있던 불안한 방랑자 음악평론가 루소는 파리의 남동쪽에 있는 뱅센(Vincennes)의 어느 성을 향해 길을 떠났다. 그 당시에 이 성은 감옥이었는데, 여기에는 미라보 백작, 드 사드 후작, 그리고 계몽주의자 디드로와 같은 매우 유명한 사람 몇몇이 갇혀 있었다. 루소는 디드로를 만나러 가는 길이었는데, 그는 디드로가 편집하던 유명한 백과사전인 『**앙시클로페디**(Encyclopédie)』에 디드로를 위해 짧은 기사를 하나 썼던 일이 있었기 때문이다. 뱅센으로 가던 길 어딘가에서 그는 당시 파리에서 가장 영향력이 큰 신문인 **메르퀴르 드 프랑스** 한 부를 우연히 보았고, 거기에서 디종(Dijon) 학술원에서 공모하는 현상논문(懸賞論文) 과제를 발견했다. 과제의 질문은 '학문과 예술의 복원이 도덕의 정화에 기여하는 가?'였다. 루소는 이 질문에 대한 자신의 답변을 훗날 어느 편지에서 격정적이면서도 사명감 투철한 문체로 서술하고 있다. 겸손과 양보는 루소의 장점이 아니었다.

"바로 그때 디종 학술원에서 제시한 질문이 내 눈에 들어왔다. 이 질문은 내 첫 번째 저술의 빌미를 제공해 주었다. 일찍이 어떤 돌발적인 영감 같은 것이 있었다면, 그것은 나의 내면에서 일어났던 감동이었다. 별안간 나의 정신이 수천 개의 빛에 눈이 부셔 뭔가에 현혹되고 있다는 것을 느꼈다. 살아 펄떡거리는 무수히 많은 생각이 엄청난 힘으로 내게 물밀 듯 밀려왔고, 나를 형언할 수 없는 혼란 속으로 밀어 넣었다. 나는 술에 취한 것처럼 도취되었고 거칠게 뛰는 심장으로 거의 질식할 것만 같았다. 나는 더 이상 숨을 쉴 수가 없어서 길가의 나무 아래 몸을 던지듯 드러누웠다. 30분 동안 나무 아래에서 흥분된 상태에 빠져 있었다. 내가 일어났을 때 윗도리는 눈물로 축축하게 젖어 있었다. 오, 하느님, 그때 그 나무 아래에서 느꼈던 것을 모두 적어 놓을 수 있었다면, 나는 사회적인 질서가 지닌 모순점을 명명백백하게 드러내 보일 수 있었을 것이고, 또 인간은 천성적으로 선하게 태어났지만 우리의 제도로 말미암아 악하게 되었다는 것을 직설적으로 입증할 수도 있었을 것이다. 나무 아래에서의 30분 동안 나를 깨우쳐 주었던 위대한 진리 중에서 내가 기록으로 간직할 수 있었던 것은 극히 적은 일부분이었고, 그것마저 형태조차 희미하게 내 중요한 저서들 속에 흩어져 있다. 그때 깨우쳤던 진리들의 일부를 글로 남겨야 한다는 생각도 없이, 그렇게 나는 내 뜻과 거의 정반대로 작가가 되었다."

루소의 비종교적 깨우침은 매우 유명하지만, 현상논문 과제에 대한 그의 깜짝 놀랄 만한 대답은 더 유명했다. 그 대답은 학술원 심사위원들이 기대했던 답안과는 완전히 다른 것이었다. 그 대답은 논쟁을 죽도록 좋아하는 그의 기질과 완전히 상응하였다. 루소는 학술원에서 제시한 질문에 부정적으로 대답했고, 문화와 사회가 인간을 개선하는 것이 아니라 더 악하게 만든다는 주장을 다음과 같이 피력했다.

"인간은 악하다. 슬프면서도 끊임없이 지속되는 것을 경험해 보면 그 증거로서 충분하다. 그러나 인간은 천성적으로 선하며 그것은 이미 증명되었다고 믿는다. 생각하면 할수록 인간 사회를 경탄하게 된다. 인간 사회는 인간으로 하여금 이해관계가 서로 교차하는 한에 있어서는 필연적으로 서로 증오하게 만드는 것이 거의 진리가 될 것이다."

문명이 인간에게 끼친 악영향에 대한 루소의 저술은 센세이션을 일으켰다. 그는 1등상을 받았고, 하룻밤 사이에 스타가 되었다. 무엇이 그를 유명하게 만들었을까? 그의 견해에 따르면 인간은 '천성적으로' 착하고, 평화를 사랑하며, 선하다. 그러나 어느 방향으로 쳐다보느냐에 따라 도처에 사기와 강도, 살인과 살해가 뒤덮여 있다. 그렇다면 이렇게 질문을 던져 보자. 악은 어디에서 오는 것일까? 루소는 이를 의도적으로 강조해서 대답했다. 그는 인간을 천성적으로 비사교적이라고 간주했다. 다른 동물과 마찬가지로, 자연 법칙에 따라 사는 인간 역시 싸움을 원하지 않는다. 인간은 분쟁을 피하는 것을 상책으로 여기고, 자기 욕구를 제외하면 가장 센 감정은 타인에 대한 동정심이다. 하지만 유감스럽게도 인간은 혼자서 전혀 착하고 평화롭게 살아갈 수 없다. 자연재해와 같은 외적인 환경 변화는 인간으로 하여금 다른 인간들과 서로 힘을 합칠 것을 강요한다. 하지만 공동생활은 인간을 서로 경쟁으로 내몬다. 인간은 서로 의심하고 서로 악의를 가지게 된다. 개별적 인간들을 직접적으로 비교하면, 각 개인의 자기 자신에 대한 사랑은 지나칠 정도의 자기중심적 사랑으로 변한다. 그래서 '선에 대한 타고난 사랑' 같은 자연적 본능이 사라져 버린다는 것이다.

루소의 저서는 일종의 스캔들이었다. 당시의 서유럽 봉건주의 사회에 대한 루소의 비판에 대부분의 계몽주의자가 동참했던 것이다. 18세기 중엽의 귀족들은 호화 생활을 영위했지만, 농부들은 궁핍하게 살았다. 그러나 이러한 사회와 문화가 인간이 악하다는 근거가 된다는 주장에 우호적으로 동조하는 사람은 거의 없었다. 계몽주의 작가들은 예술과 사교 모임을 사랑했으며, 그리고 학문의 진보를 찬양하고 후원했다. 바로 학문이야말로 귀족들의 압제로부터 시민들을 해방하여 주는 것이라고 믿었다. 많은 계몽주의자는 거의 서유럽 전역에 횡행하는 봉건사회를 대신해 토론을 즐기는 지식사회를 꿈꾸고 있었다.

루소는 분개하며 격렬하게 저항했다. 그는 뛰어난 재능을 타고난 작가였고, 그의 저서 중 몇몇은 최고의 대중적 인기를 누리고 있었다. 그는 당대의 유럽 교양사회에서 가장 많이 토론의 대상이 되던 철학자였다. 그렇지만 그에 대한 비판은 어디든 피해 갈 수 없었다. 그는 점점 더 힘들어졌고, 서유럽 이곳저곳을 돌아다녔으며, 그가 모습을 드러낸 곳마다 커다란 논쟁을 일으켰다. 루소는 아버지로서도 완전히 실패했다. 그의 많은 자식은 고아원에 맡겨졌으며 거기에서 죽은 것으로 추정된다. 루소는 자신의 이론을 자기의 특수한 삶을 통해 증명해 보이려 했을 때, 이미 죽기 1년 전부터 반사회적인 인물이 되어 버렸다. 그는 주변 세계와 담을 쌓고 파리 근교의 에르므농빌에 있는 성에서 아주 외롭게 살았는데, 다만 식물을 수집하고 식별하는 일에만 몰두하며 여생을 보냈다.

루소가 살아 있을 당시 주장했던 것 중에서 무엇이 옳았을까? 인간은 천성적으로 선한 것일까? 인간이 행복하기 위해서는 근본적으로 나 아닌 다른 사람은 필요가 없을까? 인간이 사회 속에 있을 때 더 행복한지 아니면 혼자 있을 때 더 행복한지, 이에 대한 물음은 사실상 전혀 철학적인 질문이 아니다. 그것은 심리학에서 던지는 질문이다. 이 질문은 오랫동안 제대로 연구되지 않았다. 그러다가 1970년대 초반에서야 '고독 연구'라는 이름의 학문이 비로소 설립되었다. 그 창시자는 미국 보스턴의 매사추세츠대학 교수 로버트 와이스(Robert Weiss)였다. 그의 의견에 따르면, 고독은 사회에서 가장 큰 문제 중 하나인데 특히 대도시에서 그렇다는 것이다. 루소의 주장에 따르면, 대도시에 사는 사람들은 타인들과 관계를 맺지 않는 것이 분명하기 때문에 행복해야 하는데, 과연 대도시에 사는 사람들은 행복했던가?

와이스는 이런 주장은 옳지 않으며 또한 루소가 완전히 착각하고 있다고 확신했다. 고독한 사람들이 괴로워하는 이유는, 자기에게 관심을 가져주는 사람이 거의 없거나 아예 없다는 생각 때문이다. 그들은 대부분 아무도 자기와 감정을 공유하지 않는다고 생각하기 때문에 정신적으로 고통받고 있다. 이러한 사실은 이미 오래전부터 알려져 왔으며 누구라도 쉽게 생각할 수 있다. 그러나 와이스는 지금과는 다른 매우 흥미진진한 주장을 펼쳤다. 다른 사람들이 자기에게 베푸는 동정심의 결여보다 자신을 더 좌절시키는 것은 **자기 자신이 베풀 수 있는 동정심의 결여**라는 주장이었다. 누군가에게도 사랑받지 못한다는 것은 괴로운 일이다. 하지만 사랑할 수 있는 대상이 아무도 없다는 것은 더 괴로운 일이다! 이를 통해 와이스는 고독에 빠진 수많은 노인이 개나 고양이를 키우는 이유에 대해 설명한다. 개나 고양이는 완전히 가치 있는 대상은 절대 아니지만, 그런데도 (노인들에게는 사랑할 수 있는 대상이 될 수 있는) 매우 중요한 존재다. 그래서 사랑의 반려자라는 위치에 이르게 된다는 것이다.

정확하게 바로 이 순간 다시 자연스럽게 내 머릿속에 떠오른 것은 이 장의 첫머리에서 언급했던 정문 수위 여성분이다. 그녀는 내 아들 오스카와 함께 있으면 행복해 했다. 비록 오스카가 그녀에게 사랑은 고사하고 일말의 관심도 보이지 않았음에도 말이다. 그녀는 오스카와 함께할 수 있는 것만으로도 충분한 것처럼 보였다. 즉 환하게 웃으며 아이를 바라보고, 아이를 쓰다듬고, 아첨하며 아이의 환심을 사는 것만으로도 충분했다. 누군가를 사랑하는 일 또는 다른 사람에게 강한 관심을 선사하는 일은 자기 자신에게 간접적으로 무엇인가 좋은 일을 하는 아주 멋진 기회이자 가능성이다. 인간은 고독 속에서만 제대로 행복해질 수 있다는 루소의 이론은 이로써 근본적으로 반박되고 부정된다.

인간은 천성적으로 어울리기를 좋아한다. 이 점은 다른 모든 유인원도 예외가 없다. 200종 이상의 원숭이 중 홀로 떨어져 비사교적으로 살아가는 종은 하나도 없다. 물론 인간도 어울리기 싫어하는 사람보다 어울리기 좋아하는 사람이 더 많다. 하지만 원숭이와는 달리 인간은 어울리기를 싫어할 수도 있다. 하지만 어울리기를 싫어하는 완전히 비사교적인 사람은 일종의 행동장애를 지니고 있음이 분명하다. 좌절과 환멸이 그를 비참하게 만들었던 것 같다. 그 때문에 그는 더 이상 '정상적인' 사람처럼 행동하지 않는다. 정상적인 사람은 다른 사람에게 (많든 적든) 관심을 가지고 있다. 다른 사람에게 보이는 이런 관심은 자기 자신에게도 좋은 영향을 미치기 때문에 그들은 그렇게 하는 것이다. 자기 자신의 작고 좁은 세계에서만 갇혀 사는 사람의 인생은 불가피하게 심리적으로 위축하게 된다. 고독한 사람 중에서 많은 이는 자신의 존재 속에 일종의 광장공포증 같은 것을 가지고 있다. 그들은 자신들의 작은 세계를 너무 좁게 설정해 놓아 유연성도 없고 융통성도 없다. 그래서 그들은 외부의 영향에 제대로 대처할 수가 없다. 그들에게는 다른 사람과의 감정을 비교할 기회가 없기 때문에, 다른 사람들뿐만 아니라 자기 자신도 많은 부분을 그릇되게 평가한다.

다른 사람과 의견을 교환하겠다는 마음가짐, 그리고 다른 사람에 대한 배려는 자신의 제한된 삶으로부터 벗어나는 탈출구다. 다른 사람을 위해 무엇인가를 한다는 것은 자신의 정신을 위해서도 중요하다. 멋진 선물을 골라 누군가에게 선물을 주고 그 선물을 받은 사람이 기뻐하는 모습을 보게 되면, 동시에 자기 자신에게 선물을 한 것이나 마찬가지가 된다. 베푸는 기쁨과 선한 일을 행하는 기쁨은 매우 오래전부터 있어 왔다. 그것은 인류의 뿌리에까지 다다른다. 그러나 사회적인 것에 대한 즐거움, 도와줄 준비가 되어 있는 마음가짐, 그리고 선한 일을 행하는 기쁨 등은 도대체 어디에서 오는 것일까? 이런 것들이 동시에 루소가 생각하였듯이 인간이 '선하다'라는 것을 의미하는 것일까? 이 점에서는 적어도 루소가 옳았던 것은 아닐까?

11

우리는 왜 남을 돕는가?

용을 죽이는 자의 칼

프란스 더 발, 미국 위스콘신주의 매디슨

상황은 유령처럼 으스스했다. 갑자기 세 녀석이 나타나더니, '아기 사슴'이란 별명을 가진 한 녀석을 공격했다. 그때 나머지 다른 녀석들은 몸이 굳은 듯 가만히 서 있기만 했다. 모두 놀라서 미동조차 할 수 없었다. 세 녀석은 '아기 사슴'을 마구 때렸고 심지어 물어뜯기까지 했다. '아기 사슴'은 어린 암컷이었고, 공격자들은 몸집으로도 '아기 사슴'보다 훨씬 컸다. 주변에 있는 어떤 녀석도 그 일방적 싸움에 개입하지 않았다. 싸움은 일방적이면서도 격렬하게 진행되었다. 공격하는 녀석들은 규칙적으로 고개를 들어 주변을 살폈고, '아기 사슴'의 어미와 자매들을 예의 주시했다. 그들에게 두려움을 느끼도록 위협했다. '아기 사슴' 자신은 이미 겁에 완전히 질려 제정신이 아니었다. 어느 순간 공격자들은 '아기 사슴'을 괴롭히는 일에 흥미를 잃고 사라져 버렸다. '아기 사슴'은 그냥 바닥에 그대로 쓰러진 상태였다. 꽤 오랫동안 바닥에 엎드려 있었으며, 이윽고 큰소리로 비명을 질렀다. 그러다가 갑자기 벌떡 일어나 곧장 그 자리를 떠났다. 조금 후에 '아기 사슴'은 몸을 웅크리고 앉았는데, 아주 비참하게 녹초가 되어 있었다. 그러자 '아기 사슴'의 언니가 다가오더니 팔로 '아기 사슴'을 감싸 주었다. '아기 사슴'이 그대로 멍하니 아무런 반응을 보이지 않자, 언니는 '아기 사슴'을 마치 잠에서 깨우듯이 부드럽게 끌어당겨서 털을 잡아뽑고 그러고선 다시 품에 안아 주었다. 결국 '아기 사슴'과 언니는 서로 몸을 밀착시켜 비벼댔다.

이 드라마틱한 장면은 실제로 일어난 이야기다. 1980년대 미국 위스콘신주 매디슨에서 일어난 사건이었지만, 경찰 개입도 없었고 신문 보도도 없었다. 그렇지만 단 한 사람 네덜란드 출신의 프란스 더 발(Frans de Waal)이 유일한 목격자였고, 훗날 이 기습 공격 사건에 관해 자세하게 이야기해 주었다. 더 발은 행동연구가인데, '아기 사슴' 공격 사건은 '위스콘신 국립 유인원 연구센터'에서 일어났고, '아기 사슴'과 그 가족 그리고 공격자들은 모두 레서스원숭이였다. 이 원숭이들은 인도 원산의 붉은털원숭이라고도 불린다.

더 발은 30년 전부터 원숭이를 연구했다. 맨 먼저 네덜란드의 아른헤임 동물원에 있는 침팬지들을 연구해 그들에게서 놀라운 행동 방식을 발견했다. 침팬지는 공동체 속에서의 삶을 필요로 하는 매우 사회적인 동물이라는 사실이었다. 이 점은 오늘날 거의 모든 어린이도 알고 있지만, 더 발이 연구를 시작했을 때만 해도 이에 관해서는 거의 알려진 것이 없었다. 그는 침팬지들이 속임수를 쓰고 거짓말도 하며 서로 사기까지 친다는 사실을 밝혀냈다. 그들은 또한 상대방에게 자상하고 충직해 매우 복잡한 사회적 관계를 서로 간에 형성하고 있다. 더 발이 아른헤임의 침팬지에 대해 쓴 책의 제목은 『야생의 외교관들』인데, 아주 독특하고 의미가 있다.

침팬지뿐만 아니라 다른 원숭이들도 동정심이나 호감과 같은 감정을 나타낼 수 있다. 레서스원숭이 어린 암컷이었던 '아기 사슴'의 언니는 동생인 '아기 사슴'을 안아 주고 자기 몸을 동생에게 밀착시켜 비벼댔다. 언니는 동생이 상처를 입었다는 것을 알고 동생에게 선의를 베풀었음이 분명했다. 레서스원숭이와 인간 사이의 유전학적 차이가 대략 3%가 나는데도 불구하고, 이미 이 원숭이들에게 감정이입 능력과 '도덕적' 행동과 관련 있는 능력들이 발견되고 있다. 도대체 이러한 감정은 어디에서 오는 것일까? 그리고 왜 그런 감정이 존재하는가?

이런 질문은 처음에는 쉽게 보이지만 사실 답하기가 꽤 어렵다. 19세기 중반에 찰스 다윈이 인간은 유인원과 근친(近親)이며 그러므로 '인간은 동물'이라는 것을 증명했을 때, 인간 속에 있는 '악'이 어디에 근원을 두고 있는지에 대해 갑자기 매우 설득력 있게 해명되어 버렸다. 한마디로 말해, 악은 동물적인 유산이었던 것이다! 다윈은 진화 과정을 '생존경쟁', '적자생존'과 같은 단어로 설명했다. 다윈이 이 개념을 스스로 고안한 것은 아니었다. 하지만 그는 풀의 줄기부터 시작해 개미를 거쳐 인간에 이르기까지 모든 생명체가 서로서로 뒤섞여 경쟁한다는 것을 서술하기 위해 이런 개념을 사용한 최초의 인물이었다. 이 개념을 간단히 고찰해 보자. 수십억, 아니 수백억 유기체는 단 하나의 의무를 가지고 이 세상을 살아간다. "이 지상에서 가장 중요한 물질은 바로 내 유전자 물질이다. 내 유전자 물질이 살아남을 수 있기 위해서라면 다른 것들이 홀대를 받든 고통을 받든 아무 상관이 없으며, 필요한 경우에는 죽더라도 아무 상관이 없다." 독자 여러분과 나를 포함한 모든 개별적인 인간은 이 개념에 속해 있으며, 그래서 사악하고 비도덕적인 게임에 참가해 함께 놀고 있다.

그렇지만 다윈은 매우 신중한 사람이었다. 그가 인식했던 자연의 원칙은 자신이 생각하기에도 뭔가 섬뜩하면서 의심스러웠다. 최소한 그는 생물학에 대한 자신의 통찰에서 끌어낸 결론을 인간의 공동생활에 적용하는 것만큼은 거절했다. 물론 그대로 적용한 사람도 많으며, 그들은 심지어 인간 중에서 가장 똑똑하고 강한 자들만 살아남는 것이 마땅하며 또 약자와 병자들은 그냥 죽여도 된다는 무시무시한 주장을 펼치기도 했다. 인간이 동물이라는 다윈의 증거는 철학자들 사이에서 엄청난 논란을 불러일으켰다. 과연 실제적인 자연이란 무엇일까? 루소가 '자연'에 대해 언급했을 때는, 그는 순수한 행복의 이상적 상태로서의 자연을 생각했던 것이다. 그러나 자연은 실제로 선했던가? 자연은 야만적이고, 무분별하고, 잔혹하지 않았던가?

1893년 옥스퍼드대학 대형 강의실이 청중으로 꽉 찼다. 다윈의 친한 친구인 토머스 헨리 헉슬리(Thomas Henry Huxley)의 강연이다. 강연 제목은 '진화와 윤리'로, 이는 매우 까다롭고 무거우면서도 수준 높은 주제였다. 청중은 위대한 자연연구가의 말을 매우 주의 깊게 듣고 있었다. 헉슬리가 이 자리에서 강연한 내용의 핵심은, 자연은 선한 것이 아니라, 오히려 잔혹하고 음흉하며 그리고 인간과는 아무런 상관도 없다는 것이었다. 인간은 궁극적으로 동물이며, 그리고 자신의 존재에 대해 우연의 덕을 입고 있다. 인류가 자신의 존재에 감사해야 하는 것은 총명한 이성, 즉 하나의 '마스터플랜'이 아니라 오히려 원숭이와 유사한 동물 종의 계승이다. 만약 혼돈만 있고 '마스터플랜'이 없었다면, 선에 대한 의지나 이성에 대한 의지 역시 자연의 속성이 될 수 없었다고 헉슬리는 결론 내렸다.

헉슬리가 생각하기에는 루소의 '선에 대한 타고난 사랑'이라는 주장은 완전히 엉터리였다. 동물과 인간은 천성적으로 선한 것이 아니라, 완전히 비도덕적이었다. 그러나 인간이 그런데도 도덕적으로 행동할 수 있다는 점은 헉슬리도 그냥 지나칠 수 없었다. 헉슬리가 살던 영국에서는 법률로 살인이나 절도를 금지했다. 국가는 규제되었으며, 그래서 시민들은 언제 목숨을 잃을지 모른다고 걱정할 필요 없이 길거리를 활보할 수 있었다.

그렇다면 이러한 질서는 어디에 그 근원이 있을까? 문명과 문화가 짐승과 유사한 인간의 공동생활을 길들이고 통제한다는 것이 헉슬리의 견해였다. 이것은 루소가 말했던 것과는 정반대였다. 루소에 의하면 인간은 선하지만 문명은 악한 것이고, 헉슬리에 의하면 인간은 악하지만 문명이 이러한 인간을 붙잡아 두고 있다는 것이다. 도덕이란, 헉슬리의 아주 멋진 표현을 빌리자면, 인간의 자연적인 속성이 아니라 "예리하게 벼린 칼로서, 이 칼의 임무는 인간의 동물적 속성에서 유래한 용(龍)을 죽이는 일"이다.

루소와 같이 인간이 천성적으로 선하다는 확신을 가졌던 사람은, 인간 사이에서 발생하는 악의 근원이 어디에 있는지를 해명해야만 했다. 헉슬리의 경우에는 그와는 정반대였다. 만약 인간이 천성적으로 악하다면, '인간의 동물적 속성에서 유래한 용'을 죽이기 위해 저 '예리하게 벼린 칼'과 같은 선은 어디에서 온 것일까? 헉슬리는 종교를 믿지 않기 때문에 그가 말한 이 칼의 근원이 절대자에게 있다고 할 수는 없다. 그렇다면 도대체 어디에 그 근원이 있는 것일까? 천성적으로 인간에게 선한 본성이 없다고 한다면, 짐승 같은 인간이 공동생활을 하면서 그래도 꽤 질서 정연한 사회를 이루게 된 것은 어떻게 가능했을까? 도덕이 인간 본성에 부합하지 않는다면, 도대체 도덕은 어디에서 온 것인가? 간단히 말해, 왜 인간은 **도덕적 능력이 있는** 것일까?

여기서 제기되는 하나의 질문은, 다른 사람에게 선한 행동을 하도록 유도하는 그 무엇이 인간의 내면에 존재하는지 여부다. 만일 다윈과 헉슬리가 프란스 더 발만큼 원숭이와 유인원에 대해 많이 알고 있었다면, 이 질문에 대한 설명이 그들에게 쉽게 떠올랐을 것이고, 그리고 수많은 끔찍한 오해가 절대 발생하지 않았을지도 모른다. 영장류 연구가 더 발은, 도덕은 인간의 진화 과정과 전혀 모순되지 않는다고 설명한다. 오로지 강자의 권리만 알고 있는 대자연의 어리석은 실수처럼 보이는 많은 것은 사실 생물학적으로 미리 계획돼 있던 결과이자 능력이다.

더 발은 30년 동안 원숭이들을 관찰한 결과 다음과 같은 확신을 갖게 되었다. 즉 '선함'과 이웃 돕기는 원숭이 집단뿐만 아니라 개별적인 원숭이에게도 큰 이익을 가져올 수 있는 행동 양식이라는 것이다. 원숭이들이 서로서로 더 많이 돕고 서로를 더 많이 배려하면 할수록, 원숭이 집단에도 더욱더 좋은 일이 많아진다. 그 과정에서 사회적 도움의 양상은 매우 다양할 수 있다. 오랑우탄, 침팬지, 보노보, 고릴라와 같은 4대 원숭이들 사이에서도 이미 커다란 차이를 보이고 있다. 침팬지의 경우 성행위는 거의 언제나 권력, 우월함, 복종 등과 관련이 있는 데 비해, 보노보의 경우에는 이런저런 여러 가지 긴장을 가능한 한 빨리 해소하기 위해 매우 빈번하게 성행위를 이용하고 있다. 말이 나왔으니 하는 말이지만, 보노보는 거의 온종일 이를 서로 즐기는데, 특히 성행위 시에 서로의 눈을 쳐다보는 소위 말하는 '선교사 체위'를 즐겨 하고 있다(정확히 말하자면, 이 체위는 '보노보 체위'라 불러야만 한다. 왜냐하면 보노보는 선교사가 등장하기 이미 오래전부터 이 체위를 알고 있었기 때문이다).

'생존을 위한 투쟁'은 고립돼 사는 동물에게는 해당되지 않는다. 이 말은 다윈과 헉슬리의 사상적 오류였다. 인간은 무자비하게 고립된 전사가 아니다(만약 그렇다면, 그것은 단지 드문 예외에 속한다). 우리 중 대부분은 한 가족의 구성원이고 동시에 더욱 큰 규모의 사회적 집단 속에서 활동하고 있다. 여기서는 남을 축출하려는 투쟁만 있는 것이 아니라, 동시에 다른 집단에 속해 있는 구성원을 걱정하기도 한다. 이렇게 다른 사람의 처지에서 생각하고 행동하는 능력을 우리는 **이타주의**라고 부른다. 유인원들도 역시 이타주의적 행동을 알고 있으며, 이러한 행동에는 여러 측면이 있다. 그래서 더 발은 자식에 대한 어머니의 본능적인 사랑과 같이 **전체적 적응에 목표를 둔** 이타주의와 **상호 간의** 이타주의를 서로 구분했다. 바로 이 상호 간의 이타주의가 인간이 지닌 도덕성의 원천에 꼭 들어맞을 수 있다는 것이다. 예들 들어, 한 유인원이 다른 유인원을 돕고, 도움을 받은 유인원이 다음번에는 그 반대로 도움을 준다든지, 또는 한 유인원이 비열한 특정 행위를 그만두고, 상대방도 역시 비열한 행동을 하지 않는 것이다. "남에게 대접을 받고자 하는 대로 남을 대접하라" 하는 이 중요한 원칙은 유인원에게도 아주 분명하게 적용된다.

원숭이를 닮은 존재로서 선사시대의 유물로 내려왔던 잔재로는 인간의 약점들, 즉 공격성, 교활함, 이기심뿐만 아니라 인간의 '고귀한' 성격도 있다. 상호 간의 이타주의 역시 우리의 원초적인 생물학적 본성 중 일부다. 선을 행하는 능력은 아주 오랜 원시 세계에서 나온 원초적인 본능임에 틀림없다는 것이 루소가 펼치는 주장의 출발점이다. 오로지 자연 그대로 우리의 자기애만이 자신의 본능과 조화롭게 지내도록 우리에게 강요한다. 루소의 입장에서 '선한 의지'란 인간의 유일한 자연적인 행동 방식이었다. 이에 반해 더 발의 입장에서는 애정, 사려 깊음, 그리고 배려 등은 무엇보다도 전형적인 '원숭이 본능'인 것이다. 그렇지만 이 본능은 홀로 서 있는 것이 아니라 공격성, 불신, 이기주의 등과 끊임없이 경쟁 상태에 있다. 그러니까 인간과 원숭이는 '선'하지도 않고 '악'하지도 않다. 인간과 원숭이는 이 두 가지 속성을 다 지니고 있으며, 하나는 다른 하나와 동등한 정도로 자연적인 본능이다. 그래서 대답은 둘 다 마찬가지라는 것이다. 그러나 선을 행하는 능력이 단지 본능에 불과하다면, 누가 또는 무엇이 이러한 능력이 적용되게 배려해야 하는가? 선을 행하는 능력을 인간 사회에서 구속력이 있는 근본 원칙으로 만든 것은 무엇일까?

12

나는 왜 선해야만 하는가?
내 마음속의 법칙

이마누엘 칸트, 독일 쾨니히스베르크

때는 1730년, 장소는 쾨니히스베르크, 발트해에 접해 있는 개방적인 이 소도시 성문 앞에서 밤늦은 시각에 한 어머니와 6살 아들이 함께 산책하고 있다. 어머니는 자신이 알고 있는 자연에 대해, 그리고 식물과 약초에 대해, 그리고 동물과 별들에 대해 사랑스럽고 자세하게 설명해 주고 있다. 도시의 밤거리는 희미하게 불이 켜져 있고 전체적으로 어두웠다. 그때 어머니는 주의력 깊은 아들에게 저 멀리 별이 총총한 밤하늘을 손으로 가리켰다. 두 사람은 끝없이 아득한 밤하늘을 올려다보았다. 어린 아들은 밤하늘에 완전히 매혹되었다. 훗날 이 어린 아들은 어른이 되어 다음과 같은 글을 남겼다.

"그것에 관해 더욱 자주 생각하면 할수록 또 더욱 깊이 생각하면 할수록 끝임없이 늘어나는 감탄과 경외심으로 내 마음을 가득 채우는 것이 두 가지가 있으니, 그 하나는 내 머리 위에 있는 별이 반짝이는 하늘이요 다른 하나는 내 마음속에 있는 도덕률이다."

정말 그랬다. 그는 훗날 두 가지 분야에서 커다란 진전을 보았는데, 바로 천문학과 도덕철학이었다.

이 어린아이의 이름이 바로 이마누엘 칸트다. 종교적이고 교양 있는 어머니의 보살핌 속에서 보냈던 행복한 유년 시절은 그가 13살이 되던 해에 어머니가 세상을 떠나면서 끝나고 말았다. 물빛처럼 푸른 눈을 가진 섬세한 칸트는 어머니의 죽음을 오래도록 깊이 슬퍼했다. 그의 아버지는 가죽 제품을 다루는 수공장인으로 감수성이 예민한 아들을 계속 후원하기 위해 할 수 있는 모든 일을 다 했다. 그는 아들을 도시에서 가장 좋은 프리드리히 김나지움에 보냈는데, 훗날 쾨니히스베르크대학에서 보여주었던 것처럼 여기서도 체구가 작은 청년 칸트는 매우 재능 있는 학생이었다.

칸트는 특히 학교 지붕 위에 설치된 '천문관측소'에 열광했다. 밤이면 그곳에 자주 찾아가 오래도록 별을 들여다보았다. 칸트는 16살에 쾨니히스베르크대학 입학시험에 합격했다. 비록 신학을 공부해야만 했음에도 불구하고 그는 특히 수학, 철학, 물리학에 몰두했다. 그리고 여가 시간에는 요리사와 도박꾼으로 빛을 발했으며, 또한 당구 실력도 뛰어났다. 비록 그가 작은 목소리로 불분명하게 말하는 버릇이 있었음에도 쾨니히스베르크 사교모임에서 꽤 인기 있는 손님이었다. 하지만 그의 커다란 열정은 여전히 별과 우주에 있었다. 논리학과 수학을 담당한 그의 교수 마르틴 크누첸은 이와 관련해 힘닿는 한 칸트를 뒷받침해 주었다. 칸트는 개인 소유 반사망원경의 매력에 흠뻑 빠졌는데, 이것은 위대한 물리학자 아이작 뉴턴이 이미 사용했던 것과 똑같은 것이었다. 그는 우주의 구조에 관한 뉴턴의 기본 저서들을 읽고 숫자, 도표, 계산식 등에 빠져들었으며, 이를 통해 물리학의 세계에 아주 독자적인 모델을 추론하였다. 여기에 관해 그가 서술한 책은 엄청난 주장을 담은 얇은 책으로 출간되었는데, 제목 또한 강렬했다.『**일반 자연사와 천체론**』이 그 제목이었다. 수학적인 계산식을 제시하지 않고 칸트는 오로지 자신의 독자적인 추론을 통해 우주의 구조를 규명하고자 시도했다. 야심찼던 만큼 드물고 진기한 프로젝트였다. 비록 자연과학자들은 이 책을 거의 인지하지도 못했음에도 불구하고, 칸트는 자기 방법이 성공적이었다고 평가하여 이를 모든 분야에 적용했다. 적어도 그는 자신의 통찰 중에서 많은 것이 옳다는 것을 알고 있었으며, 이것은 그가 죽고 한참이 지난 후에 사실로 판명되었다. 칸트는 오늘날의 태양계는 오직 그 구성 요소들이 서로 끌어당기고 밀치는 과정을 통해서만 형성됐다고 추정했는데, 이는 신의 도움 없이 행성계의 생성을 설명한 최초의 시도였다.

칸트의 견해가 대담하고 진보적이었던 만큼, 그 자신은 자기 경력을 전혀 계획할 줄 몰랐다. 대학 졸업 후의 그의 인생 행로는 전혀 평탄하게 진행되지 않았다. 그는 인생에서 9년이란 세월을 가정교사로서 헛되이 보냈다. ─당시로서는 매우 늦은─ 31세가 되어서야 비로소 불에 관한 박사 학위 논문을 썼다. 그는 대학교 시간강사가 되었지만 수입은 보잘것없었고, 40세가 될 때까지 그의 시간강사 생활은 사실상 재앙이나 다름없었다. 칸트는 재능이 뛰어났으며 매우 지적인 데다가 거의 모든 분야의 학문에 관심을 가졌다. 신학과 교육학, 자연법과 지리학, 인류학과 논리학, 형이상학과 수학, 기계공학과 물리학 등이었다. 오랜 시간이 지난 후 쾨니히스베르크대학에서 교수직 제안이 들어왔는데, 공교롭게도 시학(詩學) 과목 담당이었다. 과제는 자신이 직접 쓴 시로 꾸며진 화려한 수사의 축제 연설문 작성이었지만, 칸트는 이를 거절했다. 총 15년간의 강사 생활

후에야 비로소 칸트는 오랫동안 고대해 왔던 논리학과 형이상학 교수직을 얻게 되었다.

철학사에 괄목할 만한 발자취를 남기기 위해서는 건강이 필수였지만, 칸트는 그사이 상당히 나빠진 건강 상태로 자신에게 남은 시간이 그다지 많지 않을 것이란 점을 정확하게 계산해야 했다. 그 사실로 그는 너무 놀랐고, 거의 하룻밤 사이에 그를 모두 바꾸어 놓았다. 그 이후 그의 삶은 무미건조함의 화신이 되어 버렸다. 훗날 시인 하인리히 하이네(Heinrich Heine)는 이를 웃음거리로 삼으며, 어느 누구도 칸트의 인생사에 대해 서술할 수 없을 거라고 말했다. 칸트는 삶의 활기도, 삶의 이야깃거리도 가지고 있지 않았기 때문이다. 매일 아침 5시 정각에 그의 집 하인이 그를 깨웠고, 매일 똑같은 시간에 산책했으며, 저녁 10시 정각에 잠자리에 들었다. 이런 생활 방식으로 그는 거의 80세까지 살았다. 그의 일상은 마치 삶에 대한 저항의 노래 같은 느낌을 불러일으켰다. 그렇지만 그가 죽기 전까지 34년 동안 저술했던 책들은 전혀 무미건조하지 않았다. 많은 사람에게 칸트의 이 책들은 독일어권 철학서 중에서 가장 중요한 작품인 것이다.

칸트는 인간의 정신을 자연 과학자처럼 관찰하거나 또는 그 이전의 철학자들처럼 신의 관점에서 관찰하지 않고, 오히려 법학자처럼 연구했다. 그는 '법칙'을 탐구했다. 청년 시절에는 우주의 '체계적인 규약'의 비밀을 풀고자 시도했고, 이제는 인간의 의식 속에 존재하는 규칙과 합법성을 찾고 이를 통해 구속력 있는 법칙을 도출해 내고자 시도했다. 이런 과제를 달성하기 위해 무엇보다 먼저 철학에서 어쩌면 가장 중요한 질문에 대한 답을 찾아야만 했다. 즉 내가 알 수 있는 것은 무엇인가? 그리고 이 과정에서 나는 어디에서 나의 확실성을 취하는가? 150년 전의 데카르트와 마찬가지로 칸트 역시 세상에 존재하는 사물 속에서가 아니라 인간의 사고 속에서 인식의 확실성을 찾아야 한다는 결론에 도달했다. 우리 인식의 전제조건들을 연구하는 이러한 철학을 칸트는 **선험적 철학**이라고 불렀다.

그러나 칸트는 자신이 도달한 인식의 상태와 관련되는 한 데카르트보다 훨씬 신중했다. 데카르트는 인간의 사고는 사물의 '진정한' 본성을 인식할 수 있다고 믿었다. 이에 반해 칸트는 이러한 '진정한' 본성은 인간이 전혀 접근할 수 없는 것이라고 주장했다. 어째서 인간이 '진정한' 본성을 인식할 수 있단 말인가? 자연의 질서가 우리에게 어떤 모습으로 나타나든 간에, 그 질서는 우리 뇌 속에 정리돼 있는 것이다. 색채를 만들어 낸 것은 자연이 아니라 우리의 눈과 시신경인 것처럼, 인간의 정신이 하나의 질서를 만들어 내 이를 자연에 덧씌워 놓는다는 것이다. 그러니까 인간은 세상을 구성하는 인지 도구와 이성을 지니고 있다는 말이다. 칸트는 그의 『순수이성비판』에서 이렇게 말한다.

"이성은 자신의 법칙을 창조하는 데 있어 자연을 기반으로 하는 것이 아니라, 자연에 지시하는 것이다."

매우 생산적이고 근대적인 이러한 사고에서 칸트는 마침내 도덕 문제에 과감하게 접근할 수 있었다.

무엇보다 그는 매우 조심스럽게 진행해 나갔다. 그는 루소가 믿었던 본능에 대해 거의 생각하지 않았으며, 그리고 인간의 본성에 대한 여타의 단순한 규정에도 매우 조심스러웠다. 인간이 '천성적으로' 선한지 아니면 악한지 확정 지으려고 하지 않았으며, 어떠한 경우든 칸트는 이 세상을 파악하기 위해 특정한 '틀'을 갖추고 있었는데, 이 과정에서 도덕적으로 행동할 수 있도록 하는 하나의 '틀'도 있었음이 분명하다. 칸트의 가장 중요한 사고인 바로 이러한 **능력** 속에 도덕적 법칙이 숨겨져 있는 것이 틀림없다. 이 도덕적 법칙은 어떻게 인간들이 서로서로 **어울려야만 하는지**를 확고하게 밝히고 있다.

인간은 선을 행하려는 능력을 갖고 있다는 믿음은 칸트에게 깊은 감명을 주어서, 그는 인간에게 아주 특별한 칭호, 즉 **인간의 존엄성**이란 말을 부여했다. 도덕적으로 행동할 수 있는 자유를 가진 사람은 특별한 존재이므로 그 자신을 뛰어넘는 것은 아무것도 없다. 그렇게 본다면 인간보다 더 위대한 것은 사실상 없다. 모든 다른 생명체는 자유롭게 의사를 결정하고 행동할 수 없기 때문이라고 칸트는 견해를 밝혔다. 인간은 모든 존재 가운데 가장 위대한 존재이기 때문에 인간의 삶보다 더 중요한 것은 아무것도 없다. 여기서 말하는 '인간의 존엄성'이란 개념은 칸트가 고안해 낸 것이 아니었다. 이를 언급한 최초의 인물은 이미 칸트보다 300년 이전에 살았던, 바로 이탈리아의 철학자 피코 델라미란돌라(Pico della Mirandola)였다. 그는 르네상스 시기의 위대한 철학자 중 한 사람이었는데, 인간은 매우 독자적인 존재였다고 말한다. 인간은 자유롭게 생각하고 자유롭게 행동하는 존엄성을 지니고 있기 때문에, 어떤 일에 대해서 결정을 내리고 어떻게 행동해야 하는지는 오로지 자기 자신에게 달려 있다는 것이다.

칸트는 그의 견해가 자신과 매우 유사하다고 생각했다. 인간이 천성적으로 선한지 어떤지 그것은 관심사가 아니었다. 오히려 인간으로서의 존재가 어느 정도까지 선을 행해야 할 **의무가 있는지**가 그의 관심사였다. '선함' 또는 '선한 행위'가 아니라 '선을 행해야 하는 당위성'이 칸트의 주제였다. 그는 인간의 이성이 도덕을 가능하게 하는 하나의 원칙을 천성적으로 지니고 있는지에 대해 철저히 연구했다. 칸트의 연구에 따르면, 인간의 선한 행동을 보장하는 것은 천부적인 재능이나 성격이 아니었고 형편이 괜찮은 삶도 아니었다. 그것은 오로지 인간의 의지였다. 인간의 선한 의지야말로 인간에게 유일하게 선한 것이다. 인간이 서로서로 어울려 잘 지내려고 한다면 이런 선한 의지에 복종해야 한다. 그것도 이 선한 의지가 마치 단순한 동기부여의 역할만 하는 것이 아니라 확고부동한 법칙인 것처럼 따라야 한다. 근본적인 '선함'에 다다르기 위한 이러한 요구를 칸트는 **정언적 명령**이라고 불렀다. 『**실천이성비판**』의 내용 중 가장 잘 알려진 표현으로 정언적 명령은 이렇게 쓰여 있다.

"네 의지의 준칙이 언제라도 동시에 일반적인 입법 원칙으로 통용될 수 있도록, 항상 그렇게 행동하라."

인간은 선한 행동을 **하려는 의지**를 가질 수 있기 때문에 당연히 선한 행동을 **해야 함이 마땅**하다. 칸트의 경우 이러한 논리의 귀결은 그가 제시했던 도덕이 아니라, 인간 이성이 어떻게 아주 철저히 논리적으로 기능하는지를 보여주는 그 양식과 방법이었다. 도덕적인 법칙은 존재했고, 그것은 바로 인간의 내면이었다. 그리고 칸트는 과거에 자신이 우주를 분석했던 것처럼 오로지 그렇게 자신의 독자적인 눈에 비친 이 법칙만을 분석했다. 칸트 입장에서는 선한 행위에 대한 의무란 하늘이나 별과 마찬가지로 일종의 자연현상과도 같은 것이었다. 그 때문에 칸트가 생각하기에, 정언적 명령은 절대적이고 어디서나 통용된다. 이 세상에 존재하는 모든 사람은 이 정언적 명령을 적용할 수 있고, 적용해야만 하는 당위성을 갖는다. 자신의 내면에서 도덕적인 법칙이 내리는 명령에 귀 기울이는 사람은 선한 사람이고, 이런 선한 사람은 비록 좋은 의도로 행한 일들이 혹여 나쁜 결과를 가져온다 하더라도 그때조차도 선한 행동을 완성하는 사람이다. 칸트의 견해에 따르면, 의지가 선한 것이면 그러한 의지에서 비롯된 행위도 도덕적으로 정당한 것이다.

칸트는 자신이 세워 놓은 사고 체계에 꽤 만족했다. 비록 그가 그토록 주도면밀하게 만들어 놓은 시스템이 훗날 생물학을 통한 검증을 견뎌 낼 수 있을지에 대한 불안이 그의 말년에 엄습해 왔지만 말이다. 마침내 그가 불안에서 벗어나 안심할 수 있었던 것은, '이성에 대한 도식주의'가 추정컨대 "우리 뇌의 깊숙한 곳에 영원히 숨겨진 하나의 기술"일 것이라는 판단이었다. 여기서 뇌가 행하는 "진정한 기교를 자연으로부터 알아내 우리 눈앞에 펼쳐 낸다는 것은 어려운 일"이라는 것도 당연하다. 칸트의 명료한 삶은 전체적으로 그다지 심하지 않은 불안을 겪은 그에게 일종의 안식처를 제공해 주었다. 60세가 되어서 그는 자기 소유의 집에다 하인과 요리사까지 둘 수 있었다. 나이가 더 들어 가면서 그의 명석한 두뇌는 놀랍게도 하필이면 알츠하이머병에 걸리고 말았다. 그는 점점 더 건망증이 심해졌고 마침내 방향감각도 완전히 상실했다. 1804년 2월 어느 날 아침 11시 정각에 그는 계속되는 정신착란 상태에서 결국 숨을 거두고 말았다.

칸트가 임종할 당시 그의 명성은 이미 자자했다. 그리고 시간이 지나면서 훨씬 더 위대한 인물이 되었다. 철학에서의 그의 업적을, 지구는 하나의 공이고 지구가 태양 주위를 돌고 있다고 주창한 코페르니쿠스의 업적과 비교하는 철학자들도 적지 않다. 그러나 칸트가 보여 준 것은 무엇이며, 칸트가 증명한 것은 무엇일까? 그가 위대하게 정신적으로 곡예를 해 가며 보여 준 것 중에서 실제 부합되는 것은 무엇인가? 칸트는 우리의 이성은 우리 자신에게 주어져 있는 독자적인 구조에 따라 이 세상을 무수한 점으로 분해한다는 사실을 매우 주도면밀하게 보여 주었다. 그리고 더 나아가 모든 인간은 자신의 내면에 또한 하나의 논리적인 도식을 지니고 있는데, 이 도식으로 말미암아 인간은 선하게 행동할 의무를 지게 된다고 칸트는 주장했다. 그렇지만 이런 주장은 어떤가? 실제로 그러한 논리적 도식, 즉 우리 내면에 있는 '도덕적 법칙'이 정말 존재하는 것인가? 만약 그렇다면, 그 도식은 어떻게 그쪽으로 왔으며, 그리고 그 도식은 어디에 있다는 말인가?

인간은 당연히 선해야만 한다는 이유를 설명하기 위해서는 무엇보다도 먼저 왜 인간은 선하려고 하는지를 알아야 한다. 즉 인간에게 왜 선에 대한 의지가 있는지를 알아야 한다. 하지만 이에 관해 칸트는 아무 말도 할 수 없었다. 칸트는 평생 동안 자연과학에 많은 관심을 보였고, 그래서 '인간 이성에 대한 도식주의'가 어떻게 기능하고 또 인간 이성의 '진정한 기교'가 어떤 것인지를 당연히 자연과학적으로 검증해 보고 싶었다. 그러나 칸트 시대에는 아직 그 어느 누구도 유인원 연구에 몰두하지 않았으며, 뇌 연구 역시 여전히 걸음마 단계였다. 독일 출신의 의사 프란츠 요제프 갈(Franz Joseph Gall)이 뇌의 크기를 재어 봄으로써 이 분야에 대한 연구를 시작했지만, 그의 뇌 지도는 너무 엉터리였다. 마치 콜럼버스 이전의 대서양 지도와 같았다. 또한 그는 뇌 속에서 무슨 일이 진행되고 있는지에 대해서도 막연하게 추측만 할 수 있을 뿐이었다.

청년 시절 칸트는 우주와 별들에 관해 관심을 보였다. 그래서 그는 천체의 길이를 계산하는 데 상당한 노력을 기울이기도 했다. 훗날 그는 인간의 이성과 그 법칙을 이해하려고 시도했다. 그러나 이러한 시도는 가장 작은 망원경조차 가지고 있지 않은 물리학자가 행성들과 우주의 법칙을 계산해 보겠다는 것과 다를 바 없었다. 칸트는 인간의 뇌에 관해 여러 추측은 할 수 있었지만, 뇌 속을 들여다볼 수가 없었다. 이에 비해 오늘날 자연과학자들은 그런 망원경을 가지게 되었으며, 또한 전극을 사용해 측정도 하고, 그리고 MRI의 도움으로 인간의 뇌 속을 속속들이 들여다볼 수도 있다. 그 때문에 우리는 이제 칸트가 대답할 수 없었던 물음을 새로이 던질 수 있게 되었다. 과연 우리 뇌 속에는 도덕을 관장하는 센터가 있단 말인가? 만약 그렇다면, 그것은 어떻게 세워졌고, 어떻게 기능한다는 말인가? 그리고 도덕을 사용하는 우리 능력을 조종하는 것은 무엇이란 말인가?

긴장 넘치는 이러한 질문에 눈을 돌리기 전에 우리는 이후의 모든 고찰과도 상관 있는 매우 근본적인 것을 밝혀야만 한다. 칸트는 인간의 이성을 뇌의 주인이자 지배자라고 설명했다. 그는 우리가 무엇을 해야 하는지에 대해 말해 주는 것은 바로 이성이라고 하면서, 이에 대해 한 치의 의심도 없었다. 그러나 우리가 이 책의 제1부에서 살펴보았듯이, 무의식적인 것이 의식적인 것보다 훨씬 더 우리를 규정하고 있다. 그러니까 질문의 요지는 이렇다. 만약 우리가 우리의 느낌, 생각, 의지 등에 관련된 무의식적인 것의 의미를 진지하게 받아들여 이를 인정한다면, 우리 내면의 도덕적 법칙들에 대해 칸트가 말한 것 중에서 아직도 남아 있는 것은 얼마나 될 것인가? 또한 우리의 도덕적인 의지는 어떤 모습을 보여 줄 것인가?

13

내가 하고자 하는 것을 나는 원할 수 있는가?

의지와 행동 간의 시간 차 실험

아르투어 쇼펜하우어 · 벤저민 리벳, 독일 프랑크푸르트 암 마인

이번 장은 다시 약간 길게 서술될 것이다. 여기에는 두 가지 그럴듯한 이유가 있다. 첫 번째 이유는 우리가 여기서 알게 될 한 남자가 내공이 엄청난 인물이기 때문이다. 그는 철학에서 나름의 역할을 수행했던 가장 독창적인 인물 중 한 사람이 되었다. 언젠가 그는 스스로 다음과 같은 말을 했다.

"곧 나의 시대가 올 것이다. 그때 만약 내가 과거에 어떤 사물에 대해 언급해 놓았던 바를 모르는 사람이 있다면, 그 사람은 '스스로 무식하다'라는 것을 만인 앞에 드러내게 될 것이다."

겸손은 그의 관심사가 아니었다. 두 번째 이유는 매우 중요한 문제를 여기서 다루기 때문이다. 이것은 오늘날 가장 격렬하게 토론되고 있는 철학적 물음 가운데 하나다.

철학자로 이야기를 시작해 보자! 아르투어 쇼펜하우어(Arthur Schopenhauer)는 단치히라는 도시에서 성공을 거둔 어느 상인의 아들로 태어났다. 어린 쇼펜하우어가 5살이었던 1793년에 가족은 함부르크로 이사

했으며, 야심 많은 그의 아버지는 아들이 뭔가 엄청난 일을 이루어 주기를 바랐다. 쇼펜하우어가 15살이 되자 아버지는 그를 데리고 네덜란드, 프랑스, 스위스, 오스트리아, 슐레지엔, 프로이센 그리고 영국 등 전 유럽을 돌면서 그를 일반학교나 기숙학교에 다니게 했다. 쇼펜하우어는 어느 한 곳에 정착하지 못했고, 오히려 그럴 겨를도 없이 다시 길을 떠나야만 했다.

어린 쇼펜하우어에게 그 결과는 끔찍했다. 영어와 불어는 유창하게 구사했지만, 타인과의 관계가 끊긴 외톨이 신세였고 그 누구도 믿지 않았다. 한마디로 아웃사이더였다. 쇼펜하우어가 17살이 되자 아버지는 그를 상인이 되는 도제수업을 받도록 했다. 그런데 충격적인 일이 일어났다! 아버지가 갑작스럽게 세상을 떠난 것이다. 사람들 사이에서는 자살이라는 소문이 돌았다. 쇼펜하우어는 아버지의 죽음으로 인해 무척 고통스러웠다. 아버지를 두려워하긴 했지만 그래도 그를 존경하고 흠모했기 때문이다. 이와는 반대로 어머니의 삶은 이제야 비로소 제대로 활짝 피어났다. 어쨌든 어머니가 가장 하고 싶었던 것을 마침내 이룰 수 있게 되었기 때문이다. 바로 살롱의 귀부인이 되는 것이었다. 그녀는 바이마르로 이주했고, 어머니가 관장하는 문학 살롱은 크게 성공을 거두었다. 바이마르는 튀링겐 지방에 위치한 소도시였지만, 그래도 괴테, 실러, 빌란트, 헤르더와 더불어 문학과 관련하여 중요한 인물들이 여기서 살며 활동하고 있었기 때문이다.

괴테를 비롯해 문학계에서 내로라하는 스타들이 어머니의 살롱에 찾아와 한때 아버지가 앉았던 의자나 소파에서 거드름을 피우는 모습을 젊은 쇼펜하우어가 보았을 때, 그의 등에서는 서늘한 전율이 흘러내렸다. 황홀한 표정을 짓고 있는 어머니에게 그는 반어적인 문구들을 사용해 반발했다. 하지만 그는 겉으로 드러나는 모습과는 달리 그렇게 태연자약하지 못했다. 그는 매우 지적이고 외모도 괜찮았지만 자기를 이해해 주는 사람은 아무도 없다고 느꼈다. 21세가 되자 어머니는 그를 집에서 내쫓았다. 그는 자신의 유산 중 일부를 정산해 받고, 의학과 자연과학 그리고 철학을 공부하기 위해 괴팅겐을 거쳐 베를린과 예나로 이주했다.

그는 25세에 박사 학위 논문을 썼다. 이 논문은 책으로 출간되었는데, 그 내용은 매우 회의적인 시각에다가, 비타협적이고 급진적이었다. 쇼펜하우어가 주장하기로는, 인간은 전혀 이 세계를 객관적으로 인식할 수 없다는 것이었다. 또한 우리가 보고 인식할 수 있는 것은 단지 포유동물의 뇌가 우리에게 보도록 허용했기 때문이라는 것이다. 이 점에서 쇼펜하우어는 칸트를 훨씬 뛰어넘었다. 칸트의 철학은 인간의 인식 장치인 뇌가 아주 세밀하며, 매우 필요한 도구라는 것을 받아들이는 데서 출발했기 때문이다. 그러나 쇼펜하우어는 인간의 의식은 분별력이 거의 없어서 신뢰할 대상이 아니라는 것이다. 그의 어머니는 그 책이 고상하지 못하고 지루하다고 여겼으며, 심지어 "약사를 위한 책"이라는 혹평을 했다. 다행스럽게도 젊은 철학자 쇼펜하우어의 뛰어난 고찰 가운데 몇 개를 평가했던 인물이 있었는데, 공교롭게도 쇼펜하우어가 그다지 존경하지 않는 괴테였다.

괴테는 쇼펜하우어의 천재성을 인정했고, 그에게 대단한 문학적 행로가 열려 있다는 것을 공공연하게 예언했다. 그는 화해의 표시로 쇼펜하우어에게 그가 매우 자랑하고 있던 『색채론』을 보내 주었다. 자연과학에 정통해 있던 쇼펜하우어는 색채의 성립과 영향에 대한 괴테의 이 책을 읽고는 이맛살을 찌푸렸고 아무 가치도 없는 잡담으로 간주했다. 쇼펜하우어는 괴테의 '색채론'에 대한 비판을 도처에 발설했는데, 이는 별로 좋지 않은 그의 성격이었다. 쇼펜하우어는 즉시 독자적으로 색채론을 썼다. 그러자 괴테는 한 걸음 뒤로 물러났다. 이제부터 어느 누구도 이 교만하고 건방진 젊은이를 지지해 주는 과오를 더 이상 범하지 않았다.

1820년 쇼펜하우어는 베를린대학에서 철학을 강의하기 시작했다. 베를린대학의 위대한 인물 게오르크 프리드리히 헤겔(Georg Friedrich Hegel)의 인기를 훔치기 위해 쇼펜하우어는 헤겔의 강의와 동 시간대에 자기 강의를 개설했다. 경쟁은 파국으로 끝났다. 헤겔의 강의에는 수백 명의 학생이 몰렸고, 쇼펜하우어의 강의에는 네댓 명뿐이었다. 쇼펜하우어는 스스로 아직도 자기 자신을 천재로 생각했지만, 다른 사람들은 그를 오히려 과대망상증에 걸린 사람으로 간주했다. 대학 당국은 강좌 개설에 필요한 학생 수의 부족에 대해 경고를 보냈다. 모욕감을 느낀 쇼펜하우어는 자신의 강의를 포기하고 마인강변에 있는 프랑크푸르트로 거처를 옮겼다. 그는 수많은 책을 저술했으며, 길거리에서 혼잣말을 중얼거리며 자기 주변에 사는 사람들을 즐겁게 해 주었다. 그의 태도는 친근하진 않았지만 애완견 푸들에게는 깊은 애정을 보였고, 그리고 자신이 그 무엇인가로 독살될 수도 있다는 불안에 끊임없이 시달렸다. 나이가 들면서 그는 실제로 어느 정도 명성을 얻었지만, 이를 거의 즐기지 않았다. 그의 인간상(像)은 매우 음울해져 버렸다. 어쨌든 "이 세상이 나에게 배운 몇 가지가 있는데, 그것을 이 세상은 결코 다시 잊지 않을 것이다" 하는 그의 자부심은 그대로였다.

쇼펜하우어는 그가 이루었던 가장 중요한 것을 너무 이른 나이에 발견했다. 30세의 나이에 이미 그는 그의 주저 『**욕망과 환상으로서의 세계**』(일명 『의지와 표상으로서의 세계』)를 출간했다. 그러나 무엇보다도 이 책을 주목하는 사람은 거의 없었다. 그러나 쇼펜하우어는 이 책에서 칸트와 헤겔 그리고 다른 수많은 철학자가 간과했던 그 무엇인가를 발견했다. 거의 모든 철학자는 이성이나 오성은 인간에게 무슨 일을 해야만 하는지를 말해준다고 전제해 놓았다. 그래서 인간의 온전한 과제는 이성이 내리는 명령을 가능한 한 잘 지키는 것에만 있었다. 그러나 쇼펜하우어는 이를 완전히 불신했다. 그래서 그는 철학에서 가장 주목을 불러일으키는 질문 중 하나를 던졌다.

"내가 하고자 하는 것을 나는 원할 수가 있는가?"

이 질문은 하나의 커다란 도발이었다. 이 질문에는 매우 많은 문제가 걸려 있기 때문이다. 내가 하고자 하는 것을 내가 원할 수 없다는 것, 그것이 당연한 것이라면 모든 것은 사실상 끝장난 것이기 때문이다! 그러면 인간의 의지도 자유롭지 않다. 그리고 자유의지가 없다고 한다면 인간의 이성은 사실상 전혀 아무런 역할을 하지 못한다. 그렇다면 정언적 명령에는 무슨 일이 있으며, 나의 이성이 내리는 '도덕적 법칙'에는 무슨 일이 있는가? 정언적 명령은 완전히 중요치 않게 된다. 나의 행동에 대한 법칙을 규정하는 것은 이제 이성이 아니라, 비이성적인 의지이기 때문이다! 쇼펜하우어는 자신의 주장을 가차 없이 펼쳐 나갔다. 즉 우리 뇌의 명령 통제 본부는 이성이 아니라 의지라는 것이다. 의지는 무의식적인 것이며, 무의식적인 것이 우리의 현존재와 성격을 규정한다. 의지가 주인이며, 그리고 이성은 그의 노예다. 의지가 독자적으로 결정하고 은밀하게 종결짓는 자리에 이성은 배제된다. 이성은 자신이 배제된 상태에서 오랫동안 진행되는 것이 있어도, 그것에 대해 아는 바가 전혀 없다. 무엇을 해야 하는지 단지 의지만이 내게 말해 주며, 이성은 의지를 따른다. "마음이 싫어하는 것을 머리가 받아들이지 않기" 때문이다. 바로 이것이 쇼펜하우어 철학의 핵심이다. 그 외 다른 모든 것은 잡담일 뿐이다!

이 주장은 맞는 것일까? 이를 알아보도록 하자. 독자 여러분은 자신의 학창 시절을 한번 회상해 보시라. 제6교시 수학 시간이다. 수업에 들어가고 싶은 생각이 전혀 없다. 차라리 땡땡이를 칠 것인지 말 것인지 고민한다. 당연히 양심의 가책을 받는다. 당신은 수학에 젬병이고, 그 때문에 더 더욱 수업에 들어갈 마음이 없다. 수업에 들어가지 않는다면 다른 친구들보다 훨씬 더 성적이 뒤처질 수도 있다. 그러나 곧장 교실에 들어가겠다고 생각을 하면 상당히 기분이 나빠지고 약간 망설이게 된다. 사실 땡땡이를 치겠다는 의도에 당신이 얼마나 관여했는지, 그리고 양심의 가책에도 불구하고 수업에 들어갈 생각이 얼마나 없었는지에 대해 전혀 정확하게 알지 못한다. 다시 말해, 이성은 이를 아직 알지 못한다는 것이다. 그때 서너 명의 반 친구도 마찬가지로 6교시 수학 수업에 들어가고 싶어 하지 않는다는 것을 알게 되었다고 해보자. 당연히 이런 사실도 양심의 가책에 대한 진정한 논쟁거리가 아니다. 반 친구들이 땡땡이를 치든지 아니면 수업에 들어가든지, 이런 것은 당신이 수업에 들어가지 않아 더 형편 없는 학생이 되는 일과는 아무런 상관이 없다. 그러나 반 친구들도 마찬가지로 수학 수업에 들어가고 싶지 않다고 말하는 것을 들을 때, 당신의 마음속에는 걷잡을 수 없는 기쁨이 솟아오른다. 거의 깜짝 놀랄 정도다. 당신은 어떤 일이 있어도 수학 수업에 더 이상 들어가고 싶지 않은 것이다! 이제야 당신의 이성이 눈치채는 것은, 여전히 불안해하며 양심의 가

책으로 배회하는 이성에 비해, 당신의 의지는 너무도 확고하게 이런 계획을 미리 꾸미고 있었다는 것이다. 그러니까 당신은 자유의지에 따르는 의사 결정을 했던 것일까? 그렇지는 않다. 당신의 의지는 이성이 무엇을 원하는지 이미 잘 알고 있었으며, 그래서 이성을 잠재우기 위해 궤변이나 근거 없는 주장으로 억눌렀다. 당신은 속으로 이렇게 말한다. "이미 말했듯이 사실 합당한 핑곗거리는 아니지만, 다른 친구들도 수업에 안 들어가지 않는가?" 당신의 의지는 자신이 원하는 것을 행했고, 이성은 그 의지에 알맞은 정당성만을 공급해 주었다.

쇼펜하우어가 의지를 너무 강력하게 부각하여 그는 철학의 육체에다가 가시를 박았다. 여담이지만, 쇼펜하우어는 이를 매우 흡족하게 생각했다. 그의 견해에 따르면, "수천 년 동안 철학의 세계에" 떠돌고 있는 '인간은 이성에 의해 이끌리고 행동한다.' 하는 소문을 마침내 그가 깨끗이 잠재웠다는 것이다. 쇼펜하우어는 "모든 철학자의 근본적인 착각"을 인식했고, 이와 더불어 '선을 행하기 위해서는 선이 무엇인지 알기만 하면 충분하다.'는 "모든 환상 중에서 가장 엄청난 환상"도 인식했다. 이마누엘 칸트는 '이성이 원하면 의지는 따라간다.' 하고 생각하지 않았던가? 그렇다면 쇼펜하우어의 생각, 즉 '의지가 원하는 대로 이성도 그렇게 판단을 내린다.' 하는 생각은 정반대가 아닌가?

이성이 명령 통제본부라는 의심은 전 세계에 퍼져, 갈수록 더 커져 가기만 했다. 이를 위해 장면을 바꾸어 쇼펜하우어가 죽은 지 약 100년이 되는 1964년으로 들어가 보자. 교황 바오로 6세가 공식 접견을 위해 근엄하게 의관을 차려입고 대연회장에 발을 들여놓고 있다. 붉은 가운을 입은 추기경들이 무릎을 꿇고 교황의 반지에 입을 맞춘다. 단지 생물학자, 물리학자 그리고 뇌 연구자들만은 뻣뻣하게 서서 교황과 악수를 나눈다. 교황청 학술원이 당시 모든 자연과학자가 관심을 두는 주제인 '뇌 연구'에 관해 토론하기 위해 당대의 선구적인 전문가들을 초청했다. 특히 뇌 연구와 관련한 특별한 새로운 인식에 대해서는 연구자들과 주교들이 매우 큰 관심을 보였다. 바로 얼마 전에 거의 무명인 샌프란시스코 출신의 뇌 연구자가 획기적으로 시도했기 때문이다. 그래서 당대의 선구적인 뇌 연구자들은 —그중에는 3명의 노벨상 수상자도 있었다— 매우 깊은 감명을 받았다.

벤저민 리벳(Benjamin Libet)은 1916년 시카고에서 태어났고 대학에서 심리학을 전공했다. 전공을 고려하면 사실상 제대로 된 뇌 연구자는 아니었지만, 이는 흔하게 있는 일이었다. 뇌를 연구한다는 것, 그것은 1930년대에 거의 어느 곳에서도 불가능했기 때문이다. 이미 청년 시절에 리벳은 인간의 의식에서 진행되는 과정들을 학문적으로 측정할 수 있는지에 대한 물음에 관심을 두었다. 1950년대 후반에 그는 샌프란시스코 마운트 시온 병원의 신경외과에서 단지 부분적으로 마비 증상이 있는 몇몇 환자를 대상으로 실험을 감행했다. 환자들은 수술실에 누워 있었고, 그들의 뇌가 부분적으로 노출되도록 만들었다. 리벳은 케이블을 뇌에 연결하고 뇌에 전기적인 자극을 약하게 주었다. 이 과정에서 환자가 언제 어떻게 반응을 보이는지 정확하게 관찰했는데 결과는 놀라웠다. 뇌의 피질에 자극을 준 순간부터 환자가 움찔하는 순간까지 0.5초 이상이 흘렀다. 리벳의 실험이 1964년에 바티칸에서 주목을 받고 있을 때도 리벳은 동료 두 명이 행했던 실험 결과를 여전히 알지 못했다. 그들도 역시 시간 지체 현상을 확인했다. 손동작을 실행하겠다는 의도에서부터 실제적인 행동까지 걸린 시간은 거의 1초였다. 이러한 측정 결과는 이제 리벳을 제대로 흥분시켰다. 의도와 행동 사이의 1초 간격. 이것은 제정신을 가진 사람이라면 전혀 이해하지 못하는 일이었다. 찻잔을 집어 들려는 사람은 그것을 즉시 행한다. 그렇다면 측정한 1초의 차이는 도대체 어디에 있단 말인가?

계속되는 리벳의 추론에 따르면, 이렇게 지체된 1초를 사람들은 스스로 알아채지 못했다. 1979년 그는 새로운 실험을 시작했다. 리벳 실험이라고 알려진 이 실험은 창시자인 그에게 세계적인 명성을 가져다주었다. 리벳은 한 여성 환자를 팔걸이의자에 앉히고 커다란 시계를 응시하도록 했다. 이 시계는 평범한 시계가 아니었고, 초록색 점 하나가 원판 주위를 빠른 속도로 돌고 있는 시계였다. 그리고 리벳은 두 개의 케이블을 고정시켰다. 하나는 환자의 손목에 연결시켜 이것을 전기 측정 장치에 고정시켰다. 다른 하나는 헬멧을 쓴 환자의 머리에 고정하고 이것을 다른 전기 측정 장치에 연결했다. 리벳은 환자에게 다음과 같은 과제를 주었다. 시계 위에서 돌고 있는 초록색 점을 주의 깊게 보다가, 임의로 선택한 특정 순간에 손목을 움직이겠다는 결정을 내리고, 그 결정을 내린 순간에 초록색 점이 어디에 있는지를 기억하는 것이었다. 여성 환자는 리벳이 지시한 대로 손목을 움직이기로 결정하고, 그 순간에 초록색 점의 위치를 기억해 두었다. 리벳은 그녀가 결심했을 때 초록색 점이 어디에 있었는지 물어보았고, 이를 일일이 기록했다. 그리고 난 다음 리벳은 두 개의 전기 측정 장치를 흥분된 마음으로 살펴보았다. 손목에 부착된 전극의 전압 변화는 손목 움직임의 정확한 순간을 보여 주었고, 머리에 부착된 전극은 뇌에서 행동 개시 명령을 내린 순간을 보여 주었다. 시간적인 순서는 어떻게 나타났을까? 맨 먼저 머리에 부착된 전극이 신호를 보냈으며, 여성 환자가 자신의 움직임을 결심한 순간 눈앞의 시계는 그로부터 0.5초 지난 다음이었다. 그리고 약 0.2초 후에 손목 움직임이 뒤따랐다. 리벳은 극도로 흥분되었다. 이 여성 환자가 자신이 움직이겠다는 결심을 의식하기 0.5초 전에 그러한 결정이 이미 내려져 있었다! 무엇을 원하거나 또는 행하려는 선(先) 의식적 반사운동이 의식된 행동보다 더 빨리 일어난다. 인간이 이러한 의지를 의식하기도 전에, 우리의 뇌는 의지 진행을 시작해 버렸다는 이야기는 맞는 말일까? 그렇다면 이것은 동시에 인간의 자유의지에 기초를 둔 철학적 사고의 종말을 의미하는 것은 아닐까?

이제 시간 여행을 한번 해보자. 그래서 아르투어 쇼펜하우어와 벤저민 리벳에게 서로서로 위 문제에 관해 해명을 듣도록 하자. 1850년으로 거슬러 올라가, 마인강변 프랑크푸르트에서 '아름다운 전망대'라는 별칭의 고급 빌라 17호에 살던 쇼펜하우어의 집으로 가 보자. 이른 아침이다. 잠깐! 그에게 아직 말을 걸 수가 없는 상태다. 일단 기다려야만 한다. 그는 아침 7시에서 8시 사이에 기상해 커다란 욕실 스펀지로 상반신 전체를 차가운 물로 씻었다. 그는 가장 중요한 감각기관인 자기 눈을 씻었는데, 눈을 뜬 채로 얼굴 담그기를 몇 번 반복했다. 이렇게 하면 특히 시신경이 좋아진다고 믿었다. 그리고 난 다음 자리에 앉아 커피를 마셨다. 자기 손으로 직접 끓인 커피였다. 가정부가 이른 아침에 그의 눈에 띄는 것은 절대 금물이었다. 그는 아침에 완전하게 집중해서 자기 생각을 가다듬는 것을 매우 중요하게 여겼다. 쇼펜하우어가 말하기를, 아침이 되면 우리의 뇌는 새롭게 조율된 악기와 마찬가지 상태가 된다. 그래서 이제 한 시간만 더 기다리면 우리는 초인종을 누를 수 있다. 아무튼 쇼펜하우어의 상황으로 보아, 손님을 맞이하는 인사말은 약간 친근한 편이다. 쇼펜하우어의 인식을 평가할 줄 아는 사람들이 아직도 방문하고 있다는 얘기다. 리벳은 심지어 커피까지 대접받는다. 쇼펜하우어는 잡담이나 중요하지 않은 얘기는 싫어했다. 그래서 두 사람은 곧바로 본론으로 들어갔다.

쇼펜하우어: 리벳 씨, 어떻게 생각하세요? 내가 하고자 하는 것을 나는 원할 수가 있을까요?

리벳: 그렇게 직접적으로 물어보신다면, 제 대답은 부정적입니다. 내가 하고자 하는 것을 나는 원할 수가 없습니다.

쇼펜하우어: 그러니까, 내가 뭐라고 말했지요? 의지는 주인이고, 이성은 그의 노예다?

리벳: 거의 모든 경우에 그렇지요. 많든 적든 간에요.

쇼펜하우어: 으응?

리벳: 아, 네. 말한 대로지요. '많든 적든 간'에 그렇다고요.

쇼펜하우어: 그게 무슨 뜻이지요? 여기서 '많든 적든 간'이란 무엇을 말하는 건가요?

리벳: '많든 적든 간'이란 말은, 사람이 완전히 확신할 수 있는 일은 절대 없다는 뜻입니다.

쇼펜하우어: 어째서요? 이것은 아주 명백합니다. 당신도 말했지요. 의지는 의식된 이성보다 시간적으로 앞서간다고 말입니다. 시간적으로 정확히 얼마나…?

리벳: … 약 0.5초 정도입니다.

쇼펜하우어: 맞습니다, 리벳 씨, 정확하게 0.5초지요. 이것이 의미하는 바는 의지가 결정하면 의식된 이성은 그 뒤를 절뚝거리며

따라가는 것이지요. 그렇지 않나요? 그리고 이성이 절뚝거리며 뒤를 따라간다면 자유의지 역시 없습니다. 의지란 영향을 받는 것이 아니라, 오로지 인식과 해설의 대상이기 때문입니다. 모든 도덕철학은 실행 불가능입니다.

리벳: 글쎄요….

쇼펜하우어: 사물에 관해 의식된 관점 또는 이성적인 관점은 인간의 본질이 아니라, 단지 나중에 덧붙인 장식용 부속물에 불과합니다. 또는 자기 합리화를 위한 수사학적인 변명이랄 수도 있고, 아니면 뒤늦은 해설일 뿐입니다.

리벳: 저도 좀 말해도 될까요?

쇼펜하우어: 해보세요.

리벳: 의지의 자극에서부터 의식된 결정에 이르기까지 0.5초가 흘렀다는 것은 맞습니다. 그런데 환자가 손목을 움직일 때까지, 또다시 0.5초가 더 흘렀던 것입니다. 다시 말해 행동으로 옮기는 데까지….

쇼펜하우어: 그래서 어떻다는 겁니까?

리벳: … 다시 말해, 결정이 행동으로 옮겨지는 과정을 차단할 수 있는 기회가 환자에게 여전히 주어져 있다는 말입니다.

쇼펜하우어: 그래서요?

리벳: … 다시 말해, 자유의지가 없다는 것입니다. 하지만 자유로운 반(反) 의지 같은 것이 없다고는 할 수 없습니다. 자유로운 반의지로 최악의 사태를 언제라도 피할 수 있기 때문입니다.

쇼펜하우어: 자유로운 반의지라고요? 정말 독특한 생각입니다.

리벳: 다소 엉뚱하게 들릴 수도 있습니다. 그러나 제가 생각하는 것은 이렇습니다. 의지는 자유롭지 않지만, 반 의지는 자유롭습니다. 의지가 아무리 우리에게 무언가를 행하도록 몰아쳐도, 우리는 여전히 "그만!"이라고 말할 수 있는 기회를 가지고 있는 것입니다.

쇼펜하우어: 그렇다면 당신은 시계를 사용해 그것을 입증해 낼 수 있다고 생각합니까? '무의식적인 부자유'와 '의식적인 자유'가 있다는 것 말입니다.

리벳: 글쎄요, '입증해 낸다'는 말은 엄청난 말입니다. 하지만 저는 그렇게 믿고 있습니다.

쇼펜하우어: 당신이 행했던 간단한 실험을 근거로 그 모든 것을 믿는다고요?

리벳: 쇼펜하우어 씨, 저의 실험은 정말 간단했습니다. 인정합니다. 그러나 그 실험은 타당하고 의미 있는 결과를 보여 주었다고 생각합니다. 더구나 우리 의지를 조종하는 어떤 것, 즉 제가 생각하는 '자유로운 반 의지'가 존재한다고 믿는 것은 나쁜 일이 아닙니다. 이런 생각을 해 보셨나요? 자기 의지에 대해 아무도 책임지지 않고 그래서 책임을 물을 수도 없다는 것을 우리가 인정한다면, '자유로운 반 의지'가 우리 사회에 사실상 무슨 의미를 가질까 하는 생각 말입니다. 그 의미는 엄청납니다. 살인자를 제가 어떻게 할 수 있을까요? 살인자는 물론 다음과 같이 변명할 것이 분명합니다. "제가 무슨 짓을 했는지 저도 모르겠습니다. 저의 무의식적인 의지가 저를 이렇게 만들었습니다. 저는 그것을 통제할 수가 없었습니다. 쇼펜하우어 또는 리벳의 책을 읽고 확인해 보십시오!"

쇼펜하우어: 아무튼 인류는 저주를 받고 있지요. 형사소송이 있든 없든
　　　　　간에, 아니면 감옥에 갔든 안 갔든 간에, 그런 것은 아무
　　　　　상관없습니다.
리벳: 쇼펜하우어 씨, 그건 당신 생각입니다. 우리는 그런 식으로 나아
　　　가지 않을 것입니다. 그런 식이라면 인간에게 진보는 없습니다.

　서로 약간 불쾌하고 곤혹스러운 현시점에서 대화를 그만두는 것이 나
을 것 같다. 어쨌든 더 이상 많은 얘기가 나올 것 같지 않다. 두 사람의 입
장은 명백했고, 타협 가능성은 보이지 않았다. 벤저민 리벳이 행위에 대
한 인간의 책임감을 그렇게 간단히 무너뜨리지 않는다면 분명 그의 주장
은 옳다. 그러면 아르투어 쇼펜하우어는 옳지 않은 것인가? 리벳의 실험
에서 나온 측정값이 의지, 반 의지 그리고 의식에 대한 커다란 이론을 정
립하는 데 실질적으로 충분한지 의심했다고 해서 말이다. 뇌 연구는 영성
(靈性)이나 창조성을 포함하는 인간의 의식과 의식된 의지와 상상력이 한
꺼번에 어우러지는 복잡한 협연에 대해 측정은 고사하고 정확하게 이해
하기에도 아직 그 길은 까마득하다.
　모든 뇌 연구자는 여전히 물질과 정신의 관계에 관해 독자적인 이론을
개별적으로 가지고 있다. 리벳 측정값의 실질적인 문제는 머리에 부착된
뇌 전극의 측정 결과를 필연적으로 언어로 전환해 표현해야 한다는 점이
다. 예를 들어, '잠재의식'이나 '선(先) 의식'으로 분류해 놓고 시계 위의 초
록색 점의 표시로 '의식'이나 '무의식'을 요구하면서 말이다. 그러나 정확
하게 '선 의식'이란 무엇인가? 손목을 안쪽으로 구부리려는 의지는 아마
'선 의식적인 것'이라고 불러도 무방할 것이다. 그렇지만 언제나 새로운

자극을 받으며 아주 복잡한 수학 문제를 풀거나 또는 철학적인 논증의 초안을 잡는 의지의 경우에는 어떠한가? 여기에도 선 의식이라고 말할 수 있는 의지가 있는 것일까? 리벳 실험의 측정 결과는 많은 시사점을 던져주지만, 그 해답은 간단하지 않고 오히려 새로운 질문을 던진다. 뇌에서 발생하는 자극과 이 자극을 지각할 때까지 얼마나 '많은/적은' 시간이 흘렀는지를 알아낸다 해도, '의지의 자유'에 대한 문제는 거의 풀리지 않을 것이다. 그 외에도 상당히 구별되는 많은 의지와 충동이 존재한다. 배고픔, 목마름, 피곤함 그리고 성적 충동 등과 같이, 대부분의 충동은 단순하지만 종종 매우 강력하다. 이에 반해 단순하지 않고 매우 복잡하고 다층적인 충동도 많다. 대학 입학 자격시험을 볼 것인지, 법학을 전공할 것인지, 또는 그의 생일 파티를 크게 열어 줄 것인지 등등의 의지는 무엇인가, 먹고 싶게 만드는 배고픔의 느낌보다는 훨씬 더 복잡하다.

이 모든 것은 도덕과 무슨 관계가 있는 것일까? 오늘날 전 세계 수백 곳의 연구소에서 수만 명의 뇌 연구자가 뇌 연구에 몰두하고 있다. 이런 연구자 중에는 도덕적으로 행동하도록 인간을 움직이는 본능과 충동에 관심을 보이고 있는 사람도 적지 않다. '선해야 한다는 당위성'은 결국 '선해야 한다는 욕망'에서 기인한다고 하면, 인간의 뇌 속에 '선함에 대한 의지'를 작동시키는 무엇인가가 존재하고 있음이 분명하다. 과연 그것이 무엇일까?

14

도덕은 뇌 속에 존재하는가?

게이지의 사례

다마지오 부부, 미국 버몬트주의 캐번디시

1848년 9월 13일, 오후의 태양이 밝고 뜨겁게 빛나는 화창한 날, 피니어스 게이지(Phineas Gage)는 아침부터 계속 작업 중이었다. 게이지는 폭발물 취급 전문가다. 훗날 사람들이 증언하는 대로 그는 러틀랜드—벌링턴 철도회사에서 가장 유능하고 재능 있는 직원이었다. 그가 맡은 일은 새로운 철도 부설을 위해 암석투성이의 땅을 평탄하게 고르는 작업이었다. 버몬트의 노동자들은 캐번디시 도시 바로 앞까지 와 있었으며, 금방 뉴잉글랜드 지방을 뚫고 철도가 부설될 것 같았다. 그래서 사람들은 200마일이 넘는 러틀랜드에서 보스턴까지의 여행을 잔뜩 기대하고 있었다. 조금 전 게이지는 새롭게 뚫은 암석 구멍에 화약과 도화선을 채워 넣고, 조수에게 모래로 전체를 덮으라고 지시했다. 그는 화약 위에 덮인 모래를 다지기 위해 약 2m 길이의 쇠몽둥이를 집어 들었다. 그때 뒤에서 누군가가 그에게 말을 걸었다. 게이지는 몸을 돌려 몇 마디 주고받았다. 그러면서 동시에 평소 하던 대로 쇠몽둥이로 움푹 들어간 부분을 다졌다. 조수가 아직 모래를 채우지 못했다는 것을 그는 미처 보지 못했다. 게이지는 말을 나

누며 웃음을 터뜨리기도 했는데, 바로 그때 바위에서 돌연 섬광이 번쩍거렸다.

바로 그 순간 화약이 폭발했고 쇠몽둥이는 게이지의 왼쪽 뺨을 관통해 뇌 속을 꿰뚫고 들어와, 다시 머리를 뚫고 두개골(頭蓋骨) 천장을 그대로 관통하며 날아갔다. 쇠몽둥이는 30m 떨어진 곳에 둔탁한 소리를 내며 바닥에 떨어졌다. 피에 흥건해진 쇠몽둥이는 뇌의 조직들이 덧칠된 것처럼 발라져 있었다. 게이지는 바닥에 쓰러졌다. 오후의 태양은 바위 위를 비추고 있었고, 철도 노동자들은 너무 놀라서 모두 꿈쩍도 못하고 서 있었다. 단지 몇몇 사람이 용기 내어 가까이 다가갔으며, 그들은 상상할 수 없는 일을 목격했다. 피니어스 게이지가 살아 있었다니! 두개골을 비스듬하게 가로질러 구멍이 하나 나 있었지만 그래도 그는 의식을 회복했다. 비록 구멍이 난 상처에서 피가 줄줄 흘러내렸지만, 그는 동료들에게 사고에 대해 설명할 수 있었다. 노동자들은 게이지를 들어 올려 소달구지 위에 실었다. 게이지는 똑바로 앉은 채로 수레를 타고 1km 넘게 떨어져 있는 인근 호텔로 갔다. 그는 정말 강철 체력의 사나이였다. 게이지가 혼자 힘으로 수레에서 내려오자 다른 노동자들은 매우 놀랐다. 그는 호텔 객실 의자에 앉아 의사를 기다렸다. 의사가 방 안으로 들어서자 게이지는 인사하며 이렇게 말했다. "선생님, 여기에는 선생님께서 하실 일이 정말 많습니다."

오늘날 게이지의 두개골은 하버드대학 박물관에 전시돼 있으며, 과학의 골칫거리로 남아 있다. 사고 당시 25세였던 피니어스 게이지는 그렇게 끔찍하게 머리에 상처를 입고도 13년을 더 살았다. 진기하고도 기적 같은 삶이었다! 게이지의 기적 같은 삶에 관해 명쾌하게 설명해 주는 사람은 아무도 없었다. 신체장애를 입은 전직 노동자 게이지는 느끼고, 듣고, 보는 데 아무 지장이 없었다. 팔과 다리 또는 혀에서 어떠한 마비 증상도 나타나지 않았다. 단지 왼쪽 눈을 잃긴 했지만, 그 대신 몸의 다른 모든 기능은 지극히 정상이었다. 그의 걸음걸이는 안정되고, 손놀림은 여전히 민첩했다. 그리고 예전과 똑같이 자유자재로 얘기했다. 하지만 폭발물 취급 전문가로는 더 일할 수 없었다. 게이지는 말 사육장에서 일자리를 구했지만, 얼마 지나지 않아 그만두었다. 어찌할 수 없는 상태에 빠진 게이지는 1년에 몇 번 서는 대목장(場)을 떠돌아다니기도 하고, 어느 박물관 전시장에서 쇠몽둥이를 들고 서 있는 상태로 사람들에게 이목을 끌며 생계를 유지하기도 했다. 결국 그는 칠레로 이민을 떠났고 그곳에서 죽기 얼마 전까지 머물렀다. 그는 말 농장에서 일하며 우편 마차도 끌었다. 1860년 샌프란시스코로 돌아왔지만, 도시의 어두운 뒷골목과 알코올 중독자들의 구역을 배회하다 간질에 의한 발작으로 38세에 사망했다. 사람들은 그가 한 번도 몸에서 떼어놓지 않았던 쇠몽둥이와 함께 그를 매장했다. 한때 그의 사고를 대서특필했던 신문들은 그의 죽음에 관해 단 한 줄의 기사도 보도하지 않았다.

게이지의 삶이 그렇게 잘못된 이유는 무엇일까? 게이지의 사례를 조사했던 뇌 연구자 다마지오와 안토니오 다마지오 부부의 견해에 따르면, 게이지는 사고 이후의 삶에서도 완전히 정상적인 학습 능력과 언어 능력을 유지했다. 하지만 단 하나의 예외가 있었다. 주변 증인들에 따르면, 게이지는 공동생활 규칙을 모두 상실해 버렸다. 그는 거짓말을 일삼고 거리낌 없이 사기 행각을 벌였다. 통제되지 않는 분노의 폭발은 주먹다짐으로 이어졌지만, 이에 대한 책임감은 조금도 느끼지 않았다. 도대체 그에게 무슨 일이 일어난 것일까? 뇌 손상으로 올곧은 한 시민이 심한 성격적 결함을 지닌 인간으로 변했다는 것이 가능한 일일까? 어느 모로 보나 철도 노동자 게이지의 도덕적인 나침반은 자성을 상실한 것 같았다. 만약 이런 가정이 맞는다면, 인간의 뇌 속에는 도덕을 통제하는 생물학적 센터가 있다는 것을 의미한다. 그리고 만약 그런 센터가 있다면, 뇌 속의 이 센터는 내가 선하게 행동할 것인지 아니면 악하게 행동할 것인지에 대해 결정을 내리는 것인가?

뇌 연구자 다마지오 부부는 게이지의 두개골을 아주 꼼꼼하게 연구했다. 부부는 게이지의 뇌 속 여러 영역이 파괴되었다는 것을 확신했다. 이 영역은 인간에게 중요한 특성을 관장하는 곳인데, 미래를 선취(先取)하고 그것을 사회 환경에 알맞게 계획하는 능력을 관장하는 곳이다. 그들이 생각하기에, 게이지는 자기 자신뿐만 아니라 다른 사람에 대한 책임감도 상실했으며 또한 자기 인생을 더 이상 자유롭게 계획하고 체계화할 수도 없었다. 이 모든 것을 관장하는 전두엽의 **복내측 시상하핵 영역**(ventromedial region)이라는 특정한 뇌 영역을 상실했지만, 반면에 여타의 다른 뇌 기능은 제대로 잘 작동하였다. 다마지오 부부의 추정이 옳다면, 사고 후 게이지의 의식은 파괴되었다. 생각과 느낌의 관계, 의사 결정과 감정의 관계는 더 이상 정상적이 아니었다.

게이지의 사건을 조사하고 다루어 본 사람들이 모두 이러한 해석에 동의한 것은 아니다. 게이지의 운명을 연구해 본 사람들 가운데 게이지를 치료했던 의사의 의학적인 진단을 의심하는 사람도 적지 않았다. 그들의 주장에 따르면, 게이지의 특성은 다마지오 부부가 추측했던 것만큼 그렇게 심한 변화는 절대 일어나지 않았다는 것이다. 우리가 고려해야만 하는 것은, 게이지는 어쨌든 자신이 습득했던 기술로 얻은 직장을 잃었고, 더 이상 어떠한 직업적인 전망도 없었다는 점이다. 또한 주위 사람들이 멋진 전직 노동자 게이지를 아주 다르게 상대했다는 점이다. 본래 모습의 게이지처럼 상대한 게 아니라, 사고로 인해 완전히 뒤틀린 얼굴 모습을 한 사람으로 게이지를 대했다는 말이다. 단순히 바로 이런 점 때문에 게이지가 이상한 행동들을 보이지 않았을까? 폭발 사고가 게이지에게 정신적인 외상을 입혔을지 모른다는 것으로 이미 충분하지 않을까?

이 같은 모든 이의 제기가 근거 없는 것은 아니지만 신경 생물학적 조사 결과를 바꿀 정도는 못 된다. 다마지오 부부는 게이지에 관한 그들의 결과물을 수많은 동물실험에서 입증했다. 그들은 '복내측 시상하핵 영역'이 뇌에서 가장 결정적인 부분이라는 것을 알아냈다. 여기에서 감정을 다듬고, 계획을 수립하고, 결정을 내린다. '복내측 시상하핵 영역' 안에서 도덕적 판단에 관해 명령을 내리는 뇌 속의 작은 '전산센터'를 찾아낼 가능성이 있다면 좋겠지만, 유감스럽게도 그런 가정은 틀린 것이다.

핀란드의 여류 아동작가 토베 얀손(Tove Jansson)의 '무민 가족 시리즈'는 내가 밤마다 아들 오스카에게 침대에서 읽어 주던 책이다. 이 책에는 요괴 중 하나가 마법사에게 계산기를 선물해 달라고 소원을 비는 장면이 나온다. 무엇이 맞고 무엇이 틀렸는지 알기 위해서다. 자, 그런데 어떻게 되었을까? 위대한 마법사조차 이 소원은 들어줄 수 없어서 그냥 지나쳐야만 했다. 우리 뇌 속에 있는 도덕적 계산기는 어떤 특정한 영역에 있는 고립된 시스템이 아니다. 오히려 중요한 것은 여러 뇌 영역과 매우 복잡하게 얽힌 네트워크라는 사실이다. 뇌 속에 도덕을 관장하는 영역이 있는지에 관해 질문한다면 '예'라고 대답할 수 있다. 그렇지만 도덕적인 감정과 결정을 관장하는 어떤 특정한 뇌 영역이 있는가라는 질문에 대한 대답은 '아니오'다.

나는 신중하게 위 문장에서 감정과 결정을 서로 떼어 놓았다. 이 둘은 같지 않기 때문이다. 앞 장에서 뇌 연구자 벤저민 리벳은 우리 감정이 결정을 지배한다고 주장하면서 양자를 서로 밀접하게 연관시켰다. 이 견해도 분명 완전히 틀린 것은 아니다. 하지만 오늘날 뇌 연구자들은 매우 많은 상이한 뇌 영역이 우리의 감정과 결정에 참여하고 있다는 것을 잘 알고 있으며, 또한 그 과정이 아주 정확하게 진행된다고 단도직입적으로 말하기는 매우 어렵다는 것도 잘 알고 있다. 감정, 추상적 사고, 그리고 인간 상호 간의 관계를 담당하는 뇌의 영역은 언제나 동시에 움직인다. 여기에서 누가 무엇에 관해 결정하는지는 거의 말할 수 없으며, 어쩌면 결정을 내리는 위치에 있는 것이 항상 동일하지도 않다. 분명히 감정과 이성은 서로 끊임없이 교차하고 있으며, 그래서 인간은 주어진 상황에 매우 상이하게 반응한다.

예를 들어, 곤궁한 사람들을 보면 마음속에서 동정심이 일어나듯이 우리에게 **도덕적인 감정**이 존재한다. 길거리에서 내가 거지를 보았다고 해 보자. 그는 직접적으로 내 마음을 아프게 한다. 그런 감정이 내 마음에 떠오른다. 그것은 내 의도와는 상관없이 발생한다. 그런데 **도덕적인 통찰**은 도덕적인 감정과는 아주 다르다. 나는 그 거지에게 돈을 주려고 하고, 이것이 옳은 일인지 심사숙고한다. 그래서 이렇게 생각한다. '모든 사람이 저 거지에게 무엇인가를 준다면, 저 거지는 절대 일자리를 찾으려 하지 않을 것이다. 아니면, 저 거지는 먹을 것을 사는 것 대신 술을 마시는 데 돈을 다 써 버릴 것이다.' 나는 또 이렇게 생각할 수도 있다. '자기가 구걸한 돈으로 자기가 원하는 것을 하는데 무슨 상관이란 말인가. 문제의 핵심은, 그 거지는 분명히 자기가 필요로 하는 돈을 받았다는 것이다.' 이렇게 감정과 통찰은 종종 분리될 수 없다. **우리가 행동하는 이유**와, 행동을 도덕적으로 **판단하는 것은** 철저하게 구별된다. 감정은 의도, 생각, 습관 기타 등등과 함께 행동할 때 중요한 역할을 한다. 그러나 우리가 도덕적으로 판단할 때, 감정의 영향력은 훨씬 줄어드는 것처럼 보인다. 도덕이라는 산맥에서 마지막 커다란 봉우리인 **도덕적 직관에** 오르기 전에, 우리는 다시 한 번 뇌 연구자의 작업실을 마지막으로 둘러보도록 하자.

15

선한 것은 보답을 받는가?

내가 느끼는 것을 당신도 느낀다

자코모 리촐라티, 이탈리아 파르마에서 미러 뉴런을 발견하다.

카를 마이(Karl May)[11]의 소설을 소재로 한 영화의 주인공 비네토우의 죽음에 눈물을 흘리는 사람이 있는가 하면, 어떤 사람은 영화 '그린(green) 토마토'의 주인공 루트의 죽음을 보고, 또 어떤 사람은 해리 포터 이야기에서 덤블도어 교수가 죽는 장면을 보고 눈물을 흘린다. 영화를 보거나 책을 읽으며 슬픈 장면이 나올 때면 눈물을 흘리는데, 그 이유는 주인공의 감정에 이입돼, 주인공의 고통을 실제로 자신의 고통처럼 느끼기 때문이다. 마찬가지로 함께 웃기도 하고, 또 영화 속 괴물이나 정신적 쇼크에 두려운 마음을 가지기도 한다. 마치 자기가 직접적으로 위협을 받고 있는 것처럼 말이다. 우리는 모두 이런 경험이 있다. 그런데 이런 경험은 어떻게 발생하는 걸까? 어떻게 다른 사람의 감정 속으로 숨어 들어갈 수 있을까? 영화관에서 아무런 위험에 처해 있지 않지만, 공포스러운 장면을 보

---

11) 카를 마이(Karl May, 1842~1912)는 19세기 후반과 20세기 초반 독일을 대표했던 인기 작가. 특히 미국 서부 시대를 배경으로 하는 소설 시리즈의 인기가 많음. 여기에 등장하는 백인 주인공 올드 섀터핸드(Old Shatterhand)와 아파치 전사 비네토우(Winnetou)는 소설 이상으로 큰 인기를 끌기도 했다. – 역자 주

면 왜 소름이 돋는가? 다른 사람의 감정이 전이되는 이유는 무엇일까?

그 대답은 간단하다. 진심이든, 아니면 영화에서 조작되었든 다른 사람의 감정이 우리 내면에 동일한 감정을 불러일으키기 때문에 동감하게 된다. 그런데 이런 일은 십중팔구 인간에게만 해당하지는 않는다. 앞에서 프란스 더 발이 매디슨 연구소에서 관찰했던 것처럼, '아기 사슴'이라 불렸던 레서스원숭이의 언니 역시 동생이 당하는 고통과 두려움을 함께 느꼈음이 분명하다. 다른 사람에 대한 동감, 그리고 감정이입 역시 지금은 매우 자명한 사실이 되었지만, 불과 몇 년 전까지만 해도 학문의 세계에서는 완전히 풀리지 않는 수수께끼로 남아 있었다. 이를 학문적으로 확신에 찬 해답으로 내놓은 최초의 인물은 학계에 속해 있지도 않았고 완전 무명이었다.

이탈리아의 자코모 리촐라티(Giacomo Rizzolatti)는 자주 그리고 즐겨 알베르트 아인슈타인과 비교되는 인물이다. 손질하지 않은 산발적인 흰 머리카락과 흰 콧수염, 장난기 있는 웃음이 서로 닮았다. 그런데 겉모습만 닮은 것이 아니었다. 뇌 연구자들의 입장에서 보면, 활기 넘치는 이탈리아인 리촐라티는 새로운 차원의 학문 세계를 열어 준 가장 위대한 사람 중 한 사람이었다. 그때까지 리촐라티의 연구 분야는 오랫동안 많은 동료 사이에서 차선책이나 비인기 분야로 간주되었다. 리촐라티는 행동을 조종하는 신경세포, 소위 말해 행동 뉴런의 기능에 몰두했다. 하지만 이 분야는 오히려 지루한 연구 분야처럼 보였다. 행동을 촉발하는 운동성 피질은 비교적 불명확한 뇌 영역으로 간주했기 때문이다. 언어, 지능 또는 감각 세계와 같은 복잡한 뇌 영역을 연구할 수 있는 상황에서, 단순한 행동을 관장하는 뇌 영역 연구는 대부분의 연구자가 흥미를 느끼기에는 역부족이었다.

하지만 1992년에 일대 전환이 일어나 깜짝 놀랄 만한 일이 벌어졌다. 리촐라티는 유럽에서 가장 오랜 역사를 지닌 파르마대학에서 연구하고 있었다. 파르마대학은 오래된 대학이었지만, 의과대학의 건물은 시의 외곽에 있으며 하얀색의 최신식 복합 건물로 지어졌다. 1990년대 초에 뇌 연구자들은 리촐라티를 중심으로 특별한 프로젝트에 전념하고 있었다. 그들은 특정한 행동은 '전염될' 수 있다는 것을 알았다. 웃음, 하품 또는 대화 상대방의 자세 등은 즉각적으로 다른 사람이 이를 따라 할 수 있다. 몇몇 원숭이에서도 이와 똑같은 것을 발견했는데, 모든 것을 우스꽝스럽게 흉내 내는 것으로 유명한 종도 매우 많았다.

그러나 리촐라티 연구팀은 공교롭게도 같은 종에 속한 동료의 행동을 거의 흉내 내지 않는 여우원숭이 속(屬)의 돼지꼬리원숭이를 연구 대상으로 결정했다. 리촐라티와 그의 젊은 연구원 갈레세, 포가시, 디 펠레그리노는 돼지꼬리원숭이의 뇌에 전극을 부착했다. 그런 다음 호두 하나를 바닥에 놓고 그 원숭이가 손으로 급히 호두를 낚아챌 때, 특정한 행동 뉴런이 어떻게 반응하며 뜨거워지는지를 관찰했다. 거기까지는 지극히 정상적이었다. 그러나 그다음 실험 단계에서 세간의 이목을 끄는 일이 발생했다. 연구원들이 그 원숭이를 이제 판막이 뒤로 가두어 원숭이가 호두를 낚아챌 수 없게 했다. 그 대신 원숭이는 연구원 중 한 사람이 그 호두를 손으로 줍는 것을 지켜보아야만 했다. 도대체 원숭이의 뇌에서 무슨 일이 발생했을까? 원숭이는 다른 누군가가 호두를 손으로 집는 것을 보는 동안에, 조금 전 원숭이 스스로 호두를 낚아챘을 때의 상황에서처럼 행동 뉴런이 똑같이 작용했다. 자신의 손은 움직이지 않는데도 원숭이는 그 행동을 정신적으로 공감하고 있었다. 학자들은 놀라서 자신들의 눈을 의심했다. 그 원숭이가 특정한 행동을 **자신의 손으로 직접 행하든**, 아니면 연구원의 행동을 **오로지 정신적으로 공감만 하든**, 신경세포는 정확하게 똑같이 작용했다.

이 이전에는 어느 누구도 실제로 일어나지도 않은 특정한 행동을 뇌가 가상 실험하는 것을 관찰하지 못했다. 이를 포착한 최초의 인물은 레오나르도 포가시(Leonard Fogassi)였다. 하지만 그 공로는 연구팀 전체에게 돌아가는 것이 마땅하다. 리촐라티는 새로운 개념을 고안하여 그 신경세포 이름을 **미러(거울) 뉴런**이라 불렀다. 미러 뉴런은 뇌 속에서 어떤 행동을 수동적으로 공감할 때 그 행동을 실제로 행할 때처럼 똑같은 반응을 일으키는 신경세포다. 주문(呪文)과도 같은 새로운 개념이 탄생한 것이다. 즉시 수많은 뇌 연구자가 미러 뉴런 연구에 몰려들었는데, 처음에는 이탈리아에서 연구하다가 금방 전 세계의 대학과 연구소로 퍼져나갔다. 만약 인간의 뇌도 스스로 체험한 것과 단지 집중적으로 관찰하고 공감했던 것 사이에 아무런 구별을 하지 않는다면, 바로 여기에 우리의 사회적 행동을 이해할 수 있는 열쇠가 숨겨져 있지 않을까?

어쨌든 미러 뉴런은 뇌 연구에서 중요한 구성 요소이자 토대다. 미러 뉴런은 전두엽의 전전두 피질에 있는데, 이곳은 일명 **섬**이라고 불리는 영역이다. 이 '섬'은 지금까지 얘기했던 '사회적 기능 담당 센터'인 복내측 시상하핵 영역과는 전혀 다르다. 미러 뉴런은 무의식적 감정이입 능력을 지니기는 했지만, 포괄적 계획이나 결정 또는 의지와는 아무 관계가 없기 때문이다. 이러한 뇌 영역이 어떻게 서로 협력하는지는 지금도 여전히 알려진 것이 없다. 특히 리촐라티가 뇌 영상 촬영 장치를 사용해 인간의 미러 뉴런은 분명히 브로카 영역 근처에 있다는 것을 입증했을 때, 뇌 연구 학계는 전기에 감전된 듯 흥분에 휩싸였다.

그리고 또한 네덜란드 흐로닝언(Groningen)대학의 연구팀이 소음을 듣는 것과 미러 뉴런의 작용 사이에 흥미진진한 상관관계가 있음을 발견했다. 음료수 캔 따는 소리를 듣는 사람은 마치 자기가 그 캔을 따는 것처럼 뇌에서 반응한다는 것이다. 전체적인 상황을 체험하기 위해서는 그 상황에 해당하는 소리만으로도 이미 충분하다는 주장이다. 이 과정에서 특별히 적극적인 태도를 보였던 실험자들은 동시에 그들 자신이 다른 사람들에 대한 감정이입을 특히 잘할 수 있다고 생각하는 사람들이었다. 당장 미국의 몇몇 연구자는 이웃 사람들이 말을 걸었을 때만 제한적으로 반응을 보이는 아이들을 대상으로 실험했다. 이 실험으로 **자폐증**을 지닌 아이들은 분명히 미러 뉴런에 문제가 있다는 것을 확신했다. 미러 뉴런이 약하게 활성화하거나 전혀 활성화하지 않았다.

감정 연출의 감독으로서 미러 뉴런에 대한 기대감이 앞으로 계속되는 실험에서 입증될지 어떨지는 아직 미해결로 남아 있다. 미러 뉴런 연구는 이제 겨우 시작 단계에 불과하다. 하지만 여기에 거는 기대가 큰 이유는, 뉴런의 이해가 인간의 동정심이나 언어의 이해뿐만 아니라 인간의 사회적 행동과 도덕에도 중요한 토대이기 때문이다. 미러 뉴런이 자기 행동뿐만 아니라 다른 사람의 행동을 관찰할 때도 번쩍거리며 반응을 보인다면, 다른 사람에 대한 감정이입 능력은 자기 지각 능력에 달려 있다고 추정해도 될 것이다. 자신에 대해 감수성이 예민한 사람은 타인에 대해서도 민감하다는 전제조건을 갖추고 있다. 말했다시피 이것은 전제조건일 뿐이며, 그 사람이 그것을 사용할 것인지 말 것인지는 물론 전혀 다른 문제다.

미러 뉴런은 어쩌면 인간의 일반적인 **도덕 능력**의 '기술적인' 측면을 설명해 주고 있는지 모른다. 그래서 미러 뉴런 연구는 동정심이 어떻게 작용하는지 하나의 과정을 보여 줄 수도 있다. 이 과정은 일찍이 칸트가 전혀 기술할 수 없는 것이라고 간주했던 것이다. 하지만 그런 동정심이 우리가 일반적인 행동 덕목 또는 심지어 구속력 있는 행동 규칙으로 내세울 수 있을 정도로 보상을 받아야만 하는지, 그 이유에 대한 해명은 아직도 결여되어 있다.

인간의 계통발생학에서 도덕은 한 그룹의 사회적인 삶에 규칙을 세우고 조정하는 것을 목표로 하고 있다. 그런 기능을 수행하기 위해서는, 그룹 구성원은 다른 사람의 입장에 설 수 있어야 하고 또 그들의 감정뿐만 아니라 어쩌면 그들의 생각까지도 공감할 수 있어야만 한다. 명백하게도 바로 이 지점에서 미러 뉴런은 이타적인 행동을 할 수 있도록 도와주는 것이다. 이타적 행동의 뿌리는 너무 깊어서, 다른 사람을 돕는 것뿐만 아니라 더 나아가 이러한 행위 자체를 가치가 있다고 느끼게 만든다. 우는 아이를 달래기 위해 껴안아 주고 쓰다듬어 주다가 다시금 아이가 웃도록 만들 수 있다면, 그 기쁨은 말할 수 없이 커진다. 동정심은 건강한 사람이라면 누구에게나 주어져 있는 본능이다. 아마도 그러한 도덕적인 감정이 먼저 생기고 도덕적인 원칙은 그 뒤를 따르는 것이다.

그렇다면 보상의 느낌은 어디에서 오는가? 남을 행복하게 만들 때 나를 행복하게 만드는 것은 무엇인가? 도덕적으로 올바르게 행동하면 만족감을 느끼는데, 그 이유는 무엇인가? 이런 질문을 어느 뇌 연구자에게 던진다면, 그는 대개 매우 작지만 아주 특별한 뇌의 영역, 즉 감정에 관한, 앞 장에서 이미 다룬 바 있는 편도체를 지적할 것이다. 편도체는 즐거움이나 좌절을 관장하는 센터이며, 미러 뉴런보다 훨씬 더 많은 연구가 이루어지고 있다. 수많은 연구자 그룹이 도출한 결론은, 우호적이고 친근한 얼굴은 왼쪽 편도체에서 강한 반응이 나타났으며, 이것이 좋은 기분과 즐거움을 불러온다. 또한 음울한 얼굴이나 위협적인 얼굴은 특히 오른쪽 편도체를 자극했는데, 이것이 공포심과 불쾌감을 일으킨다는 주장이다.

이와 같은 연구 결과는 MRI를 통해 눈으로 확인할 수 있고, 또 많은 시사점을 던져 주고 있다. 물론 MRI는 순간 촬영이나 스냅사진일 뿐 동영상은 아니다. 하지만 다른 사람을 기쁘게 해 주는 것은 자신을 기분 좋게 만드는 일이라고 분명하게 보여 준다. 다른 사람의 미소와 환한 얼굴은 우리의 선행에 대한 보답이다. 그러니까 선을 행하면 종종 기분이 좋아지는데, 특히 자기 선행의 결과를 이웃 사람의 얼굴에서 볼 수 있을 때, 아니면 최소한 상상할 수 있을 때 더욱 그렇다.

이타적인 행동은 크게 보면 자기만족에 기인한다. 선한 행위는 나 자신에게 유익하며, 개개인에게 유익하게 되면 결국 공동체에도 유익하다. 아마 칸트는 이타적 행동의 이런 관점에 대해 과소평가했을 것이다. 칸트는 의무감에서 비롯한 친절한 행위가 그때그때의 기분이나 천성에서 우러나오는 것보다 훨씬 더 도덕적이라고 생각했기 때문이다. 인간은 쾌감을 믿을 수 없다는 것이 칸트의 주장이었다. 이러한 칸트의 주장도 완전히 틀린 것은 아니다. 하지만 인간은 의무감을 믿을 수 있을까? 이를 의심하면 결과는 훨씬 더 나빠질 것이다. 의무를 완수하여 얻는 즐거움은 기쁨을 선사하여 얻는 즐거움과 비교해 그 즐거움이 훨씬 약하기 때문이다.

칸트 이전의 많은 철학자는 도덕을 신에 대한 의무라고 규정했다. 신의 뜻에 맞게 생활하며 행동하는 사람은 도덕적인 인간이고, 그의 삶은 올바른 것이었다. 하지만 칸트는 신에 대한 인간의 의무에서 도덕을 해방시켰다. 인간은 신에 대한 의무 대신에 자신에 대한 의무를 다해야 한다는 것이다. 이것이 "나의 내면에 존재하는 도덕률"에 관한 칸트 생각의 핵심이다. 이것을 심리학적으로 고찰하면, 도덕적으로 행동할 것인지 말 것인지는 **자기 존중**의 문제라는 것이다. 이런 점에서는 칸트의 주장은 의심할 여지 없이 옳았다. 내가 보기에 선행에 대한 즐거움이 선행에 대한 의무보다 더 인간적이긴 하다. 하지만 자기 존중 때문에 이런 즐거움의 경험을 일반적이고 우호적인 행동 규칙의 기초로 삼을 때야 비로소 도덕이 되는 것이다. 여기에 또 인정할 것이 있다. 선행하면 얼마만 한 보답이 있는지, 그것은 그 사람이 속해 있는 사회에 달려 있다는 점이다. 정언적 명령을 따랐기 때문에 항상 감옥에 갇히는 것도 아니며 뉴욕의 브롱크스에서 지내는 것도 아니다. 자기 존중은 **자기주장**과 필수 불가결하게 얽혀 있다. 그러나 근본적으로 도덕적인 능력이 인간의 중요한 구성 요소라는 점은 사실이다. '옳고 그름'에 대한 개념이 없는 사회는 아마도 상상할 수 있는 최악의 사회다.

'인간성', 이것은 서양 기독교 문명의 유산으로, 도덕성을 인간이란 종의 결정적 특징으로 간주하도록 유혹한다. 그러나 인간은 천성적으로 속속들이 잔인하지도 않고 근본적으로 고상하지도 않다. 인간은 양자를 다 가지고 있다. 폭발물 취급 전문가인 피니어스 게이지의 두개골에 나 있는 구멍으로 오늘날 뇌 속의 도덕을 관장하는 센터에 대한 몇 가지 사실을 알게 되었다. 그리고 미러 뉴런은 동정심이 신경세포의 차원에서 어떻게 작용하는지 보여 주었다. 그러나 호의, 사랑, 책임감 등은 화학적인 과정을 통해 스스로 조직화되는 것이 아니다. 결국 호의, 사랑, 책임감 등이 우리에게 가치 있기 때문에, 스스로 그런 선행을 하지 않으면 안 된다. 우리가 지금도 여전히 해명하지 않으면 안 되는 질문은 이렇다.

"우리는 선한 행동이 가치 있다는 것을 알고 있는데, 그렇다면 이런 인식을 삶의 체험을 통해 획득했던 것일까? 아니면 이미 타고난 것일까? 아니면 칸트가 주장했던 것처럼, 우리는 실제로 일종의 '도덕률'을 지니고 이 세상에 태어난 것일까?"

어쨌든 종종 오래 생각하지 않고도 어떤 행동의 옳고 그름을 말할 수 있다. 여기서 우리는 완전히 직관적으로 느끼는 것이 명백하다. 그렇다면 이러한 직관적인 도덕은 대체 무슨 소용이 있을까?

16

도덕은 타고나는 것인가? 길러지는 것인가?

철길 육교 위에 서 있는 남자

마크 하우저, 하버드 대학교

이런 상황에 처해 있다고 가정하자. 열차에서 탈선한 화물차량 한 칸이 완전히 제어 불능 상태로 철길 위에 있는 다섯 명의 철도노동자를 향해 무서운 속도로 달리고 있다. 이런 상황에서 당신은 전환 스위치가 있는 전철기(轉轍機) 옆에 서 있고, 운전자도 없는 탈선 화물차량 한 칸이 빠르게 다가오는 것을 보고 있다. 만약 당신이 지금 전철기를 오른쪽으로 전환하면, 5명의 목숨을 마지막 순간에 구할 수 있다. 그렇지만 단 하나의 걸림돌이 있다. 만약 탈선 화물차량이 오른쪽으로 방향을 튼다면, 마찬가지로 철도노동자 1명이 그 화물차량에 깔려 목숨을 잃게 된다. 그러나 이때 죽는 것은 단 한 명뿐이다. 당신이라면 어떻게 하겠는가?

잠깐! 대답하기 전에, 다음 두 번째 질문도 곰곰이 생각해 보기 바란다. 이번에도 운전자 없는 탈선 화물차량 한 칸과 관련된 문제이며, 철길 위의 철도노동자 5명을 향해 달려 내려오고 있다. 그런데 이번에는 당신이 전환 스위치가 있는 전철기 옆에 서 있는 것이 아니라, 철길 위의 육교에 서 있다. 당신은 탈선해서 달려 내려오는 화물차량을 멈추게 하기 위해,

육교 위에서 아래로 던질 수 있는 무언가를 찾고 있다. 당신 눈에 보이는 유일한 것은 커다란 체구의 남자 한 사람이다. 그 남자도 육교에서 당신 옆에 서 있으며, 난간은 높지 않다. 당신이 해야만 하는 것은 뒤에서 그 남자를 힘껏 밀어 버리는 일이 전부다. 그 남자의 무거운 몸은 달려 내려오는 화물차량의 바퀴를 멈추게 할 것이고, 5명의 철도노동자는 구조될 수 있다. 당신이라면 어떻게 하겠는가?

지금까지 30만 명 이상의 사람이 이 질문을 자기에게 던졌고, 미국 보스턴 하버드대학의 심리학자 마크 하우저(Marc Hauser)가 의견을 구했다. 그는 운전자가 없는 탈선한 화물차량 사고가 발생할 경우에 본인이라면 어떤 결정을 내릴 것인지를 인터넷상에서 묻고, 온라인으로 답하게 했다. 하우저는 네티즌에게만 설문을 조사하지 않고 미국에서, 중국에서 오프라인으로도 똑같은 질문을 던졌으며, 심지어 유목민들에게도 설문을 조사했다. 그는 또 어린이와 성인, 무신론자와 유신론자, 여성과 남성, 육체노동자와 정신노동자를 대별해서 조사했다. 그 결과는 놀라웠다. 종교, 나이, 성별, 교육, 국적 등과 아무 상관없이 어디서나 그 대답은 거의 똑같았다.

어떤 대답이 나왔을까? 첫 번째 질문에 대한 대답으로, 거의 모든 응답자는 전철기를 오른쪽으로 전환하겠다고 했다. 5명의 목숨을 구하기 위해 한 사람의 죽음을 감수하고 받아들인다는 것이다. 그러나 두 번째 질문에 대한 대답으로, 5명의 목숨을 구하기 위해 체구가 큰 그 남자를 육교 아래로 떠밀겠다는 사람은 6명 중 1명뿐이었다. 대다수가 육교 위의 한 남자를 죽이지 않겠다는 것이다.

정말 특이한 설문 결과가 아닌가? 내가 전철기를 전환하거나 그 남자를 육교에서 떠밀거나, 두 경우 모두 결과는 똑같다! 한 사람은 죽고, 그 대신에 다섯 사람의 목숨은 살린다. 죽은 자와 살아남은 자의 이러한 대차대조표를 보면 숫자상의 차이는 하나도 없다. 그런데 차이는 하나 있다. 내가 전철기를 전환하여 죽음으로 몰아간 한 사람과 내가 내 손으로 뒤에서 밀어 희생하는 한 사람, 이 두 사람은 명백하게 동등한 목숨을 지니지 않았다. 어떤 인간의 죽음에 대해 그 책임이 능동적인지 수동적인지에 따라 심리학적으로 현격한 차이를 보여 준다. 능동적인 경우에는 내가 그 행위를 하여 다른 사람들의 목숨을 구한다 하더라도 살인을 저지르고 있다는 느낌을 갖는다. 수동적인 경우에는 오히려 나의 운명을 감수한다는 느낌을 갖는다는 것이다. 능동적인 가담 행위와 수동적인 부작위(不作爲) 사이에는 느낌의 세계라는 것이 있는데, 사실상 이 둘은 서로 다른 별개의 세계. 거의 모든 나라의 형법전에도 고의적 행위와 부작위를 매우 자세하게 구분하고 있다.

도덕적으로 관찰해 볼 때 능동적 행위는 명령 또는 지시를 따르는 행위와는 다르다. 일본의 히로시마와 나가사키에 폭탄을 투하한 군인들은 그 행위로 인해 정신적으로 망가지지는 않았다. 원자폭탄 투하를 결정했던 그들의 직속상관에서 당시의 대통령 트루먼에 이르기까지, 그 행위로 인해 별다른 문제를 겪지 않았음은 분명하다. 우리는 의도했던 피해와 예측했던 피해를 구분하고, 직접적인 행위와 간접적인 행위를 구분한다. 그리고 사람은 대부분 신체 접촉을 통해 발생하는 피해를 신체 접촉 없이 일어나는 피해보다 훨씬 더 비난받을 일이라고 여긴다. 누군가를 죽이는 일은 칼로 사람의 심장을 찌르는 것보다 단추를 누르는 것이 훨씬 쉽다고 생각한다. 잔인한 행동도 추상적이 되면 될수록, 더욱더 쉽게 행동으로 옮길 수 있는 것처럼 보인다.

유인원의 사회적 행동에서 인간이 지닌 도덕의 근원을 기억해 보자. 여기에는 추상적인 행동은 없지만, 작위와 부작위의 구별은 분명히 있다. 만약 누군가가 마땅히 해야 할 것으로 기대되는 행위를 하지 않을 때, 그 행동이 의도적인지 아닌지 확신할 수 없다. 그 때문에 그런 행동을 도덕적으로 분명하게 평가하는 데 망설이게 된다. 이에 반해 능동적인 행위는 당사자의 태도가 의심할 필요 없이 드러난다.

마크 하우저는 여기서 훨씬 더 많은 것을 인식했다. 만약 똑같은 처지에 있는 사람이 대부분 그 상황을 도덕적으로 매우 비슷하게 평가하고 또 똑같이 행동한다면, 문화를 포괄하는 일반적이고도 도덕적인 침전물이 우리 각자의 내면에 존재한다는 증거가 아닐까? 우리는 똑같은 규칙이 적혀 있는 법전을 사용하고 있는 것은 아닐까? "공정하라!" 또는 "다른 사람에게 피해를 입히지 마라!" 또는 "평화적인 태도를 취하라!" 등과 같이, 똑같은 원칙을 따르자고 이미 모든 방침을 정해 놓은 것은 아닐까? 하우저는 우리 모두의 내면에 각자의 도덕적인 규칙이 존재한다는 것을 확신했다. 통상적인 경우에 인간은 이 규칙을 전혀 의식하지 못하기 때문에, 이러한 규칙은 교육을 통해서도 전달되지 않는다. 이 규칙은 유전자에 잠복돼 있으며 생후 1년 만에 내면화된다.

하우저의 주장으로 우리는 도덕적인 감각을 언어와 유사하게 습득한다. 놈 촘스키(Noam Chomsky)가 지적한 것처럼, 아이들은 자신의 뇌에 처음부터 잠복해 있는 보편 문법을 바탕으로 주변 환경의 영향에 따라 그때그때 자신의 모국어 능력을 키운다. 최초의 언어를 학습으로 습득하는 것이 아니라, 오히려 몸으로 획득한다. 이는 마치 팔이 자라는 것과 같다.

그래서 도덕 역시 이와 비슷하다는 것이 하우저의 주장이다. 도덕도 일종의 심층 문법이 존재하고, 이 문법의 도움으로 그때그때 우리 주변 세계의 도덕을 구조적으로 취득한다. 그런 까닭으로 모든 인간은 각자 선과 악에 대한 감각, 즉 '도덕적 본능'을 지니고 태어난다. 그러므로 인간에게 미풍양속과 예의범절을 가르쳐 준 것은 종교와 법체계만도 아니고, 부모님과 선생님만도 아니다. 태어날 때부터 이에 대한 직감이나 감각을 이미 지니고 있기 때문이다. 그 때문에 대개 깊이 생각해 보지 않고 어떤 행동이 옳은지 그른지에 대해서 바로 말할 수 있다. 범죄자조차도 그 마음속에는 도덕적으로 무엇이 옳고 무엇이 그른지 대부분 매우 잘 알고 있다.

하우저의 주장은 옳은 것인가? 심리학자들은 테스트를 통해 직관적인 도덕의 정체를 밝히는 열쇠를 발견했다는 말인가? 그 직관적인 도덕은 철학자들이 추상적인 정언명령과 법칙으로도 파악하지 못했고, 또 뇌 연구자들도 MRI를 동원했지만 제대로 볼 수 없었지 않은가? 감정에 관해 칸트는 경멸만을 남겨 두었다. 그 주장의 출발점은 감정이 아니라 거꾸로 도덕이었으며, 그 도덕은 될 수 있는 한 그런 감정 없이 그럭저럭 꾸려 나가기 때문이다. 그에 의하면 감정은 이성의 파트너가 아니라 오히려 적대자였다. 도덕적 판단을 가능하게 하는 것이 아니라 오히려 모호하게 만들기 때문이다. 칸트의 입장과 정반대로 하우저는 도덕적 감정이라는 이론을 주장했다. 도덕적 감정과 같은 말인 '정서나 감동'은 필연적으로 저급한 본능이 아니라, 오히려 철저하게 고귀한 감정이 된다. 건강하고 정상적인 인간은 모두 이런 도덕 감각을 지니고 있다는 것을 확실하게 증명하기 위해, 하우저는 꽤 오랫동안 알고 지내던 지인에게 도움의 손길을 뻗쳤다. 바로 안토니오 다마지오였다.

하우저는 그와 공동으로 전두엽 복내측 시상하핵 영역에 손상을 입은 환자들을 조사했는데, 모두 피니어스 게이지와 비슷한 부상을 입은 사람들이었다. 이들을 대상으로 탈선한 화물차 사고에 관한 설문조사를 진행했는데, 대부분의 건강한 사람처럼 그들도 철도노동자 5명의 목숨을 구하기 위해 전철기 지렛대를 돌리겠다고 대답했다. 그렇지만 다른 응답은 의외였는데, '피니어스 게이지 증후군'을 앓고 있는 사회 부적응 환자들은 주저 없이 육교 위의 뚱뚱한 남자를 떠밀겠다는 대답을 선택했다. 어떤 이들은 직관적인 도덕 본능에 의해 그런 행동이 저지되었는데, 분명히 도덕적인 감정은 결여되어 있었다. 이들은 오로지 이성에 따라 상황을 판단했다.

만약 이 같은 테스트를 신뢰한다면, 직관적인 도덕 감각은 우리 뇌의 전두엽에 있다. 도덕에 관한 타고난 보편 문법은 바로 이곳 복내측 시상하핵 영역에 감추어져 있을지도 모른다. 이러한 추측에 덜컥 동의하기 전에 두세 개의 반론을 언급하지 않을 수 없다. 탈선 화물차량과 전철기에 관한 시험 문제는 매우 명백한 질문이지만, 육교 위에 있는 뚱뚱한 남자에 관한 질문은 그렇지 않다. 탈선 화물차량을 멈추기 위해 한 남자를 육교 아래로 떠밀어야 하는 상황으로 되돌아가 다시 한번 진지하게 생각해보자. 만약 그 남자가 우리에게 등을 보이고 있다면, 그를 아래로 떠밀려는 생각이 조금 더 쉽게 들 수 있다. 그런데 그 남자가 우리를 쳐다보고 있다면, 떠밀려고 생각하기는 매우 어려울 것이다. 혹시 그 남자가 왠지 기분 나쁘고 마음에 들지 않는가? 그렇다면 그 남자를 희생시킬 수도 있을 것이다. 만약 그 남자가 호감이 가고 친절해 보인다면? 게다가 친근하게 웃고 있다면? 그렇다면 그를 육교 아래로 떠밀지는 못할 것이다. 이런 모든 상황이 도덕 본능에 관한 하우저의 이론에 반대되는 것은 아니다.

하지만 그의 이론을 매우 복잡하게 만들어 준다. 동정심과 혐오감 같은 매우 개인적인 감정들은 직관적인 도덕과도 관련 있기 때문이다.

전철기 지렛대의 사례도 동일한 경우가 적용된다. 6명의 응답자 중에서 5명은 철도노동자 5명을 구하기 위해 다른 철도노동자 1명이 탈선 화물차량에 치이도록 하겠다고 대답했다. 거기까지는 별문제 없다. 그러나 만약 치여 죽게 될 철도노동자 1명이 내가 아는 사람이라면, 게다가 그가 내게 아주 좋은 친구라면 어떻게 하겠는가? 내가 과연 전철기 지렛대를 돌려놓겠는가? 만약 그 철로 위에 있는 사람이 철도노동자가 아니라 바로 나의 어머니, 형제, 아들 또는 딸이라고 한다면 어떻게 하겠는가? 도대체 누가 전철기 지렛대를 돌려놓겠다고 하겠는가? 만약 한쪽 선로 위에서는 성인 철도노동자 5명이 작업하고 있고 다른 선로 위에서는 어린이 1명이 놀고 있는 상황에, 이 둘 중 하나를 선택해야만 한다면, 누가 과연 전철기 지렛대를 돌려놓겠는가? 육교 위에 있는 뚱뚱한 남자의 사례에서는 만약 육교 위의 남자가 학생들이 매우 싫어하는 수학 선생이라면, 적지 않은 학생은 철도노동자의 목숨을 구하기 위해 틀림없이 자기 수학 선생을 육교 아래로 떠밀어 버릴 것이다.

더구나 두 번째는 본능과는 전혀 상관없는 측면들이 영향을 미칠 것이다. 내가 지금 그 뚱뚱한 남자를 육교 아래로 떠밀어 버린다면 내 머릿속에는 불현듯 이런 생각이 떠오를 것이다. 이 남자가 정확하게 선로 위에 떨어질 것인가? 만약 그렇다 하더라도 이 남자가 탈선 화물차량을 확실하게 멈춰 세울 수 있을 것인가? 못 세우게 되면 어떻게 하나? 그러면 철도노동자 5명만 죽는 게 아니라, 내가 1명을 더 죽이게 되는 꼴이 아닌가? 내가 정말 좋은 의도로 그렇게 했다고 말한들, 누가 내 말을 믿겠는가? 이런 질문은 모두 나의 행동에 중요하다. 그리고 이런 질문들은 오랜 심사숙고의 결과물이 아니라, 번개 치듯 빨리 온다. 이런 질문들은 삶의 경험에서 파생해 그로 인해 사회적이고 문화적인 반응처럼 진행된다.

유전학적 자질과 문화적인 지식은 그렇게 쉽게 구별할 수 있는 대상은 절대 아니다. 그 둘은 서로 분리되지 않고 서로 뒤섞여 활동하기 때문이다. 하우저의 질문에서 볼 수 있는 것처럼, 특정한 결정은 다양한 문화에서 동일하게 내려졌지만, 이러한 사실이 곧 인간은 도덕적인 감정을 타고났다는 증거가 되지는 못한다. 인간의 도덕적인 감정은 다양한 문화에서 매우 유사하게 발달하였을 수도 있다. 도덕적인 감정은 어느 곳에서든 '좋은 것' 또는 적어도 '가치가 있는 것'으로 밝혀졌기 때문이다. "타고난 것인가, 아니면 길러지는 것인가?" 하는 질문에 대한 정답은 아마도 "이 두 가지는 사실상 서로 구별할 수 없다"는 것이리라!

예를 들어 히틀러 시대에 교육받은 어린이와 청소년은 훗날 친위대 장교가 되었을 때 사람 죽이는 일에 아무런 양심의 가책을 받지 않았다. 심지어 죽은 사람 중에는 아무런 저항도 할 수 없는 부인들과 어린아이들도 있었는데 말이다. 언어를 습득할 때처럼 도덕적인 감정도 완전할 정도로 타고나지는 않는 것 같다. 우리는 태어날 때부터 완전한 가치 개념을 가지고 있는 게 아니라, 단지 우리가 수용할 수 있는 정보에 대한 하나의 교육 계획안과 그 정보를 어떻게 조직화할 수 있는지에 대한 몇몇 전제조건을 가지고 태어난다.

도덕에 대한 이런 능력이 얼마나 다양하게 사용될 수 있는지, 인간의 도덕 감정도 그만큼 다양하다는 것을 알려 준다. 소유권, 성 도덕, 종교적 규정, 그리고 공격성을 지닌 예의범절 등은 옛날부터 매우 다양하게 다루어졌고 또 지금도 다루어지고 있어서, 무엇이 전형적으로 '인간적인 것'인지 말하기가 어렵다. 우리 사회에도 이에 관한 수많은 실루엣이 있다. 일상의 도덕, 신념에 의한 도덕, 책임감이 따르는 도덕, 계급 도덕, 계약 도덕, 최대한의 도덕, 최소한의 도덕, 통제를 위한 도덕, 여성의 도덕, 남성의 도덕, 상도덕, 경영자의 도덕, 페미니스트의 도덕, 신학자의 도덕 등등이다. 어느 한 사회에서 새로운 문제가 발생할 때마다, 그 즉시 새로운 도덕이 파생한다. 그러나 어쨌든 새로운 도덕도 언제나 같은 내용의 낡은 가치에 그 기반을 두고 있다. 다시 말해, 새로운 도덕도 양심에 호소하고, 책임감을 외치고, 더 많은 평등과 민주주의를 요구하고, 더 많은 형제애를 요구하고 있기 때문이다.

도덕적으로 사고하는 사람은 이 세상을 두 개의 영역으로 나누고 있는데, 존중하는 영역과 거부하는 영역이다. 철학자들은 2000년이 넘는 오랜 세월, 어떻게 하면 이 두 개의 영역을 구분하는 기준을 궁극적으로 확립할 수 있는지 확고부동한 증거를 찾기 위해 많은 노력을 기울이고 있다. 그래서 다음과 같은 중요한 결과를 도출했다. 한편에서는 수백 년에 걸친 철학적인 영향으로 시민 법치국가와 같은 근대적인 도덕 체계가 탄생했다. 그리고 또 다른 한편에서는 사회 구조 전체가 (적어도 독일에서는) 너무 심하게 와해돼, 나치 시대에는 커다란 도덕적 저항 없이 기습적으로 근본적인 변화가 가능했다. 어쩌면 한 사회의 도덕적인 진보는 이성을 통해 파생하는 것보다 오히려 폭넓은 계층의 사회 구성원이 특정한 문제에 대한 이해를 높였을 때 더 많이 파생한다는 점이다. 또한 사회적 사건의 원동력도 사회 구성원들의 열정이다. 이에 관해서는 미국의 철학자 리처드 로티(Richard Rorty)가 한때 정곡을 찌르는 언급을 했다.

"도덕적인 진보는 감수성을 넘어 이성으로 돌진하는 것과는 관계가 없으며, 또한 부패한 하급 지방법원에 이의를 제기하는 것 대신에 상급법원에 제소하는 것으로 이루어지는 것도 아니다. 상급법원은 판결할 때, 특정한 지역이나 특정한 문화의 한계를 염두에 두지 않는 몰역사적인 법률을 표준으로 삼기 때문이다."

2부에서 다룬 7개의 장은 도덕에 관한 내용이다. 그 결론은 다음과 같다. 인간은 도덕적 능력을 타고난 동물이다. 도덕에 대한 능력은 선천적으로 타고나는 것이지만, 어디까지 타고나는지 쉽게 말할 수 없다. 유인원의 뇌는 다른 유인원의 처지가 되어 생각할 수 있는 기회를 제공하고 있으며, '선한' 행위에 대해서 (신경 화학적인) 보상이 뒤따른다는 것도 알고 있다. 윤리적인 행동은 복합적인 이타주의다. 이타주의는 도덕적 감정뿐만 아니라 이성적 배려로 구성돼 있다. 칸트가 주장하는 것처럼, 인간에게 '선한 행위'의 의무를 부과하는 '도덕적 법칙'은 인간의 내면에 존재하지 않는다. 그러나 도덕적인 행동이 발생하는 이유는 각자에게 또는 자신의 그룹에게 종종 가치가 있고 보답이 되기 때문이다. 도덕적인 행동을 얼마나 강하게 사용할 것인지, 이것은 넓게 보면 자기 존중의 문제이며, 이 자기 존중은 다시금 교육의 문제가 된다.

지금까지 다룬 이런 도구 개념으로 이제 구체적 실전에 들어갈 준비가 되었다. 그러니까 이제부터 우리 사회에서 일어난 구체적인 도덕적 문제를 다루어 보자. 이미 보았던 것처럼, 아주 특정한 상황에서는 사람을 죽여도 좋다고 느껴지는 도덕적 권리가 있다. 육교 위에 있는 뚱뚱한 남자의 사례가 그랬다. 그렇다면 사람을 죽여야만 하는 도덕적인 의무도 있다는 말인가?

17

사람이 사람을 죽여도 되는가?

베르타 고모는 죽어서는 안 된다!

제러미 벤담, 영국 런던

아, 나의 고모 베르타! 그녀는 평생 가족을 강압적으로 다루며 꼼짝 못하게 했다. 그 생각만 하면 아주 넌더리가 난다. 다행스럽게 고모는 자식이 없다. 그 대신에 그녀의 남동생인 내 아버지를 못 견딜 정도로 괴롭혔다. 그녀의 이웃들도 수십 년 동안 토지의 경계 문제와 그녀의 개를 둘러싸고 야단법석을 떨어야 했다. 그 개는 이웃집 정원 도처에 배설하고 다녔다. 일만 터졌다 하면 바로 그 개 때문이었다! 크지도 않으면서 물겠다고 잘 짖어 대는 그 개를 고모는 우편배달부가 오면 항상 풀어놓았다. 그렇다. 정말 지긋지긋한 베르타 고모다.

내가 잊어버리고 아직 얘기하지 않은 것이 있다. 고모는 부자다. 그것도 엄청난 부자다. 일찍 돌아가신 그녀의 남편, 고모부 알베르트는 상당한 재산을 고모에게 유산으로 남겨주었다. 고모는 그 유산을 부동산, 유가증권, 주식 등에 투자해 지금은 수십억 원대의 재산가가 되었다. 여기에서 가장 좋은 일은 내가 바로 그녀의 상속인이라는 사실이다. 그런데 유감스럽게도 고모는 강인한 체질의 소유자다. 이제 막 70세가 되었는데 여전히 젊은이 못지않게 건강하다. 고모는 술, 담배도 하지 않고, 케이크 같은 것도 좋아하지 않는다. 고모는 아무것도 신경 쓰지 않지만, 유일한 예외는 돈이다. 고모는 아마 90세 내지 100세까지 거뜬하게 사실 것이다. 고모가 정말로 100세가 되면 나도 70세가 넘는다. 그때가 되면 내가 살아 있을지, 아니면 그 막대한 돈을 사용해 볼 수나 있을지 아무도 모르는 일이다. 나는 연로한 고모가 내일이라도 돌아가셨으면 좋겠다고 자주 소망했다. 아니 더 좋은 것은 오늘 당장이라도.

여기 혐오스러운 인간이 있다. 좋은 일을 하기 위해 그런 인간을 죽이는 것이 허락되는 근거는 찾아볼 수 없는 것일까? 베르타 고모의 때 이른 사망을 정당화하는 그럴듯한 이론이 정말로 있을까? 내 머릿속에 하나의 이론이 떠오르는데, 바로 철학적 **공리주의**다.

제러미 벤담(Jeremy Bentham)은 1748년 런던 근교의 스피털필즈에서 태어났다. 그는 정치적으로 보수 성향의 부유한 집안 출신으로, 이 도시의 최상류층 가문의 아이들이 다니는 유명한 웨스트민스터 학교를 다녔다. 철학자 존 로크, 건축가 크리스토퍼 렌, 작곡가 헨리 퍼셀도 이 학교 출신이다. 벤담이 12살이 되던 1760년에 부모님은 뛰어난 재능을 타고난 아들을 옥스퍼드의 퀸스 칼리지에 보냈고, 벤담은 15살에 법학 학사 학위를 땄다. 그는 24세에 런던에서 변호사로 정착했지만, 그 이후의 인생 행로는 가족이 희망했던 것과는 전혀 다르게 흘러갔다. 벤담은 18세기 중엽의 영국 법과 영국 법정의 상황을 신랄하게 비판했다. 그는 본업인 변호사 업무 대신에 법을 개혁하여 더 합리적이고 더욱 민주적인 법을 만들려고 했다. 이때 그의 상황은 특권층과 다를 바 없이 아주 탄탄했다. 1792년 아버지가 죽은 후에 물려받은 유산으로 아무 걱정 없이 살 수 있었기 때문이다. 그 이후 40년 동안 벤담은 오로지 저술 활동에 매달렸는데, 매일 10~20p 분량의 글을 썼다. 그는 법률적으로 자질구레한 일에 이제 흥미를 잃기 시작했기 때문에, 개정된 시민권에 관한 자신의 제안을 정리해 훌륭한 법전의 형식으로 완성하는 일은 제자에게 넘겨주었다. 벤담은 그의 업적 면에서도 주목받을 가치가 있는 사람이지만, 이에 못지않게 동정심이 넘치는 사람이었다. 프랑스인들이 혁명을 통해 교회와 귀족의 낡은 신분상 특권을 박탈한 것처럼, 벤담은 영국 사회 역시 더 자유적이고 더욱 관용이 넘치는 사회가 되도록 전력투구했다. 그는 사회 개혁을 생각했고, 사상의 자유를 위해 활동했을 뿐만 아니라, 더욱 인간적인 수감시설을 구상했고 또 초창기 여성운동을 지지했다.

벤담 철학의 출발점은 매혹적일 만큼 간단명료하다. 행복은 선이고, 고통은 악이다! 이 주장이 옳다면 철학과 국가도 당연히 이것을 지향해야 한다. 사회 목표는 그 사회에 존재하는 고통의 양을 가능한 한 감소시키는 데 있어야 하며, 또는 모든 사람의 행복 아니면 최소한 대다수 사람의 행복을 늘리는 데 있어야 한다. 어떤 조치로 세상에 더 많은 행복을 가져다주면 줄수록, 그 조치는 그만큼 더 유용하고 좋은 것이다. 이러한 기본 원칙을 벤담은 **공리주의**라고 불렀다. 그가 1832년 고령의 나이로 죽을 때 그는 이미 유명한 인물이었다. 비록 벤담은 자기 자신을 자유주의자라고 간주했음에도 불구하고, 프랑스의 혁명가와 훗날 프랑스의 공산주의자들도 그의 철학에 커다란 호의를 표했다. 미국에서는 동시에 세 개의 주, 즉 뉴욕, 사우스캐롤라이나, 루이지애나에서 벤담이 초석을 잡아 놓은 법전을 수용했다.

'행복은 선이고 고통은 악이다'라는 기본 원칙은 매우 설득력이 있어 보인다. 그런데 왜 이 기본 원칙을 베르타 고모에게 적용하면 안 되는가? 무엇보다도 나의 고모가 이 세상에 절대 행복을 가져다주지 못한다는 사실은 누구나 확신할 수 있다. 고모가 설령 무엇인가를 한다고 하더라도, 남들에게 고통을 끼치는 일만 할 뿐이다. 이웃이나 불쌍한 우편배달부에게 행하는 것처럼 말이다. 고모가 은행에 쌓아 두고 있는 돈도 선행과는 아무런 관계가 없다. 물론 이런 상황을 바꿀 수는 있을 것이다. 만약 내가 그렇게 많은 돈을 갖고 있다면, 그 돈으로 나는 얼마나 많은 좋은 일을 할 수 있을 것인가! 내가 아는 의사 친구는 백혈병에 걸린 어린이들을 위한 병원을 운영하고 있으며, 한 여자 친구는 브라질의 길거리에서 고통받는 아이들을 위해 전심전력하고 있다. 만약 내가 베르타 고모의 돈을 가진다면, 나는 이 두 사람에게 100만 유로 이상을 송금해 줄 수 있다. 그렇게 된다면 단번에 얼마나 많은 행복이 이 세상으로 흘러들어 오겠는가! 내가 생각나는 것은 병원에서 최상의 치료를 받는 어린이들이며, 내 눈에 보이는 것은 이런 식으로 교육비를 지원받는 브라질 어린이의 행복한 미소다.

이 같은 꿈을 현실로 만들기 위해 우리가 해야만 하는 일은…. 아니, 그것만은 해서는 안 되지만, 베르타 고모를 죽여야만 **한다**! 벤담의 주장이 옳다면 이 할망구를 제거할 의무가 있기 때문이다. 이때 내가 고민해야만 하는 유일한 일은, 사랑하는 고모님을 가능한 한 친절하게 아무런 고통 없이 저세상으로 모시는 것이다. 내가 알고 지내는 의사는 고모가 평화롭게 숨을 거둘 수 있는 방법을 확실하게 찾아낼 것이다. 어쩌면 훗날 고모가 이보다 훨씬 더 고통스러운 죽음을 맞이하게 될지 누가 알겠는가? 아무도 그녀의 죽음에 대해 눈물을 흘려주지 않을 것이다. 그토록 고약한 구두쇠 할머니가 마침내 이 세상 사람이 아닌 것에 기뻐하지 않을 사람이 어디 있겠는가? 이웃들은 드디어 평온함과 깨끗한 정원을 되찾게 되고, 우편배달부는 이제 좀 더 상냥한 사람이 그 집으로 이사 오기를 바랄 수 있다. 내가 알고 지내는 의사는 고모를 단지 우연히 발견할 뿐이며, 그래서 사망진단서를 발급해 주면 된다. 모든 것이 아무 일도 없던 것처럼 아주 자연스럽게 보여야, 고모의 사망 원인을 조사하는 사람도 없을 것이다. 이렇게 하면 상황이 명확하고 분명하지 않은가? 이번 사례에서 나는 한 인간을 죽여야 하는 도덕적 의무를 가지지 않는가?

위의 논증을 다시 한 번 면밀하게 점검해 보자. 곤궁한 처지에서 고통받는 어린이들의 목숨을 구하기 위해 나는 베르타 고모를 죽인다. 그렇다면 나는 의심할 여지 없이 당사자들의 행복과 고통 사이에서 최상의 조정을 한 셈이다. 동시에 이 말은 일반 대중에게 좋은 결과를 가져다주는 것이면 한 개인에게는 나쁜 수단을 사용해도 용납이 된다는 뜻이다. 지금까지는 아무 문제가 없다. 그러나 만약 내가 벤담의 도움을 받아 살인을 정당화한다면, 벤담은 이를 어떻게 평가할까? 뜻밖에도 그는 그의 철학에서 아주 쉽게 도출할 수 있는 이런 결론에 대해 한마디도 남겨 놓지 않았다. 내가 알고 있는 것은, 벤담은 어떠한 피상속인도 독살하지 않았다는 것과 또 그럴 필요도 없었다는 것이다. 그리고 그는 독재자, 무자비한 대지주, 그리고 여타의 약탈자에 대한 살인을 촉구하는 글을 쓴 적도 없다. 그는 자유주의 정신의 소유자였는데, 이러한 정신도 그가 선택할 수 있는 수단 중 하나였다.

하지만 지금까지의 내용은 내가 보기에 충분하지 않다. 때때로 고통과 행복의 무게 차이가 전적으로 살인을 정당화한다는 그 단순한 결론을 벤담이 분명하게 내릴 수 없었던 이유는 무엇이었을까?

내가 12살쯤 되었을 때, 부모님은 내게 처음으로 나치 강제수용소와 거기에서 잔인하게 살해된 800만 명에 대해 이야기를 해주었다. 처음 이 이야기를 들었을 때 이미 다음과 같이 자문했다. 이렇게 끔찍한 고통을 막기 위해 히틀러를 죽이는 것이 자신의 의무라고 생각하는 사람들이 실제로 별로 없었다는 게 사실이라면 그 이유는 대체 무엇일까? 벤담의 논증에 따르면 히틀러의 사례는 너무 명백하다. 대량 학살을 위해 수용소를 운영하고 세계 평화를 파괴하는 독재자는 살해해도 된다. 위협에 노출된 대중의 불행을 더한 총량이 죽음이라는 히틀러의 개인적인 불행보다 훨씬 더 무겁기 때문이다.

이 같은 신중한 검토가 베르타 고모에게도 적용되는 것이 아닐까? 그녀의 죽음이 이 세상에 가져다주는 행복은 그녀에게 발생하는 불행보다 훨씬 더 큰 것이다. 그러나 제러미 벤담은 이 생각에 대해 아마도 엉큼한 미소를 지으며 이렇게 물을 것이다. '만약 베르타 고모의 사례가 많은 동조자를 얻게 된다면 우리 사회에 무슨 일이 일어날지 한 번이라도 생각해봤는가?'

수백만 명의 사람이 이런 사례에 속할 수 있다. 피상속인, 역겨운 인간, 정치가, 경제계 거물, 그리고 많은 수감자, 또는 일가친척이 없는 정신박약자 등등은 잠을 자다가 언제라도 고통 없이 살해될 수 있다는 것을 염두에 두어야만 한다. 그렇게 되면 얼마나 끔찍한 공포가 우리 사회에 발생하겠는가? 게다가 사람들 사이에는 얼마나 큰 소요와 재앙이 이 공포를 부추길 것인가?

글쎄, 어쩌면 나는 운이 좋을지 모른다. 베르타 고모를 살해하겠다는 내 계획이 실제로 무산되지 않을 것이기 때문이다. 내 행동이 정당하다고 믿는다면, 그것은 원칙적으로 아무 문제가 발생하지 않아야만 한다. 그리고 **원칙적으로** 아무 문제가 발생하지 않는다면, 그것은 모든 사람에게도 적용할 수 있어야 한다. 베르타 고모의 사례가 언젠가 나 자신에게 닥치지 않는다고 누가 알 수 있겠는가? 그리고 내가 베르타 고모에 관해 생각했던 일을 내 조카가 나를 대상으로 똑같이 꾸밀 수도 있다. 나 또한 평생 더 이상 안전하게 지낼 수는 없다. '행복은 선이고 고통은 악'이라는 기본 원칙을 의미 있게 적용하기 위해서는 벤담의 주장을 한 번 더 명확하게 해 두어야만 한다. 마치 수학 계산 문제에서 덧셈을 하듯이 고통과 행복의 크기를 각각 정해 두고, 그 크기에 따라 한 인간의 삶과 죽음을 결정하는 일은 있을 수 없다. 그렇지 않으면 모든 시민사회는 가까운 시일 내에 붕괴할 것이다.

우리는 위 내용에 공감할 수 있다. 하지만 벤담 철학의 기본 원칙 두 개는 서로 잘 맞는가? 한편에서는 얻고자 하는 행복의 총량이 선한 행동을 결정하고, 다른 한편에서는 인간을 살인하는 경우에는 예외가 된다. 벤담은 이 예외에 대한 확실한 도덕적 근거를 그의 저서 어디에도 밝히지 않았다. 자기에게 성가신 인간을 수없이 살해하거나 고문하는 사건이 발생했을 때 이를 반대하는 것은 공공질서의 유지 문제이지 개별적 도덕의 문제는 아니다. 이와는 반대로 이마누엘 칸트는 모든 개별적인 인간에게는 더할 나위 없는 근본적인 가치, 즉 **인간의 존엄성**이 귀속된다고 주장했다. 칸트는 베르타 고모의 사례에 너무 놀라 어안이 벙벙했을지 모른다. 그래서 이렇게 말했다.

"한 인간의 생명은 다른 인간의 생명으로 보상받을 수 없다."

행복과 고통에 대한 벤담의 생각과 '인간의 생명은 최상의 선'이라는 칸트의 생각, 이 두 가지는 서로 합치될 수 없는 반대 개념이다. 그렇다면 둘 중 어느 것이 더 설득력이 있을까? 수많은 고통과 불행을 방지하기 위해 도덕적인 이유를 들어 차라리 히틀러를 죽여야만 했던 것이 항상 옳다고 할 수 있을까? 인간의 존엄성은 절대 침해할 수 없는 '선'이라는 칸트의 독단적인 신념이 더 타당한 것인가? 베르타 고모의 사례처럼 별로 피해가 없는 경우 상황은 어쨌든 좀 다르다. 베르타 고모가 매우 커다란 피해를 입히지는 않았지만 그녀의 행위가 **적극적**이라는 데 문제가 있을 수도 있다. 앞 장에서 살펴본 것처럼, 능동적인 행위와 수동적인 비열함의 차이는 사소하지 않다. 가해자의 가치 평가에도 그렇고, 피해자의 가치 평가에도 그러하다. 그러나 벤담의 입장에서 보면 이러한 차이는 적어도 가해자의 측면에서 보면 존재하지 않는다. 가해자는 능동적이든 수동적이든 두 가지 모두 실행했을 것이기 때문이다. 즉 가해자는 탈선 화물차량의 방향을 바꾸기 위해 전철기를 돌려놓았을 뿐만 아니라, 뚱뚱한 그 남자를 육교 아래로 떠밀어 버렸을 것이다. 그가 말하는 공리주의는 도덕적인 유용성이 있는 행위에 대해서만 묻고 있기 때문이다.

적극적인 살인과 이를 수용하는 것 사이에는 어떠한 차이도 없다. 벤담의 주장은 매우 논리적이지만, 인간은 이러한 논리를 뛰어넘는 직관적인 동물이다. 인간에게는 정당성보다 더 중요한 도덕적 원칙이 존재한다. 그래서 특히 벤담의 공리주의는 누구나 각자의 생각에 따라 정당성을 해석하지는 않는다는 사실과 씨름하지 않으면 안 된다. 어떤 경우든 인간은 직관을 사용한다. 이 직관은 쉽게 무시할 수 없고 도덕에서 떼어 낼 수도 없다. 도덕과 정당성은 이러한 직관을 기초로 해서 세워질 수 있는 것은 아니다. 그렇지만 직관을 완전히 배제한 상태에서의 도덕과 정당성은 비

인간적인 것이다.

베르타 고모는 죽어서는 안 된다. '살아 있는 한 인간'의 가치를 유용성을 기준으로 측정하는 것을 경계해야 한다. 그러나 아직까지 제대로 해명되지 않은 질문이 하나 더 남아 있는데, 다음과 같은 난처한 질문이다.

"우리 삶의 가치를 평가할 수 있는 또 다른 방식은 무엇일까? 이런 가치는 원래 어디에서 온 것일까? 어디에서 시작되는 것일까?"

18

낙태는 도덕적인가?
존엄의 탄생

칸트 · 벤담 · 하우저, 자궁 속에서

어느 날 당신은 병원에 입원한 여자 친구에게 병문안을 갔다. 병원 입구 홀을 곧장 지나서 엘리베이터를 탔는데, 갑자기 여자 친구가 몇 층에 입원해 있는지 제대로 기억이 나지 않아 그만 엉뚱한 층의 버튼을 눌렀다. 잠시 후 엘리베이터에서 내렸는데, 그 층은 중환자실과 다름없는 특수한 환자들을 치료하는 곳이었다. 이곳 환자들의 육체는 자발적 혈액 기부자의 신체와 연결되어 있으며, 이런 환자들은 외부의 도움이 없다면 더 이상 생명을 유지할 수 없는 상황이다. 당연히 여자 친구는 이곳의 환자가 아니다. 문제는 당신이 상황을 제대로 파악하지 못했다는 것이다. 어느새 당신은 대기실에서 기다리고 있었으며, 한참 후에 진료실로 불려 들어가 침대에 누웠고, 의사는 마취 주사를 놓았다. 이윽고 의식이 돌아왔을 때, 당신은 병원 침대에 누워 있고 옆에는 의식을 잃은 어떤 한 남자가 누워 있다. 그런데 이 낯선 남자의 몸은 복잡한 의료장치를 통해 당신의 몸과 연결되어 있다. 당신은 소리쳐 의사를 불렀다. 병실로 온 의사는 다음과 같이 설명했다. "의식을 잃은 이 남자는 유명한 바이올린 연주자인

데, 신장병을 앓고 있어요. 그래서 동일한 혈액형을 가진 다른 사람의 혈액순환계통과 이 남자의 혈액순환계통을 연결시켜야만 이 사람은 살 수가 있답니다. 그런데 당신의 혈액형이 바로 이 남자와 일치했어요. 아마 거의 유일무이한 사람이었지요." 커다란 착오가 있음이 틀림없다. 그런데 이곳은 매우 유명한 병원이라 자기들의 잘못에 관해 깊이 유감을 표했다. 병원 측에서는 당신이 자발적 혈액 기부자라고 생각했기 때문에 그런 착오가 있었다고 해명했다. 그래서 원한다면 의식을 잃은 이 바이올린 연주자와 연결된 의료장치를 다시 해체하겠다고 제안했다. 그러면 바이올린 연주자는 곧바로 목숨을 잃을 수밖에 없다고 덧붙였다. 하지만 이 바이올린 연주자와 연결된 채로 9개월 동안 머물러 주면 그 남자의 치료는 끝나며, 연결된 의료장치를 완전히 해체해도 두 사람의 생명에는 아무런 지장이 없다고 한다. 이러한 상황에서 당신은 어떤 선택을 할 것인가?

이렇게 소름 끼치는 이야기를 들으면 차라리 악몽을 꾸었다고 생각한다든가 아니면 절대로 우리 삶에서 그런 일이 일어나지 않기를 바랄 것이다. 하지만 병원 방문객이 그런 마취 주사를 맞는 일은 절대 일어나지 않는다고 누가 장담할 수 있겠는가? 이런 도덕적인 딜레마를 철학이나 심리학에서는 언제나 원칙론적인 입장에서 다루었을 뿐, 세부적이고 구체적으로 다루지는 않았다. 이 이야기는 유명한 매사추세츠 공과대학의 철학과 여교수 주디스 자비스 톰슨(Judith Jarvis Tomson)에게서 나왔는데, 여기서는 그 상황을 약간 각색했다. 병원 측의 입장을 다시 들어 보자. "9개월 동안 바이올린 연주자와 함께 같은 병상에 계시면서 그를 위해 당신의 신장을 함께 사용할 수 있도록 해 주신다면 정말 감사하겠습니다. 하지만 저희들의 이런 제안에 따를 도덕적인 의무는 전혀 없습니다!" 독자 여러분이 이 장의 제목을 읽고 난 다음 짐작하고 있었던 것처럼, 이 사례에서 중요한 것은 허구적인 바이올린 연주자가 아니라 일반적인 상황이다. 즉 당신이 원하지도 않았고, 계획한 바도 없었을 뿐만 아니라 심지어 폭력에 의해 강압적으로 다른 사람의 생명에 직접적으로 연결돼 그 사람의 생명을 책임져야 하는 그런 상황 말이다. 이러한 상황이 일어나는 가장 빈번한 경우는 신장병을 앓는 바이올린 연주자의 사례가 아니라, 의도치 않았던 임신을 한 임신부의 사례다.

톰슨의 주장에 의하면, 원하지 않은 임신을 한 여성의 상황은 앞에서 얘기한 바이올린 연주자의 치료를 위해 비자발적으로 입원하게 된 당신의 상황과 매우 비슷하다. 당신이 바이올린 연주자의 생명에 대한 책임을 강요받지 않는 것처럼, 원하지 않았음에도 생긴 몸속 태아에 대한 책임도 임신한 여성에게 강요해서는 안 된다. 그래서 임신한 여성의 자기결정권은 타인의 생명에 대해 비자발적으로 부여받은 의무보다 훨씬 더 중요하다는 것이 톰슨의 주장이었다. 이 논쟁은 정말 세간의 화제가 되었다. 페미니스트들도 여기에 고무돼 "내 배는 내 것이다!" 또는 "내 자궁은 내 것!"이라는 슬로건을 들고 낙태죄 폐지를 주장하고 나섰다. 그러나 이런 슬로건을 기꺼이 인정한다고 해도 톰슨의 주장에는 상당히 의문의 여지가 남아 있다. 다음과 같은 상황을 가정해 보자. 굶어 죽기 일보 직전의 사람이 우리 집 문 앞에서 자기의 마지막 남은 힘을 다해 문을 두드려 먹을 것을 구걸한다고 해 보자. 톰슨의 주장에 따른다면, 걸인에게 먹을 것을 주는 것은 은혜를 베푸는 행위이지만, 그렇다고 우리가 원하지 않은 상황에서는 굶어 죽어 가는 걸인에 대한 책임까지 떠안을 의무는 전혀 없다는 것이다. 분명 이러한 톰슨의 주장에 모든 사람이 동의하지는 않을 것이다. 그리고 형법에도 당연히 "구조 태만 행위"가 규정돼 있다. 우리가 원하지 않는 어떤 상황이 발생했고, 또 우리가 그 상황에 대처하기를 원하지 않는다고 주장하더라도 그 주장이 우리의 의무 불이행에 대한 항변은 되지 못한다는 것이 그 원칙이다. 하지만 더 중요한 것은 도덕적 의무에 관한 사안은 그때그때 상황에 따라 판단해야 한다는 점이다. 그래서 바이올린 연주자의 사례에서 나타난 딜레마는 그야말로 우리를 궁지로 몰아가게 만든다. 많은 사람을 설득할 수 있는 확실한 원칙을 찾아낼 수 없기 때문이다. 사례에서 가장 커다란 결함은 결정적으로 인위적 실수가 있다는 점이다. 즉 바이올린 연주자는 한 사람의 성인이며, 거기에 걸맞은 심리적 · 정신적 능력을 지니고 있다. 그러나 2~3개월의 태아 내지 3개월 이상 된 태아라면 어땠을까? 상호 비교적인 관점에서 이 태아들도 무조건적으로 침범해서는 안 되는 삶의 권리를 가지는 것일까? 이런 질문에 답하기 위해, 지금까지 논의한 바에 따라 다음 세 가지 개념을 고려할 수 있다. 그것은 칸트가 주장한 '인간의 존엄성'이라는 개념, 벤담의 '공리주의' 그리고 하우저의 직관적인 '도덕감각'이다.

먼저 칸트의 주장부터 살펴보자. 태아에 관한 칸트의 언급은 그의 방대한 저서 중에서 딱 한 군데가 있는데, 그것도 혼인법을 언급하는 곳에서 써 놓은 단 한 문장이다. "배 속에 있는 태아도 이미 인간의 모든 존엄성을 갖춘 존재다" 만약 이를 인정하지 않는다면 모태 속 인간의 존엄성과 자유가 언제부터 시작되는지 그 시점을 제시해야 하는 문제에 직면하게 되는데, 이것은 여간 복잡한 일이 아니었다. 칸트에 따르면, 자연에는 자의식이 없으며 따라서 자유도 없다. 그렇다면 언제, 어떻게 인간의 자유가 생성되었으며, 그 자유와 더불어 존엄이 생성되었을까? 칸트의 대답을 이해하려면 그가 살았던 당시의 상황을 알아야만 한다.

태아의 자유는 부모의 자유에 기인한다. 부모는 스스로의 자유의지에 의해, 그것도 **결혼**이라는 자유로운 결합에 의해 태아를 생산했기 때문이다. 자유롭게 남녀가 한 몸이 된 결과는 자유로운 태아라는 열매를 맺는다. 이를 달리 표현하면, 자유의사에 의해 그리고 혼인에 의해 탄생한 태아만이 자유로운 인간이며, 또한 완전한 존엄성을 지닌 인간인 것이다. 그렇지 못한 태아는 자유와 존엄성을 지닌 인간이 아니라는 의미다. 오늘날의 관점에서 이러한 정의(定義)는 이상하게 들리지만, 칸트는 이 정의로 당시의 시대적인 문제에 대응했다. 1780년 중부도시 만하임의 행정관 아드리안 폰 라메찬이 금화 100뒤카텐의 현상금을 걸고 "영아 살인을 근절시킬 수 있는 실천 가능한 최선의 방법은 무엇인가?" 하고 공개 질의했을 때, 약 400가지에 이르는 답변이 쏟아져 나올 정도로 그 반향이 엄청났다. 18세기에는 낙태와 영아 살인이 그만큼 일상적으로 일어났기 때문이다. 대부분의 경우 원인은 하녀를 상대로 주인들이 저지른 성범죄였다. 문제는 아주 절박했다. 혼외로 태어난 영아를 살해하는 것은 금기시되었지만 그래도 도처에서 공공연하게 자행되고 있었기 때문이다. 그래서 칸트도 자신의 법률 학설 어느 부분에서 이에 대한 어느 정도의 의견을 표명했던 것이다. 혼외로 태어난 영아는 완전하게 자유롭지 않을뿐더러 어머니의 몸속으로 "(마치 금지된 상품처럼) 몰래 숨어 들어왔기" 때문에, 칸트는 영아 살인을 결투에 의해 살인하는 기사도의 행위와 동일시하였고 심지어 정상참작을 해야 한다고 변호하였다.

오늘날 낙태와 관련해 칸트와 논쟁을 벌인다면 많은 어려움과 문제점이 노출될 것이다. 결혼했지만 비자발적으로 임신한 태아도 있고 또 결혼은 하지 않았지만 자유의지로 임신한 태아도 있기 때문만은 아니다. 더 중요한 문제로, 칸트의 철학은 결혼을 전제로 하지 않으면 모태 속 태아가 인간으로서의 존엄성을 어디에서 얻게 되는지 증명해 낼 수 없기 때문에, 거꾸로 말해 혼외로 태어난 영아를 살해한다 해도 비난할 수가 없게 된다. 그렇다면 어떤 면에서는 혼외로 태어나 성장한 성인의 살해조차 가능하다는 의미가 아닌가! (결혼에 의해 임신한) 태아는 무조건적인 보호를 필요로 한다는 칸트의 논거는 오늘날의 관점에서는 가당치도 않은 억지에 불과하다. 오늘날 낙태 관련 토론회에서 칸트를 언급하는 사람은, 혼외로 임신한 태아와 결혼에 의해 임신한 태아를 다르게 간주해야 한다는 그의 주장을 아마 공유하지 못할 것이다. 그런데 칸트의 주장에 동감하고 싶지 않음에도 불구하고, 어째서 (결혼에 의해 임신한) 태아의 존엄성을 인정하는 칸트의 논거에 의미를 부여한단 말인가? 그것은 완전히 낡아 빠진 논거이며 그가 살았던 당시에나 이해 가능한 논거인데 말이다.

이제 낙태 문제에 관한 두 번째 개념으로 공리주의를 논의해 보자. 공리주의자로서 나는 두 가지 질문을 제기한다. 첫째, 태아는 자궁에서 행복 내지 고통을 느낄 수 있을까? 둘째, 모태 속 태아의 행복과 고통이 더 강하게 나타날까? 아니면 임신한 어머니의 행복과 고통이 더 강하게 나타날까?

이 질문에 대답하기 위해서는 먼저 태아의 가치를 이해하지 않으면 안 된다. 태아의 삶의 가치가 부모의 자유로운 결혼 여부에 따라 좌우된다는 칸트의 주장에 동감하는 공리주의자는 절대 없다. 그렇다면 태아는 무조건적으로 보호받을 가치가 있는 인격체라는 말일까? 아니다. 태아는 **호모 사피엔스**라는 종에 속해 있을 때에 한해 인간적인 존재다. 하지만 태아는 완전한 도덕적인 의미에 있어서 전혀 인간이 아니며, 따라서 **인격체**가 아니다. 그렇다면 인격체란 대체 무엇일까? 어떻게 인격체를 알아볼 수 있을까? 인격체를 어떻게 이해해야 할 것인가의 문제는 벤담 자신에게서 유래한 것이 아니었다. 벤담은 최대 다수에게 최대의 행복을 가져다줄 수 있는 행동이 도덕적으로 최선이라고 주장했지만, 그러한 행동의 주체인 인격체에 관한 언급은 없었다.

벤담의 후계자들은 벤담의 주장에서 두 개의 약점을 발견해 이를 보완하고자 했으며, '행복을 어떻게 이해해야 하는가?' 하는 물음으로 시작했다. 벤담에게 있어 행복은 넓은 의미에서 쾌락의 체험이었다. 하지만 그의 가장 유명한 제자로 철학자이며 자유주의 정치가였던 존 스튜어트 밀(John Stuart Mill)은 이에 심한 불만을 드러냈다. 그는 행복에 관한 공리주의의 관념이 정신적인 내용이 없고 단조롭다는 의심을 벗기고자 했다. 그 때문에 밀은 정신적인 기쁨을 육체적인 쾌락보다 더 높이 평가해 "행복한 돼지보다 불만족한 소크라테스가 낫다" 하고 주장했다. 그렇지만 만약 정신을 순수하게 육체적인 쾌락보다 더 높이 평가할 수 있다면, 풍부한 정신적 능력을 타고난 성인은 영아나 말(馬)보다 훨씬 더 가치가 있는 것일 테다. 그렇다면 복잡한 인간만이 하나의 '인격체'가 된다는 의미다. 후세대의 공리주의자들은 이런 인격체의 의미를 자기 이론에 보충해 넣었다. 이들은 자기 이론에서 생명체의 기본적인 소원들만을 고려한 것이 아니라 오히려 소원이 이루어질 수 있는 꿈, 즉 복잡한 **인간적인** 큰 희망을 더 높이 평가했다. 그래서 이들의 철학은 '**선호(選好) 공리주의**'로 불린다. 현대 철학에서 벤담의 거의 모든 후계자는 여기에 속한다. 높이 고양된 선호(소원이나 의도)를 중시하는 이들 공리주의자의 주장에 따르면, (앞 장에서 보았던 베르타 고모를 포함해) 살고자 하는 절박한 소원을 가진 사람은 어느 누구도 죽여서는 안 되는 것이다.

이에 비해 태아는 복잡한 의도나 소원을 갖고 있지 않다. 추정컨대 태아는 살아남고자 하는 본능은 갖고 있겠지만 불도마뱀의 지능 수준과 구별되지 않을 정도다. 선호 공리주의자들의 입장에서 보면 태아의 살해를 무슨 일이 있어도 막아야만 하는 이유는 사실상 없다. 어느 특정한 성장 단계에 도달하면 태아가 의식을 갖는 것은 분명한 사실인데, 우리가 식용으로 사용하기 위해 죽이는 소와 돼지도 그런 엇비슷한 의식은 갖고 있다. 태아는 복잡한 소원이나 의도를 개발할 만한 자의식은 아직 드러나지 않은 상태다. 그래서 다음과 같은 기본 원칙이 통용된다. 태아는 어떠한 성장 단계에서라도 원칙적으로 낙태가 허용된다. 단, 낙태를 허용하여 산모의 고통이 확연히 경감하거나 산모의 행복이 현저하게 증가될 경우에 한해서다.

지금까지 낙태에 관한 공리주의의 태도를 살펴보았다. 혼인으로 임신한 태아는 무조건 인간의 존엄성이 있다고 주장한 칸트에 대한 비판보다는 공리주의의 이러한 주장이 훨씬 더 명료하다. 물론 이런 주장에도 약점이 있다. 태아의 정신적인 능력은 불도마뱀 수준일 것이라는 점에 대해 반론을 제기할 수 있기 때문이다. 태아에게 알베르트 아인슈타인의 능력이 잠재돼 있을지도 모르기 때문이다. 만약 태아가 낙태되지 않았다면, 어느 날 자신의 소원과 의도를 개발할 수 있는 성인으로 자랄 수 있다. 그렇다면 태아도 **잠재적인** 인격체가 아닐까? 그렇지만 이런 주장은 언뜻 보기에 그다지 설득력이 강하지 않다. 잠재성이란 것은 일반적으로 도덕적 평가 기준으로는 적합하지 않기 때문이다. 태아라는 잠재적인 생명을 축복하는 사람들은 성행위에 의한 자기만족과 피임에 관해 유죄 선고를 내리지 않으면 안 된다. 가톨릭교회가 낙태와 피임을 금하는 것처럼 말이다. 낙태에 관한 찬반은 다음의 예에서 명확하게 드러날 것이다. 펄펄 끓는 물에 살아 있는 닭을 집어넣는 것과 달걀을 집어넣는 것을 과연 똑같은 일이라고 간주할 수 있을까? 잠재성은 실제로 행복과 고통을 느끼는 것에 대해서는 아무런 발언권이 없다. 그 점에서 잠재성은 도덕 논쟁과 관련해 현실적인 판단 기준이 되지 못한다.

낙태에 관한 공리주의의 태도에 대해 또 다른 반론이 있다. 공리주의의 커다란 약점은 결과에 대한 평가다. 행복과 고통에 대해 의미 있는 검토를 하기 위해서는 그 결정으로 인한 결과를 **조망하고** 전체적으로 고려해야 한다. 그렇지만 결과에 대한 예측은 매우 어렵다. 개인적으로 아주 간단한 양자택일의 물음에도 어느 것이 더 나은지 판단하기가 종종 쉽지 않다. 간단한 실례로, 내가 오늘 저녁 내 친구의 생일 파티에 가야 할지 아니면 문학클럽에 거의 모습을 드러내지 않던 내가 가장 좋아하는 작가의 낭독회에 가야 할지? 결국 나에게 더 많은 행복을 가져다주는 것이 무엇인지 어떻게 내가 알 수 있단 말인가? 게다가 복잡한 도덕적인 상황과 거기에서 연쇄적으로 도출되는 결과들을 조망한다는 것은 더더욱 어려운 일인 것이다! 낙태를 한 여성이 이 행위를 후회하지 않는다고 누가 단정적으로 말할 수 있겠는가? 그녀가 생각했던 것보다 정신적으로 훨씬 더 심한 고통이 따르지 않을까? 임신을 시킨 남성은 이에 대해 어떻게 생각할까? 상황에 따라서는 이러한 낙태 행위로 인해 서로의 관계가 이전에 생각했던 것보다 훨씬 더 어려워지는 것은 아닐까? 이렇게 결과를 예측할 수 없다는 점은 우리 인생에서 어쩔 수 없는 위험이면서 모험이다. 이런 식으로 공리주의자들은 대답할 것이다. 그러나 어떠한 경우라도 결과를 예측할 수 없다는 것이 일반적인 낙태 금지에 대한 근거는 되지 못한다.

그 때문에 낙태에 관한 공리주의자의 주장에 대한 가장 강력한 반론은 다른 측면에서 제기되고 있다. 태아는 복잡한 소원과 의도를 갖고 있지 않아서 인격체가 아니며, 바로 그런 이유에서 절대적인 보호가 보장되지 않는다고 한다면, 그것은 갓 태어난 영아들에게도 동등하게 적용하여야 하지 않을까? 그 영아들이 공리주의자들이 주장하는 자의식과 자유의지를 지닌 인격체가 되려면 적어도 2~3세가 되어야 하기 때문이다. '선호 공리주의'는 목욕물을 버리다가 아이마저 버리는 교각살우(矯角殺牛)의 우를 범하는 것은 아닐까? 또한 낙태는 물론이고 3세까지의 유아 살해도 허용된다는 말인가?

이런 반론은 정말 중요하다. 실제로 일부 선호 공리주의자들은 만 2세 때부터 어린아이의 삶이 무조건적 가치를 갖게 된다고 주장하기 때문이다. 물론 이들의 주장도 이 연령대까지의 아이들은 중대한 동기가 없어도 살해가 허용된다는 뜻은 절대 아니다. 하지만 이에 대한 근거마저도 인격체가 그 자체로 가지고 있는 가치를 중시하는 데 있는 것이 아니라, 사회적인 결과를 더 중시하는 데 있는 것이다. 어린아이들은 그들의 부모와 가족이 있기 때문에 매우 커다란 가치를 지닌다는 것이다. 부모에게 버려져 고아원에서 자라고 있는 어린아이들의 경우라 하더라도, 이 아이들은 사회의 도움이 필요한 자로서 적어도 사회의 **보호**를 요구할 권리가 있다. 그러나 선호 공리주의자들의 입장에서 보면, 이런 아이들의 보호가 동물 보호보다 당연히 더 중요하다고 말하기란 쉽지 않다. 어린아이든 동물이든 생명체를 신중하게 취급하지 않고 경솔하게 취급하는 사회는 매우 위험한 방식으로 **난폭해지게** 된다. 바로 이 지점에 선호 공리주의의 아킬레스건이 있는 것이다.

우리는 이제 낙태의 도덕성 논쟁에 관한 세 번째 개념으로 마크 하우저(Marc Hauser)의 견해를 들어 보도록 하자. 보통의 모든 사람에게는 일종의 도덕감각이라고 할 수 있는 '직관적' 도덕이 존재한다는 것이 그의 주장이다. 앞에서 보았듯이 공리주의는 낙태 문제에 있어 명확한 견해가 있다. 하지만 이들이 내린 결론에 대해 많은 사람은 직관적으로 매우 회의적으로 평가했다. 어린아이들의 삶에 대한 무조건적인 보호가 결여되어 있다. 만약 도덕 철학자들이 '직관'이라는 단어를 들었다면, 두말할 것 없이 그들은 목덜미의 털이 곤두서서 싸우자고 달려들었을 것이다. 직관에 대한 비난을 방어하는 문제라면, 칸트주의 학자들과 공리주의자들은 그 즉시 공동전선을 펼칠 것이다. 즉 이들에게 직관이라는 감정은 신뢰할 수 없는 것으로, 사람마다 제각각 다르고, 그때그때 기분에 좌우되며, 또한 문화적으로 모든 경우와 모든 질문에 있어서 동일하지 않기 때문이다. 이와는 달리 서양철학의 도덕 논쟁은 ―이성의 도움으로― 합리성에 기초를 두고 모든 사람에게 공감을 얻으려고 시도한다.

도덕 철학에서 이토록 감정을 강력하게 배제하려고 하는 것은 철학과 교회 간 벌어졌던 전투의 유산이다. 종교에서 자유로워지기 위해 대부분의 철학자는 이성적이면서도 가능한 한 감정이 배제된 논거를 찾으려 했고, 또한 오성과 이성을 통해 인간을 정의하고자 했다. 이 책의 제1부에서 살펴본 것처럼, 이런 인간상은 잘못된 것이다. 육체와 정신은 잠재의식과 의식처럼 서로 분리할 수 없다. 도덕도 감정과 어느 정도 관계를 맺고 있다면 이 감정을 그냥 간단히 배제할 수 없다. 당연히 감정만이 절대적인 척도인 것도 아니다. 그러나 직관과의 화합을 포기하고 그와 더불어 도덕 감정의 생물학적 기초를 포기한 도덕은 이러한 직관을 끌어들여 활용할 줄 아는 도덕보다 더 형편없음이 분명하다.

어린아이의 낙태 문제에 관한 공리주의의 답변에서처럼, 논거의 기본 틀에 적합하지 않아 감정을 배제하는 것이 실제로 의미가 있을까? 더 나아가 공리주의처럼 **정의감**을 가장 높은 재판장의 자리에 올려놓은 것이 의미가 있을까? 이런 것이 인간의 본성에 맞는 일인가? 이렇게 가정하자. 불타고 있는 집 앞에 한 여성이 서 있는데, 집안에는 그녀의 젖먹이와 그녀의 셰퍼드가 있고, 그녀는 이 둘 중 하나만을 구할 수 있다면, 그녀는 —자신의 본능과 삶의 감정에 역행해— 단지 공정함을 근거로 삼아 셰퍼드를 구해야만 하는 것일까? 셰퍼드는 젖먹이보다 상황 판단 능력이 훨씬 더 발달돼 있기 때문이다.

불합리한 행동 규칙을 세우려고 하지 않는다면 직관을 피해 가지 못한다. 이것은 이성적이고 냉정한 모든 도덕 철학에 또한 적용된다. 어떠한 철학도 가치 문제에서 벗어나지 못한다. 가치는 본성상 이성에 의해 고안되는 게 아니라 느껴지는 것이기 때문이다. 만약 내가 공리주의자들처럼 공공의 이익이 중요한 덕목이라고 선언한다면, 그것은 누구에게나 공감을 받을 수 있음이 확실하다. 하지만 그것은 논리적으로 심사숙고한 결과가 아니라 오히려 하나의 가치다. 만약 어떤 사람이 자기는 이기주의자이고 공공의 이익에는 아무런 관심이 없다고 말한다면 그것은 분명해진다. 즉 직관적인 가치란 논리적으로 설명될 수 없는 것이다. 타인에 대해 관심을 가지는 것을 논리적으로만 추론할 수는 없다. 선행을 행하려는 내 의지는 개별적인 가치 결정, 즉 논리적인 선택이 아니라 가치에 대한 개별적인 판단이다. 도덕적인 규칙을 위한 최후의 토대는 도덕 주체의 소망과 의지이지 인식이나 지식이 아닌 것이다!

오늘날 많은 철학자는 직관적인 도덕 개념을 자신들의 논증에 사용하는 것을 거부하고 있는데, 특히 그 이유는 그것이 매우 종교적인 인상을 풍기기 때문이다. 오늘날 가톨릭교회가 호모 사피엔스라는 종의 모든 생명체를 난자와 정자가 결합하는 순간부터 무조건적으로 예외 없는 보호 대상이라고 간주하고자 하지만, 그들은 이성적인 논증을 증거로 끌어들이는 것이 아니라 신의 섭리와 같은 일종의 감정을 증거로 끌어들이고 있다. 그러나 진기하게도 이러한 신의 섭리도 변할 수 있다. 1869년 발표한 교황 비오(Pius) 9세의 포고령에는, 광의의 의미에서 태아란 임신을 한 순간부터 영혼을 지닌 것이라고 기록하고 있다. 그 이전까지는 태아의 최초의 태동, 즉 최초로 감지할 수 있는 생명의 징후를 영혼의 시작으로 간주했다. 이것은 직관적인 감각으로서 훨씬 더 타당하게 보인다. 느낌으로 파악되는 생명은, 제대로 의식되지 못하면서 오로지 생물학적으로만 존재하는 생명과는 전혀 다른 직관적인 위상을 갖는다. 과거에 많은 여성은 자신이 임신했다는 사실을 초기 단계에서는 전혀 몰랐는데, 이것은 오늘날도 마찬가지다. 하지만 교황 비오 9세는 그 당시의 새로운 의학적 가능성을 자신의 포고령에 적용했다. 1860년대에 이르러 임신을 초기 단계에서부터 확실하게 진단하는 것이 가능해졌다. 교황은 아무런 두려움 없이 막무가내로 교회 권력이 미치는 영역을 손쉽게 어머니의 몸을 통해 생산되는 **모든** 열매로까지 확장했다.

종교의 기원에 따르면, 종교는 직관을 상징과 계율로 바꾸어 놓은 것이며 더 나아가 사회적인 질서를 통제한다. 그러나 태아도 영혼을 지녔다는 종교적인 도그마는 모든 직관과 모순되며, 태아 영혼설은 반(反) 직관적이다. 또한 태아 영혼설은 사회적인 질서에 아무런 긍정적 기여를 하지 못하고 있다. 초기 인간인 태아가 지니는 삶의 의미는 어머니와 아버지 그리고 기타 가족이 부여하는 가치에 의해 좌우된다. 보통 태아가 자라면 자랄수록 이러한 유대 관계는 점점 더 강해진다. 이런 과정에서 하나의 특별한 도약은 역시 탄생이다. 태아의 입장에서 보면 탄생이란 새로운 차원으로 뛰어드는 것이다. 태아는 처음으로 생물학적인 독자성을 획득하고, 삶의 환경이 완전히 변모하게 되며, 뇌 속에서는 일종의 혁명이 발생하게 된다. 젖먹이가 눈을 떠서 사물을 보고, 소리를 듣고, 무언가를 만져 보는 것과 더불어 어머니와 아버지 그리고 형제자매나 조부모와 같은 가족에게는 새로운 차원에서 감정의 세계가 열리는 것이다. 자궁 속에서 태아와의 유대감이 너무 강해서, 아이가 탄생한 이후의 유대감이 자궁 속에 있을 때와 **똑같은** 차원이라고 말하는 산모는 거의 없다. 우리의 도덕적 감수성은 감각적인 경험의 문제이며, 또 감정으로 불타오르는 상상력의 문제다. 종교는 이러한 '직관적인 도덕'의 감정을 보존하는 것이다.

직관은 공리주의자들에게 두 가지 점에 수정을 가한다. 첫째로, 직관적 판단에 따르면 낙태는 시기를 늦추면 늦출수록 문제가 더 복잡해진다는 것이다. 그런 점에서 독일의 경우 임신 3개월까지의 낙태는 처벌받지 않는데, 이러한 한계를 설정한 것은 매우 중요한 의미를 갖는다. 태아의 생애가 91번째 날에서 92번째 날로 넘어가는 것이 또 다른 차원으로 한 걸음 진행되었음을 의미하는 것은 아니라 할지라도, 의식이 없는 삶, 즉 근근이 연명하는 소위 '무성생식'이라는 개념이 의미 있게 적용될 수 있는 자연적인 한계는 임신 3개월이라고 일반적으로 말할 수 있다. 둘째로, 직관은 신생아와 어린아이들에게 무조건적 삶의 권리를 허락한다. 직관적으로 보아 그들의 삶은 우리와 동등한 가치를 지닌 삶으로 간주되기 때문이다. 이러한 직관이 결여된 —소위 정서적인 책임 능력이 없는— 사람들이 있다 할지라도 태아가 가진 삶의 권리에 관해 달라지는 것은 아무것도 없다.

따라서 태아가 지닌 삶에 대한 권리, 가치, 존엄성은 성행위를 할 때 시작되는 것이 아니다. 그렇다고 해서 이것이 임신 3개월까지의 태아는 낙태가 허용된다는 이유가 될 수는 없다. 계속해서 자라는 태아에게 한 달 한 달이 지날 때마다 낙태라는 행위는 도덕적으로 매우 신중하게 고려해야 할 문제다. 아무리 인정되는 예외라 하더라도 여기서는 규칙만을 따라야 한다. 정신적 또는 육체적으로 중증 장애아를 출산할 위험성이 매우 높고, 아이가 태어난 후에도 부모로부터 보살핌을 받기가 어렵다고 느끼는 사람은 결국 낙태를 결행할지도 모른다. 부모의 소망과 의도 그리고 잠재적인 고통을 태아의 그것들과 신중히 비교 검토하는 공리주의적인 공식은 잔혹하지만 다른 선택의 여지가 없다. 더욱더 어려운 결정을 해야 할 때는 출생 이후인데, 이는 중증 장애아가 태어나 정신적인 암흑 상태에서 깨어나지 못하거나 의료장비의 도움 없이는 살아갈 수 없을 때다. 중대한 심장 결함을 안고 태어나 평생 동안 의료장비에 연결되어야만 하는 젖먹이의 부모는 가능하면 이해심이 많고 뛰어난 전문가의 조언을 받으면서 자신의 감정, 즉 자신의 도덕감각과 여기에서 도출되는 소망과 의도를 신중히 고려하는 것 외에 할 수 있는 일이 도대체 뭐가 있겠는가? 이 같은 일은 이미 오래전부터 낙태에만 국한된 문제가 아니라, 완전히 다른 분야에서도 다루어지고 있는 문제다. 한 인간을 죽어 가도록 내버려 두거나 그의 소원대로 아예 죽이는 것이 도대체 어떤 상황에서 도덕적으로 정당화할 수 있단 말인가?

19

안락사는 허용하여야 할까?

임종

식물인간 알렉산더, 독일 베를린

"바르네뮌데는 기분 좋은 곳이다. 이곳에 오면 파도가 출렁이고 맑은 공기가 코끝에 와 닿는다. 지금 이야기하려는 어머니는 수년 전에 아들과 함께 발트 해변의 이곳을 방문한 적이 있다. 어머니는 아이와 함께 다시 그곳에 가 보려고 하는데, 아이가 공동묘지의 무거운 흙 밑에 묻히기를 원치 않는다고 생각하기 때문이다."

주방의 낮은 찬장 위에는 바다 장례식을 위한 안내서가 놓여 있다. 마리 루이제 니히트는 이 책을 하루에도 여러 번 집어 들고 읽어 본다. 그간 일어난 모든 일이 그녀에게는 정말 믿을 수 없을 것만 같다. 아들은 바로 옆방에 누워 있는데, 그 방은 두 개의 방 중에서 더 크고 아름다운 방이다. 아들은 아직 숨을 쉬고 있으며, 심장도 뛰고, 몸도 따뜻하다. 가끔씩 눈도 뜨는데, 이런 모습을 보면 죽을 것 같지 않다.

니히트 부인에 따르면 "아이의 이름은 알렉산더입니다. 4년 전에 이미 죽은 셈이나 마찬가지입니다. 아직 살아 있지만, 숨만 붙어 있는 상태랍니다." 의학적으로 보면 알렉산더는 조금도 변화를 기대할 수 없다. 의식과 감각이 없고, 누군가와 교류할 가능성도 전혀 없다. 하지만 니히테 부인에게 알렉산더는 너무나 귀한 아들이다.

처음에는 가끔 두 주먹을 불끈 쥐고 아이를 가볍게 두들기며 "얘야, 돌아오너라. 나를 여기에 혼자 두고 떠날 수는 없어!" 하고 울부짖기도 했다. 하지만 이런 시간도 지나가 버렸다.

지금 아들은 고통의 느낌조차 표현하지 못한다. 근육은 이완되었고 땀도 흘리지 않는다. 오히려 지금 이 순간을 편안하게 느끼는 것 같다. 아이의 입은 항상 벌어져 있고, 가끔 침이 흘러나올 때도 있다. 어머니는 이미 이런 일에 익숙하다. 아무튼 어머니는 아들에게 말을 걸고, 마사지를 해주고, 쓰다듬어 주곤 한다. 날씨가 좋으면 휠체어에 태워서 나들이할 때도 있다. 이런 아들과 평생 사는 것을 곰곰이 생각한 적도 있다. 그런데 니히트 부인은 아들의 죽음을 받아들일 생각이다. 알렉산더가 영양 공급용 튜브를 통해 죽으로 연명하는 삶을 원하지 않을 것이라고 확신하기 때문이다.

2006년 가을, 독일 잡지 「슈피겔」은 고등학생인 알렉산더 니히트와 그의 어머니 마리 루이제의 운명을 보도했다. 사건은 2002년 10월에 일어났다. 베를린에서 고등학교 졸업 시험을 치르던 알렉산더는 자동차에 치여 두개골에 중상을 입고 중환자실로 이송되었다. 학생에게는 아무 잘못이 없었다. 두개골의 외피가 부서졌고, 뇌의 대부분이 치명적인 상처를 입었다. 거의 4년 동안 알렉산더는 식물인간 상태로 지냈다. 말을 걸어도 반응이 없고, 의식을 회복할 기미가 전혀 보이지 않았다.

어머니는 아들이 이런 식으로는 살고 싶어 하지 않을 것이라고 확신했다. 그렇지만 베를린의 관련 의사들은 알렉산더의 생명을 인공적으로 유지하도록 의료장비를 가동할 것을 고집했다. 법원 역시 어머니의 소청을 거부하며 몇 년이 지나도록 완고한 태도를 보였다. 법적인 상황은 겉보기보다 훨씬 더 복잡했다. 독일의 의사들은 환자의 의지에 역행해 그의 삶을 인공적으로 연장해서는 안 되도록 되어 있다. 하지만 문제는 정작 다른 데에 있다. 혼수상태에 빠진 환자에게 의사는 대체 어디에서 그의 의지를 알아낸단 말인가? 자신의 아들은 이런 상태에서 살고 싶지 않을 것이라는 니히테 부인의 의견을 거부하고 의사들은 알렉산더의 생명을 계속 연장해 나갔다.

혼수상태에 빠져 깨어나지 못하는 환자의 처리는 의료 분쟁의 어려운 문제들 가운데 하나라고 할 수 있다. 법적인 판단과 윤리적인 숙고, 죽음에 내맡겨지거나 의식불명 상태에 빠진 인간의 의지와 권리에 관한 문제가 이에 속한다. 여기에 누가 개입하여 논의하고 결정을 내리는 것이 좋을까? 이때 의사는 어떤 행동반경을 갖는 것일까? 의사는 죽음에 임박한 환자들의 치료를 중단하여 그들이 죽음에 이르도록 해도 좋은 것일까(**수동적 안락사**)? 그리고 의사가 강력한 진통제를 사용해 이보다 더 빨리 죽음에 이르도록 해도 좋은 것일까(**간접적 안락사**)? 의사는 환자의 명백한 소망에 따라 그의 생명을 마치도록 도와주어도 되는 걸까(**자살의 조력**)? 나아가 의사는 환자의 소망에 따라 약품 또는 독극물 주사로 그를 죽여도 좋을까(**능동적 안락사**)?

독일에서 가장 명확하게 법으로 규정한 것은 **능동적 안락사**이고, 이는 유죄다. 독일연방공화국 형법 제216조 '환자의 요청에 의한 살인'에 따르면 "누군가가 피살자의 명시적이고 진지한 요청에 따라 살인을 저지르는 경우, 그는 6개월 이상 5년 이하의 징역형에 처해질 수 있다." 요컨대 의사가 환자의 명시적인 동의를 받지 않고 죽음을 결정한다면 살인죄로 처벌될 수도 있다. 형법 제216조는 시민 스스로를 보호하고 있을 뿐만 아니라 누군가가 개인적인 동기로 타인을 살해하고 법정에서는 피살자 본인이 원했던 일이라고 진술하는 것을 막고 있다. 법에 이런 차단 장치가 있다는 것은 의미심장한 일이지만, 모든 상황에도 유의미한 것인지는 의문의 여지가 있다.

여러 유럽 국가의 법적인 기준은 서로 다르다. 그러나 이제까지 능동적인 안락사를 직접 허용하고 있는 국가는 하나도 없다. 간접적인 안락사는 2001년 네덜란드와 2002년 벨기에에서 확정된 판례로 허용하였다. 물론 능동적 안락사는 계속해서 금지하고 있지만, 상황을 증명할 수 있을 때에는 형을 면제해 준다. 네덜란드에서는 1969년 이후 수많은 의사가 비공식적으로 능동적인 안락사를 실행하여 법적인 반응을 일으켰다. 이에 대해 국민의 과반수 이상은 공식적으로 안락사를 반대했다. 따라서 정부는 이런 모호한 부분을 좀 더 명확히 하도록 근본적인 금지 규정과 동시에 처벌 면제 기준을 세분화하기에 이르렀다. 2001년 이후로 네덜란드의 의사는 다음과 같은 경우에 안락사를 실행할 수 있다. (1) 환자가 이를 명시적으로 원할 때, (2) 담당 의사 외에 다른 의사가 상담자와 증인으로 참여할 때, (3) 의사가 자신의 행위를 신고하여 경찰이 안락사의 과정을 자세히 검증할 때다.

능동적인 안락사를 허용하거나 처벌을 면제하려는 사람들의 중요한 논점은 자기결정권이다. 자신을 책임질 능력이 있는 사람은 누구나 자신의 삶과 마찬가지로 자신의 죽음도 결정할 권리를 가져야 한다는 것이다. 독일의 기본법을 이에 맞게 해석하면, 이 문제는 '인간의 존엄성'에 해당한다. 삶에 관한 자기결정권을 인정한다면 죽음에 관한 자기결정권도 유효하기 때문이다. 이때 능동적인 안락사를 찬성하는 사람뿐만 아니라 반대하는 사람도 칸트를 논거로 끌어들인다는 사실이 흥미롭다. 능동적인 안락사를 반대하는 사람들은 인간이 지닌 생명의 무조건적인 '불가침성'을 주장하는데, 인간은 목적 그 자체이며 '합목적적으로' 이용되어서는 안 되기 때문이다. 살인할 자격을 다른 누군가에게 부여한다는 것은 인간이 자기 자신에 관한 결정권을 포기하고 그것을 다른 누군가에게 맡긴다는 것을 의미한다. 즉 인간이 자유로운 인간으로부터 타인의 처분 대상이 된다는 것을 뜻한다.

프라이부르크에 있는 막스 플랑크 연구소의 비교형법학 명예교수인 알빈 에저(Albin Eser)는 이것이 바로 일종의 '합목적화'라고 말한다. 하지만 이 논점은 그다지 설득력 있는 것은 아니다. 가령 내가 완전히 자유로운 상태에서 자살하기로 마음먹은 경우와 내가 병상에 누워서 스스로 아무것도 할 수 없어서 나를 죽여 달라고 누군가에게 부탁한다면, 이 두 상황은 실제로 차이가 있는 것일까? 나의 자유의지에 반해 나를 살려 두는 사람이 나를 오히려 '합목적적으로' 다룬 것은 아닐까? 우리가 알고 있듯이 칸트 자신도 나이가 들면서 치매에 걸릴까봐 두려워했다. 그런 삶을 칸트는 더 이상 가치와 의미가 없을 것이라고 생각했다. 하지만 그 시대에 간접적인 안락사와 같은 현대적인 방식을 이용하지 않았고, 알츠하이머나 치매는 치료를 중단한다 해도 이것이 직접적인 사망으로 이어지지도 않았다. 아무튼 칸트는 적어도 자기 자신에 관해 능동적 안락사를 허용하는 것에 찬성하는 입장이라는 것은 분명했다.

통계적으로 보면 능동적 안락사를 허용해야 한다는 주장이 크게 부각된다고 한다. 하지만 이런 자료의 신빙성은 의심스럽다. 능동적 안락사에 대한 권리를 요구하는 인간적인 죽음을 위한 독일협회(DGHS)는 매년 여론조사 기관을 통해 설문조사를 실시하고 있다. 이에 따르면 현재 약 80%의 독일인이 능동적 안락사를 허용하는 데 찬성하고 있다. 독일협회의 관점에서 보면 이 조사 결과는 분명한 신호탄이다. 이제 정치가들은 국민이 원하는 것을 실행에 옮기기만 하면 된다. 하지만 도덕적인 명령을 위해 통계를 활용한다니 이는 문제가 있어 보인다.

예컨대 2000년대 초반까지도 동성애자에 대한 거부감이 독일 전역에 퍼져 있었다. 이런 여론에 따라 1960년대에 실제로 있었던 것처럼 동성애자들을 처벌하는 것이 과연 옳은 일이었을까? 2001년 9월 11일 미국 여객기 테러 사건 이후에, 독일에 사는 신앙심 강한 이슬람교도들을 추방해야 옳은지를 설문조사로 물었다면 아마 추방에 대한 찬성이 과반수를 넘겼을 것이다. 반면에 오늘날 같은 조사를 시행한다면 반대의 결과가 나올 것은 뻔한 일이다. 통계는 사건 당시의 감정을 반영할 뿐만 아니라 질문의 종류에도 크게 좌우된다.

능동적인 안락사를 거부하는 독일 호스피스 단체는 2003년, 여론조사 기관에 설문조사를 의뢰하면서 설문 대상자들에게 능동적인 안락사의 찬반만을 묻는 것이 아니라 **통증완화의학**(Palliativmedizin)의 수단과 방법을 알고 있는지도 중점을 두고 물어보았다. 통증 완화를 의미하는 라틴어 '팔리움(Pallium, 독일어로는 외투라는 뜻)'은 죽음에 임박한 환자의 증상을 가볍게 하여 살아 있는 동안만은 고통 없이 살아갈 수 있도록 처치하고 간병하는 것을 말한다. 이 설문조사 결과는 인간적인 죽음을 위한 독일협회(DGHS)의 결과와는 아주 다른 양상을 보여 준다. 능동적인 안락사와 통증완화의학을 잘 알고 있는 사람들 가운데 능동적 안락사를 찬성한 비율은 단지 35%에 불과했다. 이에 반해 설문에 대답한 나머지 56%의 사람들은 통증완화의학을 병원에서 더 강력하게 적용하기를 바랐다. 그러므로 통계의 도움으로 사회의 행복과 고통의 정도를 파악하려는 공리주의는 이 결과에 상당히 난감할 수밖에 없다.

독일에서 능동적 안락사 허용에 대한 세 번째의 (간접적인) 논점은 현실에서 일어나는 현행법의 커다란 모순에서 비롯한다. 독일에서 매년 사망하는 사람은 80만 명에서 90만 명가량이다. 그중에서 적어도 2/3는 병원과 양로원에서 사망하고, 가까운 사람들의 보호를 받으며 집에서 죽는 경우는 아주 소수에 불과하다. 그러나 이 사람들 중에서 의사나 호스피스 봉사자의 적극적인 도움을 받으며 죽는 사람은 없어 보인다. 실제로 최근 10년 동안(2007년 기준) 300명 이상의 독일인이 안락사를 위해 돌아오는 항공권 없이 스위스로 여행을 떠난 바 있다. 그들은 **디그니타스**(Dignitas) 또는 **엑시트**(Exit)와 같은 안락사 협회로부터 독약을 얻어 죽음을 맞이할 수 있었다. 이에 상응하는 법적인 개념은 '자살에의 조력'이다. 스위스와는 달리 독일에서는 자살에의 조력이라는 것을 명시적으로 허용하지 않지만, 딱히 금지돼 있는 것도 아니다. 또한 치명적인 약품을 파는 것을 능동적 안락사의 처벌로 연결하지도 않는다. 청산가리로 판매자를 처벌할 수 있는 유일한 규정은 마취제법 위반이다. 독일 사법부는 이 문제로 난관에 처해 있다. 상업적인 안락사 협회는 범죄 혐의가 짙은 것이 사실이지만, 자살을 다루는 일이 법적으로 철저히 금지돼 있는 것도 아니기 때문이다.

마인츠대학의 법철학 교수 노르베르트 회어스터(Norbert Hoerster)는 이 같은 법적인 허점에 큰 문제가 있다고 생각한다. 하지만 그는 안락사가 환자의 자유로운 의지에 따라 확실하게 행해지는 한 능동적 안락사를 허용하자는 의견이다. 그는 앞서 언급한 조건에서는 능동적 안락사에 찬성하는 반면, 다른 사람의 자살을 유도하거나 후원하는 자는 5년 이하의 징역에 처하자고 제안한다. 물론 안락사가 틀림없이 임종 환자의 자유의지에 따랐다면 처벌을 면제하자고 주장한다. 본질적으로 선호 공리주의 원칙에 의존하는 회어스터 교수는 여기서 슬그머니 다른 제2의 기준을 도입하고 있다. 죽음을 원하는 환자의 소망과 의도도 중요하지만, 이를 돕는 사람들의 동기도 대단히 중요하다는 것이다. 누군가가 무슨 일을 하도록 유도하려면 어떤 동기가 있어야만 하며, 그 동기도 매번 차이가 있기 때문이다.

그러나 공리주의는 일반적으로 어떤 행위의 동기는 소홀히 하면서 결과만을 중시한다는 것이 잘 알려진 약점이다. 가령 전쟁에서 상관의 명령으로 수백 명을 죽일 수밖에 없었던 병사와 탐욕을 채우려고 노파를 때려죽인 범죄자 중 누가 더 사악한 살인자일까? 관련된 당사자나 사회의 입장에서 단지 결과만을 보려는 도덕은 지나치게 근시안적이다.

거의 모든 선호 공리주의자는 능동적 안락사에 대한 권리를 옹호하는데, 그 이유는 이 권리가 당사자인 **임종 환자의 이해관계**와 통상적으로 연관될 수 있기 때문이다. 그러나 이런 주장에 반대하는 사람들은 당사자의 이해관계를 두고서 논쟁을 벌인다. 이를 이해하기 위해서는 수동적이고 간접적인 안락사를 살펴보는 것이 좋을 것 같다. **수동적 안락사**는 그것이 (개연성이 있는) 환자의 소망과 일치하는 한 독일에서 허용하고 있다. 어느 의사도 환자의 의지에 반해 그의 생명을 인공적으로 연장해서는 안 된다. 그러나 우리는 혼수상태에 빠진 환자의 의지를 확인할 수 없어 일어나는 복잡한 문제를 알렉산더 니히트의 사례에서 추적할 수 있다. 한편 **간접적인 안락사** 역시 독일에서 허용하고 있다. 간접적인 안락사에서 가장 빈번한 사례는 **종말적 진정요법**으로, 이것은 말 그대로 '임종으로 편안하게 이끄는 진정제를 투여하는 행위'다. 통증완화의학에서 볼 수 있듯이 죽음이 임박한 환자에게 참을 수 없는 고통이 찾아오면, 모르핀과 같은 진통제를 다량 투여하는데, 이로 인해 환자는 혼수상태에 빠져든다. 의사는 이런 환자가 사는 마지막 며칠이라도 견딜 수 있도록 최선을 다한다. 이때 의사는 죽어 가는 환자에게 수분을 공급해서는 안 된다. 수분을 급격하게 고갈시키면서 진정요법을 사용하면 환자는 보통 2~3일 후에는 수분 부족으로 죽음에 이른다. 이런 종말적 진정요법은 간접적 안락사로 인정하는데, 이는 통증완화의학의 발상과 부합한다.

진통제를 투여하는 종말적 진정요법은 특히 호스피스 병원에서 시행하며, 안락사를 위한 인간적인 대안이다. 이는 독일에서도 간접적 안락사에서 주로 사용하는 방법이지만, 실제로는 회색 지대에 속해 있다. 이와 관련하여 정확한 숫자도 알려져 있지 않고, 신고할 의무도 없기 때문이다. 간접적 안락사를 늘 시행하고는 있지만, 때때로 능동적 안락사와 정확히 구분할 수 없기 때문에 불명확한 일이 생긴다. 최근 20~30년 동안에는 간접적 안락사를 오용하여 주목을 끌었던 몇 가지 사례가 비판을 받기도 했다.

그렇다면 차후에 이런 문제를 어떻게 조절할 것인가? 비판적 견해에 따르면 환자가 통증 치료로 인한 부작용을 알고 있는지, 그리고 이런 상태에서 죽음을 맞이할 뿐만 아니라 죽음을 기꺼이 받아들이는지를 철저히 확인할 필요가 있다. 현재 독일에서 간접적 안락사는 실제로 수천 번 일어나고 있는 것으로 추산한다. 그러나 간접적 안락사는 제대로 통제된 능동적 안락사보다 근본적으로 더 위험하다고 할 수 있다.

법치국가에서 능동적 안락사의 통제된 허용을 위해 가장 중요한 논점들을 논의할 필요가 있는데, 전체적인 조망을 위해 다음과 같이 내용을 정리해 보고자 한다.

(1) 능동적 안락사에 관한 요구는 자유로운 인간의 기본권이고, 자기결정권의 일부다.

(2) 대다수의 독일인은 능동적 안락사를 합법적 수단으로 찬성하고 있다.

(3) 능동적 안락사는 자살에의 조력이나 간접적 안락사보다 더 투명하고 더 쉽게 통제할 수 있으며, 그래서 허용해야만 한다.

이와 같은 세 가지 논증에 관해 다음과 같이 능동적 안락사의 허용에 반대하는 주장이 제기된다.

(1) 능동적 안락사를 허용한다는 사실 자체가 상황에 따라서는 환자와 의사 사이의 신뢰 관계를 손상하지는 않을까?

(2) 능동적 안락사는 의사가 '도와주고 치료해 주는 사람'이라는 사회적 도덕관념에 어긋나는 것은 아닌가?

(3) 환자가 능동적 안락사를 바란다는 것을 실제로 의심 없이 항상 확인할 수 있겠는가?

(4) 치매 환자나 혼수상태에 빠진 환자는 가족이나 친척이 이기적인 동기로 환자가 죽기를 바라는 것을 누가 막을 수 있겠는가?

(5) 능동적 안락사를 합법화하려면, 먼저 우리 사회가 죽음을 앞둔 환자를 어떻게 다루어야 하는지에 관해 생각의 틀을 바꾸어야만 할 것이

다. 하지만 그로 인해 우리 공동체적인 삶의 조건들이 손상되지는 않
겠는가?

(6) 그러므로 능동적 안락사는 사회적 안전장치인 '댐의 붕괴'로 이어지
고, 그리하여 이 방법을 사용할 것을 간접적으로 강요하는 결과에 도
달하지 않을까? 예컨대 가족의 만족을 위해서나 의료보험 부담을 덜
기 위한 방법으로 전락하는 것은 아닐까?

(7) 아울러 '죽을 수 있는 자유'가 조만간에 '삶에의 부자유'로 바뀌는 것은
아닌가?

(8) 능동적 안락사의 허용은 의료 정책에서 더 많은 비용이 들어가지만 더
인간적인 대안이 되는 방법의 확충, 예를 들어 통증완화의학에 더 많
이 투자하는 것을 가로 막는 건 아닐까?

위에서 의사와 환자의 관계를 다루는 물음 (1)과 (2)에 관해서는 빠른
대답이 가능할 것이다. 이 물음은 철학적인 문제가 아니라 개인의 심리적
상황에서 유래한 것이기 때문이다. 여기서 상황은 항상 상이할 수밖에 없
다. 능동적 안락사의 가능성으로 의사와 환자가 서로 부담을 갖게 될 수
도 있지만, 꼭 그런 것만은 아니다. 그런데 능동적 안락사가 허용되는 경
우에도 환자를 사망에 이르게 하는 것을 의사의 의무라거나 강요당한다
고 생각하는 사람은 아무도 없을 것이다. (3)과 (4)는 가족에 의한 오용 가
능성에 대한 물음으로 사법부와 연관된다. 사법부가 법적인 규정을 계속
촘촘하고 빈틈없이 만들어 투명성을 보장할 수 있는가 하는 것이 관건이
다. (5)와 (6)은 가장 넓은 의미에서 철학적인 물음이고, (7)은 능동적 안
락사가 초래할 사회적 결과와 임종 환자에게서 생겨날 수 있는 기대와 그
기대로 인한 압박감에 대한 물음이다. 이때 전반적으로 대단히 중요한 사

회적·윤리적 차원이 부각된다. 우리는 과연 안락사의 허용이 가져오게 될 사회적 결과를 어떻게 평가하고 고려할 것인가?

네덜란드에는 2001년 이후에 능동적 안락사의 실제에 대한 세 편의 방대한 연구가 보고되어 있다. 네덜란드는 병원에서 삶을 마감하는 환자가 매년 14만 명에 달하는데, 이 중 약 4,500명은 (능동적 안락사에 속하는) 의사의 약물 주사로 사망했다. 대다수는 종말적 진정요법으로 (간접적 안락사로) 사망에 이르렀다. 이 두 가지 방법으로 사망한 환자의 숫자는 매년 변함이 없다. 이로써 능동적 안락사의 권리를 찬성하는 사람의 수가 상존하고 있다는 것이 입증되고 있다. 사회적 안전망인 댐의 붕괴는 언급할 필요가 없는데, 환자의 요청으로 의사가 환자를 죽음에 이르게 한 사례는 그동안 증가하지 않았기 때문이다. 그렇지만 능동적 안락사의 허용에 반대하는 사람들도 이 연구에서 그들이 바라던 대로 문제점을 찾아냈다. 매년 명쾌하게 해명할 수 없는 사례가 몇 건씩 일어나서 결국 환자의 가족과 병원 사이에 법적인 분쟁으로 발전했기 때문이다. 더구나 많은 비판자는 안락사에 의한 죽음이 신고보다 실제로는 더 많을 것이라고 추정했고, 감추어진 숫자는 통계로 나타나지 않는다고 보았다. 그러므로 이제까지 나타난 의학적 자료에 따르면 안락사의 윤리적 접근에 대한 어떤 명확한 언급도 찾아볼 수 없다.

이제 능동적 안락사의 합법화가 비용이 많이 드는 대안을 포기하도록 하는 것은 아닐까 하는 (8)번의 문제가 남아 있다. 대부분의 사람은 독극물 주사보다는 통증을 줄여 주며 죽음에 이르도록 하는 것이 더 좋은 방법이라는 직관적 견해에 분명히 동의할 것이다. 이런 직관적인 감정은 마크 하우저의 테스트(이 책에서 철길 육교 위에 서 있는 남자 참조)가 보여 주고 있는 것처럼 인간의 본성에 근거하고 있다. 설령 동일한 결과에 도달할지라도 능동적 살해와 방임으로 죽는 것은 완전히 다르다. 그러므로 어떤 사람을 능동적으로 죽이는 행위를 금지한다는 것은 인간 생명의 '신성함'에 대한 종교적 신념에서 나온 결과가 아니다. 오히려 종교적 신념은 발생학적으로 뿌리 깊은 직관의 결과다. 이런 이유로 생명의 '신성함'을 오늘날 종교가 무기력해진 것과 연관해 속단하는 것은 허약한 논리다.

물론 시대와 문화를 통틀어 살펴보면 살인이 횡행한 것으로 보일 수도 있으나 실제로 그런 일은 특별한 경우에 해당한다. 자연스럽게 살인을 억제하려는 것은 기독교보다 더 연원이 깊은 인간의 직관적 태도다. 능동적 안락사의 권리를 찬성하는 대다수 사람도 능동적 행동과 방임 사이의 차이를 중시한다는 사실은 의미 있는 정황이다. 그들이 간접적 안락사는 회색 지대가 많다고 비판할지라도, 독극물 주사가 근본적으로 더 나은 방법이라고 주장하지는 않을 것이기 때문이다. 따라서 능동적 안락사는 다른 방법이 없다는 것이 분명할 때에야 비로소 사용할 수 있는 최종적 수단일 따름이다.

이제 다음과 같은 두 가지 결론을 도출할 수 있다. 첫째로 국가는 통증 완화의학을 장려하고 간접적 안락사를 가급적 인간적이고 투명하게 실행하는 데 총력을 기울여야만 한다. 무엇보다 능동적 안락사를 바라는 일이 없도록 해야 한다. 불치병에 시달리는 중환자가 임종을 며칠 앞두고 겪는 결정적인 문제는 의학적인 것이 아니라 심리적인 것이기 때문이다. 그러므로 죽음을 스스로 결정할 수 있는 인간의 권리를 진지하게 받아들이는 것이 올바른 일인 것처럼, 이런 결정이 내려지게 된 상황을 검토하는 일도 마찬가지로 중요하다. 능동적 안락사의 문제는 환자의 권리 청구가 제대로 충족되었느냐 여부가 아니다. 그보다는 죽음을 결단하게 한 삶의 상황이 무엇이냐 하는 점이 중요하다. 이렇게 볼 때 통증완화의학은 환자뿐만 아니라 의사에게도 더 인간적인 방향이다.

두 번째 결론은 능동적 안락사가 허용된다면, 죽음 외에 다른 길이 없는 경우 최종적 수단으로 능동적 안락사가 '정상적인(normal)' 수단이 될 것이다. 이런 상황이 되면 대부분 가족은 임종 환자에 대한 수고를 줄이려고 할 것이다. 그리고 병원은 병원대로 최후의 며칠이나 몇 주 동안 환자를 가능한 한 고통이 없게 하려는 노력을 기울일 필요가 없게 될 것이다. 물론 네덜란드에서 보고한 통계가 지금까지 이런 불안을 입증하지는 않았지만, 거의 모든 유럽 국가의 건강보험이 재정적으로 텅 빈 상태라는 점을 생각하면, 죽음에 대한 자기결정권이 완전히 반대의 상황으로 역전될 수도 있을 것이다. 다시 말해 능동적 안락사가 허용되는 경우에 환자가 죽음을 선택하면 —사회적 기대의 압박 속에서— 적어도 의료보험에 더는 부담을 주지 않게 된다.

건강보험 정책의 예산을 계속해서 줄이려는 시대에 결정적인 물음은 '품위 있는 죽음이 국가와 사회에 얼마나 가치가 있는가'다. 이런 관점에서는 죽음에 대한 인간의 자기결정권에 대한 강력한 논점이 상대화되는 경향이 있다. 오늘날 수동적, 간접적, 능동적 안락사가 실행되는 독일 병원의 회색 지대에서 실제로 어떤 일이 발생하고 있는지는 알 수 없는 실정이다. 하지만 어떤 경우든 법철학과 도덕철학적으로 능동적 안락사에 찬성하는 확고하고 단호한 입장보다는 나을 것이다. 철학자에게는 어떤 관점에 대한 합리성과 무오류성, 설득력이 결정적이지만, 정치가에게는 사회 윤리적 책임감이 결정적이다. 정치가에게 이론적으로 알 수 없는 회색 지대는 실제적으로 드러나는 회색 지대보다 중요한 것이 아닐 수밖에 없다.

그러므로 인간의 자기결정권은 사회에 (아마) 참을 수 없고 비인간적인 결과를 초래하는 곳에서 한계에 부딪친다. 그렇지만 우리는 누구를 '사회'의 구성원으로 편입할 수 있는 것일까? 가령 고통을 느끼는 능력은 있지만 자신의 관심을 표명하지 못하고 자신의 권리를 요구하지 못하는 생명체도 우리와 함께 사회의 구성원이 될 수 있을까? 동물도 그럴 수 있는 것일까?

20

우리는 동물을 먹어도 될까?

소시지와 치즈가 없는 세상

피터 싱어, 옥스퍼드 대학교

어느 날 낯선 존재가 우주에서 지구에 착륙했다. 그들은 할리우드 영화 '독립기념일(Independence Day)'에 나오는 외계인과 같은 존재다. 믿을 수 없을 만큼 머리가 좋고 인간을 훨씬 압도한다. 그런데 전투기를 타고 죽음을 무릅쓴 채 싸우는 용감한 미국 대통령이 항상 나타나는 것이 아니다. 더욱이 이번에는 숨은 천재도 나타나지 않아 외계인의 컴퓨터를 지구의 바이러스로 마비시킬 수도 없다. 이 때문에 낯선 존재들은 인류를 최단기간에 정복하고 모조리 감금해 버린다. 전례가 없는 테러와 잔혹한 통치가 시작된다. 외계인은 인간을 의학적 실험에 이용하고, 인간의 피부로 신발을 만들거나 자동차 시트와 전등갓을 만들며, 인간의 머리칼과 뼈마디, 이빨을 가공해 이런저런 물건을 만든다. 게다가 그들은 인간을 먹어 치우는데, 그중에서도 어린아이와 갓난아기를 특히 좋아한다. 어린아이와 갓난아기는 아주 연하고 살도 부드러워서 그들의 입맛에 가장 잘 맞기 때문이다.

외계인이 방금 의학 실험을 위해 감방에서 끌고 온 사람 하나가 그들을 향해 외쳤다.

"당신들은 어떻게 이런 짓을 할 수 있소? 당신들도 우리에게 감정이 있다는 걸 알고 있잖소. 당신들 때문에 우리가 고통받고 있다는 것도 말이오! 아이들을 데려가서 죽이고 먹기까지 하다니, 어찌 그럴 수가 있단 말이오? 우리가 얼마나 고통스러워하는지 보이지도 않단 말이오? 당신들이 얼마나 잔인하고 야만적인 짓을 하고 있는지 도대체 알지 못한단 말이오? 동정심이라곤 전혀 없고, 도덕이라는 것도 없다는 걸 모르겠소?"

그러자 외계인들이 고개를 끄덕였다. 그중 외계인 하나가 "그래, 그렇지" 하며 말문을 열었다. "좀 잔인한지도 모르지. 그런데 아직도 모르겠어? 우리는 너희보다 훨씬 우월한 존재라는 걸." 외계인은 말을 이었다. "우리는 너희보다 더 지적이고 이성적이야. 너희가 할 수 없는 일도 해낼 수가 있지. 우리는 훨씬 더 높은 종이고, 아주 다른 단계에 있는 존재란 말이야. 그러니 너희를 마음대로 해도 좋은 것이지. 우리와는 비교도 하지 말거라. 너희의 생명은 거의 가치가 없으니까. 그래, 우리가 뭔가 아주 잘못했다고 하자, 그래서 어쩌자는 거야! 그래도 한 가지 확실한 게 있어, 너희들은 정말 맛있다니까!"

피터 싱어(Peter Singer)는 생각이 깊은 젊은 교수였다. 그는 1970년 가을 옥스퍼드대학의 큰 식당에 앉아 송아지 고기를 먹고 있었다. 하지만 그때만 해도 그는 허구적인 외계인과 그들의 식인 습성에 대해 정말 생각해 본 적이 없었다. 그는 호주 멜버른대학 철학과에서 학업을 마친 뒤 처음으로 대학에서 강의하려고 영국으로 건너왔다. 청소년 시절부터 철학만큼 그의 흥미를 끌었던 것은 거의 없었고, 올바른 삶이란 무엇인가 하는 것이 주요 관심사였다. 그의 부모는 오스트리아 빈 출신의 유대인이다.

히틀러의 나치가 통치하던 시절에 독일과 오스트리아에서 잔인하게 유대인을 박해하기 시작하자, 그의 부모는 1938년 빈을 떠나지 않을 수 없었다. 그의 부모는 당시에 아주 젊은 나이였고, 오스트리아에서 호주로 서슴없이 이주하기로 결심했다. 그러나 피터 싱어의 조부모는 나치에게 체포돼 테레지엔슈타트의 강제수용소에서 살해당했다.

피터 싱어는 철학을 아주 진지하게 공부했으며, 특히 윤리학의 물음에 집중했다. 그는 무엇이 선이고 악인지, 무엇이 올바른 삶이고 그릇된 삶인지를 알고 싶어 했다. 싱어가 고풍스럽고 품위 있는 대학 식당에서 스테이크를 먹고 있을 때, 그의 옆 테이블에 앉은 학생이 접시 위에 놓인 고기를 옆으로 밀치는 것을 보았다. 싱어는 그 학생(학생의 이름은 리처드 케셴(Richard Keshen)으로, 나중에 캐나다의 케이프브레턴대학의 철학 교수가 되었다)에게 음식이 맛없느냐고 물었다. 그 학생은 고기를 먹지 않는다고 대답했다. 자신은 채식주의자인데, 동물을 먹는 것은 완전히 잘못된 것이라고 생각하기 때문이라고 답했다.

싱어는 이렇게 단호한 태도에 깜짝 놀랐다. 이때 리처드는 동물을 먹는 것을 도덕적으로 옹호하는 그럴듯한 논거를 단 하나만이라도 제시해 보라고 싱어에게 요구했다. 싱어는 생각할 시간을 달라면서 다음 날 식당에서 다시 만나기로 했다. 싱어는 리처드에게 인간이 동물을 먹어도 되는 이유를 논리적으로 제시하고 싶었다. 이어서 싱어는 조용히 스테이크를 먹었다. 하지만 조금도 예측하지 못한 것이 있었으니, 그것이 그의 인생에서 마지막으로 먹은 스테이크였다.

학교에서 귀가하면서 이미 싱어는 리처드가 던진 질문을 숙고하기 시작했다. 분명한 것은 인간이 고기를 먹지 않았던 때는 이제까지 없었다는 사실이다. 이미 원시시대에 인간은 들소와 매머드를 사냥해 고기를 먹었고, 나중에는 목동과 농부들이 양과 염소, 소와 돼지를 사육해 먹었다. 선사시대의 인간과 많은 원시민족도 다양한 음식 가운데 특히 고기를 섭취하지 않았다면 결코 생존하지 못했을 것이다.

그런데 왜 고기를 먹지 말아야 할까? 지금 그의 머릿속에 떠오른 이유들이 물론 싱어 자신과는 전혀 관련이 없다는 것은 분명했다. 선사시대의 인간과 에스키모는 생존하기 위해 물개를 사냥할 수밖에 없었다. 하지만 그렇다고 이런 것이 피터 싱어 자신이 고기를 먹어도 좋다는 이유는 아니었다. 영국과 같은 나라에서는 고기 없이도 영양을 섭취하는 것이 전혀 문제가 없을 뿐만 아니라 건강에도 우려할 일이 없기 때문이다. 싱어는 늑대, 사자 그리고 악어도 고기를 먹는다는 점을 생각했다. 이 동물들이 이렇게 행동하든 하지 않든 신경 쓰지 않는데, 이 동물들은 고기를 먹지 못하면 죽을 수밖에 없기 때문이다.

피터 싱어 자신은 고기를 먹지 못해도 죽지 않을 수 있다는 것을 잘 알고 있다. 늑대, 사자나 악어와는 달리 고기를 먹을 수도 먹지 않을 수도 있다. 이렇게 선택권이 있다는 것이야말로 바로 사자와는 다른 점이다. 따라서 그는 사자보다 우월적인 존재이고, 대학 구내식당에서 먹는 소, 돼지, 닭과는 비교가 되지 않는다. 인간은 동물보다 훨씬 더 교활하고 지적인 면에서도 뛰어나며, 엄밀하게 계획된 언어뿐만 아니라 이성과 오성을 구비하고 있다. 고대와 중세 그리고 근대의 수많은 철학자는 이것이 바로 인간이 동물을 먹어도 좋은 근거라고 말한 바 있다. 요컨대 인간은 이성적이고 동물은 비이성적이며, 인간은 가치가 있고 동물은 가치가 없다는 것이다. 그러나 지능이 높은 생명체가 지능이 떨어지는 생명체보다 근본적으로 더 가치가 있다고 주장할 수 있을까?

비록 싱어는 외계인에 관한 허구적인 이야기를 모르고 있었지만, 마음 속에는 많은 독자가 외계인 이야기를 읽었을 때 흥분하던 것과 같은 분노가 일어났다. 그런데 외계인이 인간을 대하는 행동이 비도덕적인 것이라면, 인간과 동물의 관계에서 인간의 행동도 이와 비교될 수밖에 없는 것은 아닐까? 지능이 뛰어나다는 것은 인간이 마음대로 행동할 수 있는 면허장은 아닌 것이다. 3년 동안 싱어는 '인간이 동물을 어떻게 다루어야 하는지'에 대해 깊이 숙고했다. 그는 1975년 이에 대해 『동물해방(Animal Liberation)』이라는 제목으로 책을 출간하여, 50만부가 넘게 팔렸다.

싱어는 이 책에서 어느 생명체가 지닌 삶의 권리에 관한 가장 중요한 기준은 지능이나 이성, 분별력이 아니라고 주장했다. 갓 태어난 젖먹이는 돼지보다 분별력에서 뒤지겠지만, 우리는 아기를 먹거나 새로운 샴푸의 효능을 시험해 보기 위해 남용하지 않는다. 어떤 생명체를 존중하고 그 삶의 권리를 인정해야 하는 결정적인 근거는 그 생명체가 기뻐하고 고통스러워할 수 있는 능력이다. 이런 관점에서 싱어는 이미 프랑스혁명이 일어난 1789년에 다음과 같이 말한 벤담과 같은 견해를 갖고 있었다.

"그 밖에 쓸모없는 생명체에게도 폭군만이 빼앗아 누리던 삶의 권리가 보장되는 날이 올 것이다. 어느 날인가 우리는 다리의 숫자나 피부 위의 털이 같다는 이유로 예민한 생명체를 동일한 운명에 떠맡기는 것은 근거가 충분치 않다는 것을 인식하게 될 것이다. 그러나 인간과 동물 사이에 놓인 경계선을 극복할 수 없다면, 그 경계선이란 어떤 특징일 것인가? 성장한 말이나 성장한 개는 태어난 지 얼마 안 되는 아이보다 훨씬 지력이 높고 소통이 잘된다. 설령 그렇지 않다 해도 어떻게 생명체의 권리를 제한할 수 있단 말인가? 문제는 그런 동물들이 **'생각할 수 있는가 또는 말을 할 수 있는가'** 하는 것이 아니다. 그보다 그들이 **'고통을 느낄 수 있는가'** 하는 것이 중요하다."

싱어는 쾌락은 선이고 고통은 악이라는 벤담의 공리주의를 받아들였다. 그리고 이것을 인간뿐만 아니라 쾌락과 고통을 느낄 수 있는 모든 생명체에 적용해야 한다고 주장했다. 감각 능력을 지닌 존재로서 동물은 인간과 원칙적으로 동일하다는 것이다. 이에 따라 '인간이 다른 동물을 먹어도 좋은가' 하는 물음에 대한 가부간의 대답은 쉽게 결정할 수 있다. 혀로 느끼는 단순한 즐거움의 무게는 이를 위해 육체와 생명을 내어 주는 동물의 말할 수 없는 고통에 비하면 깃털처럼 가벼운 것이다.

인간의 지배에서 동물 해방을 내세우는 싱어의 책은 여러 분야에 많은 자극을 주었다. 그것은 사회운동을 일으켜 영국과 미국, 독일에서 동물의 권리운동으로 발전하는 계기가 되었다. 동물의 윤리적 처리를 위한 사람들(People for the Ethical Treatment of Animals, PETA), 또는 **동물평화**(Animal Peace)와 같은 단체들의 목표는 기존의 동물보호운동을 훨씬 뛰어넘는다. 동물의 권리를 옹호하는 사람들은 대규모의 밀폐된 사육, 모피 생산을 위한 동물 농장, 동물 학대에 반대하는 투쟁을 벌인다. 그들은 동물을 이용해 상품을 만드는 것도 문제를 제기한다. 인간은 소시지와 치즈를 먹어서도 안 되고, 동물원이나 서커스를 위해 동물을 가두어 두거나 실험에 이용하는 것도 금지해야 한다. 나아가 그들은 동물이 자유롭게 살면서 행복하게 번성할 권리를 요구한다.

싱어의 견해는 첫눈에도 매우 확신에 차 있지만, 그만큼 많은 철학자로부터 격렬한 반론을 불러일으켰다. 가령 이성과 분별력 또는 단순히 호모 사피엔스 종에 속한다는 것이 도덕적인 경계를 이루는 것이 아니라, 싱어의 주장처럼 고통을 느끼는 능력에 있다고 하자. 그렇다면 이때 도덕적인 경계는 정확하게 어디에 있는 것인가? 돼지와 닭도 고통을 느낄 수 있다는 것에는 누구나 쉽게 동의할 것이다. 돼지는 고통받거나 도살될 때면 비명을 지르고, 닭도 그럴 때면 크게 울음을 터트린다. 그러나 물고기의 경우는 어떨까? 물고기도 과연 고통을 느낄 수 있을까? 연구에 따르면 겉보기에는 아닌 것 같지만 물고기도 고통을 느낀다고 한다. 그러면 조개와 같은 연체동물은 어떨까? 우리가 조개의 고통을 말하기에는 아는 것이 너무 없다. 식물이 고통을 느낄 수 있는지를 모르는 것만큼이나 조개에 대해서도 아직은 아는 것이 없다. 우리가 상추를 땅에서 뽑아 낼 때 이 식물도 과연 고통을 느낄까?

고통을 느낀다는 것은 명확한 경계가 없는 셈이다. 동물의 의식 상태에 우리가 직접 접근할 수 없는 한, 고통이라는 기준은 분명히 문제가 있다. 뇌에 관한 장에서 언급한 것은 인간이 주관적 체험을 가지고 학문적으로 접근한다는 것이 얼마나 어려운가 하는 것이었다. 하물며 동물에 대해 학문적으로 진술하는 것이 훨씬 더 어렵다는 건 당연하다. 이와 관련해 싱어가 『동물해방』을 저술하던 1974년에 뉴욕대학 법철학 교수인 토머스 네이글(Thomas Nagel)은 유명한 논문 「박쥐가 된다는 것은 어떤 것인가?」를 발표했다. 네이글이 동물에게 특별히 흥미를 느꼈던 것은 아니었다. 그의 논문은 인간이 다른 생명체가 되면 어떤 일이 생길 것인가에 중점을 두고 있다. 그러나 인간이 가령 박쥐로 변하는 것은 불가능하기 때문에, 이렇게 되려고 노력해도 아무 소용이 없다. 우리가 할 수 있는 유일한 행동은, 박쥐처럼 초음파 위치 확인 장치로 밤하늘을 날아가면서 벌레를 잡으려고 할 때, 어떤 느낌이 들 것인지를 머릿속으로 상상해 보는 정도다. 그러나 이런 상상이 박쥐의 실제적인 감각과 얼마나 관련 있는지를 누가 알겠는가? 아무 관계도 없을지 모른다. 여기서 네이글이 주장하려는 것은 의식이란 언제나 주관적 체험과 연결되고, 이런 체험으로는 다른 주체에게 원칙적으로 접근할 수 없다는 사실이다.

이렇게 볼 때는 틀린 주장이 아니다. 하지만 동물 내부에서 무슨 일이 일어나는지를 정확하게 알 수 없다는 것이 싱어의 동물 배려에 대한 반박 논리는 되지 못한다. 우리가 함께 살아가는 사람들의 내면세계를 알 수 없다는 것이 그들을 괴롭혀도 좋다는 근거는 아니기 때문이다. 어느 사건에서 피해자가 당시에 어떤 느낌인지를 가해자가 정확하게 알 수 없었을 것이라는 이유로 고문과 살인, 폭행치사를 허용하는 법정은 없다. 타인의 의식 상태가 복잡할 것이라고 생각하면, 그것으로 타인을 충분히 존중하는 셈이다. 반면에 많은 과학자는 동물이 지닌 영혼을 순수 생물학적으로 설명하려는 경향을 보인다.

하지만 이때 자극과 반응이라는 설명 모델은 문제가 있다. 긴꼬리원숭이의 기만적인 전술은 본능에서 나오는 것일까, 아니면 놀이하면서 드러내는 전술일까? 사자들의 서열 다툼은 구체적인 전략 아래서 진행되는 것일까, 아니면 순간적인 영감에 의한 것일까? 누가 이에 대해 확실하게 말할 수 있겠는가? 인간의 욕망도 생물학적 욕구, 예컨대 고통에 대한 혐오나 성적인 충동에 해당하지만, 그렇다고 인간을 단지 이런 것으로만 평가하지는 않는다. 이처럼 인간적 체험의 질을 기계적 기능으로 축소하는 것은 꺼린다. 그렇다면 무엇 때문에 동물의 내적인 삶을 연구하는 데 이런 태도를 적용하지 못한단 말인가? 물론 우리는 감정과 의도를 동물의 내적인 삶에 단순히 투영하는 행동에 익숙하다. 그렇지만 이와는 정반대로 동물을 순수 기능적인 체계로 관찰하는 것도 동시에 문제가 있다. 동물의 유희 충동이 실제로는 완전히 기능적인 메커니즘에 불과하다는 주장은 어떤 근거에서 나오는 것인가? 원숭이들의 성적인 유희와 이에 속하는 쾌감은 분명히 기능적으로 잘 설명할 수 있다. 그러나 그들의 성적인 유희가 그렇다고 **단지** 기능적으로만 설명할 수 있는 것일까?

이미 옛 중국인들도 동물이 무엇을 느끼는지를 사실상 알 수 없다고 보았다. 하지만 중국인들은 일종의 유추로 동물의 내적인 삶에 더 근접할 수 있는 방법을 알고 있었다. 이에 대해 아래의 일화는 음미할 만하다.

어느 날 장자가 친구 혜자와 함께 산보하다가 호라는 강 위에 놓인 다리를 건너간다. 장자는 다리 위에서 물속을 들여다보고는 친구에게 이렇게 말한다.

"보게. 날렵한 물고기가 사방에서 가볍고 자유롭게 헤엄치고 있네. 저것이 물고기의 즐거움이야."

혜자가 대답한다.

"자네는 물고기가 아닌데, 어찌 물고기가 즐거워한다는 것을 안단 말인가?"

장자가 다시 대꾸한다.

"자네는 내가 아닌데, 어찌 내가 물고기가 즐거워한다는 것을 알지 못한다고 생각한단 말인가?"

현대의 뇌 연구도 이런 유추의 방식을 사용한다. 뇌 연구는 척추동물의 뇌에서 반응하는 여러 가지 방식을 연구하는데, 이에 따라 척추동물의 뇌에서 발견하는 동일한 구조가 질적으로 서로 비교할 수 있는 체험과 연관돼 있다고 추정한다. 이때 뇌 연구자들은 매번 실제적인 일치와 추정에 따른 일치를 검증한다. 이를 통해 그들은 무엇 때문에 우리가 다른 동물에 비해 몇몇 동물에게 감정을 더 쉽게 이입할 수 있는지를 찾아내려고 시도한다. 이를테면 인간이 돌고래를 관찰하고 있으면, 돌고래의 표정에서 즉시 미소를 연상하게 된다는 점 등이다. 우리가 돌고래의 표정을 이해할 수 있다고 믿는 것은 거울 뉴런이 작동하기 때문이다. 거의 모든 사람은 돌고래와 공감한다고 느낀다. 반면에 '낯선' 얼굴을 지닌 동물은 우리의 거울 뉴런에 자극을 주지 않는다. 낯익은 것으로 인지할 수 없으면, 우리의 감정이입 능력도 냉담해진다.

우리는 개가 보여 주는 여러 가지 행동을 속속들이 이해할 수 있다고 생각한다. 우리는 개의 장난을 좋아하고, 개의 행동을 보고 친근감을 표현하는 것도 알아낸다. 하지만 한계가 있다. 거울 뉴런의 발견자 자코모 리졸라티(Giacomo Rizzolatti)는 다음과 같이 말한다.

"개 짖는 소리가 무엇을 의미하는지 우리는 알지 못한다. 그러니까 우리는 개 짖는 소리를 반영할 수 없다는 뜻이다. 짖는다는 것은 우리의 고유한 운동 방식에 속하지 않는다. 물론 인간은 '짖는 것'을 흉내 낼 수는 있다. 어떤 사람은 정말로 개가 짖는 것처럼 흉내를 잘 내지만, 그런데도 개가 짖는 것을 실제로 우리는 이해할 수 없다!"

뇌 연구가 한층 발전했지만, 동물들의 내적 삶은 여전히 미지의 세계로 남아 있다. 그만큼 더 신중하게 생각해야 할 문제는 우리가 계속 법적으로나 철학적으로, 일상적인 언어 사용에서도 확고하게 동물의 세계와 경계선을 긋고 있다는 사실이다. 독일에는 동물이 제대로 대우받아야 할 도덕적 권리까지는 존재하지 않는다. 법적으로 보면 침팬지는 인간과 가깝

게 취급되기보다는 진딧물과 같은 정도로 다루어진다. 인간에게는 기본
법과 시민법전이 통용되지만, 침팬지에게는 동물보호법만이 통용된다.
보호 규정으로 볼 때 침팬지와 두더지 사이에는 차이가 없다. 생물학적
사실을 충분히 고려하는 윤리학에 동조하는 사람은 많지 않다.

그러므로 적어도 원숭이나 돌고래처럼 고도로 진화된 척추동물을 취급
하는 특별법을 제정하지 않는다면 이는 윤리적 태만이 될 것이다. 모든
선호 공리주의자처럼 피터 싱어에게도 삶이 무조건 보호받을 가치가 있
다면 그 기준은 '자의식'이다. 싱어의 이런 생각은 자의식이 신경학적으로
확실한 범주가 아니라는 것을 인정하면서도 상당히 확고한 신념으로 자
리 잡았다. 어떤 존재가 자의식을 가지고 있는지는 MRI 장비로도 볼 수
가 없다. 많은 철학자는 자기의식을 자아 감정과 동일시한다. 이런 관점
에서 원숭이는 도덕적으로 중요한 자의식을 갖고 있다고 인정하지 않는
다. 하지만 뇌 연구를 통해 오늘날 알고 있듯이 자아 감정은 또 다른 문제
다. 앞서 '자아'에 대한 장에서는 서로 상이한 수많은 자아의 상태가 논의
된 바 있다. 이런 자아들 중에서 몇 가지, 가령 **육체적 자아, 위치 설정의**
자아와 **관점적인 자아**는 원숭이의 경우에도 부정되어서는 안 된다. 만일
이런 자아가 무시된다면 자아 개념은 사회적으로 큰 혼란에 빠지게 될 것
이기 때문이다.

많은 척추동물은 의심할 바 없이 자의식과 같은 것을 기본적으로 지니
고 있다. 하지만 이를 도덕적으로 얼마나 높게 평가해야만 할까? 예컨대
코끼리의 경우를 살펴보자. 아프리카에서 원주민인 사냥꾼은 상아를 얻
기 위해 고도로 진화하고 예민한 이 동물을 죽이기도 한다. 그렇다면 이
'밀렵꾼'을 ─케냐에서는 사살해도 합법인 것처럼─ 총으로 쏘아 죽여도

좋은 것인가? 싱어에게 대답은 분명한데, 밀렵꾼을 사살해서는 안 된다. 인간은 코끼리보다 자의식이 더 높은 단계까지 발달돼 있기 때문이다. 그렇지만 한 사람이 코끼리 세 마리, 아니 다섯 마리 또는 열 마리를 죽인다면 어떻게 해야 할까? 이것이 슬퍼하는 어린 새끼들을 남겨 두고 두려움에 반쯤은 미쳐서 날뛰는 어미 코끼리라면? 그렇다면 싱어의 저울추는 코끼리 쪽으로 기울어진다. 하지만 밀렵꾼이 총에 맞아 죽었을 때, 그의 가족은 어떻게 되는 것일까? 우리는 이런 예를 온갖 상상할 수 있는 방식으로 궁리해도 해결점을 찾지 못할 것이다. 그것이 아무리 주도면밀한 생각일지라도 항상 자의적인 평가에 머물 수밖에 없다. 공리주의는 이럴 때 예측할 수 없고 전망할 수 없는 사태에 부딪쳐 스스로 벗어나기 어렵다.

그러나 한 생명체의 가치에 대한 유일한 척도로서 '자의식'을 내세울 때 가장 큰 난점은 앞서 낙태의 장에서 논의했듯이 직관에 반할 때에 생겨난다. 만일 한 생명체의 가치가 그것이 지닌 감정과 행동이 얼마나 복합적인가에 달려 있다면, 신생아 또는 정신적으로 중증 장애인은 예컨대 셰퍼드와 동등하거나 심지어는 더 낮은 단계에 있게 된다. 싱어는 신생아 또는 정신적으로 중증 장애인의 삶을 평가절하하려는 의미에서 논의를 전개한 것은 아니었다. 오히려 그는 동물의 가치를 높이 평가하려 했다. 그러나 그가 불러일으킨 풍파는 엄청난 것이었다. 수많은 장애인협회의 대변자에게 싱어는 오늘날까지도 분노의 대상이다. 동물 문제나 낙태 문제에서도 정의를 유일한 척도로 삼게 되면 단견이라는 비판을 받게 된다. 본능적으로 자신의 젖먹이를 셰퍼드보다 좋아하는 어머니의 예에서 인식할 수 있듯이, 어쩌면 우리는 직관과 본능을 도덕철학에서 배제하려고 시도하는지도 모른다.

인간이 동물을 어떻게 다루어야 할 것인가에 대한 물음은 이성적으로 뿐만 아니라 본능적으로 숙고해야 할 사안이다. 인간의 삶을 동물과 달리 평가하는 것은 아주 자연스러운 인간의 본능이다. 우리의 도덕적인 감정이란 잔잔한 물속에 돌을 하나 던지는 것과도 같다. 돌을 던지면 파문이 일어나며 둥근 원들이 형성된다. 중심에서 가장 가까운 원에는 우리의 가족과 가장 친한 친구들이 위치한다. 그 다음 원에는 우리의 지기가 있고, 어쩌면 우리가 사랑하는 애완동물이 자리를 잡을 수도 있다. 그다음 원에는 일상생활에서 만나는 사람들이 있고, 가장 바깥쪽에는 송어나 프라이드 치킨 등이 위치한다. 이와 같은 도덕적인 원들은 임의로 확장되거나 변경될 수 없다. 그러나 먹을 수 있는 많은 동물이 가장 멀리 떨어진 곳에 머문다는 사실은 자연적인 법칙이 아니라, 대체로 오늘날에도 일어나는 억압과 조작의 결과라고 할 수 있다.

　인간의 감정을 처음에 제기한 질문, '우리는 동물을 먹어도 될까?'와 연관한다면, 다음과 같이 바꿀 수 있을 것이다. 자기 손으로 차마 죽일 수 없는 동물들을 먹는다는 것이 정당화할 수 있는가? 서구 문명의 현 상황에서 돼지나 송아지를 도살한다는 것은 그 방법을 잘 안다고 해도 대체로 사람의 감정으로는 어려운 일이다. 반면에 물고기의 경우에는 서슴없이 죽이는 사람이 훨씬 더 많을 것이다. 게다가 계란의 생명을 빼앗는 일을 마음에 두는 사람은 거의 없을 것이다. 예전에는 동물을 죽여도 지금보다 마음의 부담이 훨씬 적었을 것이며, 원시부족의 경우에도 일반적으로 그랬을 것이다.

　그러나 도덕은 항상 문화적 감수성의 문제다. 따라서 도덕을 좌우하는 것은 인간이 제시하는 추상적인 정의가 아니라 한 사회의 감정 상태다.

현재 서구 유럽에서 이런 감정 상태는 인류의 발달사에서 최고의 정점에 도달해 있다고 해도 과언이 아니다. 바로 그렇기 때문에 오늘날 송아지 다리를 가능한 한 송아지처럼 보이지 않도록 가공하는 정육 업체의 세련된 '눈속임'이 필요한 것인지 모른다. 하지만 이런 눈속임 때문에 우리의 직관은 오도되고, 억압이 용이해진다. 우리 사회에서 대부분의 인간은 고기를 먹어도 구역질이 없거나 거리낌을 갖지 않는데, 근본적인 이유는 도살장에서의 고통을 눈으로 직접 보지 않기 때문이다. 우리의 거울 뉴런은 도살장에서 송아지가 울부짖으면 번쩍하며 빛을 발하지만, 일정한 모양으로 포장된 송아지 고기 앞에서는 도무지 작동하지 않는다.

어느 정도까지 육식을 멀리할 것인가 하는 문제는 개인이 스스로 결정할 수밖에 없다. 그러나 이성적으로 숙고해 본다면 육식을 반대하는 논거가 육식을 찬성하는 논거보다 더 설득력 있고 명료해 보인다고 말하지 않을 수 없다. 도덕적 직관에 의존하거나 공리주의적 관점에서 판단해도 마찬가지다. 이제는 스테이크, 햄버거, 프라이드 치킨을 완전히 포기할 것인지 아니면 이제까지 먹어 온 것보다 자주 먹지 않든지, 그것은 개별적인 문제라고 하겠다. 그러나 중요한 것은 각자 이 문제를 얼마나 감수성 있게 받아들이고 예민하게 반응하는지에 달려 있다. 다른 말로 표현하면 우리가 동물의 문제를 자기 존중의 문제로 받아들일 수 있느냐 하는 것이 관건이다.

끝으로 털이 수북한 친척인 원숭이에 대해 우리의 이해를 더 살펴보며 동물과 관련한 사유 과정을 계속해 나가자.

21

우리는 유인원들과 어떤 관계로 지내야 할까?

인공 숲속의 원숭이

대형 유인원 프로젝트, 미국 애틀랜타

"제롬은 열네 살 생일을 열흘 앞둔 1996년 2월 13일에 죽었다. 제롬은 틴에이저에 불과했지만 매사에 무관심하고, 몸이 부은 상태에 우울증에 시달리고 있었다. 게다가 완전히 피폐한 모습으로 빈혈과 설사에 시달렸다. 11년 전부터 제롬은 야외에서 놀아 본 적이 없다. 30개월 젖먹이 때는 주로 HIV-SF2(인간면역결핍 바이러스 SF2) 주사를 맞았다. 네 살 때는 LAV-1과 추가로 HIV 유형의 주사를 맞았다. 그런가 하면 네 번째 생일 한 달 전에는 세 번째 면역 주사 NDK를 맞았다."

이상은 하버드 로스쿨의 법학 교수 스티븐 와이즈(Steven Wise)가 실험용 침팬지 제롬에 대해 보고한 내용이다. 제롬은 격리돼 있는 11마리의 실험용 유인원 가운데 한 마리로, 애틀랜타에 위치한 에머리대학의 '침팬지 감염질병 연구소'에서 쇠창살과 콘크리트로 이루어진 창문이 없는 우리에 갇혔다가 죽었다. 와이즈 교수는 보스턴의 '기본권 확장 연구센터'의 소장이었다. 그는 인권의 가장 중요한 세 가지를 장래에는 대형 유인원에도 확장해 적용하자는 이념을 위해 투쟁했다. 세 가지 인권은 **침해될 수 없**

는 생명에 대한 권리, 육체적으로 훼손당하지 않을 권리, 자유로운 개인적 발전에 대한 권리다.

대형 유인원에 속하는 침팬지, 보노보, 고릴라와 오랑우탄에게도 기본적인 인권을 부여하자는 요구는 이미 1993년에 제기되었다. 최초의 발의자는 피터 싱어와 이탈리아의 동물권리 주창자인 파올로 카발리에리(Paola Cavalieri)다. 이 두 사람은 1993년 공동으로 책을 출간했다. 이 책『대형 유인원 프로젝트(The Great Ape Project)』는 출간되자마자 새롭게 구성한 단체의 선언문 표제가 되었다. 유인원에 대한 이들의 시각은 책 속에 명료하게 정리되어 있다. 유인원은 인간과 유사하게 사회적이고 정서적인 삶을 살아가는데, 그들의 지능은 우리에게 거의 뒤지지 않는다는 것이 이 책의 골자다. 그런데도 유인원은 제대로 된 법적 보호 장치를 얻지 못하고 있다는 것이다. 이는 피터 싱어와 파올로 카발리에리에게 매우 수치스러운 일이다.

이 두 철학자의 주장이 옳은 것일까? 대형 유인원과 우리의 관계를 바꾸어야만 하는가? 18세기에 학문적인 생물명명법을 창안한 스웨덴의 칼 폰 린네(Carl von Linné)는 인간과 침팬지를 최초로 분류하려는 시도에서 각각 호모 사피엔스와 호모 트로글로디테스(Homo troglodytes)로 명명했으며, 이 둘을 같은 종에 속하는 것으로 보았다. 그가 이렇게 한 것이 완전히 잘못된 것이 아니라는 사실은 230년이 지나서야 드러났다.

1984년에는 예일대학의 분자생물학자 찰스 시블리(Charles Sibley)와 존 알퀴스트(Jon Ahlquist)는 오랜 기간에 걸쳐 인간과 원숭이의 DNA에 대해 연구한 결과를 발표했다. 그 결과는 오늘날 학문적 공동 자산으로 간주된다. 이에 따르면 오랑우탄과 인간 사이에 유전자의 차이는 약 3.6%이고,

고릴라와 인간과의 차이는 약 2.3%였다. 또한 침팬지와 보노보를 인간과 비교해 보았는데, 결과는 거의 같은 약 1.6%였다. 침팬지와 고릴라 사이에도 약 2% 이상 차이가 났으며, 침팬지와 긴팔원숭이 사이의 차이도 약 2.2%에 달한다. 이 같은 차이를 알게 되었지만, 이렇게 추상적인 숫자는 물론 아주 불안정한 결과에 불과하다. **호모 사피엔스와 판 트로글로디테스**(Pan troglodytes, 오늘날 사용하는 침팬지의 학명이다) 사이에 추정되는 유전적 차이 1.6%는 놀라울 만큼 미소한 수치다. 인간의 DNA 가운데 98.4%는 침팬지의 DNA와 동일하며, 이 두 종은 말과 당나귀처럼 친족 관계인 것이다. 분자생물학적으로 관찰하면 쥐와 생쥐, 낙타와 라마보다도 더 가까운 친족이다.

로스앤젤레스에 있는 캘리포니아대학의 진화생물학자 재레드 다이아몬드(Jared Diamond)는 이 결과를 감안해 유인원을 분류하는 새로운 체계를 내세웠다. 다이아몬드는 생물학자들이 장차 사물을 이제까지와는 "상당히 다르게, 말하자면 침팬지의 관점에서 보아야만" 할 때가 올지도 모른다고 말한다. 그는 이렇게 주장한다.

"조금 더 높이 있는 유인원('인간 침팬지'를 포함하는 세 종류의 침팬지)과 조금 더 아래에 있는 유인원(고릴라, 오랑우탄, 긴팔원숭이) 사이에는 약간의 차이만이 존재한다. 따라서 유인원(침팬지, 고릴라 등)과 인간 사이의 전통적인 구분은 사실에 부합하지 않는다."

생물학적 사실에 근거한 이런 주장은 매우 큰 파장을 불러일으킨다. 유인원과 인간은 거의 유사하고, 그렇기 때문에 적어도 거의 동등하게 다루어야 한다는 주장에 과연 의심할 여지라도 있는 것일까?

그렇다. 의혹은 진화생물학에서 불거져 나왔다. 생물학적인 분류에서 유전적인 유사성과는 전혀 다른 접근 방식이 제시되었기 때문이다. 발생사적으로 고찰하면 예컨대 악어와 비둘기는 악어와 거북이의 관계보다 더 가까운 사이다. 그런데도 생물학자들은 악어와 거북이를 파충류로 분류하고, 비둘기는 조류로 분류한다. 생물학적 체계에서 분류 기준으로 결정적인 것은 유전적인 유사성뿐만이 아니었다. 부가적으로 주변 환경에의 적응력과 삶의 방식과 같은 요소도 고려의 대상이 되었기 때문이다. 하지만 이런 관점에서 유인원과 인간의 차이는 어느 정도일까? '동물의 아버지'로 불리는 알프레트 브렘(Alfred Brehm)이 이미 19세기 중반에 의혹을 제기한 것이 사실에 더 적합하단 말인가? 브렘은 다음과 같이 주장했다.

"원숭이에 대한 불쾌감은 육체적인 것뿐만 아니라 정신적인 천성에 근거하는 것으로 보인다. 육체적으로 볼 때 원숭이와 인간이 닮은 점은 표면적인 것에 불과하다. 정신적으로 원숭이는 인간의 나쁜 점을 닮았고, 좋은 점은 닮지 않았다."

일본의 행동과학자들이 1950년대와 1960년대에 고시마라는 작은 섬에서 집단을 이루고 사는 빨간 얼굴 원숭이를 관찰했을 때, 그들은 원숭이에게도 문화적 능력이 있다는 증거를 확보했다고 믿었다. 예컨대 인간의 지도 없이도 몇 마리의 어린 원숭이는 야생에서 살아가는 원숭이에게는 절대 볼 수 없었던 행동양식을 체득하고 있었다. 새로운 조사로 유명해진 것은 감자를 먹기 전에 물로 씻는 것이었고, 다음으로는 이른바 '사금 채취'라 불리는 것으로, 원숭이가 밀알과 모래알을 물속에서 세척해 분리하는 행위였다. 그 밖에도 원숭이가 바다에서 해초와 조개와 같은 새로운 영양소를 개척하는 창의적인 행위가 있었다. 이들 집단에서 다른 구성원들이 이런 능력을 그대로 따라 하면서 문화적으로 미래 세대에게 계속 물려주었다는 것은 매우 특징적인 양상이다. 유인원에 대한 관찰은 이를 훨씬 넘어서서 세계적으로 퍼져나갔다. 영국의 유명한 최고 연구자 제인 구달(Jane Goodal)은 1960년대 말엽에 자연 속에서 사는 침팬지들을 조사한 결과를 보고했다. 이에 따르면 침팬지들은 나뭇잎을 눌러서 가장자리로 물을 마셨고, 풀줄기를 흰개미 집에 집어넣고 흰개미를 잡아먹는가 하면, 심지어는 도구를 만들기 위해 나무줄기에서 잎사귀를 떼어 낼 줄도 알았다. 제인 구달이 고생물학자 루이스 리키(Louis Leakey)에게 자신의 관찰 결과를 보고하자, 그사이에 리키는 구달에게 전설처럼 놀라운 축하 전보를 보냈다.

"우리는 지금 도구를 새롭게 정의하거나 인간을 새롭게 정의해야만 한다. 그렇지 않다면 침팬지를 인간으로 받아들여야만 한다."

그러나 인간과 원숭이의 비교에서 가장 모호하고도 특히 중요하게 여기는 척도가 바로 언어, 더 정확하게 말해 인간의 언어다. 그러나 원숭이들 가운데 복합적인 음운 시스템과 의사소통 시스템이 있다는 것을 두고 진지한 논쟁이 벌어진 적은 아직까지 없다. 원숭이 역시 뇌 안에 언어를 통제하는 베르니케 영역과 음운 현상, 문법을 통제하는 브로카 영역이 존재한다. 하지만 왜 원숭이는 인간의 방식을 따라 음운을 사용하지 못하고 다른 방식으로 의사소통하는 것일까? 이에 대한 답은 너무 간단하다. 인간의 언어 사용 비밀은 앞서 9장 〈유리병 속의 파리〉에서 언급했듯이 후두에 있다. 인간의 후두는 유인원을 포함해 다른 원숭이보다 몇 센티미터 더 깊게 자리 잡고 있다. 초기 호모 사피엔스의 경우에 후두 부위에 변화가 있었고 상징적인 의사소통을 위한 뇌의 발달은 서로 영향을 주었을 개연성이 있었다. 그러나 원숭이의 경우에는 이런 과정이 진행되지 않았다.

그런데 언어 실험에서 몇 가지 훌륭한 성과가 있었다. 1960년대에 네바다대학의 베아트리체 가드너와 로버트 가드너 부부가 와쇼와 루시라는 이름의 침팬지에게 청각장애자가 사용하는 미국식 수화 '아메슬란(Ameslan)'을 가르쳐서 큰 주목을 끌었다. 가드너 부부에 의해 두 마리의 어린 침팬지는 몇 백 개의 낱말을 익혔다. 유인원은 추상적인 상징성을 대상과 상황, 사건에 적용하고, 그것을 다시 특정한 사람과 동물 그리고 사물과 연결할 수 있는 능력을 지니고 있었다.

1980년대엔 심리학자이자 언어학자인 수전 새비지럼보(Susan Savage-Rumbaugh)가 캔지라는 이름의 보노보를 상대로 이와 같은 결과를 도출했다. 캔지는 2년 내에 타자기로 256개의 상징적 낱말을 사용할 수 있게 되었고, 이것으로 일상적인 부탁을 표현하거나 어떤 사태를 인식할 수 있었다. 나아가 무엇인가 흉내 내거나 대안을 선택하고, 스스로의 감정을 표현할 수도 있었다. 그런가 하면 캔지는 심지어 수백 개의 영어 단어에 적절한 반응을 보이기도 하였다. 채터누가에 위치한 테네시대학의 린 화이트 마일스(Lyn White Miles) 교수도 오랑우탄에게 유사한 결과를 얻었다.

이 모든 것을 넘어선 것은 샌프란시스코 남부 우드사이드에서 자란 암컷 고릴라 코코였다. 코코는 25년 동안의 집중적인 훈련을 받은 뒤에는 미국식 수화로 1,000개 이상의 개념을 사용하고 약 2,000개의 영어 단어를 이해하게 되었다. 1998년에는 이미 인터넷에서 코코와 채팅하는 장면이 최초로 생중계되었다. 코코가 사용하는 문장은 3개에서 6개 사이의 단어로 이루어졌지만, 시제를 구분하고 위트까지도 사용했다. 전문가의 테스트로 밝혀진 아이큐는 70에서 95 사이였다. 아이큐 100이면 인간도 정상적인 지능을 의미하기 때문에 이는 놀라지 않을 수 없다. 코코는 운율도 사용했는데, 가령 do는 blue, squash는 wash에 운율을 맞추었다. 또한 비유를 고안하기도 했는데, 얼룩말을 '말−호랑이', 피노키오 인형을 '코끼리 베이비'라고 불렀다. "어째서 코코가 사람과 같지 않지?" 하는 물음에 코코는 "코코는 고릴라" 하고 현명하면서도 정확하게 대답했다. 30년 이상 규칙적인 훈련을 거치면서 고릴라 여사는 이전의 다른 어떤 비인간 생명체보다 언어에 훨씬 탁월한 재능을 발휘했다. 패터슨은 코코의 사례에서 일반적으로 고릴라로부터 심리학에 대해 무엇인가 배울 수 있다고 말한다. 예컨대 '고릴라가 기쁠 때 어떻게 표현할까' 하는 물음에 "고릴라 포옹해" 하고 대답했으며, 화가 나 있을 때 고릴라는 어떻게 표현하는가에 대해서는 "화장실 제기랄"이라고 대답했다는 것이다.

코코의 연구 결과에서 나타나는 특징은 고릴라가 격리된 실험실에서만 재능을 보인다는 사실이다. 야생에서 살아가는 고릴라는 동물원의 고릴라와 마찬가지로 인간의 문법에 신경 쓰지 않고 다른 방식으로 행동할 수밖에 없다. 고릴라는 자연적인 공간에 적응하며 먹이를 얻는 일에 머리를 쓰는 것 이상으로 높은 지능 수준을 보여 준다. 이는 인간도 사회적 행동이 다급하고 필요할 때 지능이 최고조로 오르는 것과 같은 이치다.

원숭이 세계에서 일어나는 모든 도발적인 일 중에서 가장 복잡한 것은 무리의 경기 규칙을 정하는 문제다. 유인원의 지능이 높은 것도 사회적 도전 덕분이다. 물론 이런 사실은 동시에 유인원을 대상으로 하는 모든 언어 실험이 어째서 문제가 되는지를 보여 준다. 요컨대 원숭이 세계에서 일어나거나 이 세계로부터 도출될 수 있는 의미들이란 몸으로 체득될 수 있는 것이기 때문이다. 반면에 유인원의 많은 행동이 인간에게 수수께끼인 것처럼 다른 모든 의미는 유인원에게 '자연스럽게' 어둠에 묻혀 있다.

그러므로 지능은 종의 특수한 사회적 교류 방식과 밀접하게 연관돼 있다. 하지만 유인원을 대상으로 하는 실험은 동물의 고유한 능력이 아니라 인간이라는 종에게 주어진 척도를 기준으로 측정한다. 이런 식으로 조사된 유인원의 언어 능력은 인간에게는 대략 두 살에 해당한다. 계산 능력에 관해서는 교토에서 몇 년 전에 보고된 침팬지 암컷 아이(Ai)의 능력으로 볼 때 취학 전 어린이의 능력에 버금간다. 이렇게 입증된 결과에 따르면 유인원은 자기 종에게 고유한 행동 방식과 의사소통 방식을 이용해 인간의 언어와 숫자 체계를 다루는 방법을 배울 수 있었다. 그렇지만 이로부터 어떤 도덕적 결과를 얻을 수 있을까?

언어의 숙련성과 계산력은 인간의 도덕공동체에 소속될 수 있는지 여부에 대한 기준이 되지 못한다. 이와 관련해 정신적으로 중증 장애자나 젖먹이는 언급할 만한 가치가 조금도 없지만, 그런데도 그들은 ―유인원에게는 어디서나 배제돼 있는― 완전하게 도덕적으로 보호를 받는다. 침팬지와 고릴라가 한편으로 실험실에서 계산과 언어 능력의 배양을 통해서만 인간의 도덕공동체로 편입되는 반면에, 인간의 지능은 도덕적 문제를 고려하는 데는 전혀 기준이 되지 않는다.

그런데도 대형 유인원 프로젝트의 대표자들은 유인원의 지적 능력을 철저하게 논거로 이용하고 있다. 유전자뿐만 아니라 자의식이나 지능, 복합적 소통 형식과 사회 체계와 같은 기본적인 정신적 고유성도 '인간 유인원과 인간이 아닌 유인원'을 하나의 인간 공동체로 묶어 주는 요인이 될 수 있다. 이에 대한 편입 기준은 '개인(Person)'이라는 선호 공리주의적 개념이다. 유인원도 소망과 의도를 갖고 있고 또한 이익을 추구하므로 그들 역시 개인인 것이다. 유인원 프로젝트에 의거하자면 유인원은 무조건적인 보호를 받을 권리가 있을 뿐만 아니라 이들에게도 기본권을 부여하여야 한다. 따라서 유인원은 동물실험을 통해 남용되거나 손상을 입어서는 안 된다. 또한 동물원이나 서커스에서 사람의 관람 대상이 되지 않을 권리가 있다. 위협을 받는 자연 속의 미개인이 보호를 받는 것과 비슷하게 유인원도 자연적인 생활공간을 가질 권리가 있다. 이제 유인원을 신경 써줘야 할 주체는 종의 보호자가 아니라 국제연합기구가 되어야만 한다는 것이다.

이런 요구에 대한 반론은 곧바로 제기되었다. 유인원이 어떻게 그들에게 부과된 의무를 실행해야 할 것인가를 논의하지 않은 채 그들의 육체적 비훼손권이나 자유로운 계발의 권리 등을 언급하는 것이 정말 의미 있는 것일까? 인간 공동체에 소속되는 유인원도 차후에는 사람처럼 세금을 내거나 병역을 이행해야 한단 말인가? 아무튼 이런 아이러니한 상황과는 상관없어도 문제는 산재해 있다. 만일 유인원이 권리를 받아들이지 않고 위반했는데도 권리가 보장되어야 한다면 무슨 일이 일어날까? 침팬지 사이에 벌어지는 '전쟁'이나, 유인원 사이에서 일어나는 '잔혹한 살인'과 '카니발리즘'을 어떻게 평가해야만 할까? 원숭이가 인간에게 상처를 입히거나, 인간을 죽이기라도 한다면 이 원숭이를 어떻게 해야 할 것인가? 원숭이도 '개인'을 가늠하기 위한 법적인 잣대에 따라 처벌할 것인가?

대형 유인원 프로젝트의 두 번째 난점은 그 자체가 안고 있는 논리적 모순성이다. 먼저 동물의 권리를 주장하는 사람에게 중요한 것은 인간 우월주의로 비난받는 인간과 동물 사이의 경계를 점차 허무는 일이다. 유인원 프로젝트에서 말하는 도덕의 기준이란 우리가 인간이라는 종에 속한다는 것이 아니라 공동체 속에서 복합적인 감정을 가지고 적어도 기본적인 공동의 이익을 추구하는 것이다. 인간은 말하자면 자기 자신에서 출발하는 것이 아니라 '개인'이 될 수 있는 조건을 갖춘 생명체가 있으면 이를 받아들이는 것을 배워야만 한다. 그렇다. 그러면 그럴수록 좋다. 하지만 모든 동물 가운데 인간과 가장 닮았기 때문에 유인원이 도덕적인 특권을 누려야 한다는 전제에 따라 대형 유인원 프로젝트가 어떻게 인간과 유인원의 경계를 허물자는 논리를 주장할 수 있겠는가? 동물의 권리를 주장하는 몇몇 사람이 볼 때 대형 유인원 프로젝트는 논리적인 근거가 너무 미약하고 일관성이 없거나 '인간 중심적'인 것으로 보였다. 그들의 비판은 인간과 동물의 경계를 허무는 일에는 전혀 관심이 없는 보수적인 비판가들과 유사했다. 그들은 인간과 침팬지 사이에 경계가 사라지면 오랑우탄과 긴꼬리원숭이 사이에 새로운 경계를 세워야 하는 것인지를 물었다.

대형 유인원 프로젝트의 옹호자들이 정당화하려던 것은 그들 요구의 상징적 성격이었다. 피터 싱어 역시 인간과 긴꼬리원숭이의 관계를 넘어서서 이와 같은 경계를 허물고, 더 나아가 고통과 행복을 느낄 수 있는 동물들의 권리를 보장해 주고자 했다. 이렇게 볼 때 대형 유인원을 위한 권리 요구는 단지 첫걸음에 지나지 않을 수도 있지만, 최초로 성과를 이룬 시도라고 할 수 있다. 1999년 10월에 뉴질랜드 정부는 영토에 살고 있는 30마리가량의 모든 유인원에게 생명에 대한 불가침권을 부여했다. 그런데 대영제국도 1997년 이후로 대형 유인원에 대한 동물실험을 전면 금지했다. 그러면 사고의 대전환이 시작된 것일까?

원시시대 인간과 동물의 경계가 그사이에 허물어졌다는 것이 사실은 아닐까? 그리고 전통적인 윤리학 대신에 차라리 인지과학이 이 문제를 맡으면 어떨까? 이미 보았듯이 뇌 연구는 충동과 반사, 반응과 가공의 관계에서 아주 새로운 위계질서를 과학적으로 입증하고 있다. 우리는 오늘날 인간 의식이 이성이라는 것에 제한되어 있을 뿐이라는 것을 알고 있다. 이 세계의 대부분은 인간과 동물이 언어 사용 이전에 공동으로 지니고 있던 능력의 결과라는 것이 입증되었다. 이런 의미에서 인간 행위의 중심적 특성으로서의 명징한 오성은 허구인 것이다.

그러므로 우리가 장래에 유인원을 인간으로 볼 것인가, 또는 동물로 볼 것인가는 양자의 개념 정의의 문제로 남아 있다. 일본의 연구자 도시사다 니시다(Toschisada Nischida)가 다음과 같이 언급한 것보다 더 적절한 표현은 거의 없을 것이다.

"침팬지는 고유한 특성으로 볼 때 정말 매력적이며, 몇 가지 관점에서 보면 우리보다 뒤떨어지지만, 어떤 점에서는 우리보다 월등한 면이 있다"

그러나 어떤 경우든 인간과 유인원에 대한 오늘날의 지식은 우리에게 기존의 생각을 전환하도록 요구하지만, 그것은 항상 법적인 조항을 조금 바꾸는 정도로 끝난다.

그 방향은 분명한 것처럼 보인다. 뇌 연구가 더 많은 것을 보여 주면 줄수록, 우리는 가장 가까운 친척인 유인원에 더 가깝게 다가가게 될 것이다. 동시에 현재의 행동심리학의 연구 결과는 뇌 연구자들의 통찰에 밀려 아주 빨리 힘을 잃을 것이다. 동물은 죽음에 관해 생각조차 하지 못하고 죽음을 상상하는 일은 불가능하다는 우스꽝스럽고 무관심한 대답에 대해 고릴라 코코는 나름대로 반론을 제기했다. 프란신 패터슨(Francine Patterson)은 자신이 보호하고 있던 코코에게 "죽음이 무엇이냐?" 하고 물었다. 코코는 신중하게 생각하다가 "유쾌함, 구덩이, 안녕"이라는 세 개의 낱말로 대답했다.

찰스 다윈이 인간의 기원은 동물의 세계에 있다는 것을 증명했을 때, 그는 인간을 '지적인 동물'로 특징짓는 것을 오랫동안 꺼리고 있었다. 그 런데 20세기에 유명한 진화생물학자 줄리언 헉슬리(Julian Huxley), 즉 다윈 의 친구 토머스 헨리 헉슬리의 조카는 인간에게만 고유하게 존재하는 생 물학적인 존재 영역으로 '정신동물(Psychozoa)'이라는 영역을 고안한 바 있 었다. 그러나 뇌 연구는 오늘날 우리를 이 고상한 영역에서 빼내 우리의 친척인 유인원의 세계로 데려오고 있다. 유인원 역시 자동적인 기계라든 가 어떤 '열등한' 존재가 아니기 때문이다. 그들 역시 우리가 고려해야만 하는 가치를 지니고 있는 것이다. 그렇다면 자연 속에서의 이런 가치는 어디에서 시작되는 것일까? 모든 자연이 보호할 가치가 있는 것은 아닐 까? 우리는 주변에 살아 있는 모든 존재를 보호해야 한단 말인가?

22

왜 자연을 보호해야 할까?

고래의 고통

멸종 위기에 처한 야생 동식물, 워싱턴 협약

고래는 지능이 아주 높고 음악에 민감하며, 예민한 감각을 갖고 있다. 어미 고래는 새끼가 태어나면 여덟 달 동안 젖을 물리고, 그 후에도 몇 년 동안 새끼를 돌본다. 새끼는 13년이 지나면 성숙해진다. 고래의 사회적이고 변화무쌍한 삶은 비교할 수 없을 만큼 다양하다. 고래가 서로 주고받는 언어는 복잡하고 복합적이며, 서로를 배려하는 마음은 아주 모범적이다. 게다가 장난을 좋아하는 고래의 동작은 우아하고 매혹적이다.

고래는 70년에서 80년 정도의 오랜 수명을 지닌다. 하지만 수명을 다하기 전에 유일하게 생명을 위협하는 뻔뻔한 사람들이 있는데, 노르웨이인과 아일랜드인, 그리고 일본인이다. 지난 20년 동안 포경선의 작살로 2만 5,000마리의 고래가 목숨을 잃었다. 이 고래들은 내부 장기가 파열돼 피를 흘리며 죽거나 또는 현대식 포경선 갑판 위에서 반쯤은 절단된 채 허파가 터지거나 횡격막에 구멍이 뚫려서 죽었다. 2만 5,000마리의 고래가 죽다니, 이럴 수가 있는가! 이성적이라고 자처하는 국가 공동체가 고래 사냥을 허용한 것이다.

"단 한 마리의 고래도 바다에서 죽는 일이 벌어져서는 안 된다." 1986년에 나온 국제포경위원회의 결의문에 이렇게 적혀 있다. 예외가 있다면 북극권에 사는 자연부족이거나 연구를 위한 목적으로 죽일 수밖에 없을 때다. 하지만 그 이후로 학술적 열망에 불타는 일본인이 매년 1,000마리의 고래를 연구 목적으로 잡아들였는데, 연구가 고래를 잡는 도구라도 되는 것 같다. 반면에 노르웨이인은 다시 자연부족으로 복귀했다. 고래를 죽이려고 하면 누구라도 그렇게 할 수 있다는 것이 안타까운 현실이다. 그런데도 국제포경위원회는 수수방관하다가 어쩔 수 없다는 듯 다수결로 포경 금지를 깨는 제안에 동의했다.

물론 포경은 별로 구미가 당기는 사업이 아니라는 것을 일본인도 잘 알고 있다. 본래 수익이 높은 사업이 아니기 때문이다. 게다가 독일인과 마찬가지로 예민한 감수성을 지닌 일본인은 고래 고기를 대하면 구역질을 느낀다. 그러나 지적해야 할 사항은 포경이 중세 때부터 이어져 온 일본의 전통이며, 이런 전통은 개체 수가 줄어든다는 이유로 철폐할 수 없다는 사실이다. 하지만 바로 이 때문에 국제포경위원회에서는 아직도 항상 포경 반대론자의 반론이 강력하게 제기된다. 고래 보전에 대한 주장의 기본적인 근거는 고래의 **희소성**이다. 이는 고래의 **생명권**과 얼마나 상반되는가! 그렇기 때문에 유엔 인권위원회는 있지만 동물권리위원회가 없는 대신에 포경위원회만은 설치돼 있다. 국제적인 동물 권리도 없는데, 하물며 확고한 국제적 동물보호기관이 설립된다는 것은 정말 생각하기 어렵다. 그렇다고 이 같은 상황이 당연하다는 것은 아니다. 그런데도 독일의 시민법전은 동물을 사물로 평가해서는 안 된다는 조항이 들어 있다. 독일의 동물보호법도 불필요하게 동물을 괴롭히는 모든 형태의 행위를 금지하고 있다. 그러나 유럽연합 법전과 국제법에는 이에 해당하는 조항을 찾아볼 수 없다. 유일하게 존재하는 것은 국제포경위원회와 같은 무역거래 위원회다. 아니면 최고의 심급으로서 CITES 회의, 즉 '**멸종 위기에 처한 야생 동식물군의 국제 거래에 관한 회의**'다.

CITES 회의는 1973년 3월 워싱턴에서 최초로 개최되었고, 이런 이유로 CITES는 '종 보호를 위한 워싱턴 협약'이라고도 불린다. 그런데도 1973년 이후로 인간은 이때까지 존재하던 모든 동식물 종의 절반가량을 무참하게 말살했다. 엄청난 규모의 동물 대량학살이 일어나 비극이라 아니할 수 없다. 인간은 최근 수십 년 동안 인류의 시초부터 제2차 세계대전까지 지구가 입었던 피해를 합친 것보다 지구에 더 큰 상처를 입혔다.

매년 지구 표면의 약 5%가 불타서 없어진다. 오늘날 지구에서 가장 다양한 종의 서식지인 열대우림이 차지하는 면적이 바로 6% 정도라는 것을 감안하면 이는 엄청난 손실이다. 그러나 열대우림의 규모는 30년도 채 안 되는 시기에 절반 이하로 줄어들었다. 이렇게 벌채가 계속되면 열대우림에서 자라던 마지막 한 그루의 나무도 2045년에는 잘려 나갈 것이다. 실로 매일같이 수백 종의 동물이 사멸되고 있다. 이 동물 가운데 대부분은 학술적으로 연구할 기회도 없이 지구상에서 이름도 없이 사라졌다.

지금 얼마나 많은 종류의 동물이 지구에 존재하고 있는지 아무도 알지 못한다. 어쩌면 3,000만 종이 될지도 모르고, 1억 종 또는 불과 600만 종이 될지도 모른다. 공룡의 전성기가 끝나고 포유동물의 시대가 시작된 백악기와는 달리, 동물 종류가 현재 지구에서 소멸하는 비율은 종이 생성되는 비율보다 약 100만 배나 높은 것으로 추정된다. 이미 우리에게 알려진 모든 종 가운데 약 1/5은 이미 사라졌거나 멸종 직전에 있다. 매번 종이 사라질 때마다 많으면 약 100억 개의 염기쌍을 지닌 복잡한 구조의 생명 유전질도 영원히 소멸된다. 언론과 정치권에서 이런 생태학적 재앙을 어떻게 이제까지 관망만 해 왔는지 미래 세대가 볼 때 도저히 이해할 수 없는 수수께끼일 것이다.

더욱 놀라운 일은 독일에서는 18세기에도 철학 교수 자리가 대략 40개에 이르는 데 비해 현재 환경윤리학 전공 자리는 단 하나에 불과하다는 사실이다. 대학이 이런 문제에 관심이 없다는 것은 끔찍하기 짝이 없는 일이다. 환경윤리학처럼 홀대받는 철학 분과는 없을 것이다. 생물종 보호에 관한 문제와 관련해 납득할 만한 대답을 대학이 아니면 어디서 기대하란 말인가? 인간이 왜, 어떤 수단을 사용해 멸종 위기에 처한 생물의 다양성을 보존해야만 하는지에 대한 물음이 시급하게 제기된다.

언뜻 보기에 해답은 간단한 것처럼 보인다. 우리는 자신을 보호하기 위해 자연을 보호해야 한다는 논리가 그것이다. '나무가 죽으면, 인간도 곧 죽는다' 하는 표어만은 그럴싸하고 틀린 말이 아니다. 그러나 사정은 그리 단순하지 않다. 환경이란 본래 무엇인가라는 물음을 던지면 문제는 뒤늦게라도 명확해진다. "가치가 있는 것이지요. 또는 생태학적인 기능 관계입니다. 환경이란 거대한 생명체와 같지요." 이런 다양한 대답이 나온다.

가령 영국 옥스퍼드대학의 제임스 러블록(James Lovelock)에게는 '살아 있는 모든 것을 존중하는 것'이 환경문제의 핵심이다. 러블록은 유명한 화학자이자 의학자, 그리고 지질물리학자로서 많은 학술 관계의 저술을 내놓았고 수많은 특허를 소유하고 있다. 하지만 그의 세계관은 정말 독특하다. 그는 동식물뿐만이 아니라 원유, 부식질이나 석회암, 산소와 같은 무기물도 생명에 속하는 것으로 간주한다. 이 모든 것이 거대한 역동성을 지닌 생화학적 과정의 공동 작용 속에서 생성되었다는 것이다. 무엇보다 1980년대와 1990년대에 독일의 환경 관련 철학자들도 이와 유사한 전제를 내세우며 생명에 대한 경외심과 책임감, 존경과 존엄을 자연 전체로 확대할 것을 요구했다.

러블록처럼 자연에 존재하는 모든 것을 가치로 설명하려는 사람은 매우 특이하고 심지어는 비인간적인 몇 가지 결론에 쉽게 도달하곤 한다. 가령 '유동적인 균형감을 지니고' 조화를 찾아가는 지구라는 놀라운 세계에서 오로지 인간만이 위험한 방해 요소라고 그는 주장한다. 그 사이에 90세가 된 러블록이 체르노빌 원자로 대참사가 뭔가 좋은 점도 있다고 역설한 것은 실제 이상하지 않다. 인간이 더는 방사능에 오염된 이 지역에 들어가지 않을 것이고, 버려진 이곳에서 수많은 나무와 덤불이 무성하게 자랄 것이기 때문이다. 식물은 대체로 인간보다 방사능에 면역력이 있으며, 완전히 인적이 끊긴 삶의 공간에서 새롭게 생겨날 것이라고 러블록은 아주 즐거운 투로 말한다. 하지만 체르노빌 대참사를 당하지 않은 사람이니까 이런 생각을 가질 수 있다. 체르노빌 사건 이후에 뼈에 질병을 가진 아기를 낳게 된 어머니도 이런 상태를 즐거워할까? 이는 아마 터무니없는 상상일 것이다.

아름다운 자연이란 건강한 자연과 같은 것은 아니다. 아름다운 자연도 일단 훼손되면, 아름답다는 느낌이 순식간에 사라지게 된다. 후세에 태어난 관찰자로서 우리가 거대하다고 느끼는 암석과 협곡, 황무지와 계곡은 자연 속에서 강력한 참사가 만들어 낸 흔적이다. 우주 폭발, 운석의 충돌, 모든 것을 황폐화하는 화산 폭발과 또 다른 지질학적 재앙은 어느 항성의 역사를 기록하는 요인이고, 그 가운데 다양한 모습으로 생겨나게 된 생명의 형태는 현재로는 불과 몇 %만이 실존하고 있다. 그 나머지는 화산재에 파묻혀 질식한 채 영원히 사라져 버렸다. 대기권에서 오염 층을 형성하면서 얼어붙은 것, 잔인한 도구와 음험한 덫, 비수처럼 날카로운 턱과 냉혹한 발톱에 포획돼 사라진 것, 생산적인 결과를 얻고자 차가운 전투에서 패배한 것 등이 사멸된 것이다. 삶의 혹독함과 부조화를 창조적 평화에 의해 고무된 낙원의 상으로 만들려는 수많은 낭만적 무지가 이미 이런 것에 속한다. 자연은 '그 자체로' 선한 것도 악한 것도 아니다. 자연은 무엇이 선하고 악한지를 조금도 알지 못한다.

그러므로 자연 '자체'의 가치에 대해서는 다른 차원으로 접근해야 한다. 만일 수백만 종의 동물이 인간의 개입 없이도 사멸한다면 —서양의 철학자들은 이런 일도 역시 '조화로운 과정'의 일부라는 견해를 고수하고 있다 — 인간에 의해 현재 일어나는 동물 세계의 갑작스러운 파멸에 대해 우리는 무슨 말을 해야만 할까? 인간 역시 동물이다. 그러므로 인간이 다른 동물을 억압하거나 박멸하는 것도 자연에서 어김없이 일어나는 '자연스러운' 과정이다. 이런 관점에서 보면 지난 수천 년 동안 지구 전체를 소유하고 수십억으로 불어난 호모 사피엔스는 그 무엇보다 자연의 참사라고 할 수 있다. 인간은 이제 진화의 목표에 대해서도 스스로 결정하고 있다. 그렇다면 누가 살아남고, 누가 사멸할 것인지가 문제로 남는다.

그렇다면 자연의 절대적 가치라는 말이 나오면 어떤 기분이 들까? 그러나 이 물음은 다른 숙고를 필요로 한다. 자연이 어떤 가치를 지니고 있다면, 자연의 가치는 의심할 필요 없이 **인간을 위한** 것이다. 그렇기 때문에 자연에서 종의 다양성을 유지해야 하는 불가피한 근거는 **생태적인 이기**

심이다. 시대정신의 풍향이 '생태'와 '바이오'라는 개념의 씨앗을 필요로 하게 된 지는 얼마 되지 않았다. 독일에서 이런 흐름은 퇴락한 지방자치 단체의 뒷마당에서 나와서 민족의식의 전면에 자리하게 되었다. 나무들의 죽음이 인간의 죽음보다 단 한 걸음 선행한다는 지혜도 이런 흐름과 궤를 같이한다.

대기권을 보전하기 위해 열대우림을 필요로 하며, 안정된 기후와 식수를 얻기 위해 깨끗한 바다를 필요로 한다. 모든 것은 지구 위에서 벌어지는 공동 작용이라고 한다. 세계는 단 하나뿐인 대규모의 생태 체계이며, 이 체계 내에서 모든 종은 나름의 중요한 위치를 차지하고 있다. 하지만 이 말이 정말 옳은 것일까? 이런 견해도 쉽게 이해되지 않는다. 종의 다양성이 생태학적으로 어떤 의미를 지녔는지에 대한 물음에 완전하게 대답하지 못하기 때문이다. 간단하게 말한다면 생태학자들의 경우에도 근본적으로 두 가지의 상반된 견해로 엇갈린다. 이를 설명하기 위해 이 세계를 비행기라고 가정해 보자. 그렇다면 수많은 동식물의 종이 어떤 역할을 하고 있는 것일까? 생태학자들 가운데 한 그룹은 종이라는 것이 무엇이든 비행기를 결합하는 데 기여하는 특수한 리벳이라고 주장한다. 어떤 종이라도 없게 되면 비행 성능이 떨어져서 비행기가 결국은 추락하게 된다는 것이다. 또 다른 그룹은 물론 아주 다른 관점으로 설명한다. 너무 많은 종은 비행기에서 단지 쓸모없는 승객에 지나지 않으며, 반면에 무게가 가벼워진 비행기는 훨씬 더 잘 날아갈 수 있다는 것이다.

어느 쪽이 더 올바르든 그것은 중요한 것이 아니다. 어쨌든 한 가지 분명한 것은 동식물의 종 가운데 생태학적으로 포기할 것은 하나도 없어 보인다는 점이다. 멸종 위기에 직면한 많은 동물이 보석처럼 아름다운 경우가 많다는 사실은 특히 주목할 만하다. 예컨대 시베리아 호랑이, 오카피, 판다, 오랑우탄 그리고 특정한 돌고래 종 등이 그러하다. 오늘날 시베리아 호랑이의 경우 겨우 300마리만 살아남아 타이가 삼림지대의 관목들 사이를 소요할 뿐이다. 다른 동물도 상황은 유사하다. 오카피는 콩고의 이투리 원시림에, 판다는 중국에, 오랑우탄은 수마트라와 보르네오에서만 생존하고 있다. 바다의 돌고래에 다행인 것은 민물에 사는 돌고래가 사라지고 있다고 해서 바다가 뒤집힐 일은 없다는 사실이다.

인간의 개입이 장기적으로 어떤 결과를 가져올지는 불확실하지만, 여러 동식물의 멸종이 반드시 심각한 결과에 도달하는 것은 아닐지도 모른다. 나무 몇 종만 살아남아도 열대우림에서 탄소의 순환을 진행하기에는 충분할 수도 있기 때문이다. 식수 오염과 지구를 보호하는 오존층 파괴는 자연의 생물학적 순환에 엄청난 피해를 야기한다. 그렇다고 호랑이와 오카피, 판다와 오랑우탄, 고래의 멸종이 그런 피해를 입히는 것은 아니다.

비록 어떤 동물이 그들이 살고 있는 생태계에서 꼭 필요하지는 않을지라도, 어쩌면 우리는 멸종 위기에 빠진 종들을 보존하고 싶어 할지도 모른다. 그렇다. 인간은 대단히 중요하고 유용한 몇 가지의 곤충, 미생물과 박테리아보다는 생태학적으로 비교적 덜 중요한 동물을 구출하는 데 훨씬 더 많은 돈과 에너지를 쓰고 있다. 생태학은 말하자면 멸종 위기에 빠진 동물을 위해 무엇인가 하려고 노력하는 결정적인 동기는 아닌 것이다. 물론 그런 노력 역시 좋은 일이라고 하겠지만, 그런데도 생명의 가치를 오로지 생물학적인 순환 기능으로 판단하는 사람은 아주 무서운 결과에 도달할 수도 있기 때문이다. 생태계에서는 특정한 박테리아가 인간보다 더 중요하고 의료에 유익한 역할을 한다. 그렇다고 양자택일의 갈등 상황에서 박테리아를 선택해야 한단 말인가? 매년 지구상에서 먹지 못해 굶어 죽는 인간이 약 700만 명이나 되는데, 열대우림과 같은 천연자원이 보존된다고 우리가 즐거워해야 하는 것인가?

도덕적으로 정말 논리정연한 생태학은 없다. 아마도 피니어스 게이지(Phineas Gage)와 같은 소시오패스(Soziopath)가 아니라면 독일에서 자유롭게 활보해도 좋은 어떤 사람도 단순히 생체 촉매의 재료와 에너지 변환 장치로 보지는 않을 것이다. 하지만 인간이 고무나무와는 다른 가치를 지니고 있다고 존경한다면, 그것은 인간이 매우 복합적인 감정을 지니고 있기 때문일 것이다. 느낌과 고통, 즐거움은 개나 고양이, 돼지, 호랑이, 코끼리도 가질 수 있다. 인간의 생명권과 다른 동물의 생명권 사이의 차이는 추정되는 감각적 삶의 복합성에 따라 측정할 때 어쨌든 등급이 있을 수밖에 없다. 이렇게 볼 때 고도로 복합적인 생명체의 권리를 외면하는 종의 보호는 의미가 없다. 바로 이런 생명체의 권리가 유일한 윤리적 논점이기 때문이다.

이 때문에 고래 사냥 쿼터를 확정하기 위한 CITES 논의에서 문제가 되는 것은 노르웨이인과 일본인이 포획하기를 원하는 회색고래와 밍크고래가 실제로 멸종 위기에 처해 있는가 아닌가 하는 것만이 아니다. 아프리카 코끼리의 사냥을 허용하는 것이 옳은 것인지의 문제도 요컨대 같은 관점에서 다루어져야만 한다. 국립공원에서 수용 능력을 초과한 동물을 죽이는 것을 합법으로 간주하는 자는 인간의 경우에도 초과된 숫자를 같은 방식으로 처리해야 하는지를 자문해 보아야만 할 것이다.

종을 보호하는 것이 어떤 의미가 있느냐에 대한 물음은 생태학적인 유용성의 관점에서만 해결될 수 있는 것은 아니다. 여기서 희소성이라는 것 역시 절대적인 윤리적 관점은 아니다. 어느 동물 종의 희소성과 고통을 느끼는 능력은 일치되는 것이 아니기 때문이다. 오카피나 호랑이, 오랑우탄은 틀림없이 모두 삶에 애착을 지니고 있다. 하지만 어떤 특정한 개체만이 존속한다는 것은 논란을 일으킬 수밖에 없다. 이에 대해 우리가 도덕을 근거로 논의하는가, 아니면 피해를 당한 동물의 관점에서 논의하는가에 따라 아마도 현저한 차이가 나게 될 것이다. 이렇게 볼 때 호랑이는 자신과 동시에 종 전체가 사라진다고 해서 고통을 받을 이유는 없을 것이다.

다가올 몇 년 내에 시베리아 호랑이가 만주의 자작나무 숲에서 영원히 사라진다고 해도 이에 대해 관심을 갖는 것은 아마도 호랑이가 아니라 인간일 것이다. 호랑이를 위기로부터 구원하려는 것은 호랑이에게 관심이 있어서가 아니라 호랑이의 매력에 빠진 그 모든 사람의 관심 때문이다. 이 사람들은 밀렵꾼들이 몇 푼의 달러나 루블을 벌기 위해 이 아름다운 대형 고양이들의 마지막 대표자를 죽이는 것을 수수방관하지는 않는다. 그러나 멸종 위기에 빠진 동식물의 종들을 장기간 보호하는 것이 중요한 문제라면, 미적인 감각이 사실상 얼마나 받아들여질 수 있는가 하는 점에 대해 논란이 벌어질 수 있다. 무슨 이유로 시호테알린산맥의 타이가 삼림지대에 아직도 호랑이가 있어야만 하는 것일까? 세계에 산재해 있는 동물원에서 호랑이가 왕성하게 번식하는 것으로는 충분하지 않은 것일까? 호랑이에 대한 지상에서의 '가치'를 인식하려는 미적인 욕구도 그 가치가 사라지면 함께 사라지는 것은 아닐까?

어떤 철학자나 어떤 생태학자도 이 행성에 수백만에 달하는 그 모든 동물 종이 존재해야만 하는 이유에 대해 실제 설득력 있게 근거를 대지는 못한다. 그러나 철학자도 엄청나게 철학적 사유를 소모하지 않으면 인간의 존재 이유를 설명할 수 없다. 인간의 가치에 대한 가장 강력한 논거는 인간이 고통과 행복을 느끼는 복합적인 능력을 지녔다는 사실이다. 하지만 이런 점이 고래와 코끼리에도 통용된다면, 그들을 죽여서도 안 되고 그들 삶의 근거를 파괴해도 안 된다는 주장이 마찬가지로 성립한다. 그들이 희귀하고 아름답기 때문이 아니라, 그들도 우리가 간과해서는 안 되는 삶에 대한 애착을 지녔기 때문이다.

자연에서 거의 인식 능력을 보이지 못하는 생명체를 접할 때도 최소한의 주의를 기울여야 한다. 우리는 개구리와 새, 식물이나 해파리의 감정세계에 대해서는 거의 알지 못한다. 하기야 인간은 여전히 자기 자신에 대해 아는 것이 별로 없다. 인간은 경솔하게도 '인간 중심적'이라고 부르는 그들의 이익에 대해서도 잘 알지 못한다. 인간은 바다와 대기의 오염, 가차 없는 천연자원의 남획을 인류의 번영과 미래를 겨냥하는 '인간 중심적' 태도로 치부하기 때문이다. 이는 얼마나 어리석기 짝이 없는 일인가!

인간이 인류의 이익을 위해 생물학적인 자연을 변화시켜도 좋은 지점은 어디일까? 또한 자연에 개입하거나 개입해서는 안 되는 지점 사이의 경계는 어디일까? 이와 관련해 어느 정도로 자연에 개입하고, 자연을 조작해도 좋은 것일까? 우리가 그렇게 한다면 우리 자신의 자연적인 성격은 어떤 모습으로 비쳐질까?

23

인간을 복제해도 좋을까?
복제생명체에 관한 견해

복제양 돌리, 몬트리올의 라엘리안 교단

라엘리안 종파(Raelianer—Sekt)는 대체 무슨 일을 하는 단체일까? 소위 살인 자본주의와 과학소설, 히피의 꿈과 공포의 교회가 불길하게 뒤섞인 이 종파는 캐나다 몬트리올에서 복제 기술에 의한 최초의 클론 아기(복제 아기) 탄생과 더불어 불멸에 이르는 길이 있음을 선포했다. 탄생할 때 이브라고 불린 아기는 라엘리안 종파가 2003년 1월에 태어났다고 보고한 클론 아기 2, 클론 아기 3과 마찬가지로 2007년 현재 네 살이 되었을 것이다.

이 종파는 대체 무슨 일을 하는 것일까? 라엘리안 종파는 거의 아무것도 하지 않는다. 이 종파의 창시자이자 수장이며 스포츠 저널리스트인 프랑스의 클로드 보리롱(Claude Vorilhon)은 비교적 중요치 않은 사명, 예컨대 땅콩 알레르기가 있는 사람을 위해 유전자 조작으로 만들어 낸 땅콩을 생산했다는 소식을 전했다. 만일 그사이에 프랑스 소설가 미셸 우엘베크(Michel Houellebecq)가 그의 소설에서 이 종파를 찬사하여 다시 알리는 일이 없었더라면, 오늘날 어떤 사람도 그 소재를 묻지 않았을 것이다. 라엘리안 종파는 불안정한 세계관에 흔들리는 저 완전한 기적의 산맥에서 가장 심하게 조롱받는 봉우리에 불과했다.

가령 이탈리아 산부인과 의사 세베리노 안티노리(Severino Antinori)는 — 라엘리안 종파의 뒤를 이어 제2의 산봉우리를 관찰하려고— 도대체 무슨 일을 한 것일까? 어쩌면 기억할지도 모르겠지만 안티노리는 이미 2002년 4월 여성 세 명이 복제된 아기를 자궁에서 키우고 있노라고 주장한 바 있다. 그는 2002년 11월 말까지도 임신 중이라고 확언했는데, 그렇다면 2003년 1월 첫째 주에 클론 아기가 성공적으로 탄생한 셈이다. 그렇지만 안티노리의 복제된 아기들은 보리롱과 그의 종파를 둘러싼 소용돌이 속에서 존재도 드러나지 않은 채 사라져 버렸고, 다시는 이목을 끌거나 언급조차 되지 않았다. 이탈리아 보건부 장관에게 항의했다는 것이 안티노리에 대한 마지막 언론 보도였다.

그런데 미국 켄터키주 렉싱턴에 있는 남성의학연구소 연구원 파나이요티스 자보스(Panayiotis Zavos)는 과연 무슨 일을 했을까? 그는 2004년 여름에 인간의 배아를 복제했으나 나흘 뒤에 그것을 다시 죽였다고 주장했다. 당시에 그는 이 모든 것이 복제된 인간 배아를 엄마의 자궁에 심어 넣는 예고된 프로젝트를 위한 연습일 뿐이라고 말했다. 실제로 그런 일이 일어났다는 것은 지나치게 말이 많은 자보스가 성공 결과를 세상에 알리지 않은 것으로 보아 사실이 아닌 것으로 보인다.

복제양 돌리가 스코틀랜드의 어느 축사에서 태어난 것은 1996년이었다. 그 후 복제된 인간의 아기가 이 세상 어디선가 비밀스럽게 또는 공공연한 장소에서 이리저리 기어 다니거나 뛰어다닌다는 소식은 들리지 않는다. 많은 사람을 열광하게 했으나 대다수에게는 낯설음과 경악을 주었던 인간 복제에 대한 전망은 지금까지는 비현실적인 것으로 밝혀졌다. 그렇지만 복제 인간을 생각만 해도 왜 우리 마음이 혼란해지는 것일까? 인간 복제에서 윤리적으로 숙고해야 하거나 배척해야 할 것은 무엇일까? 더 정확하게 표현하면 인간 복제에서 비도덕성은 어떤 점에서 시작되는 것일까?

복제를 비판하는 사람들은 인간을 인위적으로 복제하는 것은 인간의 존엄성에 위배된다고 주장한다. 칸트가 이미 말한 것처럼 인간은 '그 자체로 목적'이며, 따라서 목적으로 이용되어서는 안 된다. 복제 반대자들은 복제가 인간을 대상으로 이용하고 있고, 인간을 사물화하여 인간의 품격을 떨어트린다는 것이다. 이와 같은 의구심을 검증하기 위해 내용을 더 상세히 들여다볼 필요가 있다. 이와 관련해 유전공학자들은 오늘날 '재생산적 복제'와 '치료를 위한 복제'라는 두 개념을 서로 분리하여 고찰한다.

재생산적 복제란 모체와 유전학적으로 계속해서 동일한 유기체를 창조한다는 의미다. 이를 위해서는 인간의 체세포에서 완벽한 유전물질을 포함한 세포핵을 추출해야 한다. 그런 다음 난세포를 구하고 여기서 핵을 제거한다. 이어서 핵이 제거된 난세포에 체세포에서 추출해 낸 세포핵을 넣으면 새로운 난세포가 완성된다. 이렇게 인위적으로 조작된 난세포를 대리모의 자궁에 이식하면 복제 과정이 끝난다. 인간에게 이런 실험이 확실하게 성공한다면, 대리모는 9개월 뒤에 아기를 출산하게 될 것이고, 그 아기의 유전자는 체세포를 기증했던 남자의 유전자와 거의 완벽하게 일치하게 될 것이다. 이런 과정이 이제까지는 생쥐, 들쥐, 소, 염소, 돼지, 들고양이, 버지니아 사슴, 들소, 말, 개와 양에서 성공을 거두었다. 바로 복제 양 돌리는 세계적인 명성을 얻은 바 있다. 인간에게 실험이 성공한 사례는 처음에 언급했듯이 없다.

재생산적 복제를 원하는 사람은 극소수에 지나지 않는다. 국제연합기구가 세계적으로 금지하는 법을 만들려고 나서지 않아도, 대부분의 국가는 유전적으로 동일한 인간을 복제하려는 목적에 대해서는 명백한 법 제정을 통해 강력하게 반대하고 있다. 반면에 동식물은 대체로 복제를 허용하는 편이다. 1990년대 이래로 식용 동식물의 복제에 의한 증식은 완전히 정상 행위로 간주된다. 하지만 인간의 재생산적 복제는 무슨 이유로 윤리적인 숙고가 필요한 것일까? 다른 동물에게는 문제되지 않는 이성적이고 직관적인 문제까지 고려해야만 하는 것일까?

많은 사람은 인간의 유전물질이 복사되고, 이것이 또 다른 인간에게 이전될 수 있다는 것을 상상만 해도 아주 이상한 느낌에 직관적으로 사로잡힌다. 소설과 영화는 이런 기이한 환상으로 가득하며, 거의 언제나 불안과 공포를 자아내는 허구의 세계를 보여 준다. 개별적인 인간이 **고유한 존재**라는 사실은 우리에게 가장 중요하게 느껴지는 명백한 진리에 속한다. 개체의 이 고유성은 많은 사람이 깊이 공감하는 가치다. 그러므로 이런 '법칙'을 의식적으로 위반하는 것은 죄악인 것처럼 보이기도 한다. 반면에 동물은 고유한지 복제된 것인지에 우리는 거의 까다롭지 않다. 집에서 기르는 개는 고유한 개체처럼 보이고, 애완 고양이와 승마용 말의 경우에도 그렇다. 이에 반해 금붕어는 아무래도 상관없다. 접시 위에 놓인 돼지고기가 복제된 것인지 아닌지에 관심을 갖는 사람은 거의 없다. 고유성의 감정은 그러니까 아주 예외적인 생명에 대해서만 가질 수 있는 감정인 것이다.

이와 같은 직관적 숙고가 다수의 논거를 통해 지지를 받으려면, 고유성의 가치에 대한 논증이 인정받을 때야 비로소 가능해진다. 어떤 생명체를 재생하기 위해 복제하는 사람은 매우 많은 난세포를 필요로 한다. 이유인 즉 1,000개 중에서 핵이 제거된 단 몇 개의 새로 충만해진 난세포만이 실제로 유기체로 발전하면서 건강한 생명체가 될 수 있기 때문이다. 따라서 동물에서의 성공적인 수확은 매우 낮은 편이며, 이 과정에서 대부분의 난세포는 죽는다.

인간도 분명히 그럴 것으로 추정된다. 일견하여 모든 절차가 성공했다고 할지라도 복제로 태어난 인간의 생존 기간은 상당히 제한적일 수밖에 없을 것이다. 복제 양 돌리는 바로 여섯 살에 죽었는데, 이는 정상적인 양들의 평균적인 기대수명의 절반에 해당한다. 돌리가 2003년 2월에 중증 폐렴으로 죽었을 때, 돌리의 육체적 상태는 처참했다. 무릎과 다리에 관절염이 심각했고, 유전물질도 크게 훼손된 것으로 증명되었다.

돌리가 보통 양에 비해 허약하고 조로 증세가 있었다는 지적은 매우 시사적이지만, 인간의 재생산적 복제에 관한 강력한 논거가 되지 못했다. 그러나 이를 되돌아보는 사람이라면 이런 '기술적' 결함을 제거하는 데 성공할지라도 유전자가 동일한 인간의 생산이 과연 정상인지를 묻지 않을 수 없다. 이렇게 시도하는 과정에서 수많은 난세포가 죽는다는 것도 문제다. 이런 지적은 인간의 난세포도 이미 가치 있는 생명체이고 따라서 무조건적인 보호를 받을 만한 것이라고 생각하는 사람들에게는 깊은 우려를 낳게 될 것이다. 이쯤에서 논의를 일단 중단하고 나중에 다시 다루는 것이 좋을 것 같다. 인간 난자의 가치에 대한 물음은 '치료를 위한 복제'라는 두 번째의 문제, 즉 복제가 인간에게 미치는 유용성과 단점에 대한 문제와 직결돼 있기 때문이다.

이와 관련해 먼저 복제 개념이 즉시 다른 말로 대체돼야 한다고 말하고 싶다. '재생산적 복제'라는 개념은 이미 오류인데, 복제란 언제나 재생산을 말하고 따라서 '중복되는' 말이기 때문이다. 다른 한편으로 '치료를 위한 복제'라는 개념은 의학에서 꿈꾸어 왔던 미래의 전망과 연관된다. 어느 날인가 배아 조직의 도움으로 환자에게 이식할 수 있는 조직까지도 배양하게 될지 모르기 때문이다. 그러나 이런 목적을 위해서는 몇 가지 세포 분화가 일어난 이후에 가장 최초의 국면에서 배아들이 파괴되고, 그중 몇몇 개별 세포는 일치하는 조직을 생산하기 위해 계속해서 배양해야 한다. 이보다 더 진전된 생각은 이 '줄기세포들'을 손상되거나 파괴된 체세포 대신에 환자의 기관에 직접 이식하는 것이다.

이런 것이 복제 치료의 기본적인 방법이다. 하지만 이것이 차후 실현될지라도 우리가 여전히 보고 있듯이 아직은 개연성이 없다. 그렇다면 이런 복제는 여전히 치료를 위한 것이 아니라 '재생산적 복제'처럼 재생을 위한 것이다. 차이는 복제의 절차에 있는 것이 아니라 복제를 통해 추구하는 목적에 있다. 다시 말해 동일한 유전자를 지닌 인간을 만들기 위해 복제를 하는가, 아니면 치료를 위한 의학적 목적으로 복제를 하는가에 차이가 있는 것이다. 요컨대 복제 자체는 현재로는 결코 치료를 위한 것이 아니기 때문에 복제 개념은 **연구 목적을 위한** 말로 시급히 대체되어야 한다.

몇몇 과학자가 배아줄기세포에 열광하는 것은 이론적 가능성의 엄청난 폭 때문이다. 배아줄기세포들은 땅에 내린 하얀 눈과 같아서 모든 상상할 수 있는 형태와 색깔을 받아들일 수 있으며, 언제나 다른 세포로 분화가 가능하다. 유전공학자들은 이런 성격을 전능하다는 의미로 '토티퍼텐트(totipotent)'라고 부른다. 이론적으로 줄기세포에서 상상할 수 있는 모든 조직을 배양할 수 있다. 하지만 이는 이론일 뿐인데, 이제까지 성과가 지나치게 미미했기 때문이다. 이보다 더 큰 장애물은 이질적인 줄기세포 조직을 이식할 때 면역 체계에서 일어나는 거부반응이다. 동물실험에서는 거부반응 비율이 지극히 높았고, 암이나 종양이 있는 환자도 마찬가지일 개연성이 높다.

그렇다면 복제를 어떻게 평가해야 할까? 인간 존엄성의 문제로 이야기를 시작하자. 복제는 인간이 '인간 자체의 가치'로 관찰되는 것이 아니라 도덕적으로 허용되지 않는 방식으로 '목적의 대상이 되고' 있다. 재생산적 복제가 비판받는 이유는 간단하다. 인간은 자기 스스로를 고유한 존재이자 다른 사람과 구별되는 자아로 느끼려는 자연스러운 욕구를 가지고 있다는 것은 (에른스트 마흐의 의구심에도 불구하고) 너무나 명백하다. 인간뿐만이 아니라 문화의 전반적인 자기 이해도 이런 고유성에 기초한다. 자신을 '나'라고 부르기를 꺼리는 사람은 심리적으로 큰 문제를 안고 있는 것이 보통이다. 재생된 복제 인간은 자신을 개별자('분리되지 않은 개체')로 체험하는 데 어려움을 갖게 되는데, 그 이유는 복제 인간 자체가 '분리된 것'에서 생겨났기 때문이다. 그는 고유성을 지닌 개체로서가 아니라 일종의 복사본으로 살아가기 십상이다. 그가 자신의 원판을 전혀 모르고 살든지, 복제 인간 신세를 알지 못하게 될지라도 그러하다.

무슨 이유로 이렇게 잔혹한 심리학적이고 사회학적인 실험을 단행하려고 하는 것일까? 복제 인간의 겉과 안에 관해 관심 있는 호기심 많은 연구자의 유용성과 영적으로 불행해질 위험이 지극히 높은 인간의 운명이 맞서고 있는 것이다. 인간을 목적의 대상으로 이용하려는 것이 이보다 더 명백할 수는 없다. 그러므로 대다수 인간과 대부분의 국가가 인간 복제를 거부하고 법적으로 금지하려고 하는 것은 놀라운 일이 아니다. 특히 현재는 인간 복제가 초래할 엄청난 부담을 감수하고라도 이것을 이용하려는 어떤 움직임도 보이지 않아 다행스럽다.

인간 복제는 연구를 목적으로 할 때는 사정이 다르다고 할 수 있다. 이제까지 인간 복제를 반대해 행해진 모든 것은 이에 해당하지 않기 때문이다. 연구가 목적일 때에는 영적인 상처를 입을 수 있는 사람이 없고, 연구를 위해 손상돼 죽은 초기의 배아만이 있을 뿐이다. 그러나 낙태에 관하여 살펴본 바와 같이 초기 단계의 배아세포도 생물학적인 의미에서는 인간의 생명이다. 이것도 분명히 호모 사피엔스라는 종에 속한다고 할 수 있다. 이와 같은 논거에 따라 독일에서는 배아 연구도 배아보호법으로 금지하고 있다.

그렇지만 배아보호법 자체가 배아를 인격체처럼 다루지는 않는다. 배아를 불법적으로 파괴하는 것과 태어난 인간을 죽이는 것은 완전히 다르다. 배아에 대한 처벌은 본질적으로 경미한 편이다. 배아에 대한 위법과 살인 행위의 차이는 특히 두드러져 독일의 입법기관은 몇몇 연구자에게 배아 연구를 허용하고 있다. 그러나 살인 행위는 이와는 전혀 다르기 때문에 연구자에게도 예외가 없고, 국가 또한 이를 인정하지 않는다. 그래서 '배아가 절대적인 보호를 받을 만한 가치가 있는가' 하는 논쟁에서 독일의 입법기관이 모든 범위에 걸쳐 완전하게 허용하는 것은 아니라는 것을 알 수 있다. 낙태에 관한 규정과 마찬가지로 이 문제에도 동일한 모순이 드러난다. 낙태에 관한 규정은 배아를 생물학적이고 도덕적인 의미에서 인간으로 정의하고 있지만, 배아의 초기 단계에서는 이 생명체를 죽이는 것을 인정하고 있다.

배아의 인간적 존엄성 역시 중요한 문제다. 이와 관련해 앞서 논의한 장의 논거에 따르면, 한 생명체의 가치와 존엄성은 그것이 어떤 속이나 종에 속하는가에 달려 있는 것이 아니라, 생명체가 의식이나 기본적인 자의식, 대상에 대한 관심을 지니고 있는가에 달려 있는 것이다. 더구나 6~8번 분화된 인간의 난자는 분명히 존엄성의 대상으로 논의될 수 없다. 이렇게 볼 때 배아세포에 대해 인간의 존엄성을 인정해 줄 근거는 전혀 없는 것 같다. 배아줄기세포 연구는 물론 인간을 생물학적인 의미에서 대상으로 삼고 있지만, 도덕적 의미에서 그런 것이 아니다. 인간의 존엄성이 없다면 배아세포는 우리 주변의 물건과 다를 것이 없다. 복제 치료에 의해 당뇨나 파킨슨, 알츠하이머와 같은 질병을 치료할 수 있다는 연구자들의 약속이 현실적으로 까마득할 뿐이지만, 우리는 양심에 따라 조용히 공리주의적인 방식으로 숙고해 볼 수도 있다. 요컨대 고통 없이 죽어 버린 배아세포들이 수십만 또는 수백만의 치유된 환자에게 무한한 행복을 선사한다는 점을 고려할 수 있기 때문이다.

이 논거는 매우 강력해 이를 뒤집기 위해서는 설득력 있는 반론이 필요하다. 연구 목적인 경우에도 복제를 금지해야 한다는 가장 강력한 반론은 흥미롭게도 본질적인 논리가 아니라 공리주의적인 성격을 띠고 있다. 지난 수년 동안 연구를 위한 복제를 두고 벌어진 논란은 매우 시끄러웠다. 이에 반해 유전자 치료로 추정되는 성과는 이제까지 매우 빈약한 편이다. 이런 과정에서 조작된 세포로 병든 조직을 대체하려는 발상은 의심할 바 없이 참신한 생각이었다. 그런데도 하필이면 배아줄기세포가 이 분야에서 유일한 선택인가 하는 것은 의문으로 남아 있다.

줄기세포는 배아에만 존재하는 것이 아니다. 우리는 모두 신체의 이곳저곳에, 예를 들어 골수, 간, 뇌, 침샘과 피부에도 줄기세포를 가지고 있다. 과학자들은 여기서 '성체'줄기세포에 관해 언급한다. 성체줄기세포 역시 다양하고 매우 발달 가능성이 뛰어나서 '다능성(pluripotent)'이라고 불린다. 살아가는 동안 성체줄기세포는 신체에 필요한 새롭고 특수한 세포를 끊임없이 만들어 낸다. 그것들은 연구자의 페트리접시 위에서 갖가지 세포 조직으로 성장할 수 있지만, 배아줄기세포와는 달리 한계가 있다. 뇌에서 나온 줄기세포는 모든 유형의 뉴런 신경조직으로 발달할 수 있으나 간세포로 분화될 가능성은 희박하다. 하지만 양수와 제대혈, 젖니에서 나오는 줄기세포는 예외일 수도 있다. 더 정확한 관찰을 위해 현재 계속 토론이 벌어지고 있다.

배아줄기세포에 비해 성체줄기세포의 엄청난 장점에 대해서는 이론의 여지가 없다. 만일 나 자신의 뇌에서 추출한 줄기세포를 생물학적이고 화학적인 자극에 의해 새로운 뇌 조직으로 배양하고, 이를 병든 조직 대신에 뇌로 다시 이식하는 방법이 성공한다면, 내 면역 체계는 이 조직을 거부하는 일이 없을 수도 있다. 이 같은 요법에서 암 발생이 증가했다는 보고는 아직 없다. 1960년대 이래로 의료계는 골수의 혈액을 생성하는 줄기세포를 백혈병과 림프종 치료에 투입하고 있다. 그 밖에도 성체줄기세포를 이용한 심장과 혈관질환 치료를 위한 임상 연구도 오늘날 수없이 진행하고 있다. 그런가 하면 마비 증세와 파킨슨병 치료, 심근경색 이후의 재생에서도 임상 연구 성과가 두드러지고 있다. 의료계는 쥐를 이용해 성체줄기세포를 주사하여 현재 뇌종양 치료에 큰 성과를 거두고 있다.

성체줄기세포를 이용한 연구는 아주 많은 것을 기대하게 한다. 파킨슨병이 차후 수 년 내에 치료될 것이라는 예견이 실제로 이루어진다면, 성체세포에 의한 연구가 배아세포에 의한 연구보다 실현 가능성이 훨씬 더 높다. 그러나 서로 다른 두 영역에서의 연구 프로젝트는 공적으로나 사적으로 지원되는 연구비를 받기 위해 첨예한 경쟁을 벌이는 일이 적지 않을 것이다. 배아줄기세포 연구를 지원한다는 것은 언제나 성체줄기세포 연구 분야에 그만큼 투자되지 않았다는 것을 의미한다. 훨씬 더 현실적으로 치료 가능성이 높을 뿐만 아니라 사회적으로도 문제가 없다는 것이 성체줄기세포 연구의 장점에 속한다. 성체줄기세포는 별문제 없이 구할 수 있다. 반면에 배아줄기세포는 여성의 난자에서 채취해야 하고, 대체로 인공수정의 결실로 이루어지며, 게다가 비축하는 것 역시 제한적이다. 난자 증여가 개발도상국 여성들에게 돈을 받고 제공하는 미래의 영업이 될 수 있다는 점도 배제할 수 없다. 이는 윤리적으로 문제가 아닐 수 없다.

우리가 배아줄기세포 연구와 성체줄기세포 연구의 치료 가능성이 가져다줄지도 모르는 행복을 공리주의적 방식으로 비교해 보면, 성체줄기세포 연구가 훨씬 더 좋은 수단인 것으로 생각된다. 그렇다고 이것이 배아줄기세포 연구가 도덕적으로 문제가 있다는 것을 의미하는 것은 아니다. 공리주의적 사고는 언제나 추정된 결과만을 고려하기 때문이다. 그러나 지난 몇 년간 이로 인해 감정적으로 논란에 빠졌던 이 연구 분야의 요구와 자기 이해, 사회적 의미는 축소된다.

유전공학은 근본적으로 도덕적 물음뿐만 아니라 거대한 사회적·윤리적 차원의 물음에 직면해 있다. 우리는 다음 장에서 바로 사회적·윤리적 차원의 측면에서 현대 바이오의학의 주제인 '착상 전 진단(Präimplantationsdiagnostik)'의 문제를 다루게 될 것이다.

24

재생의학은 어디로 향하는가?

복제의학의 미래

실험관 아기, 벨기에 헨트

벨기에 헨트는 동 플랑드르에 있는 아름다운 항구도시로, 꽃 시장과 고풍스러운 골목길로 유명하다. 물론 2002년과 2003년에는 젊은 부부들이 이 도시를 방문해야 할 이유가 더 있었다. 헨트에서는 재생의학자 프랑크 콤에르(Frank Comhaire)가 젊은 부부들에게 적절한 비용으로 아주 특별한 의료 행위를 해 주었다. 여기서 특별한 의료 행위란 장차 태어날 아기의 성별을 원하는 대로 선택하는 것이다. 이렇게 해서 약 400쌍의 부부가 아기들의 성별을 고를 수 있었다.

콤에르는 미국 버지니아주 페어팩스에 있는 어느 실험연구소와 공동으로 작업했다. 콤에르가 벨기에에서 출산을 원하는 아버지의 정자를 미국으로 보내면, 그곳에서 정자 세포를 성별에 따라 기계적으로 분류하는 방식이었다. 레이저 광선 아래에서 남성 Y염색체는 여성 X염색체보다 더 약하게 반짝이기 때문에 마이크로소트(Microsort) 방법으로 이들을 서로 잘 분리할 수 있다. 분리된 정자가 다시 벨기에로 돌아오면, 콤에르는 시험관에 들어 있는 어머니의 난세포를 부부가 원하는 정자와 수정해 그것을 어머니에게 이식했다.

이 같은 벨기에 의사의 의료 행위는 미국 식품의약국(FDA)의 감독을 받는 의학적으로 아주 중대한 실험이었다. 60개의 임상 병원과 7개의 국제 재생의료센터가 당시 가장 큰 규모로 진행한 성별 선택 연구에 참여했다. 여기에 참여한 고객은 스페인, 벨기에, 네덜란드, 영국, 스칸디나비아, 프랑스와 독일에서 온 사람들이었다.

성 선택 프로젝트에 참여하기 위한 유일한 조건은 차후에 어머니가 될 여성의 나이였다. 즉 18세에서 39세 사이의 여성이라면 참여할 수 있었고, 가장 적격한 사람은 이미 아이 하나를 둔 경우인데, 이것이 이른바 가족의 성별 균형에 맞을 것이기 때문이다. 오히려 여러 가지 제한은 시장에서 생겨났다. 예컨대 혈액 분석에 1,200유로, 실험실 처리비와 정자 운송에 2,300유로의 비용이 들어갔으며, 시험관에서의 수정과 이어서 자궁에 이식하는 비용을 합쳐 6,300유로가 들어갔다. 또한 선택한 성별을 확실하게 보장받기 원하는 사람에게는 6,000유로의 비용이 추가된다.

높은 가격 때문에 콤에르는 도덕적 문제에서 조금은 자유로울 수 있었다. 이 벨기에 의사는 이렇게 가격이 높아도 수요층을 넓히는 일은 걱정할 일이 없다고 확신했다. 이 프로젝트의 접근을 제한하면 할수록, 절차상의 윤리적 망설임은 더 줄어들 것이었다. '가족 균형' 계획이 두려워해야 할 것은 오히려 법원이었다. 벨기에에서는 성별의 의도적 선택이 비의학적인 이유로 금지되지는 않았다. 하지만 언론에서 요란하게 문제를 제기하자 콤에르의 가족 프로젝트는 스캔들에 휩싸이게 되었고, 벨기에 국회도 법적으로 금지하기에 이르렀다.

이에 반해 미국의 파트너는 어떤 제한도 받지 않았다. 시험관에서 아이의 성별을 선택하는 일은 오늘날까지도 법적으로 허용하고 있다. 1992년에 이미 특허권을 갖게 된 마이크로소트 방법은 완전히 성공했다. 본래 마이크로소트 방법은 국민 건강에 도움이 되도록 개발됐다. 가령 혈우병이 자손에게 유전될 수 있는 가족에게 유전을 막기 위해 여자아이를 선택하는 것은 허용된다. 이 방법에 의해 선별된 아이는 1995년에 최초로 태어났다. 그런데 1998년부터 해당 회사는 전혀 싸지 않은 이 성별 선택 요법을 건강한 부부에게도 제공하고 있다.

2003년 영국에서 스코틀랜드 출신 부부가 신문 기사의 헤드라인을 장식하는 일이 일어났다. 그 부부에게는 아들 셋과 딸 하나가 있었는데, 그중 딸이 사고로 사망했다. 그러자 부부는 가족에게 결핍된 '여성적 차원'을 다시 복원하기 위해 시험관에서 아이를 생산하고 성별을 선택할 수 있는 권리를 달라고 요구했다. 해당 관청은 이 요구를 의학적인 근거가 없다는 이유로 거부했다. 이런 사례를 주목하던 영국의 통속적 언론들은 벨기에의 경우와는 달리 이 부부의 편을 들어주었다. 2005년 3월에는 국회의 학술과 기술 분과위원회가 법 개정을 요구했다. 이렇게 해서 근거가 충분하면 시험관에서 생산되는 배아의 성별을 부모가 결정할 수 있게 되었다. 물론 2006년 12월에 채택된 영국 정부의 백서는 이러한 일을 일반적으로 금지하기로 했지만, 앞으로 예외가 허용될 수도 있다는 점만은 철저히 숙고할 여지로 남겨 두었다.

기술적으로 가능해지면 가능해질수록 공명심 있고 냉정한 부모의 열망은 그만큼 더 커지게 된다. 성별을 고를 수 있는 사람은 즉시 눈동자의 색깔이나 키와 같은 다른 특징들을 정하려고 한다. 재생의학 전문가들은 이런 관점에 적지 않은 우려를 표했다. 어린아이들이 이렇게 상품이 된다면, 품질 관리와 상품 검사의 규칙에 따라 선별될 위험은 없는 것일까? '디자이너 베이비(designer-baby)'를 선정하기 위한 방법이 바로 '소비 우생학(consume eugenics)'이라는 것이 비판적인 전문가의 핵심적 주장이다.

성형외과처럼 생식 의학도 완전히 새로운 규범을 세상에 소개해 성장하는 시장을 창출할 수도 있다. 자기 아이가 건강하고 예쁘게 자랄 것인지를 사전에 제때 점검하지 못하는 사람은 이로 인해 사회적으로는 이미 가련한 처지에 놓이게 된 것인지도 모른다. 아니면 그는 부주의하게 행동해 사회적 기회가 별로 없는 매력 없는 아이를 미적으로 잘 형성된 새로운 세상에 내보낸 셈이었다. 이런 생각은 아직 전망에 불과하지만, 실현될 시기가 바로 우리의 눈앞에 다가왔다.

그러므로 앞서 언급한 **'착상 전 진단**(PID)'의 가능성과 위험을 차례차례 윤리적으로 고찰해 보고자 한다. 인간이 태어난 장소에 대한 물음은 인간의 자의식에 관한 중요한 물음에 속한다. 이 물음에 대해 "침대나 들판, 자동차에서"라는 대답 외에 "시험관 속에서"라는 대답이 더 생겨났다. 이 물음이 훗날 당사자에게 정말 긴급하게 제기되어야만 한다거나 필연적으로 중요하다는 것은 아니다. 그러나 이 물음은 법조인과 의사, 도덕 철학자에게는 꽤 대답하기 곤란한 물음이다. 시험관에서의 생식을 어떻게 다루어야 할 것인가? 처음부터 이 시험관 아기에 대해 어디까지 알아도 좋은 것일까? 그리고 어떤 기준으로 성별을 선택할 것인가?

난자와 정자의 시험관 수정은 오늘날 흔히 있는 일이다. 산부인과 의사는 호르몬 처리로 여성의 난세포를 성숙시키고, 남성의 정충을 채취해 품질을 검사한다. 호르몬 처리 과정이 끝나면, 의사는 개별적인 난포(Follikel)로부터 특별히 5~12개의 성숙한 난세포와 함께 난포용액을 채취한다. 이렇게 얻어진 난세포들은 시험관에서 남성의 정충에 의해 수정된다. 이때 성공할 확률은 약 70%다.

더 새로운 방식의 핵심은 선별된 개별 정충을 마이크로 조작기를 이용해 난세포에 직접 주사하는 방법이다. 수정된 난세포가 두 번째 날에 두 개로 분리되면, 두 개의 배아세포를 여성의 자궁에 이식한다. 널리 사용되는 다른 방식은 수정 후 5일째 되는 날에 이식하는 방식이다. 잉여 수정란은 없애거나, 아니면 여러 나라에서 허용하고 있듯이 질소용액에 넣어 냉동 처리한다. 배아세포가 이식된 후 2주쯤 지나면 임신이 확실하게 되었는지 검사한다. 아기를 성공적으로 출산할 확률은 약 40%다.

방법은 이런 식인데, 독일에서는 대략 80명의 아기 중 한 아기가 시험관에서 수정되어 태어난다. 근본적으로 두 그룹의 부부가 시험관 아기를 선택하는 것으로 알려져 있다. 첫 번째 그룹에는 가족력이 있어서 심각한 유전병이 발생할 위험이 높은 사람들이 속한다. 그들은 후손의 싹을 가급적 가장 이른 시기에 검사하고, 필요에 따라 자손의 성별을 선택하려 한다. 그런데 자연적인 방식으로 수정이 되지 않는 부부들에게도 기회가 주어진다. 이 두 번째 그룹은 아기를 낳고 싶어도 불임이기 때문에 정자를 다른 남성으로부터, 난세포는 다른 여성으로부터 채취하는 극단적인 사례도 예상할 수 있다. 심지어는 대리모가 배아세포를 이식받아 출산하는 일도 있다. 그러나 독일에서는 배아보호법에 의해 난자의 제공뿐만이 아니라 대리모도 법으로 금지하고 있다. 이에 반해 정자의 제공은 허용한다.

독일에서 착상 전 진단은 금지돼 있다. 반면에 다른 나라에서는 수정 후 사흘째 되는 날 시험관에서 수정된 배아세포들에서 하나의 세포를 채취하고, 이것에 들어 있는 특정한 유전병과 특이 염색체를 검사하는 것은 허용한다. 아울러 의사와 검사 대상자인 부부는 배아세포를 예비 엄마의 자궁에 착상할 것인지 아닌지를 결정할 수 있다. 그러나 독일에서는 시험관에서 생성된 배아세포의 유전병은 착상 전에는 검사할 수 없고, 착상 이후 산모와 태아에게 위험할 때만 검사가 가능하다. 이때 산모가 감당할 수 없다고 생각되는 질병의 전조가 진단되면, 출산 직전의 이 태아는 낙태가 허용된다. 만일 태아가 유산을 하는 중에 살아남는다면, 유산 시에 어떤 손상이 발생했을지라도 산모는 아이를 출산해야만 한다.

착상 전 진단(PID)의 옹호자들은 이런 방법을 망상이라고 생각한다. 시험관에서 조기 진단을 실시하면 낙태 시의 어려운 수술을 모면할 수도 있기 때문이다. 유럽에서 각 국가가 착상 전 진단을 서로 아주 다른 방식으로 다루는 것은 놀라운 일이 아니다. 가령 영국에서는 착상 전 진단이 시험관 내의 배아를 의학적으로 가능한 모든 기법으로 철저하게 검사하려는 유복한 부모에게는 문제가 되지 않는다. 예컨대 아들 셋을 둔 스코틀랜드 출신의 부부는 무조건 딸 하나를 다시 갖기를 바라면서 이렇게 하는 행위를 조금도 비난받을 일이라고 생각하지 않았다. 그렇다면 성별이 무엇보다 중요한 역할을 한다고 여기기 때문에 적절한 배아를 선택했다면 그것이 정말 그렇게 비난받을 만큼 나쁜 것일까? 아마도 스코틀랜드 부부는 딸을 갖게 된다면 행복해할 것이며, 또한 이 일로 처벌받는 사람도 없을 것이다. 인공수정에서 남은 배아세포들은 이런저런 식으로 죽게 되거나 아니면 저온에서 얼려져 보관될 것이다. 그러니 어쩌다 아들을 낳지 않고 인공적으로 여성 세포줄기를 선택해 딸을 낳는 것이 무슨 문제란 말인가?

대다수 전문가도 이와 같은 개별적인 사례에서 비도덕적인 면은 전혀 없다고 긍정적으로 말한다. 예외적으로 착상 전 진단(PID)을 종교적인 이유로 거부하는 사람들이 있는데, 성별이 신의 뜻에 의해서가 아니라 부모의 손에 의해 결정되기 때문이다. 착상 전 진단에 대한 반론은 사회윤리적인 결과에 근거한다. 배아세포를 이른 시기에 검사하는 것이 정상적인 관례가 된다면, 우리 사회의 기반이 무너져 내릴 위험이 있다. 그래서 엄격한 비판자들은 착상 전 진단을 철저히 거부하고 있다. 그들은 이런 방법이 '삶의 가치가 없는' 생명으로부터 '삶의 가치가 있는' 생명의 선별이라고 판단한다. 따라서 이런 '선택'은 어떤 경우에도 비도덕적인 행위로 간주한다. 그들은 어느 누구라도 장애아를 제쳐 두고 건강한 아이에 대해서만 기본권을 인정할 수는 없다고 주장한다. 비교적 덜 엄격한 비판자들은 의학적 기준에 따른 선별에는 문제가 없다고 생각한다. 그러나 남녀 성별이나 키, 미적인 특징처럼 **비의학적 선별**이 기준이 될 때는 비도덕적 행위가 시작된다는 것이다.

위에서 언급한 첫 번째 관점부터 살펴보자. '삶의 가치가 있는' 생명과 '삶의 가치가 없는' 생명의 분리가 무엇이 잘못이란 말인가? 이런 식의 주장은 정신적이고 육체적으로 장애가 있는 사람들을 '삶의 가치가 없는' 등급으로 분류해 살해한 나치스의 야만적 잔인함을 기억나게 한다. 국가가 인간의 삶과 가치를 판결하는 재판관으로 부상해 생존하고자 하는 인격체들을 살해한 것은 실로 사악한 짓이었다. 그러므로 이상의 두 행위는 무조건 도덕을 기준으로 판단해야 하며, 그것은 가장 심각하게 인권을 유린하는 불법적 행위다.

이 두 가지의 중대한 도덕적 위반은 과연 착상 전 진단(PID)의 경우에도 해당되는 것일까? 그렇지 않다. 왜냐하면 4~8개의 세포로 이루어진 분화

이전의 배아는 인격체가 아니기 때문이다. 또한 여기에 실제로 관여하는 것은 국가가 아니라 예비 부모의 선택이다. 그렇다면 부부가 건강하고 장애가 없는 아이를 가질 권리가 없다고 주장하는 —종교적 근거가 아니라도— 근거는 어디에 있을까? 특히 이 권리가 인격체를 위기에 빠트리거나 죽이지 않고도 실행될 수 있는 것이라면, 어떻게 해야만 할까? 건강한 배아세포의 선별은, 임신은 의학적 우연이라는 우리의 오래된 관념과 모순되는 것으로 보인다. 그러나 인간 사회는 이런 우연을 줄이는 데 많은 노력을 기울여 왔다. 인간 사회는 영아 사망률을 대폭 줄이고, 출산의 위험성을 개선해 왔다. 그런데 우리 사회가 착상 전 진단의 경우에 예전부터 내려오는 방식을 고수하려는 이유는 무엇 때문일까? 이 같은 의학적 진보가 피해보다는 유용성을, 고통보다는 행복을 세상에 더 많이 가져오는 것은 아닐까?

앞에서 언급한 두 번째 반대론자들의 관점으로 돌아가 보면, 무엇 때문에 이들은 비의학적 기준에 따른 배아세포의 선별에 반대하는 것일까? 반대론자들은 이것이 허용된다면 언젠가는, 적어도 능력이 있는 사람은 누구나 이 방법을 이용하려 할 것이라고 우려한다. 과거에는 우연성이 지배했지만, 언젠가는 부모의 취향이 결정적인 때가 오게 될 것이라는 것이다. 이미 한 가정 한 자녀 정책을 시행했던 중국 사회에서 낙태가 실제로 통용되는 결과를 보아도 알 수 있듯이, 개발도상국에서는 장래에 갈수록 딸보다 아들의 비율이 더 높아질 것이다.

서구의 부유한 나라에서도 앞으로 사정은 크게 다를 것이 없다는 게 그들 주장이다. 어디에나 유전자가 건강하며 주로 금발에 푸른 눈, 키가 크고 날씬하며 건장한 아이들이 활보할 것이다. 그런데 뭔가 완전히 잘못된다면, 모든 사람이 아니라 단지 부유한 상류층에게만 이런 혜택이 주어질 것이다. 부유층은 좋은 인자를 고를 것이고, 그러다 보면 금발이 더 빛나는 금발이 되고, 하층민 아이들은 '못난 모습'으로 남아 있을 것이다.

아니면 정반대로 하류층 아이들은 다수의 취향을 따라가는 일이 생길 수도 있다. 하지만 취향이란 변하기 마련이고, 그러다 보면 그들은 사회적 천민으로 전락하게 된다. 그럴 수 있는 것이 대다수의 취향이던 것은 급격히 가치를 상실할 수도 있기 때문이다. 오직 현자만이 이런 흐름을 제때에 깨닫고, 일시적인 유행에 참여하지 않는다. 앞으로 어떤 변화가 일어날까? 착상 전 진단이 어떤 점에서 비난받을 여지가 있기에 우리는 이를 원칙적으로 금지하거나 막아야 하는 것일까?

많은 사람은 이런 생각들에 불편한 감정을 숨기지 않는다. 그러나 충분한 논증이 있었을까? 아직도 이 모든 것은 공상과학소설에 지나지 않는 것으로 치부된다. 그런데 착상 전 진단의 가능성이 눈앞에 다가와 허용되고 사용하는 단계에 이르면, 사람들의 불편한 감정도 변화할 수 있다. 이런 식으로 의식적 선별을 통해 태어난 아이들의 세대가 차후에 불편한 감정을 숨기지 못한다 해도 이 방법을 아주 정상적이고 당연한 것으로 간주하게 될지 누가 알겠는가?

불과 수년 전만 해도 성형외과는 평판이 좋지 않은 사업이었다. 그러나 오늘날은 적어도 몇몇 분야와 특정한 사회계층에서는 멋진 사업으로 평가된다. 아이들이 언젠가는 그들의 부모가 배아 단계에서 '최적화시켜 주지 않았다'는 이유로 부모를 원망하지 말라는 법이 있겠는가? 그럴 수 있는 것이 머지않은 시기에 착상 전 진단(PID)에 이어 '착상 전 수선(PIR)'이나 바로 전에 언급한 '착상 전 최적화(PIO)'와 같은 신기술이 뒤따라 나오게 될 수도 있다. 배아의 손상된 유전자는 가까운 장래에 건강한 유전자로 교체될 수 있을 것이다.

이렇게 간단한 성과는 이미 병들고 장애가 있는 인간을 치료하는 것보다 전망이 더 좋고 무엇보다 더 저렴할 것이다. 특정한 형질을 책임지는 제대로 연구된 유전자가 개발되면 착상 전 최적화는 시작될 것이다. 오늘날 우리에게 알려진 범위에서는 하나의 유전자와 하나의 형질이 일치하는 경우는 아주 드물지만, 이런 일이 일어나기도 한다. 가령 우리 눈동자 색깔을 확정하는 것은 단 하나의 유전자다. 여기서 유전자를 바꾸어 주면 눈동자 색깔도 푸른색이 갈색으로, 또는 갈색이 푸른색으로 변할 수도 있다. 착상 전 최적화 개념은 몽상가들에게 인간 종의 최적화에서, 심지어는 더 평화롭고 더 도덕적인 존재로 변화하는 꿈을 꾸도록 해 주었다. 그들은 마치 도덕이라는 것도 가능성에 따라서는 단 하나의 유전자에서 발견될 수 있는 완전히 유전적인 소질인 양 생각했다.

상상할 수 있는 가능성의 범위는 광범위하다. 1978년 최초의 시험관 아기 루이스 조이 브라운이 태어난 이후, 재생의학은 가히 '기적의 세계'로 변화했다. 이런 상태가 용이해지려면 의학적인 선별과 비의학적인 선별, 나아가 최적화 사이에 설정돼 있는 경계를 유지하도록 노력해야 한다. 의학적인 선별과 유전공학적 오류 교정은 아무도 해를 입지 않지만, 해당 부모와 자식은 혜택을 받는다. 반면에 미적인 선별과 교정은 부모가 아이에게 예측할 수 없는 위험을 초래할 수 있다. 부모가 취향을 결정하지만, 아이는 그 결정이 싫을 수도 있기 때문이다. 건강에 대해서는 논란의 여지가 거의 없지만, 미적인 관념은 정반대일 수도 있다. 또한 내가 오늘은 아름답다고 생각하는 것이 20년 후에는 어쩌면 유치하거나 진부해 보일 수도 있다. 설령 나의 취향이 차후에 변함이 없을지라도, 아이는 부모의 취향을 공유하지 못한다. 그렇다면 사회는 무엇 때문에 이 미적인 선택을 허가가 있어야 한다고 장려하는 것일까? 사회는 오히려 부모의 선택과 취향에 의한 결정을 막아야 하는 것은 아닐까?

우리는 이 같은 사회적 흐름을 볼 수 있다. 그러나 여기서 어디까지 개입하는 것이 입법권자의 의무여야 하는지를 묻지 않을 수 없다. 도대체 언제부터 인간을 그 자신으로부터 지키는 것이 국가의 과제가 되었을까? 부모의 가치관으로부터 아이들을 보호하는 것 역시 중요한 문제다. 이와 관련해 독일연방의회에서 '현대의학의 권리와 윤리'에 관한 여론조사위원회의 의장이었던 마르고트 폰 레네세(Margot von Renesse)는 이렇게 말했다. "한 인간의 삶의 가치를 결정할 권리가 장래의 부모인 제3자에게는 없다." 하지만 이런 말은 근사한 온갖 문장처럼 현실과는 전혀 관계가 없다.

낙태를 생각하면 그렇다. 어머니는 생명의 권리와 동시에 배아가 지닌 생명의 가치도 결정한다. 독일뿐만 아니라 다른 모든 유럽 국가에서 레네세가 언급한 원칙은 원칙으로 볼 수도 없다. 따라서 이 원칙이 여러 국가에서 도입하고 받아들여지는 일은 거의 기대하기 어렵다.

훨씬 더 확실한 것은 놀라움을 자아내는 재생의학이 많은 곳에서 완전히 새로운 기적을 가져올 것이라는 사실이다. 그사이에 재생의학은 이제까지와는 완전히 다른 시간 처리를 할 수 있게 되었다. 예컨대 2005년 7월에는 캘리포니아에 사는 45세 여성이 13년 전에 냉동시켜 둔 배아로부터 한 아이를 출산했다. 그녀의 12살짜리 쌍둥이는 이제 세쌍둥이가 된 셈인데, 세 아이는 본래 동일한 수정 과정에서 생겨났기 때문이다. 이는 미국의 재생의학 전문의 스티브 카츠에게는 단지 시작에 불과하다. 그는 저온에서 냉동된 배아들은 50년에서 100년이 지나 그들의 부모가 이미 죽은 후에도 해동돼 재생될 수 있으리라는 전망을 제시한다.

재생의학의 또 다른 문제는 대체물의 배양이다. 2004년 7월 영국에서 두 살배기 조슈아 플레처의 사례가 세간의 이목을 끌었다. 조슈아는 희귀한 혈액질환을 앓고 있었다. 이 아이의 몸은 적혈구를 충분히 생산하지 못했고, 이 때문에 기대수명은 매우 짧았다. 아이를 치유할 수 있는 구원의 방법은 근친으로부터 줄기세포를 기증받는 것이다. 그러나 그의 부모나 형제들도 유전적으로 그다지 유사하지 않기 때문에, 가까운 친척의 줄기세포를 사용해야 했다. 가장 다르다고 생각하는 장래의 형제자매로부터 가장 유사한 것을 선별해 내기 위한 최선의 방법은 시험관 배양이었다.

줄기세포가 어머니의 몸에 착상돼 아기가 태어나면, 아기가 이렇게 비교 선별한 줄기세포를 이용해 난세포를 수정시키고, 이를 어머니의 자궁에 착상하여 한 아기가 새로 태어난다. 그러면 그 아이의 해당 줄기세포는 플레처와 가장 유사하기 때문에 치료에 결정적인 도움이 된다는 주장이었다. 물론 줄기세포를 기증한 새로 태어난 아기는 이와 같은 과정에서 어떤 손상도 입지 않는다. 수정과 발생학을 관리 감독하는 영국 관청은 이 치료 과정을 근거가 충분히 소명된 개별적인 사례라는 점을 감안해 허락했다. 그런데 독일에서 이것은 법적인 상황에 따라 배제된다.

재생의학의 또 다른 새로운 가능성은 여성이 임신할 나이를 연장하는 것이다. 1990년대 말에 소란스러울 정도로 부각된 방법은 이른바 '난세포질 전이'다. 아이를 갖기에는 나이가 많은 여성이 인공수정하면서 자신의 난세포 수정 능력을 걱정스러워한다면, 이 여성은 비교적 젊은 여성의 난세포에서 추출한 세포질을 투여해 수정을 새롭게 할 수 있다. 이 방법의 아버지는 뉴욕의 재생의학 전문가인 제임스 그리포(James Grifo)로, 그는 최초로 난자 혈장 이동을 검증하고 또한 이런 식으로 배아를 만들어 냈다. 그의 실험은 성공했고, 그리포에 의해 태어난 아이들은 오늘날 중국에서 살고 있다. 미국에서의 지루한 허가 절차를 피하기 위해 그리포는 무제한적으로 연구에 호의적인 중국으로 바로 갔기 때문이다.

그러나 얼마 지나지 않아 더는 중국에 머물 필요가 없어졌다. 미국 뉴저지주 렉싱턴에 위치한 세인트 바나바스 재생의학 연구소의 자크 코언(Jacques Cohen)을 중심으로 한 연구팀은 2001년에 '난세포질 전이' 방법으로 신선한 유전자를 갖게 된 15명의 아기가 탄생했음을 발표했다. 하지만 그리포는 젊은 여성이 기증한 난자 세포질이 단순히 중립적인 원료만은 아니라는 사실을 자신의 고객에게 털어놓지 않았다. 오히려 난자 세포질에는 기증 여성의 수많은 세포조직이 포함돼 있었다. 그중에는 미토콘드리아와 아울러 유전물질의 전달체도 들어 있었다. 기증 여성의 미토콘드리아가 처리된 난세포의 유전물질과 뒤섞이면, 난세포질 전이 과정에서 부모뿐만 아니라 기증 여성을 포함한 세 부모와 동일한 배아가 생성되었다. 말하자면 아기는 두 사람이 아니라 세 사람의 유전자 혼합에 의하여 태어난다.

2005년 11월에는 어바인에 위치한 캘리포니아대학의 더글러스 월리스가 난세포질 전이에 지극히 높은 위험성이 있다는 사실을 알아냈다. 이 방법으로 생산된 많은 쥐가 생식 능력이 없는 것으로 판명됐기 때문이다. 그러므로 그리포와 코언에 의해 탄생된 아이들도 마찬가지로 생식 불능일 확률이 매우 높을 수 있음을 경고한 셈이다. 이 연구에 의해 우선 미국의 재생의학 전문가들의 실험에는 거의 모든 선진 산업국가에서 어떤 핸드크림이나 감기약 시럽에도 규정돼 있는 것조차 지켜지지 않는다는 것이 밝혀졌다. 동물실험에 의한 긴 검증 절차를 선행해야 하는데 그렇지 않았던 것이다. 동시에 대다수 국가의 입법기관이 재생의학의 새로운 — 전혀 도움이 되지 않고 수상쩍은 예후를 보이는데도— 마술적 수단 앞에서 얼마나 쩔쩔맸는지도 분명하게 드러났다.

배아 실험과 착상 전 진단을 상당히 포괄적인 틀 속에서 허용하는 자는 요리조리 빠져나가려는 구멍을 봉쇄하거나 허용된 방법의 기초에 따라 도입되는 신기술을 금지하기에 언제나 급급할 것이다. 신기술은 결과에 의해서만 처벌 가능한 것으로 판명 나기 때문이다. 그러나 안전해 보이던 방법이 미심쩍은 결과로 나타난다면, 법적인 문제들은 여러 면에서 해결하기 어려워진다. 수많은 윤리적인 혼란과 법적 소송은 이제까지 거의 가늠하기 어려울 정도였다. 가령 그리포와 코언의 시험관 아이들이 차후에 생식 불능과 같은 후유증에 대해 그들의 의학적인 조력자를 상대로 고소한다면 무슨 일이 벌어질까? 그들이 심지어는 유전자가 동일한 두 번째 어머니를 상대로 유산과 부양청구권을 제기하는 것은 아닐까? 이 제2의 어머니는 나이 든 여성의 난자 신생을 위해 세포질을 제공했다는 점에서는 무죄라고만 할 수 있는 처지가 아니다. 그런데도 오히려 제2의 어머니가 자신의 예상치 못한 아이를 인지하고는 만나거나 돌볼 권리를 요구하는 것은 아닐까?

언급한 바와 같이 장래의 부모가 그들 자신의 취향과 관념, 생각에 따라 아이의 운명을 결정하도록 비호하는 것이 국가의 과제는 아니다. 이런 식의 입법은 국가를 전체주의 경향에 빠트려 왔다. 그러나 다른 한편으로 예측 가능한 손실을 사회로부터 제거하는 것은 국가의 의무다. 재생의학의 새로운 가능성이 이런 도덕적이고 법적인 긴장의 영역에서 수행되는 것도 사실이다. 어제까지 우연에 의해 결정되던 것을 오늘과 미래에는 선별할 수 있다면, 헤아리기 어려운 선별 과정이 꼬리를 물고 계속될 것이다. 이유인즉 매번 이런 식으로 잘려 나간 사회는 이제까지 필연적이고 불가피했던 특성을 상실하게 될 것이기 때문이다. 이렇게 볼 때 주어진 삶의 상황과 타협을 시도하는 것이 중요하다.

성형외과가 남녀 누구에게나 아름다운 용모와 신체에 대한 꿈을 키워주고 있을 때, 재생의학은 배아세포 때부터 인간의 결함을 피하거나 없애줄 것이라고 약속한다. 이제 건강과 아름다움은 이중의 요구가 된다. 다시 말해 건강과 아름다움은 부모가 아이에게, 반대로 아이가 부모에게 요구하는 대상이 되는 것이다. 이 같은 사회는 결함을 지닌 소수의 인간에 대한 이해와 관용을 잃게 될 뿐만 아니라, 부모와 자식을 분명히 서로 난처한 상황에 빠뜨리게 될 것이다. 가령 부모가 부여한 유전자를 통한 '교정'을 아이는 마음에 들어 하며 인정할까? 이와는 반대로 부모가 그런 것을 포기하거나 할 수 있는 능력이 없어서 자식이 아웃사이더로 전락이라도 한다면, 아이는 이를 받아들일 수 있을까?

재생의학에서 뭔가 새로운 가능성이 생길 때면 언제나 입법기관은 실로 불가능한 어떤 것, 즉 손상을 막을 잠재력 있는 효과를 숙고하도록 요구받는다. 예를 들어 조슈아 플레처가 자신의 생명을 구할 수 있는 ─아무 손상도 없이─ 동생을 얻는 경우에 동생이 훗날 자신이 어떤 목적으로 탄생했는지를 알게 되면 과연 어떤 일이 일어날까? 우리들 역시 헌신적인 사랑을 위해서만 태어난 것이 아닌 것처럼 이 경우도 마찬가지일 것이다. 그리고 어느 누가 동생이 단지 이 목적을 위해서만 태어났으며, 그것도 부모의 소망에 따라 태어났다고 말하겠는가? 물론 어떤 가능성의 비효율도 도덕적으로 나쁠 수 있다.

다른 한편으로 소비우생학은 신체적인 특징을 골라내는 일을 주된 목적으로 하고 있지만, 사회적 발전이라는 면에서는 거의 바람직하지 않은 방향이다. 일반적으로 깊은 불안을 야기하는 것이다! 비록 개별 사례에서 소비우생학이 어떤 확고한 도덕적 근거에서 철저히 거부되고 있지는 않지만, 공공복지를 고려하면 분명히 공포를 자아내기에 충분하다.

도대체 우리는 아이들에게 앞으로 어떤 전망을 만들어 줄 것인가? 자동적인 생명체에 대한 친권을 우리가 형성한 대상에 대한 소유권으로 발전시키기를 원하는 것일까? 이런 권리에 대한 근저에는 생명에 대한 기이한 이해가 얼마나 자리 잡고 있는가! 그러므로 삶에서 모든 것이 인공적으로 교정되는 것이 아니라는 것을 깨닫는다면, 절대로 어떤 손상이 일어나지는 않을 것이다. 끝으로 유전공학과 재생의학의 교정 가능성이 미래에는 그저 난쟁이를 가져올 가능성이라면, 뇌 연구는 잠자는 거인의 가능성과 비교될 수 있다.

25

뇌 연구는 어떻게 될 것인가?

영적인 세계로 들어가는 다리

로버트 화이트, 미국 클리블랜드

"그 원숭이는 시각을 가지고 있었습니다. 원숭이의 눈이 방 안에서 움직이는 나를 따라다녔지요. 입으로 먹을 수도 있었습니다. 만일 손가락을 그 원숭이 입에 집어넣었더라면, 원숭이는 그 손가락을 물어뜯었을 겁니다." 로버트 화이트는 그의 원숭이 실험에 관해 즐거워하며 이렇게 말했다. 1980년 이 실험으로 오하이오주 클리블랜드의 뇌 연구자는 겨우 하룻밤 사이에 유명해졌다. 깨물기를 좋아하는 원숭이 이야기에서 특별한 점은 이 원숭이의 머리가 어깨 위에 제대로 붙어 있었지만, 놀랍게도 그것이 자기 것이 아니라는 사실이다!

이런 실험을 시작한 이래로 케이스웨스턴리저브대학의 실험실에서 화이트가 목을 자른 영장류의 정확한 숫자를 그는 제대로 기억할 수 없다. 아마도 몇 백 마리는 되리라고 짐작한다. 모든 일은 1970년대에 시작되었다. 입구에 고전적인 기둥이 늘어선 장엄한 분위기의 의과대학 건물 측면에서 화이트는 실험에 착수했다. 그의 작업은 인도산 붉은털원숭이의 뇌를 조심스럽게 꺼내 이것을 아직도 살아 있는 다른 붉은털원숭이의 순환계에 연결하는 일이었다.

신경외과 의사인 그는 연결하는 실험이 성공하자 머리를 이식하는 작업을 실시했다. 이를 위해 피부와 근육, 인대에 이어서 기도와 식도, 척추와 척수를 잘라 냈다. 6개의 용기에는 뇌와 혈액을 보관했다. 불과 몇 분 만에 화이트는 원숭이 머리의 혈액순환계와 특별히 사전에 준비된 어느 원숭이의 몸통을 연결시켰다. 이렇게 접목된 원숭이의 머리들은 이후 수일간 더 생존했다. 접목 후 원숭이의 얼굴은 부어오르고, 혀는 형체를 알아볼 수 없을 만큼 두툼해졌으며, 부풀어 오른 눈꺼풀은 영원히 잠겨 버렸다. 원숭이 몸통의 면역 체계가 접목된 머리를 낯설게 받아들이며 거부반응을 일으켰다. 하지만 또 다른 결과는 대담한 실험자들을 완전히 쾌감에 빠트렸다. 뇌에서는 어디에도 이상한 징후가 나타나지 않았기 때문이다.

한때 미국에서 가장 젊은 신경외과 교수였던 화이트는 악명이 높았던 자신의 실험에 대해 고위층에게 지원받는 일이 절실한 실정이었다. 그는 열 남매의 아버지이자 독실한 가톨릭 신자이며 교황 요한 바오로 2세와 자주 대화를 나누는 사이였다. 그는 세계적으로 뛰어난 연구자 단체의 일원이자 바티칸 직속의 학술 아카데미 회원으로서 세계가 알아주는 엘리트에 속했다. 하지만 새로 즉위한 교황이 대단한 의구심을 갖게 되었다는 것은 어느 정도 짐작할 수 있는 일이다. '오하이오 출신의 프랑켄슈타인'으로 불리는 화이트는 인간에게도 머리나 뇌를 이식해 보겠다는 꿈을 자주 언급하곤 했다.

유인원 실험에서 도덕적으로 양심의 가책에서 벗어나기 위해 화이트가 내세웠던 것은 항상 가톨릭적인 영혼론이었다. 화이트는 원숭이가 "인간과 공유하는 것이 전혀 없고, 이는 어쨌든 뇌 또는 영혼과 관련해서도 마찬가지다" 하고 말했다. 그런데 이때 약 100kg 몸무게의 둥근 머리를 가진 두 남자, 즉 하반신 불구자인 크리스토퍼 리브와 측방경화증에 시달리는 물리학자 스티븐 호킹이 이 실험에 참여하려는 의사를 나타냈다. 이런 사람들에게 새로운 육체를 주겠다는 것이 화이트의 주장이었지만, 반면에 교황 편에서는 펄쩍 뛰었다. 수년 전에 화이트는 "제가 간을 이식하거나 팔을 바꿔 달거나 아니면 몸통을 이식하는 것이 무슨 차이가 있습니까?" 하고 교황에게 물었다. 교황은 이렇게 대답했다. "어떤 사람도 영혼을 간이나 팔뚝에서 찾으려고 생각하지 않습니다. 영혼은 오직 뇌에만 깃듭니다."

교황은 견해를 달리하는 것처럼 보였지만, 화이트의 프로젝트에 대한 재정적 지원을 중지할 생각은 없었다. 당시에 화이트는 우크라이나의 키예프로 날아가 최초로 인간의 머리 이식을 실행하려면 400만~500만 달러가 부족하다고 말한 바 있었다. 그러면서 "물론 인류 역사상 가장 위대한 수술이 될 것입니다" 하고 덧붙였지만 결점이 없을 수는 없었다. 수술 후 그의 환자는 팔과 다리를 움직이고 말을 하거나, 음식물을 삼키고 소화시킬 수 없었다. 아무튼 화이트는 웃으면서 불평을 터트릴 입장은 아니었다. 그는 모든 결함을 단번에 해결하고 척수를 연결하는 데 성공하기까지는 20년은 걸릴 것이라고 말했다. 당시에 나는 화이트에게 필요한 경우 자기 몸통을 실험용으로 내놓을 수 있는지를 물었다. 그는 껄껄 웃으며 대답했다. "당연히 그래야죠! 그러나 오히려 더 가치가 있는 머리를 내놓겠습니다."

로버트 화이트는 몇 차례 더 우크라이나로 갔으나 '인류 역사상 가장 위대한 수술'은 이제까지 실현되지 않았다. 그러므로 철학자와 의사, 법학자들은 오늘날 화이트의 수술에서 대체 무엇이 이식되고 있는지, 몸통인지 머리인지에 관심을 가질 필요가 없다. 몸통 기증자의 가족이 수혜자를 방문할 때도 마찬가지다. 그러나 화이트의 계획에서 이루어진 것이 아무것도 없다고 해서 안심하기에는 이르다. 그의 실험은 빙산의 일각에 불과하고, 뇌 연구는 21세기의 가장 위대한 학문적 도전일 뿐만 아니라 도덕에 대한 아주 강렬한 도전이기 때문이다. 뇌 연구의 성과와 더불어 신경생리학은 전통적 인간상을 변화시키고 있는 동시에 아주 새로운 가능성과 방법을 창출하고 있다.

이 가능성 중에서 많은 부분이 우리에게 축복이라는 것은 분명하다. 이와 관련해 비교적 새로운 연구 분야는 뇌 연구와 공학 기술이 혼합된 **신경보철학**(Neuroprothetik)이다. 여기에서 나온 지금까지의 성과는 이미 미래의 환상적인 가능성을 꿈꾸게 한다. 신경보철학은 심장과 방광, 귀와 같은 기관의 기능을 촉진해 결정적인 효과를 창출한다. 심각한 청각장애자 또는 청각을 거의 잃은 사람을 위한 **달팽이관 임플란트**(Cochlea-Implantat)가 무엇보다 중요한 예에 속한다. 달팽이관은 귀의 기능에 본질적인 개념이다.

이에 관해 기능적인 과정을 관찰하면, 청각이 심하게 손상된 사람의 귀 뒤에 놓인 작은 음향처리기는 주변 세계의 소리를 전기신호로 바꿔 준다. 이어서 음향처리기는 전기신호를 코일 너머 피부 안쪽에 심어진 이식 조직으로 보낸다. 이식 조직에 감지된 자극은 달팽이관의 전극 너머 청신경으로 전달되고, 마침내 이 자극은 뇌 속에서 받아들여져 인지된다. 이렇게 신경 자극의 교묘한 기법의 핵심은 귀 뒤에 놓인 음향처리기가 뇌의 소리를 담당하는 신경들이 소리를 이해하도록 신호를 바꾸어 주는 데 있다. 따라서 신경 자극이란 뇌에서 일어나는 전기적인 신호 전달이 몸에서 손상된 감각 기능을 순간적으로 한계를 '뛰어넘도록' 도움을 주는 기법이다.

중증 시각장애나 실명에 가까운 사람들에게 시력을 회복시켜 줄 것으로 기대되는 **망막 임플란트**(Retina-Implantat) 역시 달팽이관 임플란트와 유사한 목적을 추구한다. 어쨌든 현시점에서 가능한 것은 명암을 구별하는 정도다. 그런데도 관심 있는 많은 사람이 임상시험에 참여하고 있다. 특히 연구자들이 많은 노력을 기울이고 있는 부분은 하반신이 마비된 사람을 걷게 하려는 시도다. 이 경우에도 핵심적인 것은 육체의 전기적인 신호의 흐름에 자극을 주어 복원하려는 방안이다. 1990년대 초에 연구자들은 센서를 이용해 환자의 운동 상태를 정확하게 측정하는 데 성공했다. 이때 운동을 관장하는 해당 신경다발의 신호체계도 알려졌다.

문제는 환자의 상태를 통제하고 조절하면서 운동 능력을 기를 수 있는지 여부였다. 그런데 2002년 뮌헨의 어느 연구팀이 이 문제를 해결했다. 하반신 마비 환자는 그의 보행보조기를 작동해 자신의 배낭에 들어 있는 컴퓨터에 "일어 서!", "앞으로 가!" 또는 "계단을 올라가!" 하고 명령했다. 그러자 컴퓨터는 곧바로 환자의 다리에 부착된 전극에 자극을 주는 신호를 보냈고, 환자의 근육은 실제로 보내온 신호에 일치하는 반응을 보였다. 그러는 사이에 다른 센서들은 과정과 결과를 측량해 컴퓨터에 보냈고, 컴퓨터는 이를 받아 재차 요구에 부합하도록 뇌에 명령을 내리고 조정했다.

또 다른 가능성은 달팽이관 임플란트가 환자의 피부 아래 이식되는 것과 유사한 **운동 임플란트**(Bewegungs-Implantat)로, 현재 이에 대한 연구가 성공적으로 진행 중이다. 비록 하반신 마비 환자가 이제까지는 겨우 몇 걸음만 걸을 수 있지만, 장래에는 이 문제에서도 많은 것을 기대할 수 있을 것이다.

가령 파킨슨병과 간질병 환자의 뇌에 자극을 가하면 얼마나 빨리 고통에서 해방될 수 있는지를 보여 주는 다큐멘터리 영화는 우리에게 놀라움과 강한 인상을 심어 주었다. 이 두 질병은 아주 특정한 뇌 영역과 연관돼 있다. '뇌 박동기'의 의도된 전기 자극은 병적으로 과도하게 활성화된 뇌의 특정 지역에 영향을 주어 순간적으로 증상을 저지시킨다. 이에 따라 손을 심하게 떨어 커피 잔을 들을 수 없었던 파킨슨병 환자는 요법을 받자마자 고통 없이 의자에 앉아서 편안하게 커피를 마실 수 있었다. 마찬가지로 간질병 환자도 즉시 발작을 멈췄다. 신경보철학에서 듣기와 걷기를 가능하게 한 방법이 정신적인 장애에도 성과가 있을 수 있다. 뇌에 있는 전극은 신경 화학적인 순환에 직접 개입할 수도 있다. 따라서 우울증에 시달리는 사람도 머리 안의 전극이 보통 때는 활동하지 않는 '적극적인' 신호물질을 활성화하여 효과를 볼 수도 있다.

이 모든 것은 놀라운 결과물이며, 바로 성경에서 기적으로 이루어지는 치유가 눈앞에 다가와 있는 것이다. 귀머거리가 다시 듣게 되고, 장님이 볼 수 있으며, 절름발이가 걸을 수 있게 될 것이기 때문이다. 그렇다면 어디에 문제가 있을까? 신경 임플란트와 뇌 자극 장치는 프랑켄슈타인 방식의 머리 이식과는 무슨 관계가 있을까? 지금 그 대답은 간단하다. 우리는 뇌 속의 신경 체계와 관련된 그 모든 새로운 조작을 의심스러운 목적으로 대체하거나 심지어는 의도적으로 오용할 가능성이 있다. 어떤 상황에서도 지금까지 생화학적 약품으로 할 수 있는 것보다 훨씬 더 강력하게 뇌에 영향을 미치는 것이 가능해질 것이다. 또한 그럴수록 인간의 욕망은 깨어나기 마련이다.

이런 방법을 오용할 수 있는 악마 같은 범죄자가 있다면 아마 군인과 비밀요원일 것이다. 포로를 신문할 때 뇌를 자극해 고문하거나, 뇌의 특정 부위에 영향을 줘 어떤 사실을 조작하는 것은 어려운 일이 아닐 수도 있다. 전통적인 거짓말탐지기와 현대적인 뇌 스캔 장치는 어떤 점이 다를까?

이미 2000년에 필라델피아 펜실베이니아대학의 정신과 의사 대니얼 랑레벤(Daniel Langleben)은 뇌 스캔 장치를 고안했다. 뇌에서 일어나는 과정은 자기공명영상(MRI)으로 관찰할 수 있기 때문에, 거짓말이 일어나는 장소만 알아내면 거짓말도 탐지할 수 있었다. 랑레벤에 따르면 갈등이 일어나 뭔가 신중하게 생각할 때면 뇌의 전 운동 피질에 있는 부분이 활성화한다고 한다. 이런 랑레벤의 주장은 매우 단순하다. 거짓말은 본질적으로 진실을 말하는 것보다 힘들기 때문에 '거짓말을 하려고 애를 쓰면' 뇌의 활성화가 필연적으로 높아진다는 것이다. 하지만 이런 주장이 맞는 것인지는 논란거리를 남긴다. 이유인즉 자주 거짓말을 하는 사람은 거짓말이 표준화돼 있어 정말 진실을 말하려고 갖은 노력을 기울이는 것보다 힘이 덜 들 수도 있기 때문이다. 그런데도 현재 두 회사가 랑레벤의 거짓말 탐지 스캐너를 상품화하기 시작했다.

미국의 법무적인 실무에서는 이에 대한 수요가 크게 증가하고 있다. MRI를 이용한 전문적인 감정은 법정에서 이미 큰 역할을 하고 있다. 신경정신과 의사는 중범죄자의 귀책 능력을 확정하기 위해 이 도구를 이용한다. 잔인한 범죄나 연쇄살인을 저지른 범인은 복내측 부분이 종종 없거나 손상돼 있었다. 이는 유명한 피니어스 게이지(Phineas Gage)의 사례와 다르지 않다. 살인자와 폭력범에 대한 이 스냅 촬영은 어느 범죄자가 전반적으로 귀책 능력이 있는지 없는지의 물음을 해결해 준다. 사법부는 이런 도구를 어떻게 다루어야 할지 논의하고 있다.

가까운 미래에 행동장애를 초래하는 여러 가지 뇌의 결함을 수술로 제거하는 것은 충분히 가능성이 있다. 뇌가 손상된 범죄자를 평생 사회에서 격리하거나 심지어 처형하는 것보다는 강제로라도 뇌를 수술해 주는 것이 범죄자 본인이나 사회를 위해 더 좋은 일은 아닐까? 하지만 최종적으로 이런 결정을 누가 내릴 수 있을까? 신경정신과 의사, 판사, 범죄자 또는 그의 가족이? 여러모로 모호할 때는 범죄자를 평생 교도소에서 먹여 살리는 것보다는 뇌를 수술해 정상인으로 만드는 것이 경제적으로 더 낫다는 평가가 있다. 하지만 이런 방안을 시행하더라도 그 오용은 누가 막을 것인가?

이에 해당하는 가장 가까운 잠재적 범죄자는 마약 마피아다. 뇌에 관해 더 많이 알면 알수록, 뇌는 그만큼 더 효과적으로 조작될 수 있다. 치매 환자의 주의력을 개선하는 데 도움을 주는 것은 정신을 활성화하는 물질이지만, 이것은 청소년들의 마약 소비에 큰 영향을 초래할 수 있다. 여기서는 세로토닌 수용체와 도파민 신진대사에 미치는 영향력이 특히 위험하다(이 기능에 대해서는 6장 참조). 도파민은 펜에틸아민 핵과 함께 메스칼린이나 LSD와 같은 화학적 성분을 함유한다. 이와 같은 성분은 특정한 뇌의 영역에서 과다 흥분을 유발한다. 뇌에서 도파민을 의도적으로 관리할수록 그만큼 더 효능이 좋은 마약을 제조할 수 있다.

설령 중독성 마약을 범죄에 사용하지 않더라도 주의력을 향상시키는 정신 활성 물질의 합법적인 사용 범위는 도대체 어디까지일까? 치매 또는 건망증 환자나 가벼운 집중력 장애에 시달리는 사람들? 아니면 학교에서 중요한 수업이 있을 때 집중력 향상을 위해 아침에 자녀에게 코코아 음료에 작은 알약을 하나 넣어 주는 것이 조만간 일상이 되는 것은 아닐까? 아이들의 능력을 이런 식으로 손쉽게 최적화할 수 있다면, 유전공학과 재생의학이 우리에게 과연 필요한 것일까? 이런 식이라면 앞으로 정치가와 경영자는 16시간 정도 지치지 않고 맑은 정신으로 일하게 될지도 모른다. 나아가 프랑스 투어 사이클 대회에 참가하는 선수도 자극제를 먹고 육체적으로 최적화될 뿐만 아니라 지극히 가파른 경사도 흥분된 상태에서 페달을 강하게 밟게 될 것이다.

반면에 이제 새로운 신경심리학적 지식을 열망하는 다른 의뢰인들은 비교적 천진한 것처럼 보인다. 슈퍼마켓 마케팅 팀, 광고대행사와 웹 디자이너들은 거의 매일같이 동일 업계 종사자들의 잠재의식으로 만들어지는 새로운 소식에 즐거워하고 있다. 인간은 낯선 공간에서 방향을 찾을 때 자연스럽게 오른쪽으로 돈다는 사실이 슈퍼마켓 진열대와 제품 배열에 이용된다. 색채 심리학자들은 MRI를 이용해 카탈로그에 대한 사람들의 반응을 검사하고 있다. 또한 전자오락 기구나 인터넷 게임 제조자도 뇌 스캔을 통해 그들 고객의 심적인 선호도를 추적하고 있다. 그런데 이 모든 것이 정말 해로운 점은 없을까? 과거에는 추측과 설문조사가 지배적이었다면, 지금은 인간의 중앙 신경 체계가 직접 활용할 수 있는 정보의 원천이 되고 있다.

하지만 신경심리학이라는 이 강력한 시도의 반작용은 무엇일까? 우리가 머물고 있는 환경은 틀림없이 우리의 뇌에 영향을 미칠 뿐만 아니라, 부분적으로는 뉴런의 신경다발을 지속적으로 변화시킨다. 체스 게임을 아주 많이 하는 사람은 이를 통해 특정한 능력을 최적화할 수 있다. 이것은 그를 위해 좋은 일이고, 보기에도 더는 나쁠 것이 없다. 그런데 하루에도 수천 명의 적군에게 총을 쏘는 에고 슈터(Ego-Shooter) 게임을 하는 사람은 어떨까? 물론 이 사람 역시 훌륭한 게이머임에는 틀림없다. 문제는 수천 번 총탄을 발사하여 그의 뇌에 만들어진 흔적이다. 판촉용 비디오나 영화의 믿을 수 없을 만큼 빠른 장면이 어린이들의 뇌에 흔적을 남기지는 않을까? 뇌 연구를 어느 정도 이해하는 사람이라면 이를 부정하지 않을 것이다.

추가적인 자극을 얻기 위해 신경심리학의 지식에 점점 더 많이 의존하려는 이런 진화가 어떤 결과에 도달하게 될지 아직은 알 수 없다. 과연 우리는 신경정신과 의사를 상대로 벌이는 전자오락 제조자의 전쟁을 조만간 체험할 수 있을까? 한쪽에서는 계속해서 새로운 자극을 찾고 있고, 다른 쪽에서는 개연성이 있거나 이미 진단된 장·단기적 손실을 근거로 항상 새로운 금지 사항을 제시한다. '집중력 강탈'은 일종의 위법행위이지만, 아직까지는 어떤 사회에서도 처벌하지 않는다. 우리는 앞으로 이런 상황을 바꾸어야 하리라 생각한다.

독일 마인츠대학의 철학자 토마스 메칭거(Thomas Metzinger)는 이에 관해 '인류학적 결과 평가'라는 개념을 제시했다. 사회에 위험을 초래하는 기술의 결과를 평가하듯이, 우리는 장래에 뇌 연구가 가져오는 위험의 결과도 고려해야 한다. 뇌 연구의 도전적인 경향은 우리에게 뇌에 대한 가능성과 위험성을 대비하게 하는 아주 새로운 사고, 일종의 '의식문화'를 요구한다. 이와 관련해 메칭거는 학교 교육에서도 종교와 상관없이 명상 수업을 제안했다. 어린이들은 주의력과 집중력, 정신을 통일하는 능력을 배워 익혀, 사방에서 위협하는 집중력 강탈자들의 영향을 막아야만 한다는 것이다. 반면에 메칭거 교수는 의료 실무에 종사하는 뇌 연구자와 신경기술자가 의무적으로 지켜야 할 규칙을 카탈로그를 만들어 제시했다. 카탈로그의 내용에는 다음과 같은 금지 사항이 들어 있다. 즉 군대와의 공동 연구, 연구 결과의 불법적인 상업화, 환자에 대한 의학적·상업적인 오용이 그것이다.

이를 위해 철저한 규칙이 필요하다. 상황이 매우 심각하다는 것을 인식하기 위해서는 클리블랜드의 뇌 연구자 로버트 화이트의 머리 이식을 생각해 볼 필요도 없다. 뇌졸중 연구에서는 다가올 몇 년 내에 '사고가 일어난' 특정 뇌 영역을 교체하는 뇌 이식에 대한 국제적인 시도가 기대되는 실정이다. 그러나 의학적으로 실행되려면 이식 과정에서 파손된 신경 경로와 신경 접촉을 복구하는 것이 우선적인 과제다. 또한 이렇게 한다고 해도 뇌 자체를 어떻게 만들 수 있을까? '인공두뇌'라는 주제는 예전부터 인간의 환상 속에서 태동했지만, '신경보철'과 '신경생물공학'이라는 새로운 기법은 오늘날 실제로 '인공두뇌 장치'에 대한 몇 가지 정당성을 갖게 될 부푼 기대에 젖어 있다.

이것이 우리의 인간상에 의미하는 것이 어떤 것이지는 거의 상상할 수 없다. 기존의 의미에서 인공두뇌는 아마 사멸할 수 없을 것이기 때문이다. 인공두뇌는 일종의 정신을 가진 기계다. 인공두뇌를 장착한 사람은 소멸하는 두뇌를 가진 보통 사람이 아니라 초인이 되는 것은 아닐까? 이로써 과학은 미술가 프란츠 마르크가 표현주의 미술에서 제기했던 것, 즉 "영적인 세계로 들어가는 다리를 건설하자" 하는 요구를 제기하는 것인가?

뇌 연구와 이를 실천하는 기술은 적어도 도덕 과제를 이중으로 지니고 있다. 뇌 연구는 우선 오용의 위험에서 인간을 보호해야 하며, 가급적 사회는 뇌와 관련된 특정한 의료 기술이 초래할 수도 있는 인간과 세계 이해를 붕괴할 가능성에 대비하게 해야만 한다. 이 때도 인간이 어떤 목적에 이용돼서는 안 된다는 칸트적인 도덕률과 관련돼 있다. 즉 군대와 비밀경찰만이 아니라 마케팅과 전자오락 사업에 의한 모든 의학적 오·남용은 적어도 인간의 수단화라는 의미를 내포하고 있기 때문이다.

이 모든 것으로부터 나타나는 사회적 결과는 상당히 중요하고 심각할 수 있으며, 이와 관련해 행복과 고통에 대한 공리주의적 숙고는 적절하지 못하다. 그러므로 사회는 가급적 빨리 이 문제를 윤리적으로 조정하는 것이 바람직하다. 또한 뇌 연구자와 뇌 신경학자들은 철학과 심리학, 사회학 분야의 동료들과 함께 그들이 진행하는 연구를 평가하고 추후의 발전 방향을 사전에 검토해야만 한다.

인간과 인간상이 보여 준 이제까지의 한계를 넘어서기 전에, 우리는 자신에 관해 좀 더 많은 것을 알아야 할 필요가 있다. 우리는 그동안 우리의 인식 능력에 대해 여러 가지를 배웠고 또한 몇 가지 중요한 도덕적 문제를 생각하고 논의했다. 이제 남아 있는 문제는 인간의 욕망에 관한 것이다. 욕망이 없다면 아마 우리의 현재 상태도 존재하지 않을 것이다. 이제부터는 우리의 열망, 기쁨과 동경, 짧게 말해 믿음과 사랑, 소망에 관해 논의하고자 한다.

내가 희망해도 좋은 일은 무엇인가?

26

신은 과연 존재하는가?

모든 상상 가운데 가장 위대한 상상

안셀무스의 신 존재 증명, 프랑스 르 벡

신은 존재하는가? 신의 실존을 증명할 수 있을까? 가령 다음과 같이 생각하면 어떨까? 신에 관해 해볼 수 있는 유일하고 의미심장한 상상은 신이란 무한히 크고 완벽한 존재라는 것이다. 그 밖에 다른 모든 것은 적어도 기독교에서는 왠지 신이 아니다. 말하자면 신이란 '이보다 더 위대한 것(독일어에서 '위대한'은 '큰'이라는 뜻과 같다. 여기서도 두 가지 의미가 함께 통용되고 있다.—역자 주)은 생각할 수 없는 존재'라고 할 수 있다. 하지만 신이 위대함의 모든 특성을 소유하고 있다는 것이 신에 대한 상상의 일부라면, 신이 실존한다는 것도 당연히 상상할 수 있는 일이다. 만일 신이 실존하지 않는다면, 신에게는 적어도 하나의 특성, 즉 존재함의 특성이 결핍돼 있는 것이다. 이는 신이 없다는 뜻과 마찬가지다. 반면에 이보다 더 위대한 것은 생각할 수 없는 어떤 존재가 신이라고 한다면, 신은 실존할 수밖에 없다는 점이다. 그렇지 않으면 신에 대한 상상은 부조리하기 때문이다. 결과적으로 추론할 수 있는 것은 신은 존재한다는 것이다.

나도 여러분이 이런 논증을 납득할지 알 수 없다. 그러나 여러분이 납득하지 못한다 해도, 그 모든 잘못은 당장 나에게 있는 것이 아니다. 나야 당연히 이런 신 존재 증명을 생각해 본 적이 없기 때문이다. 신에 대한 이런 생각의 논리적 주창자는 삶의 대부분을 프랑스에서 보낸 어느 이탈리아인이다. 그는 영국 어느 도시의 명칭을 따라 캔터베리의 안셀무스로 불렸다. 그는 1033년 이탈리아 북부의 아오스타에서 안셀모(Anselmo)라는 이름으로 태어났다. 그는 15살이 되었을 때 그 도시의 근교에 있는 수도원에 들어갔다. 그러나 야망에 찬 그의 아버지는 더 큰 일을 기대하면서 재능 있는 아들을 정치가로 키우겠다고 생각했다.

23세가 되던 해부터 3년 동안 안셀무스는 프랑스 전역을 여행했다. 특히 프랑스의 북부 지역은 그에게 대단히 매력적이었다. 100여 년 전부터 노르만 사람들은 북프랑스로부터 프랑크족을 내몰았고, 이 지역은 문화의 전성기가 펼쳐지고 있었다. 그들은 선조로부터 프랑스어와 더불어 기독교를 물려받았다. 노르만 시대에는 이곳에 120개가 넘는 대수도원이 생겨났고, 문화와 경제, 정신이 고도로 발달한 장소들이 형성되기 시작했다.

교회 예술과 관련해서도 노르망디는 프랑스에서 가장 문화적으로 풍부한 곳에 속했다. 가장 유명한 수도원과 대수도원은 생-방드리유, 몽다예, 쥐미에주, 앙비예, 솔리니에 있는 트라피스트와 르 벡의 베네딕트 수도원이었다. 안셀무스가 노르망디에 왔을 때 그곳의 가장 유명한 학생인 란프랑크(Lanfranc)는 르 벡의 대수도원을 노르망디에서 가장 중요한 정신적 중심지의 하나로 개축하고 있었다.

안셀무스도 조금 주저하는 듯하다가 1060년에 르 벡의 수도원에 들어갔다. 3년 뒤 란프랑크는 더 큰 규모의 수도원에서 수도원장이 되었고, 안셀무스는 그의 뒤를 이어 르 벡의 수도원장이 되었다. 란프랑크와 노르망디의 정복자 윌리엄 공작과의 친밀한 관계는 추후의 운명적인 상황에 결정적 요소가 되었다. 1066년 윌리엄 왕이 영국을 정복했고, 란프랑크는 캔터베리의 대주교가 되었다. 나중에 세계적으로 유명해진 캔터베리 성당은 당시에는 노르만의 정복 전쟁 중에 불타 버린 채 거의 잔해 더미로 남아 있었다. 란프랑크는 자신이 르 벡에서 이미 이루었던 것을 캔터베리에서 다시 반복했다. 폐허가 된 잔해 더미에서 교회당의 익랑과 성가대 자리를 갖춘 호화로운 로마네스크 양식의 건축물이 솟아올랐다. 캔터베리에서 란프랑크가 영국에서 가장 중요한 문화적·종교적 센터를 설립하는 동안, 안셀무스는 르 벡을 계속 확장했다.

중세의 유일한 초상화에서 고상한 용모를 하고 있는 남자가 바로 안셀무스다. 각이 진 머리와 큰 코, 넓은 앞머리와 길게 목까지 늘어진 하얀 머리털은 그가 맡은 업무와 잘 어울린다. 그는 신학과 수사학 과정에서 성직자를 양성하며 갈수록 번성하는 대수도원의 원장이 된다. 이제 안셀무스는 철학적이고 신학적인 저작물을 집필하기 시작한다. 그리고 1080년경에는 『모놀로지옹(Monologion)』과 『프로슬로지옹(Proslogion)』이라는 저작을 완성한다. 신의 본질에 대한 조금 장황한 명상록인 『프로슬로지옹』에는 신의 존재를 증명하는 내용이 기술돼 있다(본서에서는 이번 장 앞머리에 어느 정도 요약돼 있다).

'신은 이보다 더 위대한 것은 생각할 수 없는 존재'라는 명제는 철학사에서 가장 많이 논의되는 논증 가운데 하나다. 무엇보다 안셀무스의 논증은 최초의 **존재론적 신의 증명**(ontologischer Gottesbeweis)이라는 점에서 유명해졌다. 존재론이란 "존재에 대한 가르침"이라고 말할 수 있다. 존재론적 신의 증명은 어떤 숙고로부터 아주 직접적이고 매개 없이 신의 실존을 추론하는 증명이다. 이번 장의 첫머리에 제시된 핵심적 문구를 기억해 보자! 즉 신은 상상할 수 있는 모든 것 중에서 가장 위대하기 때문에 신이 실존하지 않는다는 것은 불가능하다는 대목이 그것이다. 만일 신이 실존하지 않는다면, 신의 위대함은 인정할 수 없을 만큼 줄어들 것이기 때문이다. 이보다 더 위대한 것은 생각할 수 없는 어떤 것이라는 개념은 만일 더 위대한 어떤 것을 생각할 수 있다면 논리적으로 모순에 빠질 것이다. 결국 나는 신이 실존하지 않는다는 것을 의미 있게 상상할 수 없게 된다.

안셀무스의 신 존재 증명은 비록 한 페이지에 불과하지만 중세부터 근대 초기에 이르기까지 서양철학에서 큰 비중을 차지하고 있었다. 하지만 그것은 그동안 언제나 비판을 불러일으켰다. 그의 최초의 적대자는 한때 몽티니의 백작이었다가 소름 끼치는 인생을 경험한 이후로 마르무티에 수도원에서 가우닐로(Gaunilo)라는 이름으로 지낸 수도승이었다. 그는 아주 교묘한 개념 규정에서 무엇인가 실존한다는 것을 추론할 수 없다고 안셀무스에게 반박의 편지를 보냈다. 가우닐로는 안셀무스의 존재 증명을 모방하면서 '완전한 존재'를 '완전한 섬'이라는 말로 바꾸었다. 그는 이런 식으로 안셀무스의 말을 가지고 필연적인 실존을 증명했다. 가령 신의 능가할 수 없는 우월성이 신의 현존을 증명하듯이, 섬의 능가할 수 없는 빼어난 경관도 마찬가지로 섬의 현존을 증명한다는 것이다.

이에 대해 안셀무스는 냉정한 대답을 찾으려 애썼다. 그는 자신의 논증이 섬이나 그 밖의 사물에 대한 것이 아니라 하나의 특수한 사례라고 주장했다. 실존에 대한 완벽한 추론은 **무조건** 완벽한 것, 즉 신에 대한 것에만 통용된다는 것이다. 반면에 어떤 섬이란 절대 완벽한 어떤 것이 아니며, 그 본성에 따라 모든 상상 중에서 가장 위대한 것도 아니라는 것이다.

안셀무스는 가우닐로의 논증을 아주 진지하게 받아들였다. 이에 따라 자신의 신 존재 증명은 가우닐로의 비판을, 그리고 이 비판은 다시 안셀무스의 대답과 함께 다른 수도승에 의해 필사되고 전파되어도 좋다고 주장했다. 이와 같은 대답은 상당히 탁월했고, 신의 존재 증명에 대한 논쟁은 안셀무스의 명성을 크게 높여 주었다.

1089년 란프랑크가 사망했을 때, 캔터베리 대주교의 직책을 물려받을 후계자는 르 벡의 유명한 수도원장 안셀무스였다. 하지만 정복자 윌리엄의 아들이자 후계자인 윌리엄 2세는 지적이고 자존심이 강한 안셀무스를 영국으로 불러들이는 일을 4년 동안이나 머뭇거렸다. 이런 왕의 의심은 정당한 면이 있었다는 것이 입증되었다. 안셀무스 지도하의 캔터베리 대성당은 여러 면에서 눈부시게 발전하여, 성당이 두드러질 정도로 확장되고 신학적인 생활이 계속해서 결실을 보았다. 반면에 이 짧은 기간에 모가 난 왕과 자존심이 강한 대주교는 왕권과 교권을 놓고 거센 다툼을 벌였다.

안셀무스는 4년 동안 직무를 수행한 후에 로마로 여행을 갔다가 돌아오려 했지만, 윌리엄 2세는 자신을 등진 대주교의 귀환을 거절했다. 그러자 안셀무스는 3년 동안 리옹에 체류했다. 윌리엄 2세의 후계자 헨리 1세는 안셀무스가 영국으로 돌아오는 것을 허용했지만, 이는 그를 4년간 유배 보내기 위해서였다. 1107년 유배를 마치고 돌아온 안셀무스는 캔터베리 대주교로 2년간 더 살다가 당시에는 고령에 속하던 76세에 죽었다. 신의 존재를 증명했다고 믿었던 이 사내는 1494년 성인으로 추대되었다.

안셀무스의 신 존재 증명에 대한 가장 상세한 분석은 150년 뒤에 캔터베리 대주교의 명성을 훨씬 뛰어넘는 신학자이자 철학자에 의해 진행되었다. 그는 바로 안셀무스처럼 이탈리아인이었던 토마스 아퀴나스였다. 그는 1225년 이탈리아 아퀴노 지방의 로카세카 성에서 영주의 아들로 태어났고, 이미 5살 때 수도원에 들어가 19살에 도미니크회의 수도사가 되었다. 그는 쾰른, 파리, 비테르보와 오르비에토에서 배우고 가르쳤으며, 1272년 나폴리에 도미니크 신학교를 세웠다. 비록 그는 1274년 49세로 사망했지만, 그의 저술은 엄청나게 많았다. 중세의 어떤 철학자도 그 시대의 정신과 사유에 토마스 아퀴나스만큼 영향을 미치지는 못했다.

안셀무스 이후로 신의 실존에 대한 물음을 가능한 한 이성적으로 서두에 밝히는 것이 신학적인 논문의 훌륭한 예법에 속했다. 하지만 아주 총명한 도미니크 수도사인 아퀴나스는 안셀무스의 신 존재 증명에 큰 문제가 있음을 간파했다. 아퀴나스는 안셀무스를 거론하지 않은 채 신에 대한 상상에서 신의 실존을 추론하는 것이 얼마나 경솔한지를 비판했다. 내가 완전한 신을 생각한다는 사실에서 추론하는 것은 신이 나의 상상 속에 실재하는 것이지, 신이 실제로 존재하는 것은 아니라는 것이다.

아퀴나스는 생각을 훨씬 더 확장해 나갔다. 그는 '모든 상상 중에서 가장 위대한 것'을 거론하는 것은 의미 있다는 주장에 반론을 제기했다. '모든 상상 중에서 가장 위대한 것'은 내가 상상할 수 없을 정도로 크거나 아니면 너무 작기 때문이다. 내가 무엇을 상상하든, 나는 상상 속에서는 언제나 더 큰 무엇인가를 상상할 수 있기 때문이다. 이런 논증에 따라 이미 알려진 가장 큰 수 뒤에는 플러스 1의 가능성이 있다. 결국 모든 상상 중에서 가장 큰 것 또는 가장 위대한 것은 존재하지 않기 때문에 안셀무스의 신 존재 증명은 처음부터 잘못됐다는 것이다.

아퀴나스는 안셀무스 비판을 통해 신이 존재하지 않는다는 것을 보여 주려는 것은 아니었다. 이와는 정반대로 신의 존재를 어떻게 하면 더 설득력 있게 증명할 수 있는지를 보여 주려 했다. 안셀무스와는 달리 아퀴나스는 신이 너무나 큰 존재여서 인간의 상상력으로는 전혀 파악할 수 없다고 생각했다. 이 때문에 신의 실존을 증명하려는 그의 시도는 전혀 다른 방향을 향한다.

토마스 아퀴나스는 신을 원인과 결과의 논리로 설명한다. 그의 신 존재 증명은 **인과율적 신 존재 증명**이다. 세계는 존재하므로 언젠가 세계는 생성할 수밖에 없다. 무에서는 아무것도 나올 수 없기 때문이다. 어떤 최초의 작용인(作用因)이 모든 것을 창출했거나 움직이게 만들었다. 따라서 모든 것의 시초에는 아퀴나스가 그리스 철학자 아리스토텔레스에게 차용한 개념인 '부동(不動)의 원동자(原動者)'가 있다.

하지만 이 부동의 원동자를 어떻게 상상해야만 할까? 근본적으로 그것은 상상할 수 없다. 부동의 원동자가 그 자체로 존재하기 위해서는 세계가 소유하지 않는 그 모든 특성을 가지고 있어야만 하기 때문이다. 그것은 절대적이고, 영원하며, 진실하고, 상상할 수 없을 만큼 지적이고 완벽해야만 한다. 신의 형상을 만들기 위해 인간은 자신에게 익숙한 상상을 조금씩 지워 나가야만 한다. 인간이 할 수 있는 상상을 버리면 버릴수록 자신을 두르고 있는 어둠도 그만큼 걷히는 법이다. 나는 질료로 이루어진 것이 아니며 또한 시간과도 연관되지 않는 존재를 생각해야만 한다. 신은 전능하고 전지적이며, 신은 무한하고 측량할 수 없다. 신의 의지는 절대적이고 완벽하며, 신의 사랑은 무한하여 행복 그 자체인 것이다.

토마스 아퀴나스와 같은 철학자의 목적은 이성과 믿음 사이를 가능한 한 설득력 있게 매개하는 것이었다. 신의 존재를 증명하는 기술은 신이 누구이고 어떤 존재인지를 인간이 어떻게 그리고 어떤 근거로 알 수 있는 지를 설명하는 것이었다. 중세에는 명망 있는 어떤 철학자도 신이 실제로 존재하는지를 의심하지 않았다. 하지만 신이 어떻게 인간의 오성에 매개 되었는지를 보여 주는 것만이 철학자가 해야 할 일이었다.

그러나 1781년 이마누엘 칸트는 그의 저서 『순수이성비판』에서 이와 동 일한 의도를 보여 주면서 내가 세계에 대해 만들어 내는 모든 상상은 내 머릿속에 있는 것이라고 기술했다(12장 내 마음속의 법칙 참조). 나는 감각 의 도움으로 경험하고, 내 오성은 이런 경험에서 상상을 만들어 낸다. 그 리고 내 이성은 내가 이것을 배열하고 평가하도록 돕는다. 그러나 내 감 각적 경험 세계의 완전히 밖에 있는 것에 대해 나는 아는 것이 전혀 없다. 칸트는 여기에 신 존재 증명의 난점이 있다고 파악한다. 내가 완전한 존 재에 대해 상상한다면, 내 머릿속에는 상상이 있을 것이고, 이는 안셀무 스의 논점과 같다. 그러나 신이 실제로 실존한다는 것이 신의 완전성에 속한다는 상상을 내 머릿속에서 추론한다면, 그것은 **아직도 계속 내 머릿 속에 들어 있는 상상**일 뿐이라고 칸트는 강조했다. 그것을 안셀무스는 알 지 못했다. 안셀무스에게 신은 머리에서 세상으로 뛰쳐나왔다. 그렇지만 현실적으로 안셀무스는 신이 실존해야만 한다는 상상이 어떻게 그의 머 릿속에서 형성되는지를 보여 주었을 따름이었다. 이는 말하자면 어정쩡 한 논증이었다. 머릿속에서 내리는 이 모든 정의는 경험 밖의 세계와는 전혀, 정말 전혀 관계가 없었다.

칸트의 신 존재 증명의 논리에 대한 비판은 **존재론적 신 존재 증명**에서 뜨겁게 점화되었다. 칸트는 이것을 안셀무스의 증명과 유사한 데카르트 의 변형에서 알고 있었다. 이와 관련해 칸트의 영향력은 엄청난 것이었다. 아직도 계속해서 신 존재 증명이 시도되지만, 존재론적 신 존재 증명은 그 후 오랫동안 끝난 것으로 간주되었다.

그러나 요즘 신 존재 증명과 관련해 철저히 과학적으로 진행되는 토론이 다시 벌어지고 있다는 것은 놀라운 일이다. 신의 존재를 증명하고 싶어 하는 사람들의 떠들썩한 주장이 하필이면 평소 아주 냉정한 뇌 연구 분야에서 나온다. 오늘날 뇌 연구는 어느 곳에서든 인간의 감정을 연구 대상으로 삼고 있다. 그뿐만 아니라 심지어 여러 뇌 연구자는 그동안 신의 수수께끼를 풀 수 있는 실마리를 찾았다고 믿는다. 이 분야에서 전인미답의 경지에 들어섰다고 생각한 최초의 연구자는 캐나다 로렌시아대학의 신경학자 마이클 퍼싱어(Michael Persinger)다. 그는 이미 1980년대에 매우 특이한 일련의 시도를 감행했다.

퍼싱어는 실험 대상자들을 소음이 차단된 대학교의 지하실에 있는 의자에 앉게 한 후, 그들에게 매우 어두운 색안경을 씌웠다. 이어서 그는 실험 대상자들에게 약간 개조한 헬멧에 상대적으로 강한 자극을 방출하는 마그넷 코일을 부착했다. 머리에 부착된 이 마그넷 코일에 의해 뇌파가 측정될 수 있을 뿐만 아니라 조작될 수도 있었다. 많은 실험 대상자는 이때 마치 누군가 돌연 방에 나타나기라도 한 듯이 '더 고양된 현실' 또는 '현존'을 감지했다.

퍼싱어의 보고에 의하면 "꽤 많은 사람이 그들의 수호신이나 신 또는 그와 유사한 어떤 존재를 느낀다고 말했다"는 것이다. 이 캐나다의 연구자에게 다음과 같은 사태는 전혀 놀라운 일이 아니다. 즉 그는 종교적인 감정도 명백히 자기장의 영향에 따라 일어난다고 보았다. 이런 현상은 자기장이 급격하게 요동칠 때, 가령 지진이 발생할 때 특히 두드러진다는 것이다. 신비로운 체험이 자연재해와 함께 일어난다는 것은 얼마나 자주 주변에서 겪는 일인가? 무엇보다 측두엽에 높게 민감한 반응을 보이는 사람은 이런 자기장의 영향에 매우 취약하다. 따라서 신과 지구의 자기장 은 서로 밀접한 연관성이 있다는 것이 어쨌든 퍼싱어의 관점이다. 그런데 이런 실험을 반복한 다른 연구자가 없다는 것은 유감스러운 일이다. 이 때문에 뇌 연구자들 가운데 퍼싱어 교수는 지금까지도 기인으로 통한다.

반면에 펜실베이니아대학의 비교적 젊은 교수인 앤드루 뉴버그(Andrew Newberg)는 상당한 성과를 보였다. 핵 의학과 핵 심장학 전공의인 그는 1990년대 말에 믿음의 비밀을 추적하기 위해 일련의 실험을 실시했다. 그 는 실험 대상자들을 특히 영적으로 큰 소질을 타고난 사람들로, 예컨대 프란체스코 수도회의 수도사와 선불교의 승려들을 선택했다. 뉴버그는 남녀 실험 대상자들에게 MRI를 촬영해 뇌 안의 혈류를 면밀히 관찰했다. 그러면서 실험 대상자들에게 명상을 하면서 믿음의 세계로 침잠해 들어 가도록 했다. 이어서 그들이 어느 정도 명상의 단계에 들어가거나 무아지 경에 도달했다면, 셔터를 누르도록 했다. 뉴버그는 모니터에 나타나는 수 치가 어느 정도 변화하는지 세심하게 연구했다. 특히 변화가 심한 부분은 두정엽과 전두엽이었다. 두정엽에서의 활동성은 저하되는 반면에 전두엽 에서의 활동성은 상승하는 것으로 나타났다. 신이 우리를 어루만지는 장 소로 주목해야 할 장소가 퍼싱어에게 측두엽이었다면, 뉴버그에게는 전 두엽이었다.

퍼싱어가 자신의 일에 조심스러워 한다면, 뉴버그는 열광적이고 과감 하다. 뇌 안에 종교 센터가 있다면 그것은 우연이 아니라고 핵 의학 방사 선과 교수인 뉴버그는 생각했다. 신이 아니라면 그 밖에 누가 뇌 안에 이런 센터와 능력을 부여했겠는가? 뉴버그가 자신의 시도에 대해 쓴 책 『신은 왜 떠나려 하지 않는가?(Why God Won't Go Away)』는 미국에서 베스트셀러가 되었다. 독일어로는 무난하게 '생각에 의해 만들어진 신'이라고 번역되었지만, 글자 그대로의 의미는 "신은 왜 우리를 떠나지 않는가"에 가깝다. 요컨대 뉴버그의 본래 의도는 신은 우리의 뇌 속에 정착했기 때문에 신은 언제나 우리와 함께 있고, 우리는 신을 떠날 수 없다는 것이다.

전설에 따르면 철학자 디오게네스가 나무통 안에서 얻게 된 통찰을 오늘날에는 수도승이 MRI의 통 속에서 전수해야 한다. 하지만 퍼싱어가 인간의 종교적 감정의 중심지로 측두엽을, 뉴버그가 전두엽을 지적하는 것만으로도 인간 두뇌의 실제적 지식에 아주 특별한 단서를 제공하고 있다. 측두엽은 청각을 담당하는 기능뿐만 아니라 언어 이해를 위한 베르니케 영역도 포함한다. 그 밖에도 측두엽은 명확하게 기억하는 데 중요한 역할을 수행한다. 반면에 전두엽은 우리의 운동 기능뿐만 아니라 운동과 행동 반응을 조절한다. 이 두 가지 뇌의 영역은 무엇보다 '더 높은' 의식 능력을 주관한다는 공통점이 있지만, 그 유형은 매우 상이하다. 퍼싱어처럼 뉴버그도 그가 결과적으로 제시하는 결정성에는 흠결이 많다는 비판이 가해진다. 비교적 부족한 실험 사례로 엄청난 결론을 도출했기 때문이다. 우리가 가진 종교적 감정은 오직 **하나의** 뇌 영역보다 훨씬 더 많은 영역에서 작용하는 것은 아닐까? 뉴버그가 확증하듯이 설령 종교적인 소식을 전달하는 '메일 박스'가 존재한다고 할지라도, 신이라는 이름의 발신자가 나에게 이런 식으로 자신의 통찰을 전달하고 깨우침을 준다고 아무도 단언할 수는 없을 것이다. 그렇다면 혹시 이것은 무의식의 작용이거나 내가 무의식적으로 수없이 보낸 스팸 메일은 아닐까? 아니면 진화하는 과정에서 조절 실패의 결과는 아닐까?

신의 존재를 증명하려는 신경 신학적인 시도 역시 그다지 앞서 나가지는 못하고 있다. 기껏해야 종교적인 진리의 느낌이 신경 화학적으로 어떻게 이루어지는지를 보여 줄 수 있을 뿐이다. 신이 정말 인간과 대화를 나눈다는 주장은 사변적인 논리에 불과하다. 뇌에는 종교적인 경험 가능성을 위한 센터가 존재한다는 증거도 머리를 뛰어넘는 초감각의 세계를 설명하지는 못한다. 신 존재 증명은 부당하게도 자체의 경험 세계에서 강요된 객관 세계로 비약한다는 칸트의 비난이 이 경우에도 해당한다.

칸트의 비판은 존재론적 신 존재 증명과는 방향을 달리하지만, 신경 신학적 증명과는 일치하는 면을 보여 준다. 하지만 칸트의 비판이 인과론적 증명과도 일치점을 보여 줄까? 앞서 언급했듯이 인과론적 신 존재 증명은 상상에서 출발하는 것이 아니다. 그것은 '왜 세계가 존재하는가'라는 근본적인 물음에서 답을 찾으려 한다. 우리는 신을 삼라만상을 움직이게 하는 최초의 원인으로 받아들여야만 하는 것일까? 글쎄, 그럴 수도 있지만 꼭 그런 것은 아니다. 그 어떤 것이 무에서 생겨날 수 없다는 확증이 최초의 원인이 존재한다는 방증이라지만, 이 최초의 원인이 반드시 신이어야만 한단 말인가?

여러 사람에게는 영원한 물질보다 영원한 신을 생각하는 것이 더 쉬운 일일 것이다. 그러나 또 다른 사람들에게는 정반대일 수도 있다. 어쨌든 물질이 존재한다는 것을 우리는 알고 있다. 하지만 신에 대해서는 그렇지 않다. 비교적 감성적인 방법이나 방식으로는 신이 존재한다는 것을 알 수 없다. 물질이 영원할 수도 있다는 생각은 버트런드 러셀에게 최초의 원인이 존재한다는 것을 의심하도록 만드는 계기가 되었다. 그 이유는 모든 것이 원인이 있다면, 시초란 존재하지 않기 때문이다. 그렇다면 물질의 시초나 '최초의' 신도 존재하지 않을 것이다. 러셀은 냉정하게 서로 순서에 따라 창조하는 여러 신이 존재할 수도 있으리라고 주장한다.

그러므로 최초의 원인으로서 신이 존재한다는 토마스 아퀴나스의 이론은 설득력 있는 신 존재 증명이 아니다. 그는 안셀무스에게 신에 대해 이의를 제기하면서 "신에 대한 모든 상상은 필연적으로 너무 작다"고 말한 적이 있는데, 이때 이런 자신의 논리를 좀 더 철저하게 유지했더라면 더 좋지 않았을까? 우리가 충분히 경험할 수 없는 것을 지나치게 확정적으로 보편타당하다고 규정해서는 안 된다.

이런 논증에 의해 많은 신학자가 그때그때 주장하는 신 존재 증명을 거부해 왔다. 개신교 신학자 루돌프 불트만(Rudolf Bultmann)은 "신 존재 증명을 가지고 신의 실체에 대해 무엇인가 증언한다고 생각하는 사람은 환영을 논의하는 것이다" 하고 말한 바 있다. 우리 척추동물의 뇌는 초감각적인 것으로의 직접적인 통로를 위해 창조된 것이 아니며, 더 이상 초감각적인 것도 아니다. 따라서 신은 인식될 수 있는 것이 아니라 —항상 그렇듯이— 경험될 뿐이거나 아니면 경험을 못할 뿐이라는 것이 바로 사태의 본질이다.

그런데도 신을 증명하고 싶은 사람들은 소매 속에 에이스 카드를 감추고 있다. 지금까지 언급한 근거에서 신을 직접 증명할 수 없다면, 적어도 간접적으로 신을 증명할 수는 없을까? 현재 무엇보다 미국에서 다시 활발하게 논의되는 간접적인 증명을 이른바 '자연신학'이 추구하고 있다.

27

자연에도 의미가 있는가?
자연신학과 시계 이야기

윌리엄 페일리, 북해의 소도시 비숍 웨어마우스

청소년 시절의 찰스 다윈은 최악의 길을 걷는다. 에든버러에서 의과대학을 다니던 다윈은 학업에 의욕이 없고 집중도 하지 못하는 상태였다. 특히 해부학 실습에 진저리를 쳤다. 반면에 자연으로 고개를 돌리면 행복감이 몰려왔다. 그는 의학 서적보다 해변으로 밀려온 불가사리와 가재 또는 들판의 새들에게 더 큰 흥미를 느꼈다. 2년 동안 다윈의 아버지는 아들의 탈선행위를 바라보다가, 끝내 인내심의 한계를 넘어서고 말았다. 의학 수업은 이것으로 끝이었다! 이제 게으른 아들은 국내에서 가장 훌륭한 신학대학 중 하나인 케임브리지 신학대학에 입학한다. 아버지는 아들이 의사가 되지는 못해도 쓸모 있는 성공회 신부는 될 수 있을 것이라고 생각했다.

1830년 다윈이 케임브리지에 도착했을 때, 대학 당국은 그에게 아주 특별한 두 개의 방을 지정해 주었다. 과거에 유명한 인사가 이곳을 숙소로 삼은 적이 있었다. 철학자이자 신학자인 윌리엄 페일리(William Paley)가 바로 그 사람이다. 페일리 신부가 죽은 지 25년이 지났지만 그는 대학교에서 여전히 거의 성인으로 칭송되고 있었다. 그의 저서들은 다윈의 수업 시간표에도 들어 있었다. 그 저서들은 낡은 고서가 아니라 무시간적인 가치를 지니는 것처럼 보이는 뜻밖의 명저들이었고, 다윈 역시 감동하지 않을 수 없었다. 신학 수업은 의학 수업보다 더 지루했으나 페일리 신부의 저서들만은 예외였다.

여가 시간에 다윈은 풀밭과 숲을 이리저리 산보하며 딱정벌레와 식물들을 채집했다. 그러나 공부방으로 돌아오면 페일리의 저서『자연신학』을 읽었다. 이 책에는 우주 창조의 계획, 만물의 창조주에 의해 고안된 자연의 위대한 체계가 설명돼 있었다. 만물의 창조는 모든 딱정벌레와 새, 풀잎에서 매번 확인할 수 있었다. 실로 다윈을 이토록 깊은 감동에 빠트린 이 남자는 어떤 사람일까? 신의 현존에 대해 이렇게 영향력 있는 증거를 제시하다니 놀라지 않을 수 없었다. 페일리 신부의 저서는 19세기 중엽에 이르도록 모든 것을 포괄적으로 제시하고 충실하게 설명한 책으로 통용되었다.

1743년 7월 런던 근처의 피터버러에서 태어난 윌리엄 페일리는 성공회 교회 일을 하던 아버지에게 교육받고 성장했다. 아버지는 아내와 세 딸 그리고 윌리엄을 부양해야만 했다. 그리스어와 라틴어 지식이 해박한 아버지는 나중에 요크셔 지방의 작은 마을인 기글즈윅에서 초등학교 교장이 되었다. 윌리엄은 학교에서 이미 가장 우수한 학생이었다. 그의 순간적인 이해와 냉정한 판단력은 아버지의 기대를 받기에 충분했다. 윌리엄이 15살이 되었을 때 아버지는 유약하고 힘이 없지만 머리가 우수한 아들을 케임브리지 신학대학에 보냈다. 당시에 영국 정교회의 신학대학은 고위 성직자와 정치가들을 위한 교육기관이었다. 윌리엄 역시 경력을 쌓아 아버지가 마음속으로 바라던 위치에 도달해야만 했다.

케임브리지에 있는 모든 학생 가운데 윌리엄이 가장 어렸지만, 그의 능력은 사실상 매우 탁월했다. 그는 이미 학창 시절부터 많은 주목을 받았다. 비싸게 가꾼 긴 머리, 장식 주름이 달린 상의와 고급스러운 비단 스타킹은 어떻게든 두드러져 보이려는 젊은이의 허영심을 드러내고 있었다. 하지만 신학대학에서 공개적인 논쟁이 벌어지면 그는 단연코 눈부신 모습을 보여 주었다. 연단에 나타날 때면 그는 대단히 큰 동작으로 자신의 넘치는 열정을 표출했다. 한편에서 몇몇 비판자는 그를 정신이상자로 간주했지만, 대다수는 그를 환영하면서 그의 날카로운 오성과 수사학적 재능을 찬양했다. 윌리엄 페일리는 졸업생들 가운데 가장 우수한 성적으로 졸업 시험을 통과했다.

하지만 그가 고대하던 대가는 이루어지지 않았다. 그는 어쩔 수 없이 그리니치의 어느 학교에서 라틴어 선생으로 재직하다가, 그가 졸업한 대학에서 강사로 초빙받고 1776년에 케임브리지로 돌아왔다. 이어서 1년 뒤에는 성공회의 신부로서 서품을 받았다. 윌리엄 페일리의 야심은 그칠 줄을 몰랐고, 무슨 수를 써서든 화려한 경력을 쌓으려 애썼다. 30세가 된 신부는 궁정 법정의 변호사가 되려는 환상에 사로잡혔다. 이 꿈을 이루기 위해 그는 벽을 향해 불타오르는 열정으로 변론을 연습했다.

언젠가 그는 당시에 수상이자 영국 의회에서 가장 재능이 뛰어난 연설가인 윌리엄 피트를 가상의 적수로 상상하면서 그와 대결을 벌이기도 하였다. 하지만 인간관계가 미미한 젊은이에게 제시되는 것은 두 가지의 사제직이었다. 1777년 9월 그는 애플비의 주임신부가 되었고, 이것은 그의 장래 삶을 위한 구심점이 되었다. 그는 더 높은 것을 꿈꾸었으나 먹고살기 위해서는 사제직에서 얻는 수입에 의존할 수밖에 없었다. 그는 부유한 알코올 판매업자의 딸과 결혼했고, 슬하에 네 아들과 네 딸을 두었다. 부인은 여러모로 바쁜 그를 자주 볼 수 없었다. 1780년에는 스코틀랜드 국경 근처에 위치한 주요 도시 칼라일의 주교가 그를 불러들였고, 2년 뒤에는 그곳 성당의 부주교로 임명되었다.

월리엄 페일리는 40세에 그 자신에게 내재한 것이 무엇인지를 세상 사람들에게 보여 줄 수 있었다. 국회에서 수사학적 대결을 벌이는 대신에 그는 이제 책으로 설득력 있는 변론을 펼치기 시작했다. 그의 문체는 유연하고 매우 확신에 차 있었으며 이해하기 쉬웠다. 페일리는 동시대인이자 동향인이던 제러미 벤담의 주장에 동조했고, 공리주의를 교회에 적절하게 연결했다. 벤담처럼 페일리도 철학의 유일한 목표는 **행복의 증진**에 있다고 보았다. 이 때문에 기독교적인 의미에서 인간은 믿음을 통해서가 아니라 자신의 행동과 책임감, 사회적 참여를 통해서야 비로소 행복을 찾을 수 있다는 것이다. 신이 서로 맞물려 돌아가는 가장 다양한 작동 원리와 구조를 자연에서 고안해 냈듯이, 모든 인간은 자신에게 주어진 숙명을 이루기 위해 사회적 환경에 적응해야만 한다는 것이다.

페일리는 성공을 거두었다. 런던의 주교는 성 바오로 대성당에서 고액을 받는 성직자 자리를 제안했고, 링컨의 주교는 그를 교구의 수석사제로 임명하겠다고 나섰다. 그런가 하면 더럼의 주교는 비숍 웨어마우스라는 작은 마을에 안락하고 보수가 많은 사제직을 준비해 놓았다. 하지만 교회에 비판적인 그의 태도와 자유주의적으로 알려진 정치적 신조 때문에 그는 주교의 자리로 뛰어오르기가 어려웠다. 페일리는 케임브리지 신학대학의 명예박사가 되었다. 이 무렵 그는 북해 해변의 전원적인 소도시 비숍 웨어마우스로 이주했다.

이 소도시에서 그는 만 년의 역작을 완성하기 위한 시간을 갖게 되었다. 여전히 그에게는 행복을 증대시키고 고통을 피하는 것이 가장 중요한 원칙이었다. 삶이 개인적이고도 사회적인 이 원칙을 더 합목적적으로 지향하면 할수록, 삶은 그만큼 더 풍성해진다. 하지만 합목적성의 사고는 어떻게 이 세계에 뿌리를 내릴 수 있을까? 창조주의 의지와 개인적 삶의 원리 사이에 맺고 있는 자연적인 연관관계는 어떤 방식으로 존재하는 것일까? 이런 식으로 비숍 웨어마우스에 있는 그의 서재에서 페일리의 가장 중요한 저서인 『자연신학』이 완성되었다.

물론 이 책의 작업이 그리 쉽게 진행된 것은 아니었다. 그는 심각한 신장병을 앓았기 때문에 간혹 몇 주 동안이나 작업할 수 없을 때가 있었고, 이럴 때면 계속 고통에 시달리곤 했다. 더욱이 그가 성취하려는 계획은 대단히 어려운 과정을 거쳐야 했다. 그 계획은 자연현상의 아주 상세한 연구에 근거한 일종의 우주론이기 때문이다. 그는 비숍 웨어마우스에서 자연 체계에 대해 수집한 모든 것을 엄밀하게 검토했다. 예컨대 마당에서 닭의 날개 깃털과 해변에서 물고기의 뼈를 주워 모았고, 길가에서는 풀과 꽃을 채집했다. 집으로 돌아오면 서재에서 해부학 책에 몰두하곤 했다.

그의 새로운 저서의 핵심적 표어는 '적응'이었다. 신은 어떻게 자연에 있는 그 모든 수많은 생명체를 배열했고, 그 생명체들은 어떻게 자기 의지에 부응하여 적응했을까? 또한 그들은 어떻게 육체적으로나 정신적으로 하나의 거대한 통합을 위해 서로 밀접하게 연관돼 있는 것일까? 1802년 그의 저서 『자연신학』은 완결되었고, 출간되자마자 곧 베스트셀러가 되었다. 그로부터 50년 뒤 페일리의 이 책은 영국 신학계에서 신학적 신 존재 증명의 가장 널리 알려진 진술로 부각되었다. 페일리는 이 책의 부제로 '자연 현상에서 추론한, 신적인 것의 실존에 대한 증명'이라고 적었다.

페일리는 생명체로 구성된 세계의 복합성에 대단한 경외심을 갖고 있었다. 그는 이 같은 복합성이란 특수한 방식으로 설명될 수밖에 없다고 생각했다. 이때 그가 찾은 해답은 새롭거나 독창적인 것도 아니었다. 이미 100여 년 전인 1691년에 존 레이(John Ray)라는 자연 연구자가 매우 흡사한 기획을 시도했고, 이후 다른 많은 철학자와 신학자가 그를 추종했다. 하지만 페일리는 존 레이보다 자신의 관점을 훨씬 더 분명하고 설득력 있게 정형화했다.

윌리엄 페일리의 『자연신학』에서 가장 유명한 부분은 책 첫머리에 소개한 시계 제조공에 관한 이야기다. 시계의 톱니바퀴와 용수철이 제작될 때 필요한 정밀성이나 이 부품들이 결합될 때 이루어지는 복합성보다 더 정밀하고 복잡한 것이 과연 이 세상에 존재할 수 있을까? 만일 시계와 같은 물건을 우연히 들판에서 발견했다면, 시계 설계의 정밀성과 세밀함에 ─ 설령 그것이 구체적으로 어떻게 만들어졌는지를 알지 못할지라도─ 정말 감탄하지 않을 수 없을 것이다.

"이 정밀한 시계에도 창조자가 분명히 있을 것이고, 시간이나 장소는 분명치 않지만 한 사람 아니면 여러 사람의 정밀기계공이 분명히 존재했을 것이라는 결론에 도달할 것이다. 더욱 놀라운 것은 이 정밀기계공이 현재 우리가 확증하고 있듯이 시계가 행하는 이런 목적을 위해 시계를 제작했으며, 시계의 구조를 정확히 이해하고 사용법도 미리 계획했다는 사실이다. 그런데 시계에서 발견할 수 있었던 계획의 모든 전조, 설계의 모든 현시는 자연이라는 작품에도 존재하고 있다. 시계와 차이가 있다면 자연이라는 작품은 훨씬 방대하고 그 숫자도 훨씬 무수하여 우리의 모든 평가를 뛰어넘을 정도의 규모라는 점이다."

자연과 시계의 비유는 페일리라는 이름과 불가분의 관계로 남아 있다. 그의 저서 『자연신학』은 무려 20판 넘게 출판되면서 넓은 독자층을 확보했다. 물론 자연과 시계의 비유를 처음으로 이야기한 것은 페일리가 아니다. 그는 네덜란드의 신학자 베르나르트 니우엔티트(Bernard Nieuwentijdt)의 글을 읽다가 이와 같은 비유를 발견했다. 그러나 베르나르트 역시 이 비유를 고안한 사람이 아니다. 이미 1696년에 윌리엄 더햄(William Derham)이 「숙련된 시계 제조공」이라는 비유적인 글을 발표했기 때문이다. 그런데 더햄도 마찬가지로 고대의 원본을 시류에 적절하게 번역한 것이다. 본래 자연의 복합적인 작동 체계에 대한 비유는 키케로의 저서 『신들의 본질』에서 최초로 사용되었다.

비록 페일리의 시계 제조공에 대한 비유가 독창적인 것은 아니지만, 그는 이 비유를 그 모든 선행자보다 훨씬 더 진지하게 받아들였다. 그는 머리끝에서 발끝까지 몸 전체를 샅샅이 조사하여 우리 몸의 모든 부분, 가장 미세한 단위들조차 훌륭하게 구축된 시계의 내적 체계처럼 정밀하게 작동한다는 것을 보여 주었다. 그가 가장 감탄한 것은 인간의 눈이다. 그는 눈을 망원경과 비교하면서 망원경이 눈을 보조하도록 만들어진 것처럼 눈은 제대로 보기 위해 누군가에 의해 만들어졌다는 증명이 가능하다고 추론했다. 페일리는 무수한 사례를 통해 자신의 논증을 분명히 했다.

"인간 육체의 어떤 미세한 부분을 변화시켜 보라. 또는 손톱을 떼어 내어 그것을 거꾸로 붙여 보라. 이것은 얼마나 비실용적이고 어처구니없는 모습인가! 독수리의 깃털이나 태양계 전체에도 동일한 원리가 통용된다.

이것들은 가능한 최고 지혜의 작품이다."

윌리엄 페일리는 엄청난 육체적 고통 속에서도 『자연신학』을 완결했다. 하지만 그는 선하고 끝까지 철저하게 숙고해 만든 신의 창조물에게 무슨 이유로 고통과 아픔이 있는지에 대한 해명을 찾으려 계속해서 노력했다. 신이 신장을 창조했다고 하면, 왜 신은 신장이 아파하며 피를 흘리는 것을 막지 못하는 것일까? 이런 물음에 대한 해명은 명쾌하게 떠오르지 않았다. 페일리는 간혹 선이 악을 대체로 억누른다는 이유로 신의 창조물을 옹호하기도 했다. 그런가 하면 그는 신의 창조는 완벽하게 이루어지지 않았으므로 창조가 완결될 때는 악과 고통이 세상에서 완전히 사라질 것이라고 희망을 가져 보기도 했다. 그러나 신장병의 고통은 사라지지 않았다. 그는 오랫동안 주교가 되기를 기대했는데, 아주 뒤늦게야 글로스터에서 주교직 제안을 받았으나 이제는 받아들일 처지가 아니었다. 그는 이미 너무 쇠약하여 숨을 거두기 전 몇 달 동안 침대에 누워서 지냈다. 그는 1805년 5월에 실명했으나 정신은 맑은 상태로 비숍 웨어마우스에 있는 자신의 집에서 고통스러워하며 사망했다.

페일리의 작품은 완성된 상태였다. 생명체는 자연에 적응한다는 원칙 하에 창조의 비밀이 풀렸다고 생각했다. 실제로 전체적인 생물학적 자연은 창조주에 의해 합목적적으로 세계에 적응할 준비가 되어 있었다. 하지만 페일리는 자신이 자연철학을 거의 완성했다는 것을 알지 못했다. 하필이면 그는 30년 뒤에 '적응'이라는 개념을 아주 새로운 틀로 제시한 새로운 이론의 첫 주창자가 되었다.

페일리의 『자연신학』을 읽은 지 2년 뒤에 새롭게 성공회 사제가 된 찰스 다윈은 "비글(Beagle)"이라는 탐사선을 타고 남아메리카로 향했다. 그곳에서 살아 있는 동물과 화석을 관찰한 뒤로 다윈의 세계관은 크게 흔들렸다. 페일리가 그의 저서에서 기술한 것처럼 그곳의 식물과 동물은 실제로 그들의 환경에 적응하고 있었다. 그러나 이와 같은 적응은 단 한 번이 아니라, 끊임없이 새롭게 반복되고 있었다. 대대적인 기획을 통해 자연의 전체적인 톱니바퀴를 종국적으로 조립하던 시계 제조공이라는 거대한 기획자는 이곳에서 더 이상 보이지 않았다. 인격적 신의 존재에 대한 기독교적인 교리는 믿음의 지표를 상실하고 말았다.

다윈은 20년 이상 이 문제에 골몰하면서도 계속 망설였다. 그러다가 마침내 1859년 페일리의 주장에 반론을 제기하는 그의 위대한 저서 『종의 기원』을 집필했다(완전한 제목은 '자연적인 종자 선택을 통한 종의 기원'이다). 다윈은 한숨을 내쉬며 다음과 같이 단호하게 말했다.

"우리는 더 이상 어떤 문의 잠금장치가 인간에 의해 만들어졌듯이 껍질 두 개로 된 조개의 놀랍도록 아름다운 잠금장치가 틀림없이 지적인 존재에 의해 만들어졌다고 추론할 수는 없다."

페일리가 자연의 훌륭한 조화를 보고자 했다면, 다윈은 "현존재를 위한 투쟁의 상"을 전면에 내세웠다. 만일 자연이 시계 제조공이라면, 그 시계 제조공은 장님이었을 거라는 것이다. 영국의 생명진화학자 리처드 도킨스(Richard Dawkins)는 자연이라는 것을 이렇게 정리한다.

"자연은 눈이 없고 미래를 주시하지도 못한다. 따라서 자연은 사전에 미리 계획을 세우지 않는다. 자연은 상상하는 능력이 없고, 선견지명도 없으며, 앞을 내다보지도 않는다."

물론 높은 평가를 받았던 페일리는 다윈의 저서에서 단 한 번 거론되었는데, 그것은 페일리가 정확한 관찰력을 지녔다는 찬양의 말이다.

"자연적인 종자 선택은 어떤 종에서도 자신에게 이롭기보다는 해로운 어떤 형성체를 절대 만들어 낼 수는 없다. 페일리가 언급했듯이 어떤 기관도 그 소유주에게 고통과 해악을 주기 위해 만들어지는 것은 아니다. 모든 개별적인 부분이 야기하는 유용성과 해악 사이의 손익을 저울질하면 그 결과는 전체적으로 이득이 된다는 것을 언제나 보여 주게 될 것이다."

페일리가 다윈에게 영향을 미친 것은 사실이지만, 종(種)은 자발적으로 자연에 적응한다는 다윈의 진화 이론을 가로막지는 못했다. 다윈은 신을 원인과 결과의 원리로 제시하는 대신에 신을 자연으로 대치했다. "자연은 한다(nature does)"가 다윈이 그의 저서에서 가장 빈번하게 사용하는 유형적인 문장이다. 물론 다윈과 동시대인이던 생리학자 장 피에르 마리 플루랑스(Jean Pierre Marie Flourens)는 이런 논리적 공식의 흠결을 이미 지적했다. 즉, 그는 '자연은 주체가 아니다!' 하고 반론을 제기했다. 그런데 자연이 목적을 갖지 않고 어떻게 목적 지향적으로 작용할 수 있겠는가? 자연이 생각이 없다면 자연이 어떻게 합목적성을 고안해 낼 수 있겠는가? 종이 자발적으로 자연에 적응해 간다는 다윈의 이론이 약 30년 동안 계속해서 그 가치를 인정받았지만, 몇 가지 근본적인 의구심은 현시점까지도 지속적으로 남아 있다. 오늘날 다윈의 비판자들은 무엇보다 **지적 설계**(Intelligent Desein)라는 개념을 내세워 그들의 논리를 전개한다.

지적 설계의 창안자는 다윈을 신랄하게 비판한 아일랜드의 물리학자 윌리엄 켈빈(William Kelvin)이다. 켈빈의 비판은 다윈을 몹시 곤란하게 했는데, 그는 글래스고대학의 물리학 교수로 세계적인 명성을 누리고 있었기 때문이다. 먼저 켈빈은 다윈이 말하는 진화가 실제로 일어나기 위해서는 엄청난 시간이 걸린다는 점을 들어 진화론에 의문을 제기했다. 그는 지구의 나이를 9,800만 년으로 계산했지만, 나중에는 그것을 2,400만 년으로 크게 축소했다. 만일 지구의 나이가 그의 계산보다 더 많다면, 지구는 그 내부 상태가 실제와 다를 수도 있으며, 그렇다면 그의 계산은 틀린 것이다. 여기서 그가 간과한 것은 방사능이 지구 내부에서 열기를 더 오래 보존한다는 사실이다. 그런데 인간이 동물계로부터 유래한다는 다윈의 책이 출간되던 1871년에 켈빈은 **지적이고 호의적인 설계**, 다시 말해 '지적이고 가장 잘 조화된 기획'을 받아들여야 하는 불가피성을 거론했다.

오늘날에도 지적 설계라는 표어는 자연이 아니라 신을, 복합적 삶의 관계를 결정하는 원인으로 보려는 많은 사람을 불러 모은다. 이들 중 가장 강력하게 영향력을 미치는 주요 기관은 워싱턴주 시애틀에 있는 생각의 공장, '디스커버리 연구소'다. 지적 설계에 관한 다양한 이론이 있지만, 이들은 모두 두 가지 기본 관점을 공유한다. 즉 이들은 물리학과 생물학은 이 세상을 충분히 설명할 수 없다는 전제에서 출발한다. 이 세상의 문제를 해결할 수 있는 실제적이고 확고한 해결책은 단 하나인데, 그것은 바로 지적이고 미래를 계획할 능력이 있는 신을 받아들여야 한다는 것이다. 이런 생각의 옹호자들은 물리적인 세계의 상수들이 놀라울 정도로 서로 조화를 이루는 것을 신이 존재한다는 간접적 증거로 제시한다. 이 상수들 중에서 가장 미세한 편차라도 생긴다면 인간의 생명을 포함해 지구상의 모든 생명의 생존이 불가능하게 될 것이기 때문이다.

이런 과학적 관찰은 분명히 올바른 것이다. 하지만 이런 식으로 신의 활동이 시작되는 것인지는 우리가 이 미세한 조화를 어떻게 평가하느냐에 달려 있다. 인간이 생겨나게 된 우연은 사실상 거의 개연성이 없어 보일 정도로 황당한 일이다. 그렇다고 이것이 필연성에 대한 방증이라도 된다는 것인가? 전혀 개연성이 없는 우연도 수백만 번 반복되면 하나쯤은 변형이 가능하다. 한편 상당수의 자연과학자는 자연에서의 합목적성을 과대평가해서는 안 된다고 주장한다. 무엇보다 생물학자들은 자연에 존재하는 모든 것은 질서 정연하고 아름다우며 합목적적이어야 한다는 생각에 문제점을 제기한다.

어쨌든 우리 행성의 역사를 보면 지구의 변천 과정에서 동물과 식물 종들이 대규모로 멸종하는 지질학적 대재앙이 다섯 번이나 일어났다. 진화가 허락한 세세한 내용을 살펴보면, 그것은 축복이라고 할 수 없다. 가령 모든 포유동물은 일곱 개의 목뼈를 갖고 있지만, 돌고래는 두세 개의 뼈가 적었다면 확실히 더 좋았을 것이다. 반면에 기린이 물 마시는 것을 관찰한 사람은 목뼈가 몇 개 더 있으면 좋을 것이라고 생각할 것이다. 인도네시아 술라웨시섬에 살고 있는 멧돼지 종류의 수컷 바비루사는 본래 현란한 두 쌍의 어금니를 갖고 있는데, 이것이 방해가 되거나 불이익을 주는 것은 아니지만, 전혀 도움도 되지 않는다. 그런데도 이런 어금니를 갖고 있다는 것은 합목적성의 어떤 특징도 아니다.

더 세밀하게 관찰하면 모든 것이 전적으로 지적 설계의 산물은 아니다. 예컨대 심해에 사는 보리새우가 진홍색이라고 해서 신의 지성이나 자연의 지적인 적응력이 작용한다고 볼 수는 없다. 새우의 빛깔이 멋진 것만은 틀림없다. 그러나 이것은 누구를 위한 것일까? 심해에는 빛이 없어서 온통 깜깜한 상태다. 따라서 보리새우도 자신의 색깔을 인지할 수가 없다. 자신이 붉은색을 띤다고 해서 아무런 이득도 없다. 다윈의 진화론으로도 새우의 진홍색은 설명할 수 없다. 지빠귀는 짝짓기 철이 지나가면 노래에 어떤 진화론적인 효용성도 없는데, 어떤 목적을 위해 그들은 핸드

폰 신호음을 흉내 내거나 아름답게 지저귀는 것일까?

어째서 인간은 동성애에 빠지는 것일까? 이런 노골적인 질문은 모든 현상과 모든 행동 방식을 가능한 한 주변 세계에 최적화한 결과로 해석하는 진화론의 허점을 드러내 보여 준다. 그러나 이런 식의 질문은 '지적 설계'에도 전혀 이로울 수가 없다. 진화론의 합목적성에 반론을 제기한다는 것은 면밀하게 숙고된 어떤 기본 구상에도 마찬가지로 거의 유사한 문제가 있다는 것을 의미하기 때문이다.

이 때문에 오늘날 생물학의 경향은 무조건적인 합목적성을 조심스럽게 상대화하는 쪽으로 기울고 있다. '지적 설계'의 별은 이런 관찰에서는 점점 더 깊이 가라앉고 있다. 새로운 관점에 따르면 **삶은 모든 개별 부분의 총합 이상의 것**이다. 도처에서 원인과 결과의 단순한 연속을 보는 대신에 새롭게 부각되는 주술적 언어는 '자기조직화'다.

생물학적 조직은 레고 블록처럼 단순히 원자와 분자의 결합일 뿐만 아니라 그 주변 세계와의 교환에서 이루어진다. 감자가 지하실에서 성장하면 그 싹은 하얗고 잎사귀도 없지만, 밭에서 자라면 그 싹은 파랗고 잎사귀도 풍성한 법이다. 이 같은 일은 모든 생명체에서 정말 헤아릴 수 없을 정도로 무수히 일어난다. 그리고 자연은 다른 세계와의 추후적인 결합 과정에서 영속적으로 새롭게 창조된다. 생명은 아주 복합적인 구조를 가지고 있어서 특수한 조직으로밖에 기술될 수 없다. 생명은 그 부분들의 총합 이상의 고유한 어떤 것을 내보인다. 여기서 고전적 물리학의 개념과 사유의 틀은 우주의 기원을 설명할 때처럼 거의 확실한 것이 아니다.

알베르트 아인슈타인은 1929년 어느 인터뷰에서 다음과 같이 말했다. "우리는 다양한 언어로 된 수많은 책이 가득 찬 거대한 도서관에 발을 들여놓은 어린아이와 같은 처지입니다. 이 어린아이는 누군가가 이 책들을 썼다는 것을 알고 있지만, 이 책이 어떻게 지금 이 자리에 꽂혀 있는지는 알지 못합니다. 또한 책에 적혀 있는 언어도 이해하지 못합니다. 어린아이는 책들의 배열에 모호하나마 신비한 질서가 있을 것이라고 짐작하지만, 그것이 구체적으로 무엇인지는 모릅니다. 내 생각에 이런 어린아이의 태도는 신을 대면하는 가장 지능이 우수한 인간의 자세와도 같습니다. 우리는 놀라울 정도로 구성되어 있으면서도 특정한 법칙에 따르는 우주를 바라보고 있습니다. 그러나 이 법칙을 추측하는 수준으로만 이해합니다. 우리의 제한적인 지성은 별자리를 움직이는 신비로운 힘을 이해할 수 없습니다."

아인슈타인은 실제로 자연 상수의 지적인 창조주, 그러니까 도서관에 진열된 수많은 책의 저자가 있다고 가정한 바 있다. 하지만 일단 이를 제쳐놓고 생각해 보자. 그의 비유에서 보편적으로 통용되는 핵심은 우리의 지적인 능력은 완전히 제한적이라는 사실이다. 무엇을 연구하든 우리는 항상 자연을 우리 사유의 수단을 가지고 또한 사유의 가능성에 따라 구성한다. 하지만 척추동물의 뇌와 객관적 실재는 일치하지 않는 퍼즐 조각이다. 이는 우리가 '객관적 실재'일 수도 있는 것에 대한 모든 상상을 매번 스스로 만들어 내기 때문이다. 이로써 우리 눈앞에 펼쳐진 '실제적인 현실'은 필연적으로 우리가 신에게 허락받고 싶은 구성물이거나 장소이지 다른 어떤 것이 아니다. 결국 실제적인 현실은 모든 개체에게 맡겨져 있는 것이다.

우리가 생동하는 세계를 원인과 결과의 기반 위에서 설명할 것인지, 자기조직화의 기반 위에서 설명할 것인지에 대해 생물학자들은 앞으로도 계속 심사숙고하게 될 것이다. 논쟁은 비로소 시작되었는지도 모른다. 자기조직화의 생물학적 구상이 이미 다른 낯선 분과의 연구자, 한 사회학자에 의해 파악되었다는 것은 그만큼 더 주목할 만하다. 어쩌면 20세기 후반기에 가장 비중이 있을 수도 있는 이 사회학자를 다음 장에서 만나보자. 무엇보다 종교 문제 이외에 가장 신비로운 현상 중 하나인 사랑에 관해 그의 설명을 들어 보자.

28

사랑이란 무엇인가?

열정으로서의 사랑

니클라스 루만, 독일 빌레펠트

　1968년, 독일 대다수 대학의 움직임은 예년과 같지 않았다. 학생운동은 정점에 달했고, 가장 활발한 중심지는 베를린대학과 프랑크푸르트에 있는 요한 볼프강 폰 괴테대학이었다. 특히 사회학과에서 격렬한 논쟁이 대학생과 교수 사이에서 벌어지고 있었다. 위르겐 하버마스(Jürgen Habermas)와 테오도어 아도르노(Theodor Adorno) 교수는 정치적으로는 학생들과 가까웠지만, 그들의 혁명적인 시위에 참여하기를 원치 않았다. 두 교수는 연방공화국이 '반동적'이고 '후기 자본주의적'이라는 평가에 정당성을 부여했으나, 이 국가를 폭력적으로 변화시킬 수 있다고는 거의 믿지 않았다.

　1968~1969년 겨울 학기에 마침내 큰 소동이 일어났다. 아도르노 교수의 강의는 학생들의 방해로 중단되었고, 저명한 철학자이자 사회학자인 아도르노는 웃음거리가 되고 말았다.[12] 나아가 '프랑크푸르트 사회연구소'는 학생들에게 점령당했다. 이 사건의 여파로 아도르노는 하룻밤 사이

---

[12] 여러 소동 중에 특히 젖가슴 저격(Busenattentat) 사건은 아도르노에게 큰 충격을 주었다. 강의 도중에 여학생들이 연단으로 올라와 항의의 표현으로 상의를 벗어던지는 일이 일어났다. - 역자 주

에 그의 모든 강의 계획을 포기할 수밖에 없었다. 당장 대학 측은 문제에 봉착했다. 진행 중인 학기를 계속하기 위해서는 대체할 교수를 서둘러 초빙해야 했기 때문이다. 하지만 마녀의 솥단지처럼 펄펄 끓고 있는 사회학부에 뛰어들 만큼 자신을 돌보지 않는 무모한 사람이 있겠는가? 그런데 실제로 지원자가 나타났다는 것은 대단히 놀라운 일이었다. 지원자는 바로 뮌스터 출신의 행정 전문가인 니클라스 루만(Niklas Luhmann)으로, 당시에 그는 41세로 무명에 가까운 인물이었다. 그의 강의 주제는 '열정으로서의 사랑'이었다.

아니, 사랑에 대한 강의라니? 사회학 관련자들뿐만 아니라 정신과학과 사회과학 관련자들이 모두 '후기 자본주의'의 현재와 미래에 관해 격론을 벌이고 있는데 한가하게 사랑을 운운한단 말인가? 학생들의 소요가 한창인 가운데 대학의 본관 3층 강의실에서 데모에 참여할 생각이 없는 20명쯤의 학생을 앞에 두고 '친밀성 이론'으로 시간을 보내는 이 겁 없는 강연자는 어떤 사람일까?

니클라스 루만은 1927년 뤼네부르크에서 태어났다. 아버지는 양조장 소유주였고, 어머니는 스위스에서 호텔을 경영하는 가문 출신이었다. 루만은 졸업 시험을 치르기 직전에 독일 공군의 보조원으로 근무하다가 1945년 미군의 포로가 되었다. 1946년에 그는 고등학교 졸업 시험을 뒤늦게 치르고, 이어서 프라이부르크대학에 입학해 법학을 전공했다. 그는 변호사 시험을 치른 뒤인 1953년에 뤼네부르크 고등행정법원에서 근무하다가 곧 하노버 법원으로 자리를 옮겼다. 그는 지루함 속에서도 시대를 넘나드는 온갖 분야의 전공 서적을 무수히 읽었고, 책을 읽을 때마다 흥미롭게 느꼈던 생각을 독서 카드에 메모해 두었다.

1960년 루만은 우연히 1년 동안 보스턴의 하버드대학에서 연구할 기회를 얻었다. 그는 하버드에서 행정학을 연구했고, 그곳에서 미국의 유명한 사회학자 탤컷 파슨스(Talcott Parsons)를 알게 되었다. 파슨스의 이론은 사회를 개별적으로 독립적인 기능적 체계로 분할했는데, 루만은 이런 생각을 타당하게 받아들였다. 독일로 돌아왔을 때 그는 슈파이어 행정대학의 평범한 연구원으로 임용되었다. 루만은 그사이에 직책에 비해 훨씬 높은 전문적 능력에 도달해 있었지만, 이 분야에서는 거의 눈에 띄지 않았다.

루만이 그의 첫 번째 저서 『형식적인 조직의 기능과 결과』를 출간했을 때야 비로소 뮌스터대학의 사회학과 교수 두 사람이 고집스럽고 독창적인 행정가 루만을 주시하게 된다. 당시에 독일 사회학계에서 지도적 인물 중 하나였던 헬무트 셸스키(Helmut Schelsky)가 드디어 잠자는 거인을 알아보았다. 버트런드 러셀이 케임브리지대학에서 천재 비트겐슈타인을 발견했듯이 셸스키는 루만에게서 어느 누구도 발견하지 못한 천재성을 찾아냈다. 하지만 루만은 대학의 경력에는 관심이 별로 없었다. 이런 그를 셸스키는 뮌스터대학으로 힘들게 불러들여 박사 학위를 받도록 배려했다.

1966년에 39세의 루만은 이미 슈파이어에서 출판한 저서를 근거로 박사 학위를 받았다. 이는 비트겐슈타인과 비교할 수 있는 사례였으며 독일의 대학 풍경에서는 정말 흔치 않은 특전이었다. 하지만 이보다 더 이례적인 일이 발생하여 그는 같은 해에 교수 자격까지 받았다. 나아가 셸스키는 루만을 위해 신설 대학인 빌레펠트대학에 교수 자리를 마련해 주었다. 1968년 루만은 공식적으로 교수로 임명받았다. 이때 빌레펠트대학은 제대로 운영되지 않았기 때문에 루만은 프랑크푸르트대학의 1968~1969년 겨울 학기에 아도르노의 교수직을 대행하게 된다. 1993년에 은퇴할 때까지 그는 빌레펠트대학에서 교수직을 수행하면서 10년간은 빌레펠트에 거주하다가 부인이 사망한 뒤로는 인근 소도시 외얼링하우젠으로 이주했다. 그의 하루 일과는 엄격하여 아침 일찍부터 저녁 늦게까지 저술에 열중했다. 단지 점심시간에만 개를 데리고 산보했다. 1998년 루만은 71세의 나이로 혈액암으로 사망했다.

셸스키의 판단은 아주 정확했다. 학업을 병행하던 행정전문가 루만은 사회학계의 거인이 되었다. 이 책에서 루만을 사랑의 철학자로 소개하는 것은 조금은 경솔하고도 책략적이다. 하지만 틀림없이 루만도 마음에 들어 했을 것이라고 생각한다. 학생운동이 한창이던 1968~1969년 겨울 학기에 그가 교수로서 증명한 바와 같이 루만은 아주 섬세한 유머 감각을 지닌 인물이었기 때문이다. 분명히 그도 역시 당시를 회상하면서 그 유명한 아이러니한 눈빛으로 빙그레 웃었을 것이다. 루만의 저서에서 하필이면 사랑에 대한 그의 생각을 선별해 낸다는 것은 이마누엘 칸트를 단지 종교철학자로 또는 르네 데카르트를 의사로만 간주하는 것처럼 매우 근시안적인 태도인지도 모르지만, 접근 방식 자체는 매우 의미 있는 일이다. 한편으로 루만의 복합적인 저서가 사랑이라는 주제를 예로 내세울 때 설득력이 있기 때문이며, 다른 한편으로는 그가 실제로 사랑의 철학에 중요하게 기여했기 때문이다. 하지만 우리는 일단 그가 세운 전체 프로그램의 개요를 살펴봐야 한다.

루만의 관심사는 사회가 어떻게 기능하는지를 밝혀내는 일이었다. 그의 성찰에 많은 것을 제시한 중요한 출발점은 파슨스의 체계이론이었다. 그리고 다른 또 하나의 출발점은 생물학이었다. 이는 그리 유별난 것은 아니었다. 이미 사회학의 창시자로 다윈과 동시대인이었던 허버트 스펜서(Herbert Spencer)는 심리학에서 사회학을 도출했고, 또한 나름대로는 생물학에서 심리학을 도출했기 때문이다. 하지만 단순한 유기체에서 거대한 유기체로서의 사회를 추론하는 이런 모델에 대해 루만은 부정적인 입장이었다. 물론 파슨스가 그랬듯이 사회 체계의 발전을 진화론의 개념으로 설명할 수 있다고 생각했다.

그러나 설령 인간이 의심할 바 없이 사회 체계가 생명체라고 할지라도 생물 체계 가운데 특별히 복잡한 형태는 절대 아니었다. 왜 그럴까? 루만에 따르면 사회 체계는 생명체의 물질과 에너지 대사의 교환에서가 아니라 **의사소통**과 의미의 교환에서 이루어지기 때문이다. 그러나 의사소통과 의미는 생물체의 구성 요소인 단백질 같은 것과는 근본적으로 다른 것이므로 사회학자로서 이런 생물학적 기반에 대해 너무 골몰하는 것은 도움이 되지 않는다는 것이다. 인간이 생명체로서 '사회적 동물'과 같은 어떤 존재라는 것은 루만의 관심을 전혀 끌지 못했다. 그가 생물학에서 습득한 것은 이와는 전혀 다른 것이다.

루만을 자극한 사람은 칠레의 뇌 연구자 움베르토 마투라나(Humberto Maturana)와 그의 제자 프란시스코 바렐라였다. 마투라나는 '이론 생물학'의 창시자 가운데 한 사람이다. 뇌 색채 인지의 전문가인 그는 1960년대에 '생명이란 무엇인가? 하는 문제에 전념했다. 그는 생명을 "자기 스스로 생성하고 조직화하는 체계"로 설명했다. 뇌가 자신과 관련된 물질 자체를 만들어 내듯이 유기체는 생명을 유지하고 자기를 스스로 만드는 일을 지속적으로 하지 않을 수 없다는 것이다. 이 과정을 마투라나는 **'자기생성'**이라고 불렀다.

마투라나가 1969년 시카고에서 개최된 학술대회에서 이에 관한 기본 개념을 발표했을 때, 같은 나이의 루만은 빌레펠트에서 본격적으로 강의를 시작했다. 루만은 나중에 마투라나의 '자기생성'이라는 개념을 들었을 때 바로 매료되었다. 칠레의 뇌 연구자는 생명과 뇌의 자기생성뿐만 아니라 의사소통 개념을 새롭게 정의했기 때문이다. 마투라나에 따르면 의사소통에 참여하는 사람이란 단순히 정보만을 전달하는 게 아니라, 그보다는 오히려 자신이 사용하는 언어의 도움을 받아 하나의 체계를 조직화한다는 것이다. 박테리아들이 자신들을 서로 교환하여 하나의 생태학적 체계를 만들어 내듯이 뇌의 영역들은 의사소통에 참여하여 새로운 뉴런 체계, 즉 의식을 생성한다는 것이다. 루만도 이에 착안해 "언어적인 (그러므로 '상징적인') 의사소통으로 자기생성의 체계가 일어난다면, 사회 체계도 그렇지 않겠는가" 하고 반문한다.

루만의 계획은 이미 오래전에 세워졌다. 의사소통 개념이라는 기반 위에서 사회 체계의 상세한 기술이 바로 그것이다. 그는 자기생성의 이념 속에서 이제까지 결여돼 있던 하나의 중요한 초석을 발견했다. 마투라나가 이 야심에 차서 전용한 개념을 지극히 의심스러운 것으로 보게 되었지만, 빌레펠트의 사회학자 루만은 칠레의 생물학자와 다른 모든 본래의 제안자를 훨씬 능가하고 있었다. 루만은 20세기 후반에 사회적인 변화 과정을 가장 날카롭게 관찰한 연구자들 가운데 하나가 되었다. 그뿐만이 아니라 그는 거대한 사유의 폭을 지닌 '지적인 대륙'과 같은 인물이자 최고의 이론가로 평가될 수 있다. 이미 '의사소통'이라는 개념의 시도 자체가 하나의 혁명이었다.

이제까지 사회학자들은 인간, 규범, 사회적 역할, 제도와 행위 등을 언급해 왔다. 하지만 루만은 더 이상 인간을 다루지 않았다. 그에게 일어나는 것은 의사소통이기 때문이다. 그런데 이때 누가 의사소통에 관여하는 지는 시종일관 문제가 되지 않는다. "어떤 결과가 나타나는가?" 하는 물음만이 결정적이다. 인간 사회에서는 박테리아처럼 물질과 에너지, 뇌처럼 뉴런의 활동이 상호 교환되는 것이 아니라 **기대**가 상호 교환된다. 그렇다면 기대는 어떻게 교환되는 것일까? 어떤 기대들이 발생하는가? 그리고 여기서 무엇이 생겨나는 것일까? 다른 말로 설명하면, '지속적으로 안정적이고, 다른 영향으로부터 독립적으로 기능하는 현대적 사회 체계가 생겨나도록 어떻게 하면 의사소통으로 기대를 창출할 것인가' 하는 것이 핵심적 문제인 것이다. 이와 같은 현대적 사회 체계에는 정치, 경제, 법, 학문, 종교, 교육, 예술 또는 사랑을 포함한다.

따라서 사랑 역시 기대로부터 형성된 하나의 사회 체계다. 좀 더 상세히 말하면 지속적으로 기대되면서 확고하게 명문화된 기대는 바로 **코드** (Code)인 것으로, 사랑 역시 코드에서 형성된 것이다. 『열정으로서의 사랑』이라는 루만의 저서는 사랑-코드의 역사와 현재에 관한 책이다. 루만은 이것을 프랑크푸르트대학에 등장한 후 15년 만에야 출간했다. 루만에 따르면 오늘날 우리가 사랑으로 이해하는 것은 감정이라기보다는 코드이며, 그것도 18세기에 생겨난 매우 시민적인 코드다. 그 이유는 "나는 당신을 사랑합니다!" 하는 문장은 가령 "나는 치통이 있습니다" 하는 문장과 같은 감정 표현 그 이상의 것이기 때문이다. 이럴 때 약속과 기대의 온전한 체계가 언급된다. 자신의 사랑을 단언하는 사람은 자신의 감정이 신뢰할 수 있다는 것, 그리고 사랑하는 사람을 돌봐 주겠다는 것을 약속한다. 다시 말해 우리 사회에서 다른 사람의 눈으로 보았을 때도 그는 사랑하는 사람으로서 만반의 준비가 되어 있다고 약속하는 것이다.

이럴 때 사랑에 대한 욕구는 특정한 종류의 자기관계에서 솟아오른다. 인간이 사회의 확고한 틀에 의해 결정되거나 자신의 위치가 정해지는 일이 없으면 없을수록, 자기 스스로를 —하나의 개체로서— 특별한 어떤 존재로 느끼려는 욕구가 그만큼 강해지는 법이다. 하지만 현대사회는 하나의 개체에게 이를 쉽게 용인하지 않는다. 현대사회는 순수하게 개별적인 사회 체계, 이른바 자기생성의 세계들로 분해되어 있다. 여기서는 체계를 지속적으로 유지하는 것만이 유일한 관심사다.

루만에 따르면 체계들은 사실상 다원주의의 조건에 따르는 유기체들처럼 움직인다. 체계들은 주변 환경을 최대한 이용해 자기 자신을 보존한다. 체계에 개체를 위한 공간은 별로 남아 있지 않다. 10년간의 행정 업무를 경험한 루만은 사회 체계에서 개체는 중요하지 않다는 확신을 갖게 된 것처럼 보인다. 오늘날 개인은 서로 상이한 부분적 영역으로 분열돼 있다. 이 개인은 아버지 또는 어머니인데, 직장에서는 역할을 해야 하며 볼링이나 배드민턴을 즐긴다. 그는 인터넷 동호회 회원이자 바로 이웃이고, 납세자인 동시에 부부 사이의 배우자다. 통합적 동일성은 이런 식으로는 형성되기 어렵다.

루만은 이처럼 '자기표현'을 행하는 것이 사랑이며, 이것이 곧 사랑의 기능이라고 말한다. 이는 매우 진기하고 이런 이유로 '개연성이 없어 보이는' 의사소통의 형식이지만, 어쨌든 비정상적인 방식은 아니다. 그러므로 사랑이란 '타인의 행복 속에서 자신의 행복을 발견하는' 아주 정상적인 비개연적 성격을 보여 준다고 주장한다. 자신이 보고 있는 타인의 모습도 사랑을 하게 되면 완전히 변화하며, 따라서 사랑에 빠진 사람은 평소의 '정상적인' 관찰 방식에서 벗어나게 된다. 이것은 아주 변함없는 사랑의 고유한 특성으로, 사랑하는 사람은 상대의 미소만을 보며, 빠진 이빨은 보지 못하는 법이다. 루만 특유의 냉정함은 다음 문장에서 잘 드러난다.

"외부 거점이 와해되고, 내적 긴장은 (집중화의 의미에서) 첨예화된다. 안정성은 이제 인적 자원에서 보장되어야 한다."

사랑하는 사람들이 그들의 기대를 서로 일치시키는 과정은 매우 불안정하다. 사랑의 과정은 완전히 환멸에 빠지기 십상이기 때문이다. 모든 코드 중에서 하필이면 가장 깨지기 쉬운 코드가 사랑이며, 이것이 바로 사랑의 역설이다. 하지만 사랑이야말로 최고의 안정성이 보장되어야 한다. 사랑하는 사람이 사랑에 관한 기대가 안정적이라고 확신하면 할수록, 사랑의 긴장 관계는 좋은 의미에서든 나쁜 의미에서든 그만큼 느슨해지기 마련이다. 완벽하게 조율된 서로의 기대는 신뢰할 만하지만, 그것은 그만큼 짜릿함을 잃는다. 서로의 기대는 자극을 결정하는 바로 비개연적인 성격을 눈앞에서 사라지게 한다. 루만에 따르면 이 때문에 사랑을 감정, 성적인 욕구와 덕성의 통합으로 보는 낭만적 이념은 언제나 과도한 요구를 수반한다는 것이다. 타인의 세계에서 의미를 찾는 것은 비록 순간에 지나지 않을지라도 이미 많은 것을 요구하고 있기 때문이다.

'왜 그런지'에 관해 루만에게도 대답을 찾기 어려운 물음이 있다면 그만 접어 두는 것도 좋을 듯하다. 가령 다음과 같은 것들 말이다. 애정 관계가 시작될 때 자주 일어나는 격렬한 욕망이 왜 계속 유지될 수 없을까? 사랑의 욕망은 왜 갈수록 사라지는 걸까? 이것이 정말 예측 가능한 상호 기대의 문제에 불과한 것일까? 혹시 애정 관계에서도 의사소통, 그러니까 기대의 일치가 제대로 작동하지 않아서 욕망이 소모되는 것은 아닐까? 그러므로 잘못된 애정 관계에서 그런 일이 일어나는 것은 아닐까? 갈수록 사랑이 식는 데는 완전히 루만의 시야 밖에 있는 다른 이유, 구체적으로 예를 들면 생화학적인 이유가 있는 것은 아닐까?

그러나 루만은 우리의 감정 세계에 관한 생물학적 영향을 전혀 고려하지 않았기 때문에 많은 비판을 감수하지 않을 수 없었다. 브레멘의 뇌 연구자 게르하르트 로트(Gerhard Roth)는 루만과 같은 사회학자가 도처에서 인간을 생물학적 개체로 파악하지 않는 것을 완전히 이해할 수 없었다. 게다가 루만에게 자극을 준 마투라나와 바렐라가 대다수의 뇌 연구자에 의해 이방인 취급을 받으며 조롱당했기 때문에 그의 입장이 더 난처해졌다. 이들의 관점은 실험과 검증을 통해서도 허점이 없었기 때문이다.

이에 대한 루만의 대처는 매우 침착했다. 그는 뇌 연구가 뇌 속에서의 뉴런의 결합을 연관 관계에서 파악하면서 어떤 기대에도 주목하지 않는다면, 사회학은 인간의 기대를 연관 관계에서 파악하면서 뉴런의 결합에는 주목하지 않는다고 적절히 표현한다. 바로 여기에 생물학과 사회학 사이에 기능적으로 나타나는 독자적 체계의 중요한 차이점이 드러난다. 루만에게는 체계 내에서 적절한 것만이 의미 있다. 그런데도 우리는 루만이 생물학적으로 관찰할 때 일련의 아주 다른 의식 상태를 사랑의 개념과 뒤섞는다는 것을 알아차리게 될 것이다. 그렇다고 그때그때 언급된 사랑의 개념이 사회적 맥락에서 지나치게 오용되는 법은 없다.

우리는 실제로 그가 말하는 것을 삶에서 거의 언제나 이해한다. 이런 점은 항상 변함이 없다. 루만이 아주 보편적으로 사용하는 '사랑'의 개념은 다른 사람의 시각에서는 '자기표현'에 대한 욕구로 보일 수도 있지만, 이 개념은 많은 사례 중 단 하나의 사례만을 생물학적인 동시에 사회적으로도 적절하게 제시하고 있다는 점에서 그러하다. 이와 같은 사랑의 개념은 전체적으로는 첫사랑의 열광적 감정과는 분명히 일치하지 않는다. 누군가에게 열광한다는 것은 타인의 시각으로 확인할 필요가 없다는 것을 의미한다. 만일 타인의 시각이 필요하다면 팝 아이돌에 대한 십대의 사랑은 애초부터 터무니없는 일이 되고 말 것이다. 그런데 사랑에 빠졌을 때 일어나는 섹스에 대한 욕구도 반드시 사랑의 전체적인 경험을 얻으려는 욕구라고 말할 수는 없다. 어떤 남자, 어떤 여자에게는 중요한 것이 섹스일 수도 있지만, 이런 성향을 피하려는 사람들도 적지 않다. 사랑에서 중요한 것은 동일성을 확인하는 것이 아니라 정반대로 어떤 역할에 대한 즐거움일 때가 많으며, 가끔은 성적 매력을 결정할 수 있는, 말하자면 수수께끼 같은 것이다.

루만에 대한 또 다른 항변은 만일 사랑이 정말로 **단지** 사회적인 코드일 뿐이라면, 동물 세계에 사랑의 개념을 적용하는 것은 의미가 없게 될 것이라는 주장이다. 지금 나는 다시 이런 관점을 거론하게 되는데, 동물과의 관계에서 일어나는 사랑은 아무 의미도 없게 된다는 것이다. 가령 '애완동물에 대한 사랑' 같은 것은 어느 면에서나 완전히 터무니없는 말이 될 것이다. 본래 '좋은 것, 편안한 것, 가치 있는 것'을 뜻하던 옛 중세 고지독일어에서의 사랑은 정확히 파악하면 여러 의미로 분화되어야 했다. 동물과 인간 세계에서 부모의 사랑, 이성이나 형제와 친구 사이의 사랑에서 공통적인 것은 사랑하는 사람이 다른 생명체에게 열정적으로 헌신한다는 것, 사랑하는 사람은 누군가를 '자신의 가슴속에 깊이 간직한다' 하는 점이다. 이때 감각적이고 정신적인 사랑의 느낌, 상당히 복합적인 사랑의 감정과 가령 "네 이웃을 네 자신처럼 사랑하라" 하는 기독교적 계율과 같은 도덕적 명령도 서로 구분될 수 있다. 유사하게 다른 종교에도 있는 도덕적인 사랑의 의미는 물론 의심할 여지가 없지 않다. 어쨌든 사랑의 감정은 요구한다고 이루어지는 것이 아니며, 도덕을 확보하려는 목적으로는 상당히 부적절하기 때문이다. "네가 이웃을 사랑하지 않을지라도, 그를 존중하라" 하는 편이 그런 목적에는 확실히 더 잘 어울릴 것이다.

동물도 사랑의 감정을 갖고 있는지에 대해서는 견해가 서로 엇갈리며 논쟁 중에 있다. 예를 들어 박쥐가 된다는 것이 어떤 것인지 우리가 알지 못한다면(앞의 피터 싱어와 관련된 장 참조), 동물이 사랑을 하는지도 알지 못한다고들 말한다. 하지만 이에 대한 견해도 각양각색이다. 아무튼 현시점에서 행동연구는 '사랑'의 개념을 계속해서 배제하면서 그것을 '성욕'과 '결속'으로 나누어 파악한다. 이때 인간의 특수한 능력을 무엇보다 오랫동안 지속해 온 일부일처제의 관습으로부터만 도출하는 것이 많은 행동연구가의 독특한 사고방식에 속한다.

그러나 이런 사고방식에는 적어도 세 가지의 문제점이 나타난다. 우선 행동연구에서 완전히 오해하고 있는 것은 '부모의 사랑'이다. 고도로 발달한 포유동물의 경우 부분적으로 매우 끈끈한 어머니-자식 관계는 행동연구에서는 '결속'으로 수상쩍게 보면서 도외시한다. 둘째로, 동물 세계에서 오래된 일부일처의 관계를 무엇 때문에 사랑의 관계로 기술하지 않는지에 대한 문제점이 제기된다. 어쩌면 일부일처를 고수하는 긴팔원숭이와 맹금류는 사랑의 능력이 있고, 침팬지와 오리들은 그렇지 않다고 할 수 있는 것 아닐까?

결국은 인간도 일부일처의 관습을 벗어나려 했거나 하고 있다는 것이 입증되곤 한다. 이미 인류의 초기에는 생물학적 아버지가 종종 알려지지 않았을 개연성이 농후하기 때문이다. 인간의 일부일처 관습은 사랑의 감정보다는 훨씬 연대가 짧은 것으로 추정된다. 그 반대의 경우란 있을 수 없다! 인간의 경우에 너무 긴 포육 기간의 문제를 해결하기 위해 '사회적 유대'로서의 '사랑'을 고안해 냈다는 생물학적 이론이 인기가 높았으나 이 역시 오늘날에는 어쨌든 논란에 빠져 있다. 그러므로 저명한 생물학자들은 사랑에 관해 무엇인가 질문을 받으면 당연히 어깨를 으쓱하면서 눈썹을 찡그리곤 한다. 사랑이라는 개념은 생물학에서 정의할 수 없기 때문이다.

이 문제를 두고 더 용기 있는 사람은 뇌 연구자들이었다. 적어도 우리의 성적 욕망을 조절하는 영역이 일차적으로 시상하부(hyperthalamus)라는 것은 이 연구자들에게도 잘 알려져 있다. 물론 여성과 남성의 경우에 서로 다른 핵이 작동하고 있다. 여성의 경우에는 핵 복내측근(nucleus ventromedialis)이, 남성의 경우에는 내측근근핵(nucleus praopticus medials)이 성적인 쾌락을 조절한다. 남성이 여성보다 시각적으로 더 강한 자극을 받는 이유가 신경생물학자들에 의하면 바로 이런 차이에 있다는 것이다. 영상촬영 방법을 이용한 최근의 연구는 이 두 개의 핵이 사랑의 감정과 밀접한 관련이 있음을 보여 준다. 생화학적으로도 충동과 사랑의 감정 사이에는 연관성이 있으며, 이를 관찰할 때는 조심스러울 필요가 있다. 그 이유는 MRI 장치 밖에 있는 생명의 세계에서는 이 두 가지가 종종 아주 다른 모습으로 등장하기도 하기 때문이다. 사랑의 감정은 성적인 욕망과 동시에 나타날 때가 많지만, 그 반대의 상황은 언제나 드물다. 그렇지 않다면 포르노를 소비하는 사람도 포르노를 즐기며 매번 사랑에 빠질 수 있을지도 모른다.

사랑에 빠질 때 핵심 역할을 하는 것은 **옥시토신**이라는 호르몬이다. 남성과 여성이 섹스에 도취해 있을 때 두 사람에게는 옥시토신이 분출한다.

이때 그 효과는 아편과 비교할 수 있다. 옥시토신은 흥분과 도취에 빠지게도 하지만 어느 정도 진정시키는 효과도 있기 때문이다. '신뢰 호르몬' 또는 '결속 호르몬'으로서의 옥시토신의 역할은 초원에 사는 프레리 들쥐 연구로 밝혀졌다. 프레리 들쥐들은 —그들의 가까운 친척인— 옥시토신을 적게 투여한 산에 사는 쥐들보다 일부일처제를 더 잘 유지했다.

이와 관련해 애틀랜타 에머리대학의 영장류 연구센터 소장 토머스 인젤(Thomas Insel)을 중심으로 한 연구자들은(인공 숲속의 원숭이 참조) 프레리 들쥐들에게 옥시토신 차단 물질을 주입하여 이 들쥐들의 행복한 부부 관계를 파괴하는 실험을 여러 차례 시도했다. 그러자 즉시 프레리 들쥐들은 부부의 신뢰를 버리고 산에 사는 쥐들처럼 변했다. 이제 그들은 '무차별적 교접'을 하는 반면에, (옥시토신과 매우 흡사한) **바소프레신**(Vasopressin)을 투여한 산에 사는 쥐들은 일부일처를 지키는 성실한 쥐들로 변했다.

옥시토신 수용체가 인간의 결속 욕구와 결속 능력에 중요한 영향력을 지닌다는 것은 오늘날 매우 개연성이 있는 것으로 추정된다. 캘리포니아 주립대학의 심리학자 세스 폴락(Seth Pollack)은 고아로 자라난 아이들의 옥시토신 대사는 부모와 밀접한 관계에서 자란 아이들에 비해 부족하다는 것을 보여 주었다. 옥시토신은 인간에게 일종의 접착제와 같은 역할을 한다. 임신부에게 옥시토신은 진통을 일으켜서 분만을 유도하고 아기에게는 젖을 공급하며, 아이와의 관계를 강화한다. 남녀 사이에 옥시토신은 첫 성경험의 관계를 장기적으로 결속하게 해 준다.

물론 사랑에 빠진 사람들의 뇌에는 옥시토신과는 아주 다른 센터와 여기서 분비되는 생화학적 물질이 비교적 독립적으로 활동한다. 이에 부합하는 것으로는 **대상 피질**이라는 곳이 있는데, 집중력과 관련 있는 곳이다. 여기서는 보상 체계와 같은 어떤 것을 표현하는 **대뇌 변연계**가 작동한다. 가령 페닐에틸아민은 '공중을 나는 듯한' 황홀한 느낌을 준다. 물론 또 다른 물질들도(미스터 스폭의 사랑 참조) 분비되는데, 노르아드레날린은 흥분을, 도파민은 쾌감을 자아낸다. 노르아드레날린과 도파민의 함량이 높아지는 반면에 세로토닌의 함량이 떨어지게 되면, 모종의 책임 능력 마비 증세가 나타날 수 있다. 엔도르핀과 코르티솔과 같은 신체 자생적인 마취제도 상당량의 경우에는 이런 효과를 일으킨다.

어느 정도 시간이 지나면 이와 같은 환각 상태는 필연적으로 사라진다. 사랑에 빠졌어도 최장 3년이면 깨어나고, 대체로 3개월에서 12개월 사이에는 사랑의 감정에서 벗어난다. 국제적인 통계에 의하면 결혼 후 이혼하는 기간은 평균 4년이었다. 이때쯤 되면 과거에는 보이지 않던 상대방 이빨의 틈새가 눈에 들어오기 시작하는 것이다. 사랑하는 두 남녀의 관계가 성공적으로 지속하는 데 도움이 되는 것은 무엇보다 생화학적으로 효과가 있는 옥시토신뿐이다.

이제 사랑에 대해 더 무엇을 말할 수 있을까? 우리는 옥시토신 수용체와 '타인의 시각에서 자신을 표현하기' 사이에서 무엇을 배웠을까? 뇌의 실제와 루만의 주장 사이에 진리는 어디에 있을까? 부정적이든 긍정적이든 새로운 것, 상도를 벗어나는 놀라운 것은 자극적이다. 개연성이 없는 것이 개연적인 것보다 우리를 더 많이 흥분시킨다. 우리는 좋든 싫든 불확실한 것에 호기심을 갖는다. 이런 점에서 뇌 연구와 루만의 체계이론은 일치한다. 생화학적 의미에서든 사회학적 의미에서든 사랑은 '아주 정상적인 비개연성'이다. 그것은 바로 생화학적으로 알려진 표본이면서 사회학적 코드로 규정되는 예외 경험이다.

우리의 뇌는 이런 이유로 지루함을 두려워하며, 그래서 사랑을 좋아하는 것처럼 보인다. 이렇게 볼 때 저명한 개신교 목사 다트리히 본회퍼 (Dietrich Bonhoeffer)가 다음과 같이 정형화한 순수한 기독교적 요구보다 더 적절한 말은 없는 것 같다.

"사랑은 타인에게서 아무것도 원치 않습니다. 사랑은 타인을 위해 무엇이든 하려고 합니다."

그럴 수 있는 것이 우리는 사랑의 목적이 무엇인지를 물어볼 수 있기 때문이다. 사랑이 타인의 시각에서 자기표현이라는 것이 맞는다면, 사랑은 우리에게 그 어떤 자기 상실에도 불구하고 항상 가장 자극적인 형상, 즉 우리들 자신을 반영한다.

이 '자신'이 누구이고 무엇인지를 솔직히 말해 우리는 아직도 여전히 잘 알지 못한다. 그러나 그것이 사람마다 다를 수 있을지라도 우리가 살아왔고 살아가면서 부딪쳐 왔던 결단과 깊은 관계가 있다. 루만이 말한 바와 같이 결단은 우리의 삶을 다양하게 만드는 차이에서 일어난다. 하지만 우리는 어떻게 자유롭게 결단의 순간들과 만날 수 있을까?

29

자유란 무엇인가?

do be do be do

소크라테스 · 사르트르 · 시나트라, 그리스의 낙소스

그리스의 다른 도시처럼 해변에서 황갈색 바위로 된 언덕길을 기어 올라가는 코라도 바닷가 중턱에 작은 카페 레스토랑이 자리 잡고 있다. 그곳에는 유칼립투스 나무가 건물 사이에 놓인 좁은 그늘 사이에서 태양 빛을 향하여 적갈색 관모를 내밀고 있다. 식사는 나쁘지 않았고 가격도 비교적 저렴했다. 그래서 저녁마다 배낭을 짊어진 여행객과 젊은 가족들로 가득 차 있었다. 사방에서 소녀들은 킥킥거리며 웃었고, 참새처럼 떠드는 어린아이들의 소리가 뜨락을 가득 채웠다.

어쨌든 1985년 여름 키클라데스 제도에서 내가 철학의 문턱에 들어서면서 보냈던 휴가 기간의 풍경도 이런 식이었다. 어린 시절에 내가 가장 열정적으로 관심을 가졌던 과목은 생물학이다. 나는 당시에 버찌 씨를 삼키면 왜 배 속에서 버찌가 자라나지 않는지에 대해 깊이 생각하곤 했다. 그러나 철학에 발을 디디면서 하나의 핵심적 금언을 가슴에 새기고 있다. 이탈리아 카페 레스토랑을 찾아간 첫날 저녁에 묘비처럼 담벼락에 새겨진 석판의 글자가 갑자기 떠올랐다. 석판 위에는 다음과 같은 글자가 새겨져 있었다.

존재한다는 것은 행동하는 것이다 (To be is to do) — 소크라테스

행동하는 것은 존재하는 것이다 (To do is to be) — 사르트르

행동하든 존재하든 그것이 그것이다 (Do be do be do) — 시나트라

상당히 잘 알려진 이 표어를 이 카페 레스토랑에서는 그 누구도 고안해
내지 않았을 것이라고 나는 훗날 확신했다. 그러나 그것은 당시에 내게는
아주 새로운 것이었다. 그만큼 이 금언은 위트의 영향력 정도보다는 훨씬
더 오랫동안 나를 사로잡았다. 이미 본서의 앞머리에서 언급했듯이 나는
이 휴가 기간에 소크라테스를 잘 알게 되었다. 존재한다는 것이 뭔가 행
동하는 것이라고 소크라테스가 글자 그대로 말했는지를 나는 그때까지는
알지 못했다. 그러나 그것이 문제가 될 것도 없었다. 존재가 행동을 의미
하고 있다는 것을 나는 이미 어떤 식으로든 깨달았기 때문이다.

이보다 훨씬 더 생각할 만한 문제는 뭔가 행동하는 것은 존재하는 것을
의미한다는 두 번째 문장이었다. 그것은 정말 수수께끼 같았다. 사르트르
에 관해서는 이미 들어 본 적이 있다. 나는 그가 정치적으로 참여 의식이
매우 강한 인간이라는 것을 알고 있었다. 그는 카스트로를 만나러 쿠바에
가는가 하면, 교도소에서 안드레아스 바더라는 테러리스트를 만나기도
했다. 그러나 적어도 이것이 행동이 존재를 의미한다는 것을 알려 주지는
않았다. 실로 뭔가 행동할 수 있기 위해 먼저 존재해야만 하는 것일까?
이런 문장 자체를 나는 이해하기 어려웠다. 어쩌면 이에 대한 명쾌한 근
거가 있을지도 모를 일이다. 오늘날 나는 소크라테스와 마찬가지로 사르

트르도 오류에 빠져 있다고 생각하는 반면에, 프랭크 시나트라의 명제가 유일하게 올바르다고 생각하기 때문이다.

나는 그리스에서 휴가를 보내고 돌아온 뒤에 쾰른대학에서 철학을 공부하기 시작했다. 입학하자마자 동갑내기 여학생을 사귀었는데, 그녀는 검은 곱슬머리와 큰 눈, 매우 인상적인 저음의 목소리를 지녔다. 나는 그녀의 이름이 이 자리에 거론되어도 좋은지 알 수 없다. 따라서 그냥 로잘리라는 가명으로 부르고자 한다. 내가 처음으로 그녀의 방에 들어갔을 때, —책장, 마크라메 네트 가방과 그 안에 든 조화, 소형 침대와 더불어 — 침대 머리맡 탁자 위에 놓인 책이 눈에 들어왔다. 그것은 시몬 드 보부아르의 소설 『레 망다랭(Les Mandarins)』이었다. 프랑스의 유명한 철학자이자 사르트르의 친구이기도 한 그녀는 이 책에서 세계대전 후 파리의 놀라울 정도로 암담한 시간을 서술했다. 사르트르와 보부아르 자신을 비롯한 위대한 프랑스 지성인들은 무한한 밤의 대화를 통해 실존의 무의미함과 인간 사이의 몰이해에 관해 논했다. 그들은 다 함께 꿈속에서 위대한 행동으로 구원의 가능성을 찾았다.

'지성인'을 뜻하는 소설 『레 망다랭』은 베스트셀러다. 출간 당시에 보부아르는 30세에 불과했지만, 나의 여자 친구 로잘리는 이 책에 감동했다. 무엇보다 로잘리를 사로잡은 것은 매혹적인 파리의 분위기였다. 1980년대까지만 해도 대학생의 환상에서 느끼는 파리는 유럽에서 가장 흥분을 자아내는 도시였다. 이런 분위기는 1989년 베를린 장벽이 무너지면서 파리의 자리에 베를린이 들어선 이후에는 급격히 변했다. 다른 한편으로 로잘리의 마음을 사로잡은 것은 사르트르 철학에서 나타나던 개인의 절대적 자유에 대한 이념이었다. 이에 따르면 인간을 규정하는 것은 사회나 심적인 특징이 아니고, 의지에 따라 행동하는 인간은 누구나 자유롭다는 사고다. 나아가 인간은 완전히, 무제한으로 자기 자신에게 책임이 있다는 것이다. 개체를 결정하는 것을 그 스스로가 '고안해' 낸다. 오늘날 소비산업에 의해 세계 도처에서 되살아나는 표어, 즉 인간은 자기 스스로를 항상 새롭게 고안해 내야 한다는 것은 사르트르에게서 나온 것이다. 사르트르는 "인간이란 행동으로 자기 얼굴을 그린다" 하고 말했는데, 이는 곧 '행동하는 것은 존재하는 것이다'와 일치한다.

내 모든 결단에 중요한 것은 나의 자유로운 의지라는 생각, 그것이 특히 마음에 들었다. 하지만 이제까지 이와 같은 자유의지를 나뿐만 아니라 로잘리도 충분히 사용하지 못했다. 파리의 망다랭에 비하면 이곳 퀼른의 생활은 상당히 권태로운 편이었다. 내가 나의 삶을 대하는 태도가 비겁해서일까? 내 생각은 온통 자유의지라는 관념으로 가득 차 있었지만, 동시에 불쾌감도 일어나고 있었다. 거기에 '그 무엇이 잘못된 것은 아닐까' 하는 예감이 들었다. 내게 용기가 부족한 것인가, 아니면 사르트르의 사상에 다른 어떤 것이 감추어져 있는 것일까? 둘 중의 하나였다.

아무튼 로잘리는 자신의 삶을 변화시키려고 애썼다. 그녀는 학교를 그만두고 슈투트가르트의 연극 학교에 들어갔다. 그러나 연극배우라는 것도 마찬가지로 직업이었다. 로잘리는 비밀스러운 자아를 찾고자 자기 발견 클럽에 가입했다. 우리가 만나면 나는 로잘리를 혹독하게 비판했다. 나는 그때 퀼른대학에서 매우 인기가 높았던 니클라스 루만을 인용했다. 내 훗날의 박사 학위 지도교수도 루만의 사회이론을 철학부로 가져와서 강의했다. "나는 누구인가?" 하는 물음을 나는 로잘리에게 단도직입적으로 던졌으나 "어둠 속으로 잠겨 버릴 수밖에 없었고, 돌아오는 것은 부끄럽게도 아무것도 없었다." 로잘리는 아무렇지도 않은 듯 거의 반응을 보이지 않았다. 그녀는 심리 치료로 대응했다. 나는 이에 대해서도 다음과 같이 루만을 내세워 대답했다. "심리 치료가 도덕에 미치는 영향은 평가하기 어렵지만, 그것은 확실히 두려워할 만큼 위협적이다." 나는 당시에 심리 치료가 '사르트르의 **행동하는 것은 존재하는 것이다**'라는 생각에 대략 반대되는 것이라고 생각했다. 그것은 다른 모든 것보다 앞에 있는 존재에 대한 추구였다. 그리고 바로 이런 것은 내게는 유령에 해당했다.

로잘리에 대한 내 판단이 너무 가혹한 것이었다고 나는 지금 생각한다. 나는 이런 점을 올바르게 의식하지 못한 채 나 혼자서 몰래 의심하던 척도를 그녀에게 적용하고 말았다. 당시에 나는 인간은 내적, 외적 강압에서 자유롭다는 사상을 의심하고 있었다. 어쨌든 인간은 이런 강압에서 해방될 만큼 강하다는 점에서 로잘리의 생각을 인정하지 않을 수 없었다. 요컨대 한 인간을 판단하기 위한 기준은 오로지 행동에 달려 있다는 것, "인간은 행동으로 자기 얼굴을 그린다"는 것이 사르트르의 주장이었다. 하지만 이것은 인간에 대한 과도한 요구가 아닐까? 사르트르는 어떻게 이런 생각에 이르게 되었을까?

인간은 "자유로워지도록 저주를 받았다"는 사르트르의 사상은 그의 주요 저서 『존재와 무(無)』에 잘 표현돼 있다. 이 책은 사르트르에게 영향을 준 에드문트 후설(Edmund Husserl), 마르틴 하이데거(Martin Heidegger)와 지속적으로 대결의 양상을 보여 준다. 여기서 후설은 현상학의 창시자다. 후설은 칸트와는 다른 길을 걸었다. 그는 칸트처럼 인간과 세계를 더 이상 규칙과 법칙이 있는 은폐된 존재 또는 '내적인 존재'로 설명하지 않고 정확하게 정반대로 파악하려 했다. 후설은 현대의 뇌 연구자들처럼 경험의 조건을 해명하려 했다. 물론 칸트가 인식의 조건을 탐구한 것은 사실이지만 경험의 조건을 탐구한 것은 아니었다. 또한 칸트가 경험의 중요성을 언급했지만, 경험을 철저하게 규명한 것은 아니었다.

반면에 후설은 무엇보다 경험을 현상학적 방법의 중심에 놓았다. 따라서 나의 감각이 어떻게 세계를 나에게 전달하는 것일까 하는 물음이 전면에 등장한다. 후설은 생물학자가 아니었기 때문에 우리의 감각적인 지각, 특히 시각과 인식 사이의 관계에 대한 아름답고 명확한 형상과 개념을 많이 찾아냈다. 한편 하이데거는 후설의 제자로 나치에 조력하며 악평에 시달렸다. 하지만 하이데거는 후설의 현상학에서 세계에 대한 '자세'를 설명하는 일종의 생철학을 만들어 냈다. 후설의 간결한 개념과는 달리 하이데거의 언어는 신비롭고 불명료했다. 바로 이 때문에 사르트르뿐만 아니라 많은 사람이 매료되었다.

사르트르가 『존재와 무』를 출간했을 때, 그는 38세였고, 프랑스는 독일군에 이미 점령당한 상태였다. 하이데거가 동조한 나치는 사르트르의 적이었고, 그는 나치에 대한 저항운동인 레지스탕스에 가담했다. 그의 『존재와 무』에는 예나 지금이나 변함없이 그에게 감동을 주던 하이데거와의 내적 갈등이 심화돼 있다. 독일 제3제국의 대표적인 지성 하이데거와 프랑스 문화계의 후계자 사르트르 사이의 대립은 이보다 더 클 수가 없을 정도였다. 무뚝뚝하고 애향심이 깊으며, 시민적 성향이 강한 하이데거는 정치적으로 이중적 도덕을 보이는 기회주의자였을 뿐만이 아니라 속물적 시민의 성적 이중성을 드러내던 철학자였다. 반면에 허약하고 156cm의 왜소한 인물 사르트르는 시민적 분위기에 심한 구토를 일으켰고, 언제나 올바르고 솔직 담백한 길을 가려고 애썼다.

하이데거는 해군 장교로 일찍 세상을 등진 아버지와 알자스 출신의 어머니 사이에서 태어났다. 그는 50세가 넘은 1940년대 초에, 시민사회에서 엘리트 교육을 받고 성장한 어린 시절과 할아버지 댁에서 보낸 청소년 시절을 회고한 적이 있다. 집에 가정교사를 두고 상류 계층만이 다니던 고등학교에서 교육을 받은 하이데거는 엄격하게 정해진 학업 계획에 따라 놀라울 정도로 많은 지식을 습득했다. 그는 매일 오전 9시부터 오후 1시까지, 그리고 다시 오후 3~7시까지 규칙적으로 독서하고 공부에 열중했다. 이 같은 일정은 평생 유지되었다. 하이데거는 철학적으로 인간에게는 신뢰할 만한 것이 아무것도 없으며, 더 높은 힘이나 도덕적인 법칙도 없다고 확신했다. 그는 할아버지 댁에서 대가족의 일원으로 살면서 자신이 쓸모없다고 느꼈으며, 이처럼 인간도 우연성에 지배를 받는, 길을 잃은 존재라고 생각했다. 따라서 그는 인간의 실존이란 '삶에 내던져진 것'이라고 파악했다. 사르트르도 자신의 경험으로 이런 식의 실존적 이해에 공감을 표현했다.

사르트르는 때로는 길동무이자 때로는 애인이었던 시몬 드 보부아르와 함께 학생들을 가르치면서도 틈틈이 기분 전환을 위해 프랑스의 여러 도시를 여행했다. 히틀러가 독일에서 정권을 장악했던 1933년에 사르트르는 1년 동안 베를린에 머물면서 자서전적 색채가 짙은 소설 『구토』를 쓰기 시작했다. 파리로 돌아온 후에 사르트르와 보부아르는 '자유로운' 삶을 살기로 합의했다. 두 남녀는 결혼을 하지 않은 채 파리에 있는 작은 호텔 방 두 개에서 함께 거주했다. 제2차 세계대전 초기에 사르트르는 군 복무 중에도 때때로 계몽주의 시대에 관한 책을 집필하는 데 매달렸다. 독일 트리어에서 전쟁 포로로 있는 동안에도 비교적 평탄하게 지냈다. 1941년에는 눈의 통증 때문에 조기에 석방되자 보부아르와 함께 독일에 우호적이었던 프랑스 비시 정권에 저항하는 단체를 조직했다. 사르트르는 연극 작품과 소설을 쓰기 시작했고, 그의 철학적인 주요 저서도 이때 집필하기 시작했다. 스탈린그라드에서 독일군이 패배한 이후에 그는 레지스탕스와 새로 접촉하면서 정치적인 참여를 강화했다. 1943년 봄에는 종이가 부족했어도 『존재와 무』를 출판하였는데, 이미 사르트르는 프랑스 지성을 대표하는 핵심적 인물로 떠올랐다.

『존재와 무』라는 제목은 아주 단순한 의미를 지닌다. 사르트르에 따르면 인간은 존재하지 않는 것에 대해서도 몰두할 수 있는 유일한 동물이라는 것이다. 인간 외의 다른 동물은 복합적인 상상 능력이 없으며, **더 이상** 존재하지 않는 것, 그리고 아직은 도래하지 않은 것을 사유할 수 없다. 이에 반해 인간은 정말 존재하지 않는 사물까지도 고안할 수 있으며, 거짓말을 할 수도 있다. 어떤 생명체의 상상력이 크면 클수록, 그 생명체는 그만큼 더 자유롭다. 이는 정반대로 말하면 인간은 단지 벌거벗은 실존만으로는 전혀 실체가 없다는 것을 의미한다고 사르트르는 주장한다. 확고한 본능과 행동 표본으로 결정된 동물과는 달리 인간은 스스로 자기 고유의 행동 표본을 먼저 찾아야만 한다. 요컨대 "실존은 본질에 앞선다." 이런 사실을 신학자와 철학자들은 언제나 오해해 왔다고 사르트르는 말한다. 그들은 인간을 정의하기 위해 규칙과 본보기를 찾으려 했다. 하지만 신이 없는 세계에서 가치와 구속력 있는 도덕적 원리에서 나온 이런 본질 규정은 더 이상 의미가 없다는 것이다. 인간에게 유일하게 실존적인 것은 사르트르에게 구토, 불안, 염려, 권태와 부조리의 감정이다. 사르트르는 자신의 철학을 **실존주의**라고 불렀다.

사르트르는 자신의 선행자들이 인간에게 투사한 모든 것을 냉정하게 지워 없앴다. 그가 부정적인 감정을 강조하게 된 것은 아마도 전쟁을 겪었기 때문이라고 생각한다. 이에 완전히 일치하는 것이 바로 나태함과 공허함에 대한 사르트르의 저항 정신이다. 따라서 (나치에 대항해) 저항하면서 새로운 무엇인가를 구축하는 것이 그에게는 무엇보다 중요했다. 철학적으로 이런 감정의 표현은 "인간은 바로 그의 실행 목표다"라든가 "단지 행위에만 현실이 있을 뿐"이라는 그의 수많은 철학적 요청 속에서 실제화된다. 무라는 심연 속에서 꿈을 꾸며 헤매는 인간들에 대한 변론은 존재하지 않는다. 그들은 자기 자신과 자신의 책임감에서 도피한 것이기 때문이다. 이 모든 것은 자기기만이라고 사르트르는 주장한다.

이런 문제에서 실존주의 철학자들에게는 야심에 찬 과제가 생겨난다. 『존재와 무』에 이어 출간한 『실존주의는 휴머니즘이다』에서 사르트르는 철학자를 계몽주의자로 정의한다. 계몽주의자는 다른 사람들이 자유로운 삶을 살게 하여 인간으로서의 가치를 실현하도록 해야 한다는 것이다. 이때 사르트르에게 무엇보다 중요한 것은 인간이 자기 자신에서 만들어 내는 '기투(Entwurf)'다. "인간은 우선 하나의 기투다. 이 기투에 앞서서 실존하는 것은 아무것도 없으며, 인간은 우선 자신이 뭔가 되려고 계획했던 대로 존재하게 될 것이다." 이에 반해 의지는 이런 기투가 진행되는 과정에서 나타난 결과에 불과하다. 인간이 먼저 계획을 세우면, 이에 상응해 의지가 인간에게 부여된다. 실제로 사르트르는 바로 이렇게 주장한 바 있다.

"우리가 의지라고 이해하는 것은 인간이 스스로 만들어 낸 것을 우리 대다수를 위해 뒤따르는 의식적인 결단이다."

이런 생각은 나의 여자 친구 로잘리만을 매료시킨 것이 아니었다. 그것은 삶을 '기투'로 이끌어 나가려는 전후 지식인 세대 전체에게 영감을 주었다. 동시에 이 지극히 개인적인 사고 유형의 기투는 놀라울 정도로 시대 풍조와 종종 비교가 되곤 했다. 실존주의자를 자처하는 사람들이 검은 옷에 우울한 표정으로 재즈 바와 대학, 영화관과 카페 사이를 이리저리 배회하곤 했기 때문이다. 똑같은 모습으로 유행을 따르는 사람들이 이 시대를 대표했다.

사르트르는 1980년 죽음을 맞이할 때까지 긴장이 넘치고 자극적인 삶을 살았다. 그는 20세기 프랑스 지성을 대표하는 가장 중요한 인물이었으며, 많은 사람의 주목을 받던 도덕적 심급의 상징이었다. 하지만 인간의 자유에 대한 사르트르의 주장이 과연 현실성이 있는지에 대해서는 논란의 여지가 있다. 정말 하나의 개체가 안팎에서의 강압에서 완전히 벗어나 예술가가 자신의 작품을 고안하듯 자기 자신을 기획할 수 있을까? 우리가 스스로 기획하는 '계획(Plan)'이 의지에 앞선다는 사르트르의 주장이 옳다면, 인간은 모든 사회적인 기대의 압박에서 해방될 수도 있을 것이다. 그렇다면 인간은 자신의 충동, 관습, 소망, 역할, 도덕관념과 어린 시절부터 익숙해진 습관과 행동을 제어할 수 있는 신과 같은 존재가 될 수 있을 것이다. 이 외적이고 내적인 상황을 깊이 생각하고 변화시킬 용기만 있다면 모든 것은 가능할 수도 있을 것이다.

그러므로 사르트르의 의미에서 '자기실현'은 우선적으로 우리 마음의 재고(在庫)와도 같다. 상점에서 팔다가 남은 물건은 치워지기 마련이고, 그러면 진열대는 다른 흥미로운 물건으로 채워진다. 나의 소시민적인 교육이 나의 길을 막는다면 어떻게 할까? 그렇다면 이런 상황을 치워 버리고, 예술가나 방탕아의 자유롭고 긴장감 넘치는 삶을 살면 되는 것이다!

이미 칸트도 우리의 의지에는 스스로 이성적이고 자유롭게 결단하는 이런 강력한 힘이 있음을 인정한 바 있다. 물론 칸트에게 자유로운 행동은 선한 행동일 수 있고, 강력한 힘은 마찬가지로 강력한 제한이기도 했다. 이런 면에서는 사르트르도 유사했다. 물론 사르트르는 칸트의 우리 마음속의 '도덕적 법칙'이라는 것을 믿지는 않았다. 자유는 자기 결단에 의한 것이고 자기 결단은 선하다는 것, 이것이 사르트르의 핵심적 사상을 이루고 있다.

하지만 여기서 '의지의 자유' 개념은 다시 중요하게 다루어야 할 문제다. 이미 앞에서 살펴본 것처럼(의지와 행동 간의 시간 차 실험), 대부분의 뇌 연구자는 오늘날 이 문제에서 사르트르와는 완전히 다른 견해를 보인다. 뇌 연구자들이 볼 때 인간은 자유로운 존재가 아니다. 그 이유는 첫째로 인간은 자신의 성향과 경험, 교육의 산물이기 때문이다. 둘째로 우리가 무엇을 해야만 하는지를 말해 주는 것은 우리의 투명한 의식이 아니라 어두컴컴한 심층 의식이기 때문이다. 설령 내가 수많은 외적 강압에서 벗어났다고 해도, 나의 소망과 의도, 동경은 어떤 상황에서도 포기할 수 있는 것이 아니다. 나는 내 욕구를 마음대로 처리하는 것이 아니라, 내 욕구가 나를 지배하는 것이다. 많은 뇌 연구자에 따르면 바로 이런 이유로 나는 어떤 상황에서도 '나를 새롭게 창조할' 수 없다는 것이다.

이런 주장은 이제 정말 우리를 의기소침하게 한다. 이에 비하면 사르트르의 자유 철학이 매력적이라는 것을 인정하지 않을 수 없다. 과거에 나를 매혹시킨 로베르트 무질(Robert Musil)의 소설『특성 없는 남자』의 첫머리를 읽으면 인생에는 '현실감각' 외에도 '가능성 감각'이라는 것이 있다는 사실을 생각하게 된다. 수많은 대안적 가능성을 열어 나가는 안목을 키우는 것은 나의 청소년 시절부터 꿈틀거리던 깊은 열망이었다. 하지만 무엇인가 실행에 옮길 수 있는 자유의지라는 것이 없다면, 가능성 감각에서 무엇을 이룰 수 있을까?

내가 그간의 내 경험, 교육과 학식으로 실제로는 사회적 부자유를 겪는다면, 진실로 내 행위는 단지 사회적 프로그램만을 반복하는 셈이다. 그렇다면 사회적 역할을 수행하거나 사회적 규범을 이행하면서 사회가 부여한 시나리오를 그저 수동적으로 따르는 셈이다. **내** 의지, **내** 관념, **내** 정신이라고 생각하는 것은 사회·정치적 이념과 문화적인 표본을 반영하는 것에 지나지 않는다. 다른 말로 표현하면 나는 어떤 의지나 고유한 상상력도 지니고 있는 것이 아니다. 이런 것들을 그저 나에게 있는 것으로 간주할 따름이다.

독일 브레멘의 뇌 연구자 게르하르트 로트(Gerhard Roth)도 마찬가지이지만, 내 의지와 내 이념은 뇌 연구자들의 관점에서 보면 특별한 어떤 것이 아니다. 가령 내가 의지의 자유라고 생각하는 것을 나 자신의 목표로 설정하고 있지만, 그것은 허용하기 어려운 자유일 수도 있다. 그 이유는 우리의 의식을 지나치게 과대평가하기 때문이다. 내 이마 뒤에 있는 전두엽 피질이 그 자체의 고유한 능력으로 믿는 것은 사실상 보조적 역할에 지나지 않는다. "우리의 오성은 행동 조절 장치인 대뇌 변연계가 이용하는 하나의 전문가적인 지휘부로 이해할 수 있다." 따라서 우리의 행동을 '활성화하는' 본래의 결정권자는 간뇌(間腦)에 위치한다. 비록 간뇌는 복잡한 생각이나 숙고의 능력은 없을지라도 경험과 정서에 대해 정통할 뿐만 아니라, 감정의 제국을 다스리는 감독관에 해당한다. 그런데도 우리가 최종적으로 행동 여부를 결정하는 것은 오직 대뇌 변연계일 뿐이다. 요컨대 대뇌 변연계는 '정서적으로 수용될 수 있다'고 여겨지는 유일한 곳이다.

무의식의 어두운 힘에 무엇인가 있다는 것은 뇌 연구에서도 거의 부인하지 않는다. 문제는 무의식으로부터 무엇이 발생하는가 하는 것이다. 앞서 언급한 바와 같이 게르하르트 로트에게 자유는 순전히 환상이다. 물론 그렇게 볼 수도 있다. 그러나 내가 내 행동의 근거를 완전히 **간파하고 있는지**에 따라 자유의지가 실제로 작용하고 있는 것은 아닌지 묻지 않을 수 없다. 즉, 나 자신을 충분히 간파하고 조절한다면, 나는 적어도 내게 의지의 자유가 있다고 말할 수 있는 것 아닐까?

이에 관해 나 자신의 예를 들어 보고자 한다. 나는 내 제한된 가능성의 틀 내에서는 나를 아주 잘 알고 있다고 생각한다. 하지만 예전에는 정치적이거나 철학적인 견해의 차이로 흥분할 때면 내 감정을 조절하는 데 큰 어려움을 겪었다. 대학에서도 종종 열을 내거나 격정에 휘말리곤 했다. 그러나 오늘날에는 논쟁이 벌어져도 감정을 자제하려고 노력하며, 이런 시도가 대체로 뜻대로 잘되고 있다. 예전에는 내 감정이 가라앉기를 바랄 때가 많았지만, 지금은 이런 상황에서도 내 감정은 의지에 잘 따르는 편이다.

이런 변화는 경험 덕분이다. 나는 언쟁이 벌어질 때면 될수록 침착한 태도를 취하려 꽤 애썼고, 그러면 대체로 성공을 거두었다. 그러므로 내 감정도 오성의 통제에 따르는 법을 배웠다고 할 것이다. 이것은 감정이 이성을 지도할 뿐만 아니라 그 반대의 경우도 가능하다는 증거가 아닐까? 물론 이를 상세히 관찰해 보면 상당히 복잡할 것이다. 내가 내 열정을 억눌렀다는 것은 전적으로 내 감정과 연관되는 것이기 때문이다. 이런 뜨거운 토론을 마친 뒤에 얼마나 자주 나 자신에게 화를 냈던가? 그러므로 더 평온을 유지하려는 결심은 철저히 '감정적으로 수용될 수' 있거나 정서적으로 그렇게 되고자 할 때 일어났다. 그런데도 내 자유의지는 내 기질에 영향을 미칠 수 있을 정도로 안정적이었다. 설령 특정한 일들이 정서적으로 '수용될 수 없을지라도' 나는 침착함을 유지했다.

이런 사례에서 결정적인 것은 감정도 학습될 수 있다는 점이다! 어린 시절에 나를 불안에 떨게 했던 일이 지금은 더 이상 아무 일도 아니고, 몇 달 전만 해도 나를 감동에 빠지게 했던 일이 지금은 오히려 따분한 일로 변하기도 한다. 이런 점에서 감정과 오성은 내 인생 편력에 깊숙이 침투해 있다. 하나가 다른 하나의 양식에 영향을 미치며, 어떤 구체적인 행동에서는 감정이 결정적일지라도 장기적으로 오성은 배후에서 감정에 관여한다. 오성이 감정에 영향을 미치는 이런 장기적인 과정을 현재는 뇌 연구의 수단으로 설명할 방법이 없다. 그렇다고 이것이 오성의 영향력이 없다는 것을 의미하는 것은 절대 아니다. 감정의 학습 능력이 없다면 어른이 되어서도 모든 상황에서 어린아이처럼 반응하고 결정할 것이기 때문이다. 그런 것이 없다면 세계 도처에 폭력과 살인이 횡행했으리라!

우리는 전적으로 많은 일을 스스로 결정하기 때문에 어느 정도는 자유롭다고 말할 수 있다. 물론 이 자유를 제한하는 것은 수많은 경험이다. 우리는 자신이 거쳐 온 삶의 역사로 둘러싸인 존재다. 따라서 인간은 경험이라는 자신의 틀에 의해 규정된다. 그러나 이 틀 속에서 실로 각양각색의 변화가 일어날 수 있다. 이렇게 볼 때 자유를 지나치게 작게 아니면 지나치게 크게 설정하는 것을 경계해야 한다. 자기 자신을 전혀 신뢰하지 않는 사람은 발전하지 못하기 때문이다. 그러나 사르트르의 관념에 따라 자신의 내적인 자유를 최대한 펼쳐 나가려는 사람은 자신에게 너무 성급하여 과도하게 요구하는 경향이 있다. 인간은 계획적이 아니라면 자신의 의지를 적당히 조절하는 법이다. 실존주의의 전반적인 과도한 요구가 다른 사람을 '너 자신처럼' 사랑하라는 기독교의 요청과 마찬가지로 시대적 요청에서 나왔다는 것은 놀라운 일이 아니다. 이런 면에서는 사회주의의 과도한 요구 역시 실존주의와 상통한다.

그러나 궁극적으로 오성과 감정의 강한 상호 의존성은 인간이 왜 그렇게 예측한 대로 처신하지 못하는지를 설명한다. 또한 이것은 그토록 아름다운 이념이 왜 다른 많은 좋은 의도처럼 실행으로 옮겨지지 못하는지를 설명한다. 술을 끊으려고 하지만 실행하지 못하는 알코올 중독자, 사장에게 자신의 견해를 과감하게 말하려고 하지만 그렇게 하지 못하는 직장인을 생각해 보면 이해가 될 것이다. 이처럼 우리의 삶에서 현실화되지 못한 꿈들은 도처에 허다하다.

물론 이런 일이 개인에게는 암담할 수도 있겠지만, 사회 전체에는 어쩌면 아주 좋은 현상일 수도 있다. 모든 인간이 무작정 자신들의 소망을 이루려고 하는 세상은 이상적이라고 할 수 없다. 반면에 외적인 억압이 긍정적인 측면도 있다는 점을 생각해 볼 필요가 있다. 억압이 오히려 많은 사람에게는 안정성과 확실성을 부여하는 동기가 될 수도 있기 때문이다. 억압에서 벗어나는 것이 모든 사람에게 행복으로 가는 길은 아닐지도 모른다. 모든 사람이 무조건 가족이라는 연대, 고향에 대한 감정, 소중한 추억 등에서 벗어나 살고 싶어 하는 것은 아니다.

심적인 기본 특성이 행위를 결정하는 것인지, 아니면 행위가 심적인 것을 결정하는 것인지에 대한 해명은 양자가 모두 가능하다. 우리의 행동과 생각은 서로 활발하게 영향을 주고받는다. 행동과 존재, 존재와 행동은 무한히 연속적인 관계로 이어진다. 두 비 두 비 두(do be do be do)가 그것이다. 이와 같은 '연쇄 고리의 유희 공간이 얼마나 큰가' 하는 것은 사람마다 아주 상이하다. 그것은 삶의 상황과 밀접하게 연관된다. 내가 자신의 의지를 실현할 수 있는지는 나의 물질적인 자유, 다시 말해 재정적인 능력에 좌우되기도 한다. 이로써 우리는 또 하나의 주제를 만나게 된다. 이 주제를 다음 장에서 행복과 소망과의 관계에서 고찰하고자 한다. 이는 한편으로는 재산과 소유를 통한 자유와 다른 한편으로 재산과 소유에 의한 예속에 관한 문제다.

30

우리에게 재산은 필요할까?

로빈스 크루소의 폐유

대니얼 디포 · 지멜, 무인도 마스아티에라

나는 친절한 사람입니다. 게다가 매우 너그러운 편입니다. 나는 당신에게 정원에 있는 나무 두 그루를 선물하려고 마음먹었습니다. 한 그루는 제가 항상 매달려서 놀던 굵은 마디가 진 오래된 벚나무입니다. 다른 한 그루는 정말 멋진 수양버들입니다. 당신은 두 그루를 모두 가져도 좋지만, 조건이 하나 있습니다. 이 나무를 베어 버리거나 뭔가 다른 짓을 하지 않겠다고 내게 약속해야만 합니다!

무슨 말이냐고요? 선물이 실망스럽다고요? 왜 그렇게 생각하시는지요? 가질 것이 아무것도 없다는 말씀이신가요? 그 말도 맞습니다. 그렇지만 진짜 이유는 무엇일까요? 뭔가를 갖거나 소유한다는 것은 이것으로 자신이 원하는 것을 만들 수 있을 때만 의미가 있기 때문일 것입니다. 그것이 많든 적든 말이지요. '왜 그렇지요?' 하고 다시 묻는다면? 그것은 바로 소유물이기 때문이라고 대답할 것입니다. 어떤 물건이나 어떤 일, 아니면 어떤 동물을 가지고 자신이 원하는 것을 만들 수 있는 게 바로 재산의 의미라고 말할 것입니다. 내 마음대로 하지 못하는 그 무엇이란 자기 소유물도 아니겠지요. 당연하신 말씀입니다. 그렇다면 나 역시 그 나무들을 돌려받겠습니다. 뭔가 가지고 있어도 마음대로 처분할 수 없다면 그것은 아무 소용 없겠지요. 하지만 그 이유가 무엇 때문인가요?

재산이란 어느 한 사람에게 속해 있는 것이라는 논리이군요. 맞는 말씀입니다. 그렇다면 소유는 어느 한 사람과 그 누구와도 관계가 없는 사물 사이의 관계라고 할 수 있겠습니다. 이 말도 맞는 논리 아닌가요? 물론 당연하겠지요. 당신은 당신의 자전거를 보면서 이것은 내 자전거라고 말할 것입니다. 또한 벽에 걸린 점퍼를 보면서 이것은 내 점퍼라고 말할 것입니다.

영국의 윌리엄 블랙스톤(William Blackstone) 경은 소유를 이해하는 데 근거가 되는 원칙을 설명한 바 있다. 그는 1766년, 영국 법에 관한 그의 유명한 저서 제2권에서 이를 명쾌하고 논리정연하게 해명했다.

"그 어느 것도 소유권만큼 인간의 환상에 날개를 달아 주고 인간의 열정을 그렇게 강력하게 사로잡는 것은 없다. 다시 말해 소유권은 한 인간이 주장하고 이 세계의 외적인 사물들에 대해 행사하는 독점적이고 전제적인 지배권이다. 이를 통해 다른 모든 개인의 권리는 이 우주에서는 배제된다."

블랙스톤은 진취적인 남성이었고, 사는 동안 매우 인기가 높았다. 그의 저서는 생전에 이미 8판이 발행되었고, 출간 이후 1세기 동안 가치를 인정받았다. 블랙스톤의 목적은 법체계의 근거를 과거의 인습적인 관념이 아니라 '자연과 이성'에 근거를 두려는 것이었다. 그에게 소유권이란 **개인과 사물 사이의 관계**를 의미했다. 이에 대해서는 오늘날 모두 인정하리라 생각한다. 나와 내 점퍼 사이에 어울리는 관계가 누구에게나 해당되는 것은 아닐 것이다. 그러나 이런 논증이 정말 올바른 것일까?

이를 확인하기 위해 또 다른 영국인의 저서를 살펴보도록 하자. 이 저서는 블랙스톤의 저서보다 대략 50년 전인 1719년에 출간되었다. 저자는 사업에 실패한 상인 대니얼 포(Daniel foe)였으며, 책의 제목은 바로 『로빈슨 크루소의 생애와 이상하고 놀라운 모험』이었다. 포는 매우 활발한 인생을 살았으며, 60세가 되었을 때 『로빈슨 크루소』를 출간했다. 그는 왕에 대항한 반란에 가담했다가 옥살이도 했지만, 그 후에는 포도주와 담배 무역으로 대단한 부를 얻는 데 성공했다. 하지만 이와 같은 경제적 행운은 잠시뿐이었다. 영국과 프랑스 사이에 전쟁이 일어나는 바람에 여러 척의 배에 싣고 있던 귀중한 화물을 잃었고, 결국 파산하고 말았다. 그는 벽돌 공장을 운영하면서 틈틈이 저널리스트로서 간신히 연명했다.

포에게 가장 큰 두 가지 주제는 종교와 경제였다. 그는 당시 영국에서 지배적이던 성공회 교회에 저항하던 장로교 신봉자였다. 포는 이에 걸맞게 종교적인 관용을 얻기 위해 열정적으로 투쟁했다. 그는 1692년 재정적으로 파산하여 계속해서 정치와 경제의 행동 규칙에 몰두할 수밖에 없었다.

수많은 에세이에서 그는 새로운 소유권의 원칙을 쟁취하기 위해 열정적으로 투쟁했으며, 과거의 인습적인 귀족의 특권을 철폐하고 영국의 토지 소유를 새롭게 정리해야 한다고 주장했다. 경제와 사회, 문화에 관해 그는 축적한 개선책을 끊임없이 제시하였고, 그것은 실제로도 많은 곳에서 논쟁의 대상이 되었다. 포는 —자기 자신이 멋대로 고안한— 귀족 칭호인 드 포(De Foe) 또는 디포(Defoe)라고 부르는 것을 자랑스럽게 생각했다. 포가 바로 이런 칭호로 자신을 장식하면서, 그 칭호를 자신의 저서에서 사용했다는 것은 상당히 아이러니한 일이다. 1703년 교회와 관계 당국은 그의 '선동적인 비방문자'를 이유로 또 한 번 그를 단기간의 형벌에 처했다.

포는 런던에서 알렉산더 셀커크(Alexander Selkirk)라는 선원을 만난 뒤 베스트셀러가 된 『로빈슨 크루소』를 집필했다. 셀커크의 이야기는 잠깐이지만 당시 런던에서 엄청난 주목을 끌었다. 1704년 가을, 선원 셀커크는 선장에 대항해 반란을 일으켰다. 그가 선원으로 고용되었던 싱크 포츠(Sinque Ports)호가 폭풍우 속에서 파손되자 셀커크는 더 이상 함께 항해하기를 거부했다. 선장은 그를 처벌하기 위해 칠레의 앞바다에 있는 후안페르난데스 제도의 무인도 마스아티에라(Más a Tierra)에 셀커크를 내려놓았다. 하지만 파손된 선박은 실제로 침몰했고, 대다수 선원은 바다에 빠져 익사했다.

반면에 셀커크는 무인도 마스아티에라에서 4년 4개월 동안 혼자서 살다가 1709년 해적선에 의해 구조되었다. 그런데 하필이면 그를 무인도에 내려놓았던 선장이 그사이에 일반 선원으로 강등되어 그 배에서 일하고 있었다. 셀커크는 변화막측한 운명이 그를 다시 바다로 몰고 가기 전에 우선 런던으로 돌아왔다. 그러나 창의력이 뛰어난 대니얼 포는 셀커크의 이야기를 수용해 상당히 호흡이 긴 모험소설과 발전소설로 변형시켰다. 포는 자신의 주인공 로빈슨 크루소를 28년 동안이나 무인도에서 고독하게 살게 했고, 이런 과정에서 책 속에 종교와 정치·경제학적인 많은 견해를 끼워 넣었다. 그런데 이 책에서 중요한 동기 가운데 하나는 바로 소유권이었다.

이제 우리는 포에게 소유권이 왜 그렇게 중요한지를 알아보기 위해 로빈슨 크루소의 세계로 들어가 보자. 이와 동시에 여러분도 로빈슨 크루소가 되어 28년 동안 마스아티에라섬에 살게 되었다고 상상하자! 그 섬은 매우 험한 산악지대로 되어 있다. 사막처럼 황량한 해안에서 수풀이 우거진 산악지대가 높이 솟구쳐 있다. 그곳에는 앞을 내다볼 수 없을 정도로 나무와 수풀이 무성하게 자라나 있고 나무 크기의 거대한 양치식물이 산비탈에 붙어서 자라고 있다.

풍토는 적절해서 너무 춥거나 너무 덥지도 않았다. 섬의 여기저기에는 염소들이 눈에 띄었는데, 선원들이 방목하다가 두고 간 것 같았다. 여러분 같으면 섬을 탐색하고, 이 모든 것이 아무에게도 속하지 않는다는 것을 알아차린 후, 다음과 같은 말을 할 것이다. 이 나무 고사리는 **내** 나무 고사리이고, 이 염소들은 **내 것**이며, 이 앵무새도 **내** 재산이고, 내가 지은 이 집은 **나만의** 소유물이다. 이렇게 여러분은 눈에 보이는 모든 것을 자신의 것으로 만들기 위해 여러 날 여러 주일을 보낼 것이다. 그러다가 심지어는 이 해안은 내 해안이고, 이 대양도 내 대양이라고 말할 수 있게 된다.

바로 이렇게 로빈슨 크루소는 섬에서 시간을 보냈다. 그러나 무슨 이유로 그는 자기 것을 만들려고 했을까? 다른 어느 누군가 나타나서 소유권에 시비를 걸지 않는 한, 이 모든 것은 당연히 내 것이기 때문이다. 소유권을 주장한다는 것은 참으로 무의미한 일이다.

소유권에 대한 관념은 타인이 개입했을 때만 문제가 된다는 것이 이제 분명해졌다. 나는 내 핸드폰에 대해 그것은 내 것이라고 설명할 필요가 없다. 그러나 누군가가 내 핸드폰에 손을 대면 그것은 내 소유물이라고 설명해야만 한다. 그러므로 소유권이란 바로 인간과 사물 사이의 문제라기보다는 사물에 대해 인간들 사이에 맺어진 '계약'인 것이다. 블랙스톤에게 그것은 '다른 모든 개인의 권리를 배제'하는 행위다. 가령 "소유권에 대한 단독적이고 독점적인 지배"라는 블랙스톤의 문장은 로빈슨 크루소에게는 해당될지도 모르지만 우리 현대사회에는 전혀 해당되지 않는다.

내가 돈을 주고 산 초콜릿이 있다고 하자. 나는 이 초콜릿에 대해 실제로 '단독적이고 독점적인 지배'를 행사한다. 나는 누군가에게 물어볼 필요 없이 곧장 먹을 수 있다. 그러나 무인도가 아닌 오늘날 사회에서 살아가는 나는 로빈슨 크루소처럼 자신의 소유권을 언제 어디서든 항상 자유롭게 처분할 수 있는 것은 아니다. 만일 로빈슨 크루소가 폐유를 처리하고자 했다면, 그냥 바다에 쏟아 버려도 상관없을 것이다. 그러나 우리는 자동차 엔진에서 나온 폐유를 바다에 쏟아 버려서는 안 되고, 내 정원에 있는 연못에 쏟아 버려서도 안 된다. 환경오염이라는 이유로 누군가가 나를 고발할 수도 있기 때문이다.

집을 빌려줬다면, 임차인의 허락을 받지 않거나, 특별한 상황이라도 미리 통보하지 않고는 집 안에 들어가서는 안 된다. 내가 임차인이라면 집을 계속 비워 두어서는 안 된다. 나는 내 개를 잔인하게 괴롭히거나 투견에 내보내서는 안 된다. 동물 학대라는 이유로 법정에 설 수가 있다. 자동차, 폐유, 정원의 연못, 집과 개 이 모든 것이 나의 소유일지라도 내 마음대로 처리해서는 안 되는 것이다.

소유권은 아주 복잡한 문제다. '소유권은 나와 사물 사이의 관계'라는 명제는 오늘날 더 이상 통용될 수 없는 것처럼 보인다. 한편으로 소유권은 사람과 사람 사이에 성립되는 계약이기 때문이다. 다른 한편으로 이 문제는 그리 간단치 않은데, 권리와 의무로 이루어진 복잡한 사안이기 때문이다. 독일의 기본법에도 '소유권에는 의무'가 부여된다고 명시돼 있다.

이것으로 모든 의문이 해결되는 것일까? 본질적으로 그렇지 않다.

로빈슨 크루소도 아직 여전히 해결되지 않은 문제가 있다. 로빈슨이 무인도의 여기저기를 수색해 자신의 소유라고 표시할 때, 그는 겉보기만큼 단순한 사람이 아니었다. 로빈슨이 자신을 무인도에서 즐겁게 획득한 그 모든 사물의 소유자라고 선언할 때, 그는 당연히 어느 누구도 자신에게 시비를 걸지 않을 것이라는 점을 잘 알고 있었기 때문이다.

소유권이란 법학자들이 인정하려고 한 것 이상으로 인간과 사물 사이의 관계를 훨씬 넘어서는 어떤 것이다. 이렇게 볼 때 앞서 언급한 명제가 잘못된 것이라고 볼 수는 없다. 로빈슨 크루소가 소유권을 주장하며 표현한 것은 그의 사물과의 심리적 관계다. 그에게 속하는 것은 그렇지 않은 것보다 외로운 그에게 훨씬 더 친근한 것이었다. 그가 소유하고 있던 것은 그에게 매우 중요했지만, 그 외의 다른 것은 그에게 아무 의미도 없었다.

소유권에 대한 심리적 관계, 따라서 나에게 속하는 사물에 대한 '사랑'은 인간 정신을 밝히는 분야에서 가장 소홀히 되어 온 주제 중 하나다. 이는 사물에 대한 사랑, 즉 '즐겁게 획득한' 대상에 대한 욕망과 소유욕이 우리 사회에서 엄청난 역할을 한다는 것을 감안하면 그만큼 놀라운 일이다. 이 분야의 연구에서 선구자는 심리적인 과정에 매우 섬세한 감각을 지닌 베를린의 사회학자 게오르크 지멜(Georg Simmel)이다. 그는 수많은 사회적 현상 이외에도 인간 자신의 가치를 결정하는 대상에 대한 의미를 연구했다.

1900년 한 독일 대학의 전임강사였던 지멜은 『돈의 철학』이라는 저서를 출간했다. 지멜이 이 책에서 로빈슨 크루소를 다룬 것은 아니지만 로빈슨 크루소가, 개가 영역을 표시하듯 섬 여기저기에 자신의 소유권을 표시해 놓았을 때, 그가 무인도에서 무슨 일을 하려고 했는지를 이해하기 위한 열쇠가 여기에 들어 있다. 무엇인가를 취득하는 사람은, 이것이 로빈슨처럼 상징적일지라도, 소유하려는 욕구를 드러낸다. 이런 사람은 소유물을 융합해 자기 존재의 일부로서 수용한다. 이와 같은 융합은 두 가지 방향으로 일어난다. 즉 사물에서 자아로의 방향과 자아에서 사물로의 방향이 그것이다. 지멜은 이를 다음과 같이 파악한다.

"소유의 완전한 의미는 한편으로 특정한 감정과 자극을 영혼에서 불러일으키는 것이고, 다른 한편으로 자아의 영역이 이 '외적인' 대상을 넘어서서 그 대상의 내부로 확장돼 들어가는 것이다."

그러므로 소유권이나 소유는 대상의 도움을 받아 심적으로 확장할 수 있는 가능성이거나 아니면, 지멜이 말하고 있듯이 '자아를 확대할' 수 있는 가능성을 의미한다.

내 주변에 있는 대상은 **내** 대상으로서 나라는 자아의 일부라는 것이 지멜의 주장이다. 나를 장식하는 의복은 내 인격에 대해 외부에서 볼 수 있는 하나의 단면을 부여한다. 이 단면은 나를 향하는 다른 사람의 시선을 통해 반추된다. 나는 차량을 통해서도 동시에 하나의 이미지를 획득하는데, 그것은 나 자신의 형상이자 다른 사람의 눈에 비친 형상이다. 내 거실에 놓인 디자이너의 소파는 거실이라는 공간뿐만이 아니라 나 자신의 윤곽을 동시에 투영한다. 내 취향 가운데 눈에 띄는 특징은 내 정체성의 일부로 나타난다. 포르셰를 몰고 다니거나 롤렉스 시계를 차는 것, 또는 펑크족처럼 머리를 하는 것은 특별한 유형의 정체성을 표현한다.

덥수룩한 턱수염에 가죽으로 된 바지를 입고, 양산을 든 로빈슨 크루소가 자신을 하나의 유형으로 충분히 그려 내고 있지는 못하지만, 주목해야 하는 것은 바로 지멜이 기술하고 있는 특징을 그가 보여 주고 있다는 점이다. 다시 말해 로빈슨 크루소는 그가 소유하는 사물 속으로 자신을 확장하고 확대해 들어간다. 오두막을 완성한 뒤 로빈슨은 집주인으로서의 자부심을 느낀다. 또한 그가 염소들을 잡아서 사육한 뒤로는 농부로서의 자존심이 그의 마음을 넉넉하게 한다.

이렇게 자부심이 충만한 순간마다 로빈슨은 자신의 소유물을 통해 자기 자신의 형상을 설계한다. 로빈슨은 무인도라는 환경 때문에 스스로가 만들어 나가야만 한다. 이와 관련해 지멜의 말을 들어 볼 필요가 있을 것 같다.

"자아감정은 자신의 직접적인 한계를 넘어서서 간접적으로만 관련 있는 대상으로 옮겨 간다. 이는 소유 자체의 의미가, 인격이 대상의 내부로 확장돼 들어가 대상을 지배하는 가운데 자신의 확장 영역을 획득한다는 것과 같다는 것을 입증한다."

하지만 무엇 때문에 인간은 자신이 획득하는 소유물로 매번 정도의 차이에도 불구하고 자신을 '실현하려는' 것일까? 그리고 무엇 때문에 이 획득 행위는 —획득 행위와 직접 비교할 때 상당히 지루한 일로 나타나는— 소유 자체보다 더 중요한 것일까? 참기 어려운 구매 충동과 이와 연관된 감정의 역동성은 오늘날까지도 거의 연구가 이루어지지 않았다. 지멜은 사냥꾼과 수집가의 도구, 무기 사용과 더불어 사물의 내부를 향한 '자아의 연장'이 이루어지기 시작했다고 파악한다. 오늘날 사물의 획득과 동시에 성립하는 이미지의 획득은 산업화한 세계에서는 가장 중요한 행복의 주춧돌이 되었다. 이런 획득이 종교적인 믿음이나 사랑과 같은 다른 행복의 주춧돌 못지않다고 말해도 과언이 아닐 것이다. 애정 관계가 점점 더 짧아지는 것도 **소비행동의 결과**라는 주장을 놓고 논란이 벌어질 수 있다.

사랑은 상품의 획득과 빠른 처분이 일어나는 단기적인 유통시장이 되고 있다.

그러나 사랑은 장기적으로 지속될 수 없기 때문에 나는 차라리 소비를 택하겠다는 정반대 방향도 있을 수 있다. 단지 소비만이 더 신뢰할 수 있다는 생각이 결정적이다. 과도한 소비는 삶에 대한 불안 또는 안락함, 아니면 이 두 가지를 모두 가리키는 특징이 될 수 있다. 다른 사람들의 감정 세계가 너무 복잡할 때 나는 차라리 상품의 더 신뢰할 수 있는 형상이나 감정 세계에 의지하게 된다. 메르세데스 벤츠는 5년이 지나도 여전히 메르세데스 벤츠지만, 내가 사귀는 파트너나 친구는 계속 그럴 것이라는 보장이 없다. 비교적 안정적인 생활을 유지하는 중년층이 대체로 오래 가는 고가의 물건을 무엇 때문에 선호하는지, 그 이유가 이런 식으로 설명될 수도 있다. 반면에 청소년들은 정서적인 신뢰성에 대한 욕구는 구세대의 관심사로 치부하면서 유행이라는 빠른 변화를 좇는다.

문화사적으로 고찰할 때 산업화한 국가에서 '사물에 대한 애착'은 과거와는 비교할 수 없을 만큼 절정에 도달했다. 이로써 우리는 사회적으로 엄청난 의미를 지닌 실험에 참여하게 되었다. 우리 경제는 옛것을 잊고 새로운 것을 창안하기 위해 전에는 볼 수 없었던 짧은 호흡으로 방향을 잡아 나간다. 이제까지 어떤 사회도 몇몇 종파를 제외하면 재산의 소유를 문제시한 적은 없다. 동유럽 국가에서 국가사회주의 형태를 지닌 공산주의조차도 사유재산을 반대한 적이 없다. 단지 '부가가치'를 창출하는 생산 수단의 사적인 소유만은 금지돼 있다. 물론 오늘날의 산업화한 세계가 그렇듯이 인류 역사에서 이런 정도로 재산의 **취득을** 정당화한 사회나 삶의 유형은 없었다.

결국 "소유란 무엇인가"라는 물음은 법적일 뿐만 아니라 심리적인 문제이기도 하다. 소유는 비교적 자신을 정서적으로 확장할 수 있는 ―비록 사회적 확장 가능성이 희생될 수도 있지만― 안정적인 계기를 제공하기 때문이다. 물론 소유하려고 노력하는 과정에서 소유권자에게 요구되는 희생은 이제까지 심리학에서는 소홀히 다루어 온 것도 사실이다. 반면에 소유를 추구하고 재산을 취득하는 과정에서 사회의 다른 구성원에게 어떤 희생이 요구되는지는 수백 년에 걸쳐서 논의돼 왔다. 이런 문제의 발단에는 매우 중요한 철학적 물음이 내재돼 있다. 즉, '소유권이 계약의 결과라는 게 맞는다면, 이 계약은 어떤 원칙에 의해 성립하는가' 하는 물음이 제기된다.

공정한 사회질서의 원칙이란 무엇일까? 다음 장에서는 공정과 정의의 문제를 다루기로 한다.

31

정의란 무엇인가?
정의론

존 롤스 · 로버트 노직, 하버드 대학교

게임을 한번 하자. 정말 정의롭고 완전히 공정한 사회를 상상해 보는 게임이다. 우리 앞에는 게임판과 게임에 참가하는 한 세트의 말이 있다. 우리, 그러니까 당신과 나는 게임의 운영자로 여기 참가한 말 모두를 위해 최선책이 나오도록 규칙을 정해야 한다. 출발 상황은 이렇다. 한 무리의 사람이 게임판이라는 특정 지역에서 공동으로 살아간다. 그 지역에는 사람들에게 필요한 모든 것이 구비돼 있다. 충분한 양의 먹고 마실 음식, 따뜻한 잠자리와 각자에게 필요한 공간도 충분히 제공돼 있다.

이곳에는 남자도 있고 여자도 있고, 젊은 사람도 있고 노인도 있다. 우리는 최선의 사회를 꿈꾸면서 일단 무에서 시작한다. 그러기 위해 게임판에 놓인 사람들은 자기 자신에 대해 아무것도 모른다고 가정한다. 그들은 자신이 지적인지 어리석은지, 아름다운지 못생겼는지, 강한지 약한지, 젊은지 늙었는지, 남자인지 여자인지 조금도 알지 못한다. 그들의 특성, 선호도와 능력이라는 것 위에는 '무지의 베일'이 덮여 있다. 말하자면 그들은 이력이라곤 없는 백지 상태다.

이들은 이제 서로 어떻게 상대하며 지낼 것인지를 알아야만 한다. 그들은 먼저 혼돈과 무질서가 발생하지 않도록 규칙을 정할 필요가 있다. 그들 각자가 무엇보다 인간의 기본 욕구를 충족하기 원하는데, 이는 당연한 일이다. 음료수를 확보하려 하고, 충분히 잘 먹으려 하며, 따뜻한 잠자리를 원한다. 그 밖의 욕구에 대해서는 아직 모른다. 그들은 무지의 베일에 가려 자기 자신을 명확하게 보거나 판단할 수 없다. 따라서 그들은 모두 함께 모여 앉아 완전히 불확실한 상황을 헤쳐 나갈 수 있도록 규칙을 정하려 한다.

당신은 이들이 어떤 원칙에 제일 먼저 합의할 것이라고 생각하는가? 이는 그리 간단한 일이 아니다. 무지의 베일에 가려지면 어느 누구도 자신이 실제 삶에서 어떤 사람인지 알지 못하고, 어느 누구도 무엇이 자신에게 가장 좋은지를 예측할 수 없기 때문이다. 무지의 베일은 개인의 특정한 이해가 어떤 결정에 영향을 미치지 못하게 한다. 또한 공정성을 보장하여 모두 공평하게 이해에 참여하게 한다. 베일이 없으면 현실적으로 공평한 출발 조건이 없을 수도 있기 때문에, 가장 약한 자의 입장을 고려하는 것이 바람직하다. 그래야만 보편적인 관점을 견지하면서 가장 약한 자의 입장도 받아들이는 공정한 규칙을 정할 수 있다.

그런데 어느 누구도 위험을 무릅쓰려 하지 않을 것이며, 어느 누구도 위험을 감당할 수 있을지 판단할 수 없기 때문에, 위험을 방지할 대책을 마련하는 것이 시급하다. 이에 따라 사람들은 모두 중요한 기본 재화가 분배될 수 있도록 좋은 의견을 모아 목록을 만든다. 그런 다음 사람들이 얼마나 동의하는지에 따라 순번을 매겨 누구나 최소한 자유와 기본 재화를 얻도록 한다. 어느 누구도 불이익을 당하거나 과도하게 이득을 챙기는 일이 없도록 다음과 같은 규칙이 만들어진다.

(1) 누구에게나 똑같이 기본적인 자유를 보장한다. 개인의 자유는 다른 사람들의 자유를 위해서만 제한할 수 있다.

(2) 사회적이고 경제적인 불평등은 다음과 같이 조정되어야 한다.

  a) 목표로 삼은 복지는 가장 불리한 사람에게도 가능한 한 최대의 이익을 주어야 한다.

  b) 공정한 기회 균등을 원칙으로 한다. 모든 재화는 원칙적으로 누구나 취득할 수 있다.

당신은 이런 규칙을 올바르다고 믿거나 적어도 이에 동의하는가? 그렇다면 이런 모델을 생각했던 미국의 철학자 존 롤스(John Rawls)와 정신적으로 유사한 사람이다. 롤스는 철학자가 되기 전에는 매우 생동적인 삶을 살았다. 그는 다섯 형제 가운데 둘째로 태어났는데, 그의 두 형제는 디프테리아 후유증으로 세상을 떠났다. 그중 막내 동생은 롤스에게서 디프테리아가 전염돼 사망했다. 롤스의 부모는 정치에 적극적으로 참여했다. 어머니는 여성 인권운동에 활발하게 참여했고, 변호사였던 아버지는 민주당의 당원으로 활동했다.

롤스는 고급 사립학교에서 학업을 마친 후 명문 프린스턴대학에 진학했다. 하지만 바로 이때 제2차 세계대전이 일어났다. 롤스는 육군에 입대해 태평양의 뉴기니와 필리핀에서 보병으로 복무했다. 그는 미국이 히로시마와 나가사키에 원자폭탄을 투여한 직후 일본으로 갔고, 히로시마에서 원폭 투하의 무시무시한 결과를 목격했다. 군대에서는 그에게 장교로 계속 근무하기를 권유했지만, 그는 전쟁의 참담함을 느껴서 곧바로 제대했다.

롤스는 대학으로 돌아와 도덕철학 분야에서 박사 학위를 받았다. 이때 그의 논문 주제는 '인간의 성격에 대한 판단'이었다. 롤스는 철학자로 대단한 이력을 쌓았고, 결국 1964년 보스턴에 있는 명문 하버드대학에서 정치철학과 교수가 되었다. 롤스는 훌륭한 연설가와는 아주 다른 유형의 학자였다. 그는 말을 할 때면 더듬거렸고, 많은 사람 앞에서는 매우 수줍어했다. 반면에 동료와 학생, 친구들에게는 언제나 겸손하면서도 상대방의 말에 주의를 기울이는 아주 훌륭한 사람이었다.

롤스는 그의 제자들이 이야기하듯이 대체로 연구실에서 지냈고, 종종 신발을 벗은 채 발을 소파 모서리에 얹고는 무릎 위에 메모장을 올려놓고 있었다. 그는 상담할 때는 꼼꼼하게 대화를 나누며 계속 메모하고는, 나중에 그것을 대화 상대자에게 참고하도록 돌려주었다. 롤스는 자신을 결코 위대한 철학자라고 생각하지 않았다. 그는 철학을 한다는 것은 사람들이 '공동으로 숙고하는 일'이라고 여겼다. 그는 1995년 몇 차례 심장마비를 일으켰고, 이 때문에 거의 연구를 지속할 수 없었다. 존 롤스는 2002년 81세의 나이로 사망했다.

롤스는 네 권의 비교적 방대한 저서와 수많은 논문을 썼지만, 그중 단한 권의 저서로 철학사적인 의의를 남겼다. 그것은 아마 20세기 후반에 나온 도덕철학에 관한 저서들 중 가장 유명하다고 할 수 있는 『정의론』이다. 매우 간결한 것처럼 보이는 이 책은 실제로 현대적인 도덕철학의 기념비적인 시도다. 이론적 배경이 되는 원리는 정말 칼로 자르듯 간단명료하다. 즉, 모든 사람에게 공정한 것이 바로 정의인 것이다! 자유롭고 평등한 사람들이 생각하는 사회가 공정하고 정의로운 사회다. 그러므로 사회질서는 사회 구성원 각자가 사회에서 어떤 위치를 차지하게 될 것인가를 알기 이전에 이 질서에 동의할 수 있다면 정의롭다고 할 수 있다.

　이때 첫 번째 원칙은 공정한 국가에서 모든 시민은 기본적으로 동등한 자유를 누린다는 점이다. 하지만 사람은 모두 재능이 다르고 관심도 다르기 때문에, 당연히 점차 사회적이고 경제적인 불평등이 생겨나기 마련이다. 어떤 사람은 비교적 유용성이 있고, 또 어떤 사람은 사업적 감각이 뛰어나거나 단지 운이 좋을 수도 있다. 이런 사람은 다른 사람보다 이미 더 많은 것을 가졌다고 할 수 있다. 이런 상황은 조금도 바뀔 수 없다. 롤스는 국가 역시 공정한 원칙에 따라 결정할 수 있도록 두 번째의 원칙을 제시했다. 즉, 사회적이고 경제적인 불평등은 피할 수 없지만, 이 불평등은 가장 불리한 여건의 사람이 계속해서 가급적 최대의 이익을 누릴 수 있을 때 수용될 수 있다는 것이다. 롤스가 나중에 언급했듯이 『정의론』은 본래 그의 몇몇 친구만을 위해 집필했다. 하지만 결과는 엄청났다. 이 책은 23개 국어로 번역되었고, 미국에서 수십만 권이나 팔렸다. 롤스는 세간의 엄청난 주목을 받았지만, 이에 만족하지 않고 자신의 이론을 끊임없이 손질했다. 그는 이것을 30년 동안이나 갈고닦고 보완하면서 마무리했다.

　이 책의 배경이 되는 이념은 철학사적으로 볼 때 아주 오래전으로 거슬러 올라간다. 이미 그리스 철학자 에피쿠로스는 국가가 구성원 상호 간의 계약에 근거하면 좋을 것이라고 생각했다. 이상적인 국가란 정신력을 소유한 사회의 구성원이 계약으로 확정하게 되는 국가라는 것이다. 영국 철학자 토머스 홉스와 존 로크는 17세기에 이 이념을 받아들이고 손질해 계약이론의 토대를 마련했다. 루소도 이를 근거로 일종의 사회계약론을 저술했다. 반면 20세기에 들어와 사회계약론은 더 이상 가치가 없는 낡은 사상으로 간주되기 시작했다. 비트겐슈타인은 윤리학 전체를 철학에서 배제하려는 시도까지 감행했다. 인간이 어떻게 살아야 하는지에 대한 진술은 그에게는 비논리적인 동시에 무의미하게 보였다. 이렇게 볼 때 롤스가 1960년대 말에 사회계약론의 오랜 전통을 다시 받아들였다는 것은 그만큼 더 놀라운 일이었다.

하지만 롤스는 정치적으로 격동하는 시대에 어느 누구에게도 자기 이론의 정당성을 호소할 수 없었다. 1971년에는 베트남전쟁이 정점에 도달했고, 이 때문에 대규모의 반정부 저항운동이 일어났다. 서구 어느 나라에서나 국가와 소유권, 시민의 권리와 개인의 자유에 대해 격렬한 논쟁이 벌어졌다. 자본주의와 사회주의는 서로 대립하며 화해할 수 없는 양상을 보였고, 이들 모두 베트남과 체코슬로바키아에서 추악한 면모를 드러냈다.

이런 상황에서 롤스의 『정의론』 출간은 완전히 뜻밖에도 위대한 화해의 시도였다. 그런데 사회적 균등을 지향하는 롤스의 이론적 체계는 우파에게는 너무 좌파적이었다. 반면에 좌파에게 롤스는 계속해서 지나치게 조심스럽고 소심한 자유주의자로 치부되었다. 이렇게 논쟁적으로 진행된 아군 아니면 적군이라는 노선 때문에 매우 주도면밀하게 구성된 『정의론』은 철학의 다이너마이트가 되었다.

보수적인 비판가들은 롤스가 제시하는 허구적 원초 상태라는 출발점은 생산적인 결과를 가져올 수 없다고 비난했다. 원초 상태란 이미 루소가 인식했듯이 롤스에게도 일종의 이념적 구성의 전제였으며, 이것이 제시하는 인식의 가치에 대해서는 논란의 여지가 있었다. 롤스가 원초 상태를 통해 확고히 하려는 정의에 대한 필요성은 현실에서는 그다지 뚜렷하지 않다는 것이다. 정의보다 더 중요한 것은 이기주의와 자유로운 발전에 대한 거침없는 욕구이며, 이런 추진력은 모든 사회에서 나타난다고 비판가들은 주장한다.

18세기 경제학자이자 도덕철학자 애덤 스미스는 정의가 아니라 이기주의가 경제적으로나 도덕적으로 사회를 발전시킨다는 것을 명확하게 보여주었다.

"우리는 고기를 정육업자의 인간적 우호에서 기대하는 것이 아니라 그가 자신의 이익을 의식하고 있다는 사실에서 기대한다."

정육업자는 이익을 얻기 위해 경쟁력 있는 가격으로 상품을 판매하려고 한다. 이에 따라 고객의 재정적 상태를 감안하여 되도록 값을 싸게 부른다. 이렇게 해서 기능적인 공동체, 그러니까 '자유 시장경제'가 성립하게 된다.

애덤 스미스의 『도덕감정론』에 따르면 **보이지 않는 손**은 우리 자신의 이익을 추구하도록 인도하여 "알지 못하는 상태에서 의도하지 않고 사회이익"을 촉진한다는 것이다. 특히 롤스의 하버드대학 동료인 로버트 노직(Robert Nozick)을 비롯한 20세기 애덤 스미스의 동조자들은 이런 식으로 모든 사회 현상을 변호했다. 보이지 않는 손은 언제나 좋든 나쁘든 인간의 행동을 이끈다고 그들은 생각했다. 그들에게 다른 동력은 세계 기획에서 의미 있게 고안될 수 없었다. 이 때문에 노직은 롤스가 공동체의 규칙을 공정성의 원칙에 따라 결정하려고 했다는 것은 완전히 거짓이라고 주장했다. 사회란 그런 원칙을 필요로 하지 않는다는 것이다.

무슨 이유로 인간은 그의 타고난 모든 재주, 그의 특별한 재능을 자유롭게 누려서는 안 된다는 것인가? 무슨 이유로 인간은 삶의 자연적이고 사회적인 재화를 얻기 위한 경주에서 우연히 차지한 유리한 출발선을 마음껏 누려서는 안 된다는 것인가? 무슨 이유로 인간이 얻은 성과가 언제나 필연적으로 타인에게 도움이 되어야만 한단 말인가? 노직이 볼 때 롤스는 인간의 참된 본성을 완전히 오인하는 변장한 사회주의자였다.

롤스가 사회주의자인가? 그를 사회주의자로 본다면 신랄한 비웃음만 받게 될 것이다. 이 점에서도 롤스에 대한 비판은 '원초 상태'라는 가설에서 시작한다. 인간이 아무리 베일에 가려져 무지한 상태라고 할지라도, 그들은 모두 자유로운 인격체로 이기적 본성이 작용한다. 따라서 개인의 의지를 정의론의 출발점으로 삼는 것은 당연히 문제가 될 수밖에 없다. 한 사회의 모든 구성원은 전반적으로 자기결정권을 자유롭게 행사하는 것이 아니다. 가령 어린아이들과 정신적으로 중증 장애를 지닌 사람들이 이에 속한다. 그들은 아무것도 이해하지 못하기 때문에 사회적으로 결정권을 행사하지 못한다. 그것이 성인들의 이해관계에 따라서만 이루어진다면, 사람들은 적어도 보호자가 없는 고아들이나 정신적으로 중증 장애자들을 마음 놓고 치워 버릴 수도 있을 것이다. 그러므로 만인의 평등은 가설적 구성에서조차 납득하기 어렵다. 모든 인간이 원칙적으로 **동일한 이해관계**를 가지고 있을 수는 있지만, 그것만으로 **평등해지는** 것은 아니다.

롤스의 원초 상태를 상이한 여러 나라와 지역에 적용해 보면, 평등의 문제는 대단히 흥미진진해진다. 동일한 이해관계에 대한 배려가 사회를 더 성공적으로 만든다고 할지라도, 사회가 그런 것만으로 공정해진다고 단언할 수는 없다. 피터 싱어(20장 소시지와 치즈가 없는 세상 참조)는 부유한 나라의 주민들이 모든 잉여 이익을 서로 분배하는 것에는 여러 면에서 합의할 수 있지만, 그것을 타국의 주민들에게 나누어주자는 것에는 반대할 것이라고 항변한 바 있다. 요컨대 모든 나라의 모든 인간이 동등한 이익을 누릴 수 있는 경우는 롤스가 생각하는 것보다 훨씬 적다는 것이 반론의 핵심이다.

롤스의 소유에 대한 문제를 두고도 논란이 있었다. 로버트 노직에게 너무 좌파적으로 보이는 것은 반대편 비평가들에게는 너무 우파적이었다. 아무튼 롤스는 소유권을 정치적인 기본적 자유로 간주했다. 소유권은 인간이 개인적으로 독립하도록 도와주고, 이를 통해 자기 존중에 기여한다. 자기 자신을 존중하는 사람만이 다른 사람을 존중할 수 있고, 도덕적으로 행동할 수 있다는 것이다. 이에 따라 많은 좌파 비평가에게 소유권은 대단히 큰 비중을 차지하게 되었다. 이에 대해 특히 논쟁의 여지가 많았지만, 롤스는 논쟁에 관여하려 하지 않았다. 『정의론』은 아주 포괄적이면서도 세부적으로 분할된 용어 색인을 준비해 놓고 있지만, 거기에는 '재산'과 '소유'라는 개념은 들어 있지 않았다.

롤스는 정치적으로 당파성이 없는 모델과 누구나 공감할 수 있는 기본 원칙을 찾으려 꽤 노력했지만, 이런 노력이 모두에게 받아들여질 수는 없었다. 이는 그리 크게 놀랄 일도 아니다. 역사적으로 모두 동의하는 철학책이 집필된 적은 없기 때문이다. 만일 누군가가 그런 책을 집필하게 된다면, 분명히 그것은 무의미한 책이 될 것이다. 롤스의 이론에 대한 가장 중요한 세 가지 비판적 논점을 좌우익 따위의 정치적 색깔을 배제하고 고찰한다면, 다음과 같이 정리할 수 있다.

견해가 서로 갈리는 첫 번째 논점은 가설적 구상 위에서 세워진 사회모델, 즉 원초 상태의 가치에 대한 것이다. 롤스가 제시하는 이 원초 상태는 다른 계약론과는 달리 자연 상태가 아니라 사회 상태다. 가령 토머스 홉스(Thomas Hobbes)처럼 전형적인 자연 상태의 특징인 폭력, 무정부, 무법 상태 등은 거론되지 않기 때문이다. 롤스의 원초 상태는 차라리 문명화된

협동조합에 가깝다고 할 수 있다. 모든 사람에게 충분한 재화를 보장하는 물질적 기반은 척박한 사하라 사막지대나 홉스가 지적하는 17세기의 비참한 영국보다는 오히려 스위스를 연상시킨다. 롤스는 인간의 선한 본성을 드러내고 그것을 우호적으로 전개하기 위해 자연과 그 결핍의 모든 기괴한 측면을 세심하게 배제하고 있는 것이다. 만일 롤스의 원시 상태가 파국적인 상황과 결핍에 의해 결정된다면, 무지의 베일이라는 조건에도 불구하고 사회적 연대는 이루어질 수 없을 것이다. 당장에 홍수가 밀려오는데 기회균등을 논할 사람은 아무도 없을 것이다. 모두 저마다 보트에 먼저 오르려 다툼을 벌일 테니 말이다.

두 번째 논점은 롤스가 주장하듯이 '정의가 정말 사회에서 지배적인 요인이 맞는가' 하는 물음이다. 원초 상태의 최고 자리는 자유인데, 자유는 둘째 자리인 정의에 의해 제한을 받는다. 정의는 기회균등과 사회적 평등에 의해 규정된다. 이때 셋째 자리를 차지하는 것이 효율성과 복지다. 롤스는 정의의 가치를 높게 평가하여 존경을 받았고, 그의 이론도 많은 공감을 얻었다. 예를 들어 쿠웨이트 같은 독재적인 복지국가는 롤스에게는 가난한 민주주의보다 가치를 더 높게 평가받지 못했다. 반면에 롤스를 비판하는 학자들은 정의보다는 다른 덕목을 더 중요하게 여겼다. 그들은 정의롭지만 빈곤한 사회보다는 안정적이고 효율이 높은 사회를 선호했던 것이다.

공리주의자들이 부를 통해 행복의 촉진을 중시했을 때, 롤스는 정의를 고집했다. 공리주의자들의 표어는 "많은 사람에게 좋은 것이 정의다"인데, 롤스는 "정의로운 것은 많은 사람에게 좋은 것이다" 하고 주장한다. 하지만 이에 대해 토론을 계속한다고 해도 양자 간에 **가치**의 절대적 우위는 존재하지 않는다. 아마 어느 쪽에 더 공감이 가느냐의 차이만 있을 따름이다. 그러나 가치의 본질 자체는 주관적인 것이며 객관적으로 증명할 수 있는 것이 아니다. 롤스의 이론처럼 치밀한 이론조차도 이 문제에서 예외가 될 수 없다.

세 번째 논점은 이성에 대한 물음이다. 철학자로서 롤스의 관점은 입법자와 크게 다르지 않다. 그는 이성적으로 숙고하고 철저히 정당성을 따져가면서 거의 모든 사람의 요구, 특히 여성의 요구를 고려하는 보편타당한 질서를 기획했다(유감스럽게도 정신적으로 중증 장애자는 배제되었다). 동시에 그는 자신의 원칙이 모든 사람에게 통용된다고 생각했다. 하지만 모든 사람이 롤스가 생각하는 것처럼 그렇게 현명하고 깨끗하며, 이성적인지는 대단히 의심스럽다.

그런데 『정의론』에서 '감정'과 '정서'라는 주제어는 '재산'이나 '소유'와 마찬가지로 용어 색인에는 등장하지 않는다. 그나마 재산이라는 말은 본문에서 여러 번 언급되지만, 감정은 이 책에서 거의 역할을 하지 못한다. 롤스의 이론 전체가 감정적인 말, 즉 정의감에 의존하고 있으면서도 감정에 관해 언급이 없다는 것은 놀라운 일이다. 무지의 베일에 가려진 원초 상태에도 이 정의감은 이기심의 발로라고 할 수도 있다. 자신이 위험을 느끼는 순간 자신의 내부로부터 불안한 감정이 솟아나는 것은 당연한 이치다. 이로 인해 모든 개인은 불안한 감정을 약화시키고 자신을 보호하는 보편적 규칙을 찾으려고 한다. 그렇다면 정의감이란 불안한 감정의 해소책은 아닐까? 이에 관해서는 알 수 없다. 롤스는 감정에 대해서는 언급하지 않기 때문이다.

롤스는 그의 저서에서 '감정' 대신에 심리적 근원이 모호한 '정의에 대한 감각'을 언급하고 있다. 이로부터 생겨나는 문제는 가령 질투와 시기심 같은 다른 부차적인 감정의 문제들로 확산된다. 롤스에게는 프로이트가 그의 정의에 대한 이론을 바로 감정 위에 구축했다는 점이 무엇보다 못마 땅했다. "불이익을 당하는 자만이 정의를 외친다!"고 프로이트가 말했기 때문이다. 롤스의 경우 도덕적 감각은 마크 하우저(Marc Hauser)와 유사하 게 인간의 본성에 속한다고 보았다(철길 육교 위에 서 있는 남자 참조). 하지 만 롤스는 자신의 이론에 바탕이 되는 인간의 본성에 대해 상세하게 해명 하지 않았다. 롤스는 본성을, 칸트처럼 고전적인 방식으로 감정이 아니라 타고난 이성의 법칙으로 간주했기 때문이다.

정의의 가치가 더 높은지, 부의 가치가 더 높은지의 문제에서 롤스와 공리주의는 의견을 달리한다(17장 사람이 사람을 죽여도 되는가? 참조). 벤담 과 존 스튜어트 밀 같은 공리주의자들이 자유로운 개인의 행복에 대한 관 심에서 정의로운 사회가 어떻게 성립되는지를 묻고 있다면, 롤스는 정의 로운 사회가 어떻게 모든 사람을 자유와 행복으로 이끌어 줄 수 있는지를 보여 주려고 한다. 벤담과 존 스튜어트 밀에게 국가는 필요악이지만, 롤 스에게 국가는 도덕적 입법자였다. 바로 이런 상반된 노선이 오늘날까지 도 정치적 전선을 가름하고 있다.

그렇다면 정의는 일차적으로 국가의 과제인가, 아니면 그것은 무엇보 다 개인의 도덕적 의무에 근거하는가? 벤담과 밀은 전적으로 개인의 이 해관계와 연관해 개인의 행위가 다른 사회 구성원의 이익을 부당하게 제 한하고 침해하지 않는다면, 국가는 아무것도 할 일이 없다고 보았다. 국 가의 역할이란 화재가 나면 경보를 울려 주는 야간 경비원의 역할과 같다 는 것이다. 이에 반해 롤스의 경우 국가는 여기저기서 이익 균등을 살피고 감시한다. 국가는 현명한 감독이자 열의를 다하는 교육자다. 개인이 사회 전체의 다원성을 위협한다면, 개인 삶에서의 다원성도 끝난다는 것이 롤스의 주장이다. 이것이 그가 죽기 전에 다룬 최후의 거대한 주제다. 모든 정치적, 이념적, 종교적 집단에 대해 무제한적으로 관용을 베푸는 국가는 자신의 기반을 쉽게 파괴할 수 있다. 다른 말로 표현해 개인적인 다원성이 보장되려면 정치적인 다원성을 손상해서는 안 된다는 것이다.

그런데도 롤스와 공리주의는 예컨대 국가사회주의의 획일화에는 반대한다. 오로지 평등만을 추구하는 사회는 인간의 본성과 대립하면서 정체되거나 멸망할 수밖에 없다는 것이다. 이미 카를 마르크스나 프리드리히 엥겔스도 『공산당 선언』에서 이런 폐해를 내다보면서 다음과 같이 기술했다.

"개인의 자유로운 발전이 바로 모든 사람의 자유로운 발전의 초석이다."

롤스를 포함한 정의에 대한 모든 이론가가 정의를 행복의 토대로 보고 있는 데 반해, 행복을 다루는 철학에서는 정의를 부차적인 것으로만 취급한다는 것은 매우 흥미로운 일이다. 여기서 특징적인 것은 롤스가 행복을 매우 공정하고 냉정하게 규정하고 있다는 사실이다.

"중요한 점은 인간의 복지란 그에게 가장 이성적인 장기 계획으로서 어느 정도는 유리한 상황에 따라 결정된다는 것이다. 인간은 그가 이 계획을 이행하면서 몇 가지의 결실을 얻는다면 **행복한** 것이다. 단적으로 말해 **선한 것**은 이성적인 요구를 만족시킬 때 이루어진다."

롤스가 그의 이론을 요약하면서 자기 이해에 따라 '행복'이라는 말을 '선한 것'으로 바꾼 행위도 참으로 놀라운 일이다. 선한 것이 행복이어야 한다는 주장은 인간의 본성을 바라보는 그의 지극히 소박한 시각을 반영한다. 심리학적인 관점에서 롤스의 『정의론』은 몇 가지 수정되어야 할 부분

이 있다. 하지만 행복이 선에서 싹트지 않는다면 무엇이 더 필요하단 말
인가?

32

행복한 삶이란 무엇인가?
영국의 신경제재단

행복의 섬 바누아투와 행복 경제학자

세계에서 가장 행복한 사람들은 타르로 포장된 길이 필요 없다. 그들은 이렇다 할 지하자원도 처리할 필요가 없고, 군대는 더더욱 필요 없다. 그들은 대부분 농부와 어부이거나 음식점과 호텔에서 일하고 있다. 그들은 서로 이해하기가 쉽지 않다. 그들이 사는 나라는 지구상에서 가장 많은 언어가 모여 있어서 약 20만 명의 사람들이 100개 이상의 언어로 소통하고 있다.

기대수명도 상당히 짧은 편이어서 63세 정도면 나이로는 가장 행복한 사람에 속했다. 이곳 지역신문의 기자는 다음과 같이 설명했다.

"이곳 사람들은 별것 아닌 것에도 만족하기 때문에 행복하다. 이곳 원주민의 삶은 공동체, 가족 그리고 다른 사람들에게 선행을 베푸는 일을 중심으로 이행되고 있다. 큰 걱정을 할 필요가 없는 곳이 바로 이곳이다."

그들은 단지 거대한 해일과 지진만을 걱정하는 것 같았다.

2006년 여름에 영국의 신경제재단(New Economics Foundation)이 발표한 행복지수를 믿는다면, 바누아투 공화국이 전 세계에서 가장 행복한 나라다. '바누아투' 하면 많은 사람이 금시초문이라는 표정을 짓겠지만, 그곳은 실제로 남태평양에 있는 비교적 알려지지 않은 섬나라다. 영국과 프랑스의 지배에서 해방돼 바누아투 공화국이라는 이름을 갖기 전에는 뉴헤브리디스제도로 더 잘 알려진 곳이다.

신경제재단의 설문조사는 삶에 대한 기대, 일반적인 만족도, 주변 환경과 인간에 대한 관계를 고려해 이루어졌다. 우선 1㎢당 대략 17명의 인구밀도를 지닌 화산섬에서의 생활이 인간에게 최적의 상황으로 꼽힌 것으로 보인다. 이와 더불어 햇살이 많은 온화한 기후와 풍부한 식물의 생장, 원시종교만이 아니라 개신교, 성공회, 가톨릭 등이 함께 섞여 있는 종교적 분위기가 이 섬나라의 좋은 인상으로 부각된다. 게다가 소소하지만 공정한 노동관계가 보장돼 많은 사람이 경제적으로 자립할 수 있으며, 권력을 지닌 수상과 상징적 대통령을 중심으로 하는 의회민주주의와 영국식 법질서가 이 나라의 국가 체계로 자리 잡고 있다.

하지만 이 조사를 기획한 발기인들이나 그 산하에 조직된 '**지구의 친구들**(Friends of the Earth)'이라는 환경단체 역시 이 섬나라에 관해 더 이상은 상세히 알고 싶어 하지 않았다. 그들의 본래 목적은 인간을 행복하게 하는 데 필요한 조건을 충족하려면 인간이 얼마나 자연에 개입해야 하고 또 어느 정도로 자연환경을 훼손해야 하는지를 알아내려는 것이었다. 그리고 바누아투를 최고의 승자로 선정하면서 "자연을 훼손하지 말라!"는 대답을 전 세계에 외쳤다.

화산섬으로 이루어진 바누아투 공화국에 비하면 산업화한 세계에서 부유한 국가의 행복 요소는 가련할 정도였다. 문명적으로 앞서 있고 높은 기대 수명을 가지고 있으며, 최대로 소비가 많고 여가와 오락 문화에서 가장 많은 기회를 제공하는 선진 국가들의 현주소는 그야말로 내세울 것이 없었다. 독일연방공화국은 81위를 차지했는데 이는 이탈리아, 오스트리아, 룩셈부르크에 이어 유럽에서는 네 번째 결과였다. 복지 체계가 충실한 것으로 칭찬받는 스칸디나비아 국가들은 더 형편없는 결과를 보여주었다.

이에 따르면 덴마크 112위, 노르웨이 115위, 스웨덴 119위, 핀란드가 123위로, 이 나라들이 모두 하위에 속해 있었다. 이들보다 훨씬 더 행복하게 사는 나라는 몽골과 중국, 자메이카였다. '자유의 나라이자, 용감한 자들의 고향'이라는 미국의 감성적으로 나타난 삶의 질은 150위이고, 오일 달러를 자랑하는 쿠웨이트와 카타르는 각각 159위와 166위였다. 이 나라들의 토착민들은 정부의 연금으로 생계 노동에서 해방되었다. 조사 대상이었던 178개국 가운데 러시아는 172위를 기록했다. 우크라이나와 콩고, 스와질란드와 짐바브웨가 그 뒤를 이었다.

문제는 바누아투의 행복한 날들도 손가락으로 셀 수 있을 만큼 얼마 남지 않았다는 사실이다. 전반적인 기온 상승과 높아지는 해수면은 이 남태평양의 여러 섬까지도 가까운 장래에 완전히 휩쓸어 버릴 태세다. 이제 우리는 저 남태평양에 사는 행복한 인간들에게 배울 수 있는 것이 무엇인가 물어보고자 한다. 첫 번째 교훈은 간단하고도 명료하며, 조사를 담당한 사람들도 철저히 의도한 것이다. 즉 돈과 소비, 권력과 높은 기대수명에 대한 전망이 근본적으로 행복의 조건은 아니라는 점이다.

부유한 서방 국가에서도 대다수 국민의 소득이 더는 증가하지 않는 어느 시점에서 이는 매우 흥미로운 소식이다. 바로 이렇기 때문에 신경제재단처럼 미래 전망적인 연구소들은 어느 정도로 돈이 행복하게 하는지, 그리고 소득과 소유가 한 사회의 행복과 성공을 측정하는 척도가 될 수 있는지를 연구한다고 추정할 수 있다. 이런 점에서 '행복 경제학'은 많은 것을 기대할 수 있는 새로운 연구 분야이며, 여기에서 얻은 인식은 정말 생각할 가치가 있는 많은 것을 포함하고 있다. 가령 행복 경제학의 주도적인 인물들은 설문조사를 통해 1950년대 이후로 미국의 실질소득과 생활수준이 약 두 배가량 상승한 것으로 나타났다고 밝혔다. 반면에 자기 스스로 행복하다고 생각하는 사람들의 비율은 멈춘 상태이고 지난 50년 동안 거의 변함이 없었다는 것이다.

다른 연구 조사의 상세한 결과에 따르면 1인당 소득이 약 2만 달러에 이르면 이에 비례해 행복도 함께 상승하는 것이 아니라는 결론에 이르렀다. 행복이 이렇게 늘어나지 않는 근본적인 이유는 취득이 단기적으로 구매자를 행복하게 하지만, 소유는 그렇지 않다는 데 있다(30장 로빈슨 크루소의 폐유 참조). 특정한 요구가 충족되면 새로운 요구가 그 자리를 채우게 되고, 그러는 사이에 이전에 취득한 물건들은 당연히 빠르게 익숙해진다는 것이다. 이렇게 부는 매우 상대적인 개념이다. 인간은 언제나 스스로 느끼는 만큼 부유한 법인데, 일반적으로 그 척도는 함께 지내는 주위의 사람들이 제공한다. 독일에서 일어난 제4차 하르츠 노동개혁의 수혜자는 남들은 엄청난 부자라고 생각할지 몰라도 스스로는 부유하다고 느끼지 못할 수도 있는 것이다.

이 조사 결과에서 특이한 점은 그 결과가 우리 삶에 거의 영향을 미치지 못한다는 사실이다. 재정적인 자립의 꿈은 오늘날까지도 산업화된 국가들에서 가장 선호하는 삶의 이상이다. 이를 위해 뼈가 빠지도록 일하며 모든 것을 다 걸고 있지만, 우리 가운데 대다수가 실제로는 경제적으로 결코 '자유로워질 수 없는' 것이 현실이다. 돈과 명성은 가족이나 친구들에 앞서 우리의 개인적 가치 체계에서 가장 높은 단계라는 것을 굳이 부인하기 어렵다.

이렇게 돈의 중요성이 현실이 되고 있는 데 반해, 행복을 논하는 경제학자들의 가치 평가가 전혀 다른 방향을 향하고 있다는 것은 흥미로운 일이다. 이른바 **행복 경제학자들**은 가족이나 연인, 자식과 친구들과의 관계보다 더 많은 행복을 보장하는 것은 아무것도 없다고 주장한다. 그다음으로 중요한 것이 뭔가 유용한 일을 한다는 뿌듯한 감정이고, 상황에 따라서는 건강과 자유다. 이 평가를 신뢰한다면, 부유한 서방 세계의 인간은 돈의 가치에 매몰돼 잘못된 삶을 살아간다. 다시 말해 그들의 결정은 체계적으로 오류에 빠져 있는 셈이다. 그들은 현실적으로 이룰 수 없는 확실성을 추구하고 있는데, 더 높은 소득만 보장된다면 자유나 자기결정권까지도 포기할 것이기 때문이다. 그들은 자신을 좋아하지도 않는 사람들에게 자랑하기 위해 불필요한 물건을 사들인다. 그렇다고 그들이 돈을 충분히 갖고 있는 것도 아니다.

이런 문제가 제기되는 이유는 인간의 심성뿐만이 아니라 전반적인 사회 체계가 지속적으로 물질을 중시하는 방향으로 흘러가고 있기 때문이다. 독일의 유명한 작가 하인리히 뵐(Heinrich Böll)은 1950년대에 이미 이와 관련해 「노동 윤리의 침체에 대한 일화」라는 아주 재치 있는 이야기를 발표한 바 있다.

"지중해의 어느 항구에서 초라한 행색의 어부가 정오의 햇살을 맞으며 빈둥거리고 누워 있다. 그 옆을 지나가던 관광객이 어부에게 말을 걸면서 그렇게 누워 있지 말고 차라리 고기를 잡으러 나가는 것이 좋을 것 같다고 타일렀다. '왜죠?' 하고 어부가 그 이유를 물었다. '돈을 더 많이 벌어야 지요!' 관광객이 대답했다. 그러면서 얼른 관광객은 자신이 생각하는 셈법을 일러 주었다. '고기를 더 많이 잡을수록 돈을 더 벌어 부자가 되고, 그러면 많은 고용인도 거느릴 수 있다오.' 그러자 어부는 '무엇 때문에 그래야 한단 말이오?' 하고 반문했다. 관광객은 다시 설명했다. '조용히 등을 기대고 햇살을 맞으며 누워 있으려면 그만큼 부자가 되어야지요.' 그러자 어부는 '내가 바로 지금 그렇게 하고 있다오' 하고 대답하고는, 눈을 감고 스르르 잠들었다."

나는 이 이야기를 지금도 기억하는데, 김나지움 중급 과정에서 이에 대해 토론해야만 했기 때문이다. 이 일화는 교과서에 나오는 내용이었지만, 당시에 젊은 여선생님은 이 문제를 놓고 상당히 어려움을 겪었다. 나의 동급생들은 대부분 얼른 이런 정황을 알아차렸고, 그래서 수업 때마다 토론에 열심히 참여하려 하지 않았다. 한편 여선생님은 왜 하필이면 이 완전히 갈피를 잡기 힘든 짧은 이야기가 교육적 의미를 지닌 텍스트로서 학업 계획에 들어 있는 것인지 그 이유를 찾으려고 꽤 고민하는 것 같았다. 그러더니 여선생님은 결국 관광객을 옹호했다. 더 많은 돈을 번다는 것은 어부에게 더 좋은 의료보험과 더 확실한 연금 혜택을 의미한다고 우리를 설득하려 애썼다. 그러나 그 텍스트의 저자는 어쨌든 하인리히 뵐이고 의료보험과는 상관이 없다. 사실 하인리히 뵐은 이 이야기를 통해 시민으로서의 삶을 안정시키고 불필요한 삶의 위험을 피해야 한다고 주장하려 한 것은 아닌 것 같았다.

행복 경제학자들은 분명히 여선생님의 안정성에 대한 필요성보다 햇살을 맞으며 빈둥거리는 어부에게서 더 많은 것을 얻고자 한다. 그들에게는 한 나라의 이혼율과 실업률이, 예컨대 국민총생산보다 국가의 복지 수준을 알려 주는 더 좋은 보고서다. 진지하게 말하자면 국민총생산 개념을 가지고 국민의 만족도와 정권의 성공을 평가하는 대신에 '국가 만족도 지수'를 사용할 필요가 있음을 제기한 사례다.

이런 주장은 실로 시대의 절정에서 나타나는 발상의 전환이라고 하겠다. 이런 생각에 적극적으로 참여한 사람은 런던대학 정치경제학부 교수 리처드 라야드(Richard Layard)였다. 그가 확고하게 가지고 있는 생각은 늘 모든 것을 소유하려는 것보다 인생에서 행복을 가져오는 다른 많은 것이 있다는 사실이다. 타인과 경쟁하면서 더 풍족한 생활과 사회적 지위를 끊임없이 추구하는 사람은 병적인 욕망의 징후를 드러내기 마련이다. 물질적인 욕망의 추구는 끊임없이 불만족 상태를 야기하고, 어떤 지속적인 행복도 기대할 수 없게 한다.

그러므로 산업화한 모든 국가가 추구하는 경제 성장은 인간을 행복의 길로 인도하지 못한다. 이와는 정반대로 인간은 성장을 위해 많은 희생을 감수한다. 설령 오늘날 먹을 것을 더 많이 소유하고, 더 큰 자동차를 타며, 몰디브섬을 향해 제트기로 여행갈 수 있다고 해도, 우리의 영적인 상태는 —아무리 우리가 이런 환영에 사로잡혀 살고 싶어 할지라도— 경제력만으로 개선되지 않는다. 이에 관해 라야드 교수에게는 하나의 논리적 결과만이 존재한다. 인간은 자산의 증식이 행복을 보장하는 것보다 자신을 잃게 되었을 때의 상실감에 대한 두려움이 더 크기 때문에, 산업국가의 정책은 발상의 전환을 이루어야만 한다는 것이다. 요컨대 완전고용과 사회적 균형이 국민총생산의 증가율보다 더 중요하다는 것이다. 한마디로 라야드는 경제성장 대신에 모든 인간을 위한 행복을 제안한 것이다.

라야드의 요구가 현실성이 있는지에 대해서는 논란의 여지가 있다. 그러나 우리는 이 문제를 여기서 멈추기로 하자. 요점이 명백하기 때문이다. 부유함과 돈, 나이, 남녀 성별, 용모, 지적 능력, 교육이 행복을 결정하는 요소는 아니다. 이보다 더 중요한 것은 성욕, 아이들, 친구, 먹거리와 스포츠다. 이 중에서 가장 중요한 것은 사회적 관계다. 사회·문화적, 도덕적, 종교적이고 정치적인 가치에 대해 가장 포괄적이고 세계적으로 통계를 내는 **세계가치조사**(World Values Survey)에 따르면 이혼은 남녀 모두에게 대략 수입의 2/3를 잃은 것과 같은 부정적 영향을 미치는 것으로 나타났다. 이 보고서가 입증하듯이 행복에 대한 희망만으로도 행복에 아주 결정적으로 도움을 준다는 것은 매우 흥미롭다. 행복에 대한 자신의 상상이나 행복에 대한 동경이 사라졌음에도 이 세상을 계속 살겠다는 사람은 거의 없을 것이기 때문이다. 행복에 대한 꿈은, 비록 그 꿈이 우리에게 없어서 그리워하는 이상으로만 존재할지라도, 우리와 늘 함께한다.

행복에 관한 그 모든 통계학을 떠나서 행복은 언제나 아주 개인적인 사안이다. **내** 행복은 내가 찾아야만 한다는 것은 독일에서 널리 알려진 말이다. "내 행복은 나 자신과 가장 깊이 일치하는 순간"이라고 독일의 유대계 철학자 루트비히 마르쿠제는 1948년 그의 저서 『행복의 철학』에서 말한 바 있다. 하지만 이런 일치의 순간이란 간단하게 말할 수 있는 것이 아니다. 이는 애꿎게도 나의 여자 친구 로잘리를 강하게 연상시킨다(29장 do be do be do 참조). 도대체 일치란 자아의 일치인가, 자아 상태의 일치인가? 여기서 누가 누구와 일치하는 것인가? 그리고 행복의 상태는 어쨌든 나의 다른 상태보다 더 본질적이란 말인가? 내가 행복하다면 나는 정말 나 자신에게 더 근접해 있는 것일까?

이제 다시 뇌 연구를 행복의 문제에 끌어들이면서 앞서 논의했던 세로토닌과 도파민의 역할을 기억할 때가 되었다(6장 미스터 스폭의 사랑 참조). 행복이 신체 화학과 모종의 관계가 있다는 사실에 대해서는 긴장을 풀려고 일광욕을 즐기는 사람이라면 아무도 놀라지 않을 것이다. 태양 광선은 신경 생물학적으로 기분을 좋게 해 주는데, 그로부터 세로토닌이 생성되기 때문이다. 그러므로 바누아투 섬사람이 유럽인보다 미소를 더 잘 짓는 것도 놀라운 일이 아니다. 더구나 기후가 사람들의 기질을 결정하기도 한다.

행복을 만들어 내는 작동 원리에 대해 뇌 연구가 알고 있는 것은 상당히 축약돼 나타날 때가 많다. 가령 긍정적인 감정이 생겨날 때는 뇌의 왼쪽 절반이, 부정적인 감정이 생겨날 때는 오른쪽 절반이 활발해진다는 식이다. 이는 조금은 19세기 초의 엉성한 뇌 구조도의 형태를 연상시킨다. 그러나 감정과 의식, 변연계와 전전두엽 피질의 협동 관계는 그리 간단하게 설명될 문제가 아니다. 이에 비하면 카페인, 알코올, 니코틴과 코카인 같은 특정한 작용 물질에 대한 설명은 단순하다. 이 물질들은 모두 신경 전달물질인 도파민과 세로토닌의 분비를 촉진하여 단기간에 흥분과 만족감을 주기 때문이다. 그러나 복잡하고 장기간에 걸친 행복의 상태는 이런 것만으로 설명되지 않는다. 예를 들어 좋은 음식을 먹을 때처럼 비교적 아주 단순한 기쁨을 느낄 경우에는 시각과 후각, 미각이 그때그때 역할을 수행한다. 나아가 즐거운 분위기나 식사에 대한 기대, 식사 전의 느낌 따위도 행복감에 중요한 요인으로 작용한다.

우리가 연애나 섹스를 하거나 식사, 여행을 할 때, 이따금 스포츠를 할 때 행복감을 느낀다면, 이런 상황의 배후에서 작용하는 긴장의 핵심은 **기대와 충족**이라는 유희의 감정이다. 대부분 신경 화학적 행복 이론은 이 이론이 제대로 시작되기도 전에 끝났다. 초콜릿은 이것을 맛있게 먹으면 세로토닌을 분비한다. 이미 초콜릿 냄새만으로도 신체에서 병에 대한 저항 물질을 만들어 낸다. 좋은 향기를 맡으면 세로토닌이 분비되는 것이다. 그렇지만 초콜릿을 많이 먹거나 마약을 상습적으로 투여한다든지 지속적으로 꽃향기를 맡으면 이런 일은 일어나지 않는다.

우리는 행복과 기대의 관계에 대해 더 논의할 필요가 있다. 마라톤을 즐기는 사람은 이따금 영적으로 고양된 상태, 이른바 '러너스 하이(Runner's High)'를 체험하는데, 오래 달리게 되면 엔도르핀이 분비되기 때문이다. 마라톤은 경주자가 자신의 기록을 깨뜨리고 신기록을 세우거나 대회에서 우승했을 때 전혀 다른 행복감을 체험한다. 하지만 이처럼 행복감의 '더 많은 결과'는 달릴 때 몸의 자연적인 반응에서 나오는 것이 아니라, 전전두엽 피질의 도움에 의해 형성되는데, 전전두엽 피질만이 기록의 수치를 인지할 수 있기 때문이다. 마라톤 경주자는 목적했던 성과로 **보상을 받고**, 행복을 느낀다. 그에게 기대가 충족되거나 그 이상으로 실현된 것이다.

오늘날 뇌 연구의 주요 관심사는 감정과 의식이 뇌에서 어떤 면밀한 과정에 따라 상호작용하는 것인지를 밝히는 것이다. 행복감이란 종종 단순한 감정 이상의 복잡한 문제를 내포하고 있기 때문이다. 크게 웃는 것은 우울한 환자들의 기분을 밝게 해 주는 효과가 있어서 오늘날 '웃음치료사'까지 생기게 되었고, 이를 단순한 반사 효과로 설명하기에는 충분치 않다. 나쁜 체험은 생각만 해도 실험 대상자의 면역력이 약화된다는 연구 결과가 이미 이런 사실을 입증한다. 반면에 실험 대상자가 즐거운 기억을 떠올리게 되면 그는 기분이 금방 좋아지고 면역력도 강화된다는 것이다.

행복감은 아주 복합적인 사안이다. 우선 행복감이 지극히 긍정적인 정서, 최고의 기쁨, 감동, 희열과 접하게 되면 행복감은 고양된 감수성, 깨어나고 첨예화된 정서, 열린 감각과 연결된다. 하지만 이와 동시에 사물과 환경에 대한 긍정적 시선, 이에 못지않은 긍정적인 지각과 기억이라는 의식의 대단한 실행 능력도 생겨나게 된다. 사랑에 빠지거나 큰 성공을 거두었을 때는 주변의 모든 것이 갑자기 밝게 빛난다.

조화와 일치, 집중력, 통일성, 자유와 감각과 같은 추상적 관념은 서로 뒤섞여 밝은 인상으로 나타난다. 자기만족도가 돌연 상승하고, 자존심도 커져서 간혹 현기증이 일어날 지경에 빠진다. 행복한 상태에 있는 사람은 그의 열린 태도로 쉽게 드러난다. 행복한 사람의 말과 행동은 친절하고, 항상 추진력이 있으며, 자발적인 동시에 유연하고 생산적이다. 이런 사람은 정말 태산이라도 옮겨 놓을 수 있을 것처럼 보인다.

그렇지만 도취적인 조화의 상태는 모두 알고 있듯이 오래 지속하지 못한다. 지나치게 많은 세로토닌은 더는 쓸모없게 된다. 지나친 도파민의 과잉은 과도한 흥분으로 직결되고, 권력의 과시나 과대망상, 환청에 시달리게 된다. 이런 과잉 상태에서는 잠시 후 뇌 속의 도파민 수용체가 화학적 저항 물질과 부딪치면서 마법의 힘도 약화하기 시작한다. 이런 덧없는 상태를 인위적으로 연장하려는 몸부림은 좌절로 끝나게 된다. 결국은 마약중독이나 맹목적인 애정 행각, 끊임없이 성공을 거두려는 무모한 행동으로 종결된다.

어떤 사람도 끊임없이 자기 자신과 완전히 조화를 이루며 살 수는 없다. 매 순간 행동에 충실하고, 시간을 포함해 만사를 흘러가게 내버려 두고, 오로지 지금 여기에 머무르는 것이 극동 지역 현자들의 아름다운 생각이었다. 하지만 심리학적인 관점에서 보면 이는 과도한 요구다. 신경화학적인 관점에서도 이는 정상을 벗어난 예외적인 상태다. 거대한 행복감은 우리의 삶이라는 대양에서는 '축복의 섬'과도 같은 것이다. 물론 이런 이상적인 상태는 평범한 사람들에게는 권할 만한 처방이 아니라 비현실적인 기대에 속한다.

지속적인 행복은 기대가 현실적일 때에만 실현될 수 있다. 행복과 불행의 상태가 본질적으로 '자신에 의해 만들어지는' 것이라면, 행복과 불행의 문제는 오로지 자기 스스로를 어떻게 다룰 것인지에 달려 있다. 이는 '자신의 기대를 어떻게 노력해 이룰 것인가' 하는 물음과도 연관된다. 이런 점에서 어려운 삶의 상태에 놓인 인간이 유리한 삶의 상황에 놓인 인간보다 더 행복해질 수 있다는 의미로도 해석될 수 있을 것이다.

루트비히 마르쿠제가 행복의 공식으로 말한 '자기 자신과 일치하는 것'이란 자신의 기대와 일치하는 것을 의미한다. 여기에는 물론 내가 바라는 다른 사람의 기대도 포함한다. 이렇게 볼 때 니클라스 루만이 언급한 '기대의 기대'가 이에 해당할 수 있다. 자기 자신과 온전하게 일치한다 해도 이런 상태가 함께 살아가는 이웃과 동화되지 않는다면 거의 소용이 없다는 것은 말할 나위가 없다.

1980년대 중엽에 공익근무자였던 나는 사회복지사로 일하던 사람을 만난 적이 있는데, 그가 제시한 모토는 오랫동안 나의 뇌리에 남아 있다. 그의 인생 목표는 —내가 이해하는 한 가장 훌륭한 인생 목표였는지도 모른다— 자신의 기대에서 스스로 해방되는 것이다. 이런, 얼마나 과도한 기대이기에 거기서 해방되려고 했을까!

이제 와서 생각해 보면 이런 삶의 기대는 우리가 가진 기대 가운데 가장 위대하고 불가능한 것인지도 모른다. 우리의 기대에 그런 것은 없기 때문이다. 중요한 것은 어떻게 기대를 버릴 것인지에 있는 것이 아니라, 우리가 어떻게 그 기대를 자기 자신에게 맞출 것인가에 있다. 다른 현명한 방법은 실망하지 않기 위해 기대를 언제나 가급적 낮게 잡는 것이다. 이 역시 하나의 방법이지만, 그렇다고 바람직한 생각은 아니다. 기대를 낮게 잡는다는 것은 한편으로 삶에 대한 두려움이 상당히 크다는 것을 의미하고, 다른 한편으로 좌절할 경우에 뻔히 어려움을 겪는다는 것을 의미한다. 하지만 어려움을 겪지 않으려는 것은 실패를 통해 무엇인가 배울 생각이 없다는 것을 반증하는 것인지도 모른다. 기대가 별로 없는 사람에게는 대체로 삶에서 대단한 일도 일어나지 않는 법이다.

그런데도 작은 기대를 소망하는 소시민적 도덕은 분명히 많은 위대한 철학자의 지지를 받을 수 있었다. 다만 행복과 삶의 즐거움은 그들이 선호하는 주제에 좀처럼 속하지 못했다. 이 때문에 적지 않은 철학자가 '만족(Zufriedenheit)', 그러니까 점점 더 위축되는 행복의 저급한 단계에 최고의 의미를 부여했다. 이마누엘 칸트가 이런 철학자 가운데 하나일 것이다. 그에게 유일한 현실적 행복이란 도덕적인 의무를 이행하는 것이었다. 이는 의무와 행복을 단순하게 연결하는 상당히 어설프고 불안한 시도였다. 반면에 여가수 에디트 피아프는 이 두 가지를 시원하게 다시 갈라놓았다.

"도덕이란 그렇게 살면 정말 재미가 없는 그런 것이다."

칸트의 지루한 후반기 인생에서 행복한 삶의 모범을 찾는 것은 쉽게 떠오르는 일이 아니다.

위에서 언급한 행복과 만족은 동일한 것이 아니다. 고통을 완전하게 회피하기 위한 전략으로 쾌락을 추구하는 것은 금물이다. 물론 행복과 만족은 삶에서 중요한 요소이고, 누구나 행복과 만족을 중요하게 여긴다. 우리가 이웃, 친구나 지기를 '쾌락 추구자'와 '고통 회피자'로 나누는 것은 그리 어려운 일이 아니다. 이런 유형의 구분은 주로 교육과 기질에 달려 있다. 많은 종교인이나 철학자는 쾌락 추구자보다 고통 회피자를 근본적으로 선호하지만, 그 이유는 확실하게 설명되지 않는다. 그런데 삶에 '만족하는 것'을 모든 면에서 장점으로 보는 것이 대체로 나이 든 사람들의 의견인 데 반해, 비교적 젊은 계층은 만족을 삶의 지혜로 쉽게 받아들이려 하지 않는다.

어쨌든 이런 관점을 주장한 사람은 펜실베이니아대학의 유명한 심리학자이자 행복 연구가인 마틴 셀리그먼(Martin Seligman)이었다. 그에게 행복이란 '개인적 즐거움의 사안'이자 '인간이 바라는 소망의 사안'이다. 나아가 '추구할 가치를 지닌 첫 번째 목표에서 이루어진 특정한 일의 성취'다. 다시 말해 진정한 행복은 우선 즐겁고 **쾌적한 삶**, 나아가 참여와 개인적 동경의 실현으로 이루어진 **선한 삶**, 끝으로 '추구할 가치를 지닌 첫 번째 목표에서 이루어진 특정한 일의 성취', 즉 **의미가 실현된 삶**으로 이루어진다.

이와 같은 행복의 조건은 대체로 납득할 만하다. 그러나 '어떻게 이런 삶에 도달하는가' 하는 것은 의문으로 남아 있다. 내 행복을 스스로 만들어 나가는 것은 나에게 자유로운가? 그렇다면 나는 그것을 대체 어떻게 만들 것인가?

33

행복은 배울 수 있는가?
행복의 일곱 가지 방법

에피쿠로스의 철학 학원 호케포스, 그리스 아테네

그는 어떤 사람에게는 세계에서 가장 영리한 철학자 중 한 사람이었고, 다른 사람에게는 '거구의 돼지'였다. 바로 이 사람 에피쿠로스는 기원전 341년 그리스의 섬 사모스에서 태어났다. 그는 생전에 이미 신화였는데, 사후에도 정말 신화가 되었다. 이 때문에 그의 생애는 많은 것이 오늘날까지도 어둠 속에 묻혀 있다. 우리가 그에 대해 알고 있는 거의 모든 것은 유일한 하나의 출처에서 나온다. 그런데 이 전기도 그의 사후 500년 뒤에야 빛을 보았다.

에피쿠로스는 18살에 아테네로 이주했다고 한다. 이때는 알렉산드로스 대왕이 지배하던 시기였다. 알렉산드로스가 죽고 아테네 백성들이 쓸모없는 반란을 일으켰을 때, 에피쿠로스는 아버지를 따라 오늘날 터키의 에페소스 지방으로 옮겨 갔다. 35세에 그는 다시 아테네로 돌아와 정원을 하나 구입했으며, 이것이 그 유명한 **호케포스**(Hokepos) 정원이다. 이 정원은 곧바로 아테네에서 다시 번성한 민주주의의 중심지가 되었다. 모든 사회계층의 사람이 에피쿠로스의 호케포스 정원에서 만났다.

서로 친밀한 집단의 무리가 하나의 종파처럼 이곳에서 사유재산 없이 공동으로 살았다. 여성과 노예도 호케포스에서는 환영을 받았지만, 이에 대해 많은 아테네 사람은 불쾌감을 보였다. 사람들은 이곳의 지도자와 관습에 대해 험담을 늘어놓았고, 난음과 집단 섹스가 성행한다는 나쁜 소문까지 나돌았다. 하지만 실제로 에피쿠로스의 정원에 가 본 사람은 현관에 다음과 같은 구절이 적혀 있다는 것을 알고 있었다.

"낯선 자여, 들어오시오! 친절한 주인이 빵과 물을 충분히 준비하고 당신을 기다리고 있다오. 여기서는 당신의 욕망이 타오르는 것이 아니라 진정되는 곳이니."

에피쿠로스는 기원전 270년에 죽을 때까지 거의 30년 동안 그의 정원을 관리했다. 그러나 호케포스는 일종의 교육기관이었고, 거의 500년 동안이나 그런 기관으로 남아 있었다.

에피쿠로스가 수상쩍은 호케포스 정원에서 실제로 무엇을 체험하고 가르쳤는지, 이에 대해서는 우회적인 경로를 통해서만 짐작할 수 있을 뿐이다. 이 대가의 저서는 몇몇 단편으로만 보존돼 있기 때문이다. 이에 반해 수많은 그의 추종자와 그만큼 수많은 적대자가 남긴 책들은 그에 관해 훨씬 방대한 정보를 남겨 놓았다. 동시에 그의 제자들과 경쟁자들이 에피쿠로스의 상을 아주 상이하게 그려 놓았기 때문에 알곡과 쭉정이를 분리해 내는 것은 간단한 일이 아니었다. 더구나 후세에 특히 의심이 많은 기독교인들이 여기에 또 한 번 덧칠하여, 그는 그로테스크한 모습으로 왜곡되었다.

에피쿠로스의 가르침에서 급진적이고 시대와 상관없이 현대적인 면은 그가 감각적으로 경험할 수 있는 삶 외에는 어떤 것도 신뢰하지 않았다는 사실이다. 한마디로 에피쿠로스는 초감각적인 것을 거부했으며, 따라서 신과 종교는 그에게 아무 역할도 하지 못했다. 죽음 역시 일상적 삶에서 큰 의미를 지닐 수가 없었다.

"죽음이 우리에게 아무 가치가 없다는 믿음에 익숙해지도록 하라. 선한 것과 악한 것 일체는 무엇이라고 판단할 수 없는 지각의 문제다. […] 우리가 여기 살아 있는 한, 죽음은 여기에 없다. 그러나 죽음이 여기에 있다면, 우리는 이미 여기에 없을 것이다."

에피쿠로스가 철학적으로 시도한 세계로의 접근은 우리가 정말 체험할 수 있는 것으로 제한돼 있었다. 그는 논리적 이성을 높이 평가했지만, 모든 통찰을 우리의 오감이 지각하고 이해할 수 있는 것으로만 결부시켰다. 경험 밖에 있는 세계로는 넘어가려 하지 않았다. 에피쿠로스는 이 세계의 본질과 생성, 현재 상황에 대한 보편적 사유를 계획적으로 구성하는 것을 꺼렸다. 이는 에피쿠로스 이전의 많은 그리스 철학자의 사고와는 근본적으로 다른 점이었다. 그는 어떤 것에 대해서도 완벽하게 설명하려 하지 않았는데, 도처에서 그는 지식의 한계와 많은 현상을 설명할 수 없는 맹점을 발견했기 때문이다.

에피쿠로스는 모든 것을 포괄해 논증하려는 인식론 대신에 우리 앞에 당면한 현실적 물음을 제기한다. 과연 인간에게 제한된 가능성의 틀에서 성공한 삶이란 무엇인가? 에피쿠로스는 이에 대해 간단하게 대답할 수 없다는 것을 잘 알 만큼 지혜로운 철학자였다. 그는 인간의 모순적인 본성을 고려하지 않을 수 없었다.

에피쿠로스의 철학은 본원적으로, 인간은 쾌락을 누리고 싶어 한다는 데서 출발한다. 쾌락은 좋은 것이고, 불쾌는 나쁜 것이다. 어린아이들을 보면 인간이 얼마나 감정적으로 움직이는지 잘 알 수 있다. 쾌락을 추구하는 인간의 성향은 "불은 뜨겁고, 눈은 차가우며, 꿀은 달콤하다"는 사실처럼 명백하다. 인간이 성인이 되어서도 즐거운 감정을 추구하는 것은 어린아이와 마찬가지다. 하지만 섹스, 음식, 알코올 등의 탐닉은 순간적인 쾌락에 그칠 뿐이다. 순간적 쾌락의 섬들은 분리된 채, 거대한 대륙의 모습을 갖출 수 없다. 순간적 쾌락은 지속적인 행복의 토대가 되기에는 제한적이다. 물론 인간이 이런 상태를 즐길 수도 있지만, 그것을 절대로 높게 평가해서는 안 된다.

그런데 에피쿠로스는 지나치게 과도한 쾌락 또한 주의해야 한다고 가르쳤다. 즐거움이 너무 과도해지면 그 가치도 급히 줄어든다는 것이다. 한 조각의 치즈를 천천히 그리고 조금씩 음미하며 즐기는 것이 떠들썩한 잔치를 벌이며 먹는 것보다 더 큰 즐거움을 줄 수 있기 때문이다. 삶의 즐거움을 지속적으로 높이기 위해서는 어린아이와 같은 무분별한 탐욕을 절제해야 한다. 그러므로 지속적으로 쾌락을 누리기 위해서는 본능적인 욕구를 조절하지 않으면 안 된다. 이는 무엇보다 이성의 도움이 필요하다. 이성적이고 냉철한 사고는 성급한 탐욕에서 벗어나 안정적인 전략을 개발하는 데 도움을 줄 것이다.

이를 위해서는 감각을 가다듬고 삶의 크고 작은 계기들을 조용히 곱씹어 보는 것이 중요하다. 나아가 삶의 여러 가지 불안을 제거할 필요가 있다. 만일 계속해서 큰 즐거움을 누릴 수 없는 상황이라면, 차라리 불쾌감을 줄이도록 노력하는 것도 좋은 방안이다. 아울러 앞날에 대한 불필요한 걱정을 삼가고, 공명심을 억제해야 하며, 돈과 소유에 대한 사치스러운 욕구도 제한해야 한다. 이로부터 즐거움이 별로 생겨나지 않겠지만, 적어도 자신에게 해로운 의존성은 버릴 수 있다. 에피쿠로스는 이에 대해 다음과 같이 말한다.

"우리는 외부의 사물에 대한 비의존성 역시 커다란 자산으로 간주한다. […] 우리는 여분으로 남는 것을 최대로 즐기는 사람이 사물을 가장 효과적으로 사용할 줄 알고 있다는 것, 그리고 물이 흐르듯 자연스러운 모든 것이 언제나 의미 있는 것을 얻어 내는 법이라는 것을 확신하고 있기 때문이다."

에피쿠로스에 의하면 지속적인 행복을 가져다주는 것은 소유가 아니라 사회적인 관계다.

"인생 전체에 걸쳐서 지혜가 행복을 얻도록 가르쳐 주는 모든 것 가운데 가장 소중한 것은 우정을 얻는 것이다."

에피쿠로스의 가르침을 따르는 이른바 '에피쿠로스주의자'란 삶의 수많은 작은 기쁨에서 행복을 이끌어 내면서 자신의 불안을 제거하고, 다른 사람들과 어울려 유화적으로 살아가는 균형적인 인간이다. 그러나 후세의 적대자들, 특히 기독교인들은 신을 믿지 않는 에피쿠로스를 패륜아들의 지도자로 날조하고, 그의 관점을 도무지 알 수 없을 정도로 왜곡했다. 심리학적으로 보면 에피쿠로스는 이미 기독교의 가르침보다 훨씬 앞서 있었다. 에피쿠로스는 육체와 정신, 자연과 영혼의 분리할 수 없는 상호 작용을 그의 철학의 중심으로 삼았기 때문이다.

에피쿠로스가 가르쳤던 것은 오늘날 특히 미국에서 퍼져 나가는 새로운 연구 방향의 하나인 **긍정의 심리학**(positive psychology)에서 다시 발견되고 있다. 긍정의 심리학을 대변하는 연구자들은 인간이 행복하기 위해 충족해야 할 기준을 찾고자 한다. 그들은 자체적으로 프로그램을 개발해 더 행복해질 수 있는 훈련을 시행하려 한다. 에피쿠로스에 동조하는 심리학자들은 행복은 만들어 나갈 수 있고 또 적극적으로 만들어 나가야만 한다고 주장한다. 행복은 저절로 생기는 것이 아니기 때문이다. 물론 고통과 스트레스, 걱정이 없다고 해서 행복해지는 것은 아니다. 삶의 큰 어려움이 없는 많은 사람도 행복한 것이 아니라 지루해지기 쉽다. 다른 말로 표현하면 행복은 아름다운 것이지만 이를 위해서는 많은 노력을 기울여야만 한다. 행복을 연구하는 사람들은 이 작업을 일련의 실천적 규칙으로 요약했는데, 나는 이것을 소개하면서 가끔은 나의 견해도 제시할 생각이다.

행복해지기 위한 첫 번째 원칙, 그것은 무엇보다 **활동성**이다. 우리의 뇌는 쉬지 않고 몰두할 대상을 찾아 나선다. 정신적으로 정체돼 있으면 기분도 나빠진다. 단 하루만 쉬어도 뉴런은 연속해서 마비되는 현상을 보인다. 어떤 일에 집중하지 않는 사람은 자신이 위축되면서 불쾌감이 일어나는 과정에 대해 걱정한다. 우리의 호르몬 관리 체계는 도파민을 충분히 공급받지 못하면 상당히 큰 곤경에 빠진다.

우리는 쉬지 않고 활동성을 유지해야만 한다. 그러나 지나치게 활동적인 것은 행복한 상태를 촉진하는 데 도움이 되지 않는다. 예컨대 스포츠가 이런 면을 예민하게 반영하는데, 육체가 제대로 긴장하게 되면 새로운 뉴런이 형성하여 정신도 스스로 안정감을 찾는다. 흥미 있는 일에 전념하는 것도 삶의 즐거움을 증대한다. 그러나 이것이 규칙적으로 반복되면 행복한 느낌이 줄어든다. 기분 전환과 새로운 것에 대한 관심이 행복의 원천이 될 수 있기 때문이다. 행복 추구의 노력을 의심스럽게 생각했던 비트겐슈타인은 행복과는 정반대의 길을 잘 알고 있었다. "무엇을 먹는가는 어쨌든 상관없다. 그보다 누구나 먹는다는 것이 중요한 일이다." 이 같은 언급은 불행이 무엇인지를 알려 주는 길잡이처럼 보인다.

행복에 이르는 두 번째 원칙은 **사회적으로 살아가는 것**이다. 에피쿠로스는 공적이든 사적이든 스스로 중심적인 역할을 하는 것을 거의 중시하지 않았다. 그러나 그는 사회적인 연대보다 더 지속적인 행복의 원천은 거의 없다는 것을 인식하고 있었다. 우정이나 파트너 관계, 가족은 안전하다고 느끼는 틀을 만들 수 있다. 파트너와 친구, 아이들과 어떤 일을 공동으로 체험하게 되면 행복 지수는 상승한다. 함께하는 사람들이 아늑하다고 느끼면, 남성은 옥시토신이, 여성은 바소프레신이라는 호르몬이 분비된다. 돈독한 사회적 유대 속에서 사는 사람은 걱정거리가 생기거나 위급한 상황에도 혼자가 아니다. 행복한 삶을 영위하는 데 더 소중한 것은 돈이나 재산보다도 신뢰할 만한 파트너 관계와 이에 따른 적절한 성관계다.

행복을 위한 세 번째 원칙은 **집중력**이다. 에피쿠로스는 그의 제자들이 어떻게 하면 현재 이곳에서 즐길 수 있는지를 가르치기 위해 많은 시간을 사용했다. 이를테면 꽃향기, 형태의 아름다움, 치즈 한 조각의 맛 등이 얼마나 인생에서 소중한 것인지를 자주 언급했다. 관심 있는 대상을 꼼꼼하게 관찰하고 집중하면 삶의 행복도 그만큼 높아지며, 사물에 유효한 것은 사람에게도 그대로 적용될 수 있다.

우리가 다른 누군가에게 더 집중적으로 관여하면 할수록, 그에 대한 감정과 연민의 느낌도 그만큼 더 깊어진다. 뇌 연구의 시각에서 보면 당신이 당신의 의식 상태에 깊숙이 빠져들면, 당신에게는 적어도 기분 좋은 일이 생길 것이다. 자신이 침잠하는 모든 일에는 자신을 아낌없이 다 바쳐야 한다. 좋은 식사를 하면서 살이 찔까봐 걱정하거나 대화를 하면서 계속 시계를 본다면, 이는 그야말로 어리석기 짝이 없는 행동일 것이다.

이따금 미래를 생각하는 것은 의미가 있을 수도 있겠지만, 끊임없이 앞날을 걱정하는 것은 지금 이 순간을 빼앗아 간다. 현재는 외면하고 뭔가 다른 계획을 세우려고 서두르다가 일을 그르치는 것이 대다수 보통 사람의 인생사다.

행복을 위한 네 번째 원칙은 **현실적인 기대**다. 행복은 기대하고 있는 것이 무엇인가에 달려 있다. 가장 빈번하게 저지르는 실수는 지나치게 기대가 크거나 지나치게 기대가 작을 때에 일어난다. 두가지 모두 불만으로 귀결될 수 있기 때문이다. 지나치게 기대가 큰 사람은 스트레스에 시달리기 마련이다. 기대가 너무 작을 경우에는 도파민의 분비가 적기 때문에 의욕상실증과 무관심에 시달린다. 이처럼 열정이 부족한 사람은 계속해서 기대를 낮추게 되어 의욕 상실의 악순환을 맞이하게 된다.

행복을 위한 다섯 번째 원칙은 **좋은 생각**을 갖는 것이다. 아마도 좋은 생각은 행복의 원칙 가운데서 가장 중요한 원칙일 것이다. 행복감에 대해 에피쿠로스와 긍정의 심리학은 견해를 같이한다. 이는 우연한 것이 아니라 '올바른' 생각과 감정의 결과라고 할 수 있다. 이들의 주장에 따르면 '올바른 생각'이란 즐거움을 가져오는 반면에 불쾌감을 피하는 그런 생각을 말한다.

이와 관련해 심리학자들은 그들 나름의 특수한 방식으로 환자에게 다음과 같이 권유하곤 한다.

"정말 행복한 것처럼 행동하세요, 그러다 보면 정말 그렇게 됩니다!"

심리학자의 말은 쉽게 들리지만, 실상 이런 식으로 행복해진다는 것은 어려운 일이다. 내가 기분이 울적할 때는 스스로 좋은 기분을 불러올 힘조차 없을 때가 많기 때문이다. 섬세한 심리학자와도 같았던 러시아의 작가 도스토옙스키는 좋은 생각을 바탕으로 하는 주제에 관해 언젠가 농담하듯이 말했다.

"다 좋은 일이야. 모든 것이. 인간은 자신이 행복하다는 것을 모르기 때문에 불행한 것이지. 단지 그것을 모르기 때문에 말이야. 그게 다야! 그걸 아는 사람은 금방 행복해질 거야, 그걸 깨닫는 순간에 즉시!"

반어적인 표현은 배제하고 단도직입적으로 말하고자 한다. 요컨대 이제는 내 인생에서 일어난 사건을 **평가하는** 모종의 틀 속에 적어도 사건을 제시할 자유가 내게 주어져 있다. 이 주어진 자유가 어느 정도까지인지는 물론 논쟁의 여지가 있다. 아무튼 인생을 한 권의 책이라고 한다면 나는 아름다운 구절에 머물러 있을까, 아니면 슬프고 지루한 구절에 머물러 있을까? 어떤 사람들은 삶에서 무엇보다 좋은 쪽으로 성공할 수 있을 것이고, 또 어떤 사람들은 전혀 그렇지 않을 수도 있을 것이다. 어느 쪽인가에 대한 가능성은 자신의 감정을 판단할 때 이성의 역할을 얼마나 의식적으로 사용할 수 있는지에 달려 있다.

그런데 나는 왜 그렇게 오랫동안 부정적인 것에 매달리고 집착하는 것일까? 물론 어떤 사물을 부정적으로 또는 긍정적으로 느끼는 것은 나에게 자유롭지 않지만, 이에 대한 나의 느낌을 어떻게 평가할 것인지는 내가 자유롭게 할 수 있는 일이다. 이 점에서 나는 어느 정도 자유를 가지고 있는 셈이다. 이런 자유를 나는 훈련을 통해 갖출 수 있다. 감정과 직접적으로 연관해 이에 대한 느낌을 정리하고 상대화할 수 있다면, 이는 우리가 배워 익힐 수 있는 대단한 기술인 것이다(29장 do be do be do 참조).

부정적인 감정을 그때그때 즉시 기록하는 것은 종종 추천할 만한 좋은 방법이다. 이렇게 하여 부정적인 감정은 초기에 대뇌피질에 각인돼 적어도 어느 정도 완화할 수 있다. 또한 부정적인 감정을 억제하는 몇 가지 반론을 기록하는 것도 도움이 될 수 있다. 나아가 긍정의 심리학자들은 행복한 순간을 더 뚜렷하게 기억하기 위해 그것을 일기장에 기록할 것을 권장하고 있다. 그런데 행복의 심리학이 알려 주는 그 이상의 지혜는 "너무 진지하게 생각하지 말고, 웃어넘겨라!"이다. 그러나 이 경우에도 말하는 것은 쉽지만 행동하기는 어려운 일이다. 하지만 이를 실행할 수는 없을까?

어쨌든 이런 생각이 날 때마다 나는 늘 내 친구 루츠의 이야기가 떠오른다. 어느 경영자 수련회에서 심리 트레이너는 모여 있는 참가자들에게 자발성을 더 많이 보여 줄 것을 요구했다. 이 수련회에 참석했던 내 친구의 동료는 이 말을 듣고 정말 볼펜을 꺼내 "자발적인 사람이 되자!" 하고 그의 줄이 쳐 있는 노트에 또박또박 적었다는 것이다. 그런다고 정말 자발적인 사람이 될 수 있을까?

누군가가 자신의 문제에 대해 웃어넘기는 법을 배우는 것은 별것 아닌 것 같지만 실은 야심 찬 목표이고, 큰 기대를 품고 있는 자기 자신의 포부와 연결돼 있다. 웃어넘기는 법을 쉽게 배울 수 있다는 것은 특정한 불쾌감을 피할 수 있다는 것을 말한다. 이와 관련해 가장 빈번하게 잘못을 저지르는 것 가운데 하나는 비교다. '비교하는 자는 실패한다'는 말은 어디서나 늘 통용된다. 가령 "나는 잡지에 나오는 모델처럼 생기지를 않았잖아" 또는 "나는 성공한 나의 동창들에 비하면 소득이 형편없어" 등이 이런 예에 속할 것이다. 그 밖에도 "나는 어쩌면 이렇게 다른 사람들에 비해 유머가 없을까" 또는 "나는 다른 형제들처럼 행복하지 않아" 등이 그러하다. 당신이 행복하지 않다고 생각하는 한, 당신은 행복해지지 않을 것이다.

행복에 관한 여섯 번째 원칙은 행복 추구의 태도가 너무 과도해서는 안 된다는 것이다. **불행을 맞이하여 태연하게 처신하는 것은** 아무나 할 수 없는 대단한 예술이다. 불행의 순간에도 희망이 숨 쉬고 있을 때가 적지 않기 때문이다. 끔찍한 고통을 겪는 환자들이 병이 든 후에 오히려 삶을 더 내실 있게 살고 있다고 고백하기도 한다. 생명의 위기와 어려움, 심지어 운명의 타격이 찾아와도 치유될 가능성은 항상 열려 있다. 위기가 더 나은 새로운 시작의 계기가 되기도 하는데, 사람들은 종종 '무엇 때문에 그런지' 그 이유를 알지 못한다. 변화의 조짐이 없는 상황과 싸우는 것이 이 세상에 퍼져 있는 수난사이지만, 행복의 심리학자는 그것을 전환의 가능성으로 간주한다.

끝으로 일곱 번째 원칙은 **일을 통한 즐거움**의 성취다. 이 원칙은 행복의 첫 번째 원칙인 활동성과 밀접하게 연관돼 있다. 일은 우리가 활동적이 되도록 독려한다. 대부분의 사람은 많은 것을 충분히 해내기 위해서는 일의 압박을 필요로 한다. 물론 늘 그런 것은 아니지만 대체로 일의 효력이 이런 것이므로, 일이야말로 심리 치료의 가장 훌륭한 방법이라고 할 수 있다. 그런데 실직자가 돼 곤란을 겪게 되면 누구나 심리적인 자기 치료에 어려움이 생긴다. 일을 하지 않는 사람은 자신을 쓸모없다고 느끼며 무기력해지기 쉽다. 이럴 경우에는 도파민과 세로토닌도 극소량만 분비된다. 프로이트도 일에서 행복의 가능성을 보았다. 그는 행복이 "사랑하고, 일을 할 수 있을 때 찾아온다"고 말했다.

이렇게 우리는 행복에 대한 일곱 가지 원칙을 논의해 보았다. 이 원칙의 가치와 유용성에 대해서는 당연히 논란이 있을 수 있다. 행복이란 이 원칙들만으로 정의될 수 없고, 그것으로는 충분하지 않기 때문이다. 행복의 심리학에서 가장 긴장된 물음이면서도 이제까지 소홀히 여겨진 물음은 다음과 같다. 한 사람의 개인적 유희 공간은 도대체 얼마나 큰 것일까? 긍정의 심리학은 그때그때 뇌 연구의 새로운 성과를 충분히 이용했지만, "나는 내 의지대로 할 수 있을까?" 하는 기본 논점을 회피하려고 했다. 아무리 현명한 금언일지라도 그것을 내가 실행에 옮길 마음이 없다면 무슨 소용이겠는가? 이런 문제점은 아직도 흥미로운 과제로 남아 있는 듯하다.

이것으로 행복에 대한 물음은 해명된 것일까? 철학적으로는 어쩌면 그렇다고도 할 수 있다. 하지만 심리학적으로는 아직도 탐구돼야 할 것이 많이 남아 있다. 많은 사람은 놀라울 만큼 정해진 틀에 따라 살고 있어서 뭔가 처음으로 경험하는 일에도 새롭다고 느끼지 못한다. 그 이유는 무엇일까? 많은 사람은 무엇이 자신에게 좋은 일인지를 정확히 알고 있다. 그 이유는 무엇일까? 우리 중 대부분은 어떤 식으로든 길을 잃고 계속 헤매는데, 그 이유는 무엇일까?

누군가가 행복에 대해 다른 사람들보다 더 많이 알고 있다는 것은 중요한 일이 아니다. 숙련된 삶의 예술가가 항상 행복한 것은 아니기 때문이다. 그렇다면 행복을 너무 높은 기준으로 설정한 것은 아닐까? 행복한 삶과 성공한 삶은 결국 전혀 다른 것이 아닐까? 행복보다도 더 중요한 것이 있을까? 여전히 의문은 이렇게 남는다.

34

인생은 의미가 있는가?

매트릭스 머신

플라톤의 이데아와 유토피아

"네가 왜 여기에 있는지 내가 설명해 줄게. 넌 뭔가를 알고 있어서 여기에 있는 거야. 너도 설명할 수 없는 뭔가를 너는 알고 있어. 하지만 너는 그것을 느끼고 있어. 세상이 뭔가 이상하다는 것을 이미 살아오면서 계속 느끼고 있지. 너는 그게 뭔지 확실히 알지는 못해. 하지만 그것은 와 있어. 너를 미치게 하는 네 머릿속 파편처럼 그것은 와 있어. 그런 느낌 때문에 나를 찾아왔잖아!"

어딘지 세상이 이상하다. 여러분은 이 문장을 철학사에 관한 저서에서 찾으려고 할 필요가 없다. 그런 곳에는 없을 테니 말이다. 이 문장은 워쇼스키(Wachowski) 형제가 감독한 영화 「매트릭스(Matrix)」의 등장인물 모피어스의 대사다. 이 영화는 2000년에 대성공을 거두었다. 영화사에서 존재와 비존재에 관한 철학적 영화가 상영되었다는 것은 아주 희귀한 일이다. 아마도 1949년에 상영된 장 콕토의 「오르페(Orphée)」가 이와 비교될 수 있을 것이다.

이 영화는 컴퓨터 해커 네오의 이야기를 다루고 있는데, 네오는 앞서 언급한 모피어스에게 놀라운 이야기를 듣게 된다. 그들이 살고 있다고 믿는 이 세계는 현실 세계가 아니라 가상의 세계이자 —네트워크가 장착된 — 컴퓨터에 의해 만들어진 사이버공간이라는 것이다. 이른바 매트릭스다. 인류가 지구라는 행성을 사람이 거주할 수 없게 만든 이후 컴퓨터가 세계의 지배자로 등장했다. 컴퓨터는 지휘권을 넘겨받고 사이버공간인 매트릭스를 만들고, 인간을 에너지원으로 사용한다. 컴퓨터는 인간을 약탈하기 위해 인간을 영양분이 가득한 용기에 넣어 사육하고, 그들에게 가상적 삶을 실제인 양 믿게 한다. 모피어스를 통해 자극 받은 네오는 오랫동안 힘든 투쟁 끝에 매트릭스의 환상에서 해방된다. 영화의 끝에 네오는 예수 그리스도처럼 인류의 구원자로 떠오른다.

영화 「매트릭스」는 일련의 모범적인 선례로 무엇보다 폴란드의 공상과학소설 작가 스타니스와프 렘(Stanisław Lem)의 『항성일기』와 『골렘은 이렇게 말했다』 덕분에 제작될 수 있었다. 「매트릭스」에 나타나는 가상 세계에서 삶의 동기는 미국 소설가 대니얼 갤로이(Daniel Galouye)의 소설 『시뮬라크론 3』에서도 발견되는데, 이 소설은 두 번이나 영화로 제작된 바 있다. 그 밖에도 「매트릭스」는 프랑스 철학자 장 보드리야르(Jean Baudrillard)의 사고를 반영하면서 동시에 기독교적 영지주의에서 나오는 일련의 동기를 이용하고 있다. 그러나 지구상의 모든 존재는 단지 비본질적인 것에 불과하다는 이데아론의 판권 소유자는 워쇼스키 형제나 갤로이, 렘이나 보드리야르가 아니다. 이데아론의 원저작자는 당연히 그리스의 철학자 플라톤이다.

플라톤은 기원전 370년경에 그의 대표작 『국가Politeia』 제7권의 유명한 '동굴의 우화'에서 진기한 장면을 기술하고 있다. 한 무리의 인간이 어린 시절부터 지하 동굴에서 살고 있다. 그들은 암벽에 단단히 묶여 있어서 머리는 물론이고 몸도 움직일 수 없고, 그들 앞에 놓인 동굴 벽만을 바라볼 수밖에 없다. 빛이라고는 타오르는 횃불에서 나올 따름이다. 횃불과 그들의 등 사이에는 이런저런 그림과 물체가 지나가면서 벽을 향해 그림자를 드리운다. 묶여 있는 이 죄수들은 물체의 어른거리는 그림자, 자신과 다른 죄수들의 그림자만을 바라보고 있을 뿐이다. 물체를 운반하는 사람들이 말을 하면 마치 그림자가 말을 하는 것처럼 들렸다. 동굴의 거주자들은 그들의 등 뒤에서 실제 무슨 일이 벌어지는지 알지 못한 채 그림자를 유일하고 참된 세계로 간주하고 있다. 이런 현존의 상태에서 구원은 일어나지 않았다.

그러다 죄수 하나가 풀려나 햇빛으로 나오게 되면서, 그는 잠시 후 동굴에서 무슨 일이 벌어지고 있는지 간파하게 된다. 하지만 그는 이런 상황을 다른 사람들에게 설명할 도리가 없다. 그가 말하는 것을 동굴 거주자들의 관념으로는 도저히 이해할 수 없기 때문이다. 동굴 밖의 세계를 깨우친 사람은 조롱과 웃음거리가 되었고, 동굴의 거주자들은 그에게 "타락한 눈으로 세상의 이치를 뒤집어 놓았다" 하고 말하곤 했다. 이런 운명에 처하지 않으려면, 이제부터는 자신들을 구원하려는 자는 누구든 미리 죽여 없애는 것이 상책이라고 생각했다.

이제 플라톤의 동굴 우화는 공상과학영화나 사이코 스릴러 영화의 좋은 대본뿐만이 아니라 다른 모든 것에서도 의미를 지니게 되었다. 이 우화는 철학적 오성이 사물의 참된 본질에 다가서기 위해서는 감각적으로 지각될 수 있는 것에서 분리되고 벗어나야 한다는 것을 보여 주려 했다. 플라톤은 감각적인 인식 능력을 추상적인 이성보다 분명히 더 높게 평가하지 않았다. 그런데도 그는 동굴의 우화를 통해 모든 가상 세계의 비전을 보여 주는 선구자가 되었다.

이와 관련해 영화를 조금 더 분석해 보자. 「매트릭스」에서 네오는 가상적이고 비본질적인 세계가 그에게 나쁠 것도 없지만 그곳에서 뛰쳐나온다. 도대체 왜 그랬을까? 영화에서 일어나는 것 이상으로 매트릭스에서의 삶은 천국으로 그려질 수도 있다. 게다가 인간이 매트릭스에 속해 있는 한, 자신이 원하는 삶을 자기 마음대로 선택할 수도 있다. 여기서는 환상적 삶을 통해 영화배우처럼 화려하게 살아갈 수도 있고, 축구선수 호나우두처럼 멋진 슛을 날릴 수도 있으며, 매일같이 자신이 꿈꾸는 여성 곁에서 잠들 수도 있다. 하지만 영화와는 달리 현실에 충실한 사람이라면 자신이 무엇을 원하는지 깨달을 것이다. 그는 이 세계가 완전히 실제처럼 느껴질지라도 결국은 가상의 세계라는 것을 알고 있다. 이런 상황에서 지속적으로 살 수 있는 기회가 주어진다면 당신은 어떻게 하겠는가?

어쩌면 이런 상황을 어쨌든 일단은 축복받은 체험으로 여기는 사람이 있을지도 모른다. 위험 없이 온몸으로 참여하는 일종의 **제2의 삶**이라고 생각할 수도 있다. 그러나 이런 삶을 영원히 지속한다면 과연 어떨까? 끝없이 성공만 하는 삶이란 과연 어떨까? 어떤 시점이든 행복을 위해 모든 것이 준비된 삶이란 정말 끔찍한 삶이 아니겠는가!

그러므로 행복보다 더 소중한 어떤 것이 있다는 것은 명백하다. 우리는 영원히 보장된 행복에 대해 지독한 권태를 느끼게 될 것이기 때문이다. 인생에서 모든 가치는 절대적인 것이 아니라 상대적일 수밖에 없다. 사람들은 많은 행복이 실현되기를 소망할 수는 있겠지만, 영구적인 행복은 바라지 않을 수도 있다. 아일랜드의 시인이자 극작가인 버나드 쇼(Bernhard

Shaw)는 명석한 철학자로서 이와 같은 문제를 이미 통찰하고 있었다.

"평생 동안 행복한 삶이라니! 이런 상태를 참을 수 있는 사람은 아무도 없다. 만일 그렇다면, 그것은 지상에 존재하는 지옥일 것이다."

그러나 매트릭스에서의 삶을 끔찍하게 만드는 것은 지루하고 단조로운 행복에 대한 공포만이 아니다. 이보다 더 나쁜 상황은 여기서는 각자가 자기 삶을 결정할 수 없다는 점이다. 자기결정권이란 모든 개인에게 너무 소중한 자산이므로 타인에 의해 결정된 행복은 대다수의 사람에게 매혹적인 결과가 될 수 없다. 행복은 스스로의 힘과 노력으로 성취해야만 하며, 타인에게 그것을 선물로 받는다면 그 가치를 상실하기 마련이다. 패배할 수 없는 게임에서 승리한들 무슨 의미가 있겠는가? 모든 일이 바라는 대로 조금의 의심도 없이 순탄하게 진행되는 것을 알면서도 읽어야 할 책이 있다면 얼마나 지루할까? 따라서 러시아의 문호 톨스토이가 말한 것처럼 행복이란

"하려고 하는 것을 행하는 데 있는 것이 아니라, 행하고 있는 것을 하려고 하는 데 있다."

여러분이 이를 확신하는지 나는 알지 못한다. 그러나 행복에 대한 톨스토이의 대답은 내가 볼 때 흔히 '삶의 의미'라고 부르는 것과 매우 유사하다. 물론 철학자들은 오늘날 이 문제를 진지하게 다루는 것을 꺼리고 있다. 그들에게 '삶의 의미'라는 주제는 대중 영합적인 상담자들이나 피상적인 밀교와 연관돼 있는 것처럼 보이기 때문이다. 의미 문제와 관련해 과거에 클래식 음악에 부여된 의미는 현재 대중음악으로 이동했다. 그런데도 그리스인들이 2,400년 전에 오늘날 서양철학이라고 부르는 것의 초석을 놓았을 때, 그들은 이 문제를 풀려고 노력했다. 고대 그리스적인 면에서는

오늘날 '삶의 의미'라고 부르는 것과 직접 상통하는 의미를 지닌 낱말은 존재하지 않았다. 그렇지만 삶의 의미란 근본적으로 '삶은 무엇에 좌우되는가, 좌우된다면 어느 정도인가'라는 물음과 근본적으로 동일하다.

우리는 지금까지 이 책에서 수많은 철학자와 대면했다. 그런데 이 철학자들은 각각 자기 방식대로 삶의 의미에 대해 직접적 또는 간접적으로 대답하려고 했다. 연극이 끝나면 등장한 배우들이 다 함께 무대에 나와 인사하듯이, 이제는 철학자 중에서 몇 사람을 선택해 그들의 견해를 급히 요약해 보고자 한다.

근대 이전의 철학자들, 가령 데카르트는 이 주제를 집중적으로 다루지 않았다. 그들에게 세계에 대한 보편적 의미는 인간과는 관련이 없고 이미 신에 의해 그 해답이 주어져 있었다. 중세나 르네상스, 바로크 시대에 살았던 사람들은 삶의 의미를 두고 조금도 염려할 필요가 없었다. 교회는 인간에게 신의 생각과 의도가 무엇인지를 물었고, 이에 따라 무엇이 선인지를 가르쳤다. 그리고 신에 의해 주어진 세계 질서를 대신하여 우리의 의식이 세계의 중심으로 이동하는 전환이 일어났을 때야 비로소, 인간은 삶의 의미를 찾아 나서는 주체가 되었다. 이렇게 볼 때 인간이 삶의 의미를 천착하게 된 것은 18세기 말에서 19세기 초라고 할 수 있다.

이마누엘 칸트에게 삶에 대한 규정은 우리가 도덕적 의무를 실천하는 데 있다. 칸트의 이런 생각은 상당히 빈약한 면을 드러내고 있다. 장 자크 루소가 얘기하는 삶에 대한 규정은 인간의 본성에 따라 살 수 있고, 또한 살아야 하는 것이었다. 따라서 인간은 자신이 하려고 하지 않는 것을 절대 해서는 안 된다. 제러미 벤담은 자기 자신과 그 밖에 다른 사람에게 가능한 한 가장 커다란 행복을 주는 것에서 삶의 의미를 찾았다. 성공회 신부 윌리엄 페일리는 인간 삶의 의미를 하느님의 뜻이 드러나는 수많은 '유용한 저서'에서 인식할 수 있었다.

삶의 의미에 대한 물음은 19세기 중반에 이르러 최고의 관심사가 되었다. 칸트에 이어 피히테와 헤겔 같은 철학자는 그들의 선배 철학자들이 남긴 기념비적 작품들 앞에서 당혹감을 드러내며 회의의 몸짓을 지어 보였다. 철학이 과거에 삶의 모든 문제를 해결하기 위해 아무리 위세를 드높였다 할지라도, 이제는 도대체 성공한 삶이 어떤 것인지를 해명할 수 없었다. 사유의 거대한 건물이 세워졌지만, 이 모든 것은 삶의 실천적 통찰과 관련해 아주 좁은 토대에 의존하고 있었다.

아르투어 쇼펜하우어, 키르케고르와 포이어바흐뿐만 아니라 간접적으로는 마르크스도 모든 사람에게 나름대로 삶의 의미에 대한 물음에 대답하려고 노력했다. 염세주의자 쇼펜하우어는 인간이란 '행복하기 위해' 세상에 존재한다는 주장을 강력하게 비판했다. 인간은 의지에 지배당하는 예속된 노예와 같은 존재이자 그런 상태로 살아갈 수밖에 없기 때문에 자유롭고 더 높은 삶의 의미를 구현할 공간은 없다. 하지만 인간에게 높은 만족감을 줄 수 있는 유일한 것은 음악이라는 예술이다.

프리드리히 니체와 지크문트 프로이트 역시 이런 사상과 밀접하게 연결된다. 그들에게 삶의 의미에 대한 물음은 이미 육체적이거나 정신적인 허약함의 표현이었다. 건강한 인간이라면 더 높은 삶의 의미가 필요 없었다. 인간이 행복해지기 위해 필요한 것은 예술 중에서도 특히 '음악'(니체)이거나 '사랑과 일'(프로이트)이었다. 정말 중요한 물음에 대해 느끼는 — 에른스트 마흐가 '사유의 경제학'이라고 부른— 감정은 삶의 의미라는 문제를 회피하는 경향이 있다.

　20세기 대표적 사상가들의 특징은 무엇보다 삶의 의미에 대해 명확하게 대답하는 것을 거부했다는 점, 또한 그렇게 하는 것을 적절한 것으로 설명했다는 점이다. 이에 대해 특히 의미심장한 예는 루트비히 비트겐슈타인(Ludwig Wittgenstein)이다. 그에게 삶의 의미에 대한 물음은 '이치에 맞지 않는 물음'을 학문적으로 논의하는 것에 불과했다. 물음의 성격으로 볼 때 긍정적 대답은 존재하지 않는다. "오랜 고심 끝에 삶의 의미가 명확해진 사람조차도 이 의미의 본질이 무엇인지 말할 수 없기 때문"이라는 것이 비트겐슈타인의 주장이다.

　반면에 사르트르는 행동으로 자기 자신을 실현하는 데 삶의 의미가 있다고 보았다. 이 세계는 전반적으로 의미가 없기 때문에 나 자신의 의미를 실현하는 것은 전적으로 내 자유에 속한다. 사르트르가 볼 때 삶의 의미란 **일이 진행되면** 개인과 함께 머물다가 곧 사라지는 것이다. 피터 싱어에게 이런 의미의 실현은 비사회적인 성격을 지닌다. 그에게 중요한 것은 선행의 돌을 하나라도 더 굴려서 세상을 '더 나은 곳으로 만드는' 것이다.

　진화생물학적으로 삶의 의미를 설명하려는 학자들도 있지만, 이는 바람직한 방법이 아닌 것으로 보인다. 미국의 생물철학자 대니얼 데넷(Daniel Dennett)은 '적응과 돌연변이'라는 진화의 두 원리가 인간 문화의 모든 문제, 즉 자연과 인간의 의미를 설명하는 기본적인 틀이라고 설명한다. 하지만 데넷의 사고는 니클라스 루만과 같은 사회학자에게 터무니없는 것으로 일축된다. '의미'란 의사소통의 과정을 통해서야 비로소 생겨나기 때문이라는 것이다. 의미는 특히 인간이 세련된 진화의 오랜 과정을 통해 획득한 성과물이다. 언어에 의한 상징적 의사소통은 유전자의 자연에 대한 '적응'이나 이에 상응하는 후손의 노력에 기인하는 것이 아니다. 인간은 단순히 자연의 일부가 아니라는 것이다. 만일 인간이 자연의 일부라면, 인간이 기술을 이용해 자기 삶의 기반을 파괴할 수는 없을 것이다. 이런 주장은 적응을 보편적 삶의 원리로 제시하는 생물학적 관점과는 명백히 모순된다.

뇌 연구가 삶의 의미에 대해 어떤 해명도 하지 않는 것은 당연한 일이다. '의미'는 학문적인 측정 단위가 아니고, 그렇다고 연구 대상이거나 전기 생리학적 과정도 아니기 때문이다. 의미는 그 자체로 눈에 보이지도 않는다. 달리 표현하면 저울도 자기 무게는 알지 못하는 법이다.

내 삶에서 나는 어떤 의미를 볼 것인가? 이런 식으로 삶의 의미에 대한 물음은 오직 주관적으로만 해명될 수 있다. 그 이유는 간단하다. 의미는 세계 또는 자연의 특성이 아니라 전형적으로 인간의 구성 요소이기 때문이다. '의미'는 척추동물의 두뇌가 알고자 하는 욕구의 대상이자 관념인 것이다. 이렇게 볼 때 이 세계에서 의미를 찾는 것보다 우리가 자신에게 스스로 의미를 부여하는 것이 중요하다. 그러므로 의미에 대한 물음은 인간이 자신에게 던지는 물음이다. 자연에서 객관적 의미를 찾으려 할지라도, 그것은 항상 인간의 관념에 따라 이루어진다. 그것은 항상 우리의 의식, 즉 인간의 논리와 인간의 언어에 좌우된다.

아마도 삶에서 의미를 찾으려는 가장 중요한 이유는 인간은 언젠가 죽는다는 것을 잘 알고 있기 때문일 것이다. 매일, 매시간, 매초 소멸의 순간을 향해 다가간다는 불안한 생각은 두뇌에 각인돼 있다. 상당수의 고인류학자는 바로 이런 지식을 인간과 동물 사이의 경계를 가르는 척도로 사용한다.

의미에 대한 물음은 오직 특수한 인간적 특징에 의해서만 이해될 수 있으며, 모든 인간의 인식처럼 개인적 체험에 의존한다. 그래서 우리는 언제나 최대한으로 자기 삶의 의미를 찾아 나선다. 하지만 이런 과정에서 왜 우리는 삶의 의미라는 것을 이야기하고 싶어 하는 것일까? 그리고 삶은 왜 이 하나의 의미만을 지녀야 하는 것일까? 단 하나의 유일무이한 의미를 찾으려는 욕구 역시 실은 매우 인간적이다.

우리는 왜 그리고 어떤 기준으로 의미를 찾으려 하는지에 대해서는 별로 고민하지 않는다. 그보다는 삶의 의미 자체에 대해 훨씬 더 심각하게 숙고한다. 이는 달리 말해 우리가 의미 추구의 과정에는 그다지 치중하지 않는다는 것을 뜻한다. 몇몇 영민한 시인은 이에 대해 흥미롭게 표현했다. 가령 『이상한 나라의 앨리스』의 작가 루이스 캐럴(Lewis Carroll)은 다음과 같이 말했다.

"그 안에 아무 의미가 없다면 우리 일이 많이 줄어들 것이고, 그렇다면 그것을 찾아 나설 필요도 없다."

그 밖에도 영국의 재치 있는 경구 작가 애슐리 브릴리언트(Ashleigh Brilliant)는 "내가 동의할 수 없는 의미가 있는 것보다는 차라리 삶이 무의미한 것이 낫다" 하고 말한 바 있다.

삶이 어떤 특정한 의미를 가지고 있다는 생각은 어쩌면 전혀 바람직하지 않을 수도 있다. 삶의 의미를 추구하는 일은 나이가 들어가면서 자주 현저한 변화를 보이기 때문이다. 청소년 시절에는 객관적 의미와 아울러 삶의 목표를 찾지만, 나이가 지긋해지면 "내 삶은 의미가 있었던가?" 하고 자신에게 묻게 된다. 말하자면 "나는 과연 제대로 살았던가?" 하는 반성이 찾아온다. 의미에 관한 물음은 이제 엄청난 인식의 요구에서 많은

것을 상실하는 것이다. 철학적 성찰은 심리적인 결산으로 변하고, 때에
따라서는 회의가 찾아오면서 자기 정당화가 앞서게 된다. 이렇게 되면
'의미'보다는 성취가 중요해진다. 즉 "나의 삶에서 나를 기쁘게 하고 앞으
로도 기쁘게 할 일은 어떤 것일까?" 하고 묻게 된다.

많은 생물학자는 삶의 목표란 생명을 유지하는 것이라는 데 분명히 동
의할 것이다. 자연이 사유할 능력이 있다면 분명히 이렇게 생각했을 것이
다. 하지만 단백질과 아미노산은 이른바 삶의 의미와는 다른 특성을 지닌
다. 이와 관련해 영국의 공상과학소설 작가 더글러스 애덤스(Douglas
Adams)의 『은하수를 여행하는 히치하이커』는 조금 황당하긴 해도 아마 가
장 아름다운 자연과학적 대답을 제공했다고 할 수 있다.

이 책에서 외계인들은 물음 가운데 가장 중요한 물음, 즉 '삶과 우주, 나
머지 전반적인 것에 대한' 물음에 대답할 목적으로 **깊은 생각**(Deep
Thought)이라는 컴퓨터를 고안했다. 컴퓨터는 계산을 거듭해 750만 년의
기간을 계산한 끝에 결과를 추정해 냈다. 하지만 이 결과가 외계인들의
마음에 들지 않을 것이라고 생각해 잠시 머뭇거렸다. 그러다가 마지못해
최종적인 대답을 내뱉었는데, 놀랍게도 대답은 '42!'라는 숫자였다. 외계
인들은 엄청나게 실망했다. 그러나 컴퓨터 '깊은 생각'은 저항하면서 비트
겐슈타인에 따르더라도 입력된 물음이 터무니없다고 설명했다. 이렇게
애매모호한 물음을 제기하는 자는 자신이 무엇을 물었는지조차 알지 못
한다는 것이었다.

그러자 외계인들이 컴퓨터에게 물었다. 그렇다면 어떻게 해야 대답을
찾기 위해 뭔가 할 수 있겠는가? 이에 대해 컴퓨터 '깊은 생각'은 사태를
원만하게 수습하려면 자신이 고안한 더 큰 컴퓨터를 제작할 것을 제안했

다. 그러면서 이 컴퓨터에 올바르게 설정된 물음을 입력하여 대답을 찾을 것을 권고했다. 곧 컴퓨터가 다시 제작되었고, 이 더 큰 컴퓨터는 올바른 물음을 검색하기 시작했다. 이 검색 프로세스는 나중에 밝혀진 바와 같이 바로 지구였다. 하지만 지구도 결코 올바른 물음에 이르지는 못했다. 지구라는 프로세스는 프로그램이 가동되기 직전에 폭파되었다. 우주에서 초공간 우회로를 건설하려는 계획에 따라 폭파가 이루어졌다.

어쩌면 경구 작가이자 문학가, 물리학자였던 게오르크 크리스토프 리히텐베르크(Georg Christoph Lichtenberg)만은 실제로 진리를 알고 있었는지도 모른다. 그는 다음과 같이 말했다.

"나는 인간이란 결국 자유로운 존재이기 때문에 존재할 권리, 즉 자신이 존재한다고 믿는 것이 논란이 될 수는 없다고 생각한다."

이는 의미의 물음과 일맥상통한다. 내가 어릴 때 가장 즐겨 읽던 미국 작가 로이드 알렉산더(Lloyd Alexander)의 『프리데인 연대기(Prydain Chronicles)』에서 원시의 마법사 달벤은 자신의 의미를 찾고 있는 수양아들 타란에게 "대답을 찾는 과정이 대답 그 자체보다 더 중요할 때가 많다"고 설명한다. 당시만 해도 소년이었던 나는 타란과 마찬가지로 이런 설명을 듣고는 약간 화를 냈다. 그것이 내게는 비겁한 소리로 들렸다. 아무리 나이가 많고 현명한 마법사의 말이라 해도 변명 같다는 생각이 들었다. 그러나 이제 와서 생각해 보면 마법사 달벤이 옳았다. 적어도 삶의 의미에 대한 물음처럼 거대한 물음을 놓고는 달벤이 옳았다고 여겨진다.

삶의 의미가 무엇인지 정말로 알고 있었던 유일한 사람들은 영국의 코미디 그룹 몬티 파이선(Monty Python)이었다. 그들은 그룹 이름과 동일한 제목의 영화에서 다음과 같이 말했다.

"그러니까 이게 삶의 의미라 이거지요. 그거 뭐 정말 별것 아닙니다. 그저 사람들에게 친절하게 굴고요, 기름진 음식은 피하세요. 가끔은 좋은 책을 읽고, 누군가 찾아오면 좋겠지요. 모든 종족이나 국가가 화목하게 조화를 이루며 살도록 마음속으로 빌어도 보고요."

그런데 여러분이 나에게 묻는다면 이렇게 말씀드리겠습니다.

"늘 호기심을 잃지 마시고, 머릿속의 좋은 생각을 실천하십시오. 그리고 여러분의 나날을 삶의 기쁨으로 가득 채우시기 바랍니다."

| 역자 후기 |

철학은 뇌 연구를 돕는 상담자다?

지난 세기 1970년대, 80년대의 서슬 퍼렇던 군사독재 정권 시절에 대학을 다녔던 사람은 안다. 대학에서 제대로 된 공부를 할 수 있었는지? 또한 자유롭게 인문학과 사회과학에 관해 토론하고 더 나은 사회를 위해 마음껏 상상할 수 있었는지…? 물론 도서관 어느 한쪽에서 시대정신과 담쌓고 입신영달을 위해 고시 공부를 하던 부류는 차치하고 하는 말이다.

말 그대로 질풍노도(疾風怒濤)의 20대에는 모든 것이 배고팠다. 정치, 경제, 예술, 문학, 철학 등. 엄청난 지적 욕구에도 불구하고 시대는 그렇지 못했다. 내 친구 한 명은 G. 루카치의 책을 소지했다는 이유로 구속당하기도 했던 시절이었다. 그렇게도 교양, 특히 철학에 목말라 했던 시절을 떠올리면 R. D. 프레히트의 『내가 아는 나는 누구인가』라는 이 책은 보물과도 같다.

서양철학사를 전체적으로 조망해볼 때, 물질주의자와 이상주의자 (또는 영어식 표현으로는 경험주의자와 합리주의자)의 싸움으로 간주하는 고전적 철학사를 이제 새로운 안목을 가지고 봐야 한다고 주장하는 이 책은 34가지의 흥미진진한 질문으로 구성한 '철학 여행'이라고 볼 수 있다.

9개의 장으로 이루어진 제1부 '내가 알 수 있는 것은 무엇인가?'에서는 서양철학사의 전통을 반성하며 '근대'를 예비하게 된 인물들과 그 쟁점들을 소개하고 있다. 진리, 인간의 감정, 무의식, 기억, 언어 등을 되짚으며 철학자 프리드리히 니체, 인류학자 도널드 칼 조핸슨, 뇌 연구자 라몬 이 카할, 철학자 르네 데카르트, 물리학자 에른스트 마흐, 정신분석학자 지크 문트 프로이트, 기억 연구자 에릭 리처드 캔들, 철학자 비트겐슈타인 등을 대표적 인물로 들고 있다.

제2부 '내가 해야 할 일은 무엇인가?'에서 다룬 16개의 장은 윤리와 도 덕에 관한 내용으로, 그 결론은 인간이란 도덕적 능력을 타고난 동물이라 는 것이다. 도덕, 존엄, 낙태, 안락사, 채식주의, 자연 보호, 유전공학, 복 제 의학, 동물 윤리학, 뇌 연구 등을 고찰하며 또 다른 '나'의 실천 가능성 을 조명한다. 대표적 인물로 루소, 행동 연구자 프란스 더 발, 이마누엘 칸 트, 쇼펜하우어, 뇌 연구자 벤저민 리벳, 제러미 벤담, 마크 하우저, 피터 싱어, 로버트 화이트 등을 들고 있다.

9개의 장으로 이루어진 제3부 '내가 희망해도 좋은 일은 무엇인가?'에서 는 대부분의 인간이 자신들의 삶에서 실제로 부딪히는 몇 가지 중요한 질 문을 다루고 있다. 신, 자연, 사랑, 자유, 재산, 정의, 행복, 그리고 삶의 의미 등의 문제에 관해 집중적으로 사색한다. 안셀무스, 니클라스 루만, 소크라테스, 사르트르, 프랭크 시나트라, 지멜, 존 롤스, 에피쿠로스, 플 라톤 등을 대표적 인물로 들고 있다.

번역을 하는 내내 충격의 연속이었고 형언할 수 없는 전율을 느꼈다. 철 학뿐만 아니라, 심리학, 뇌신경과학, 심지어 대중예술까지 전방위적으로 종횡무진하면서도 중심축은 언제나 "자기 자신", 즉 "나란 누구인가?"라 는 물음이다. 그렇지만 이때의 물음은 인식론에서 자주 등장하는 고전적인 질문이 아니라, 아카데미라는 울타리 철학을 넘어선 뇌 연구에서 광범위하게 다루어지는 질문이자 테마다. 그래서 철학은 오히려 뇌 연구를 돕는 상담자의 역할을 하는 것이다.

우리가 대학 시절 내내 고민했던 서양철학의 커다란 물줄기를 이 한 권의 책이 통쾌하게 설파하고 있다. 34개의 테마가 모두 현대철학에서 재조명되어야 할 중요한 논지들이지만, 이 책의 핵심은 마지막 34장 '인생은 의미가 있는가?'에 함축되어 있다. 한 걸음 더 발전된 자기 인식으로 의식적인 삶을 살고, 그래서 자신의 삶을 주도적으로 연출할 수 있다면 이보다 더 아름답고 의미 있는 삶이 어디에 있겠는가?

저자인 프레히트는 이 책이 독자에게 '생각하는 즐거움을 일깨워주고 훈련시켜 주는' 것에 성공한다면 그 목적은 달성한 것이라고 했다. 한마디로 이 책은 철학의 근본 물음에 관한 관심을 체계적으로 정리한 책이며, 역자의 표현으로는 철학의 보물이라고 감히 말하고 싶다. 또한 저자는 이 책에서는 여러 이론과 그 배경이 되었던 사건의 현장으로 연결하는 작은 세계 여행도 가능하다고 말하고 있지만, 그것은 역자가 보기에는 치기(稚氣) 어린 사족 같다. 하지만 그마저도 사랑스럽다.

번역을 하는 내내 한국어판의 제목으로 고심하였다.(원문의 제목은 저자의 머리말 끝부분에 상세하게 언급되어 있으니, 참고하기 바란다.) 이 고심은 번역이 끝나고도 오래도록 지속되었다. 그 고심은 비화(飛火)되어 급기야 출판사 관계자와의 수차례 회의로 이어졌다. 용산역 '동해안' 횟집에서 소주를 곁들인 열 번 넘는 토론은 분명 R. D. 프레히트가 말한 '진전된 자기 인식을 통한 의식적인 삶의 운영'이었을 것이다. 10여 년 이상 독일에서 베스트셀러와 스테디셀러로 자리매김하고 있어 100만 부 이상 판매되고 있고, 세계 40여 개국 언어로도 번역 출간된 이 귀한 책을 재발견한 교학도서 김종수 상무님께 그 고마움을 전한다.

2022년 1월

윤순식, 원당희

내가 아는 나는 누구인가

초판 1쇄 발행 2022년 2월 15일
초판 3쇄 발행 2023년 5월 20일

지은이　리하르트 다비트 프레히트
옮긴이　윤순식, 원당희
펴낸이　양진화
책임 편집　김종수
펴낸곳　㈜교학도서
공급처　㈜교학사

등록　2000년 10월 10일 제 2000-000173호
주소　서울 마포구 마포대로 14길 4
대표 전화　02-707-5100
편집 문의　02-707-5271
영업 문의　02-707-5155
전자 우편　kcs10240@hanmail.net
홈페이지　www.kyohak.co.kr

ISBN 979-11-89088-28-6　03100